W0192771

Lutz/Willers

Die wichtigsten Schemata

-> Zivilrecht
-> Strafrecht
-> Öffentliches Recht

11. Auflage 2019

ISBN 978-3-86724-133-5

11. Auflage 2019

© 2019 niederle media

Bezug möglich direkt vom Verlag
niederle media
48341 Altenberge
Fax (02505) 93 98 99
E-Mail: info@niederle-media.de
www.niederle-media.de

▶ Inhalt

▶ Die wichtigsten Schemata

Erstes Kapitel: Zivilrecht

§§ ohne nähere Bezeichnung sind solche des BGB.

Erster Abschnitt: Grundlagen/BGB AT

A. Prüfungsreihenfolge

Ausgangsfrage:

WER will WAS VON WEM WORAUS?

Wer?	Was?	Von Wem?	Woraus?
Anspruchsteller	- Herausgabe	Gegner	- vertraglicher
	- Kaufpreiszahlung		- vertragsähnlicher
	- Schadensersatz		- dinglicher
	- Verwendungsersatz		- deliktischer
	- Beseitigung/Unterlassung		- bereicherungsr. Anspruch

1. **Vertragliche** Ansprüche (z.B. §§ 433, 488, 516, 535, 598, 611, 631, 662)

2. **Vertragsähnliche** Ansprüche (z.B. §§ 179, 122, 677 ff., culpa in contrahendo)

3. **Dingliche** Ansprüche (z.B. § 985, 861, 1007, 989 ff.)

4. **Deliktische** Ansprüche (z.B. §§ 823 ff., § 831, § 1 ProdHaftG, §§ 7, 18 StVG)

5. **Bereicherungsrechtliche** Ansprüche (§§ 812 ff.)

6. **Sonstige** Ansprüche (z.B. § 426 I; Übergegangene Ansprüche kraft erfolgter Abtretung oder kraft Gesetzes (§ 426 II, § 774 I, § 1141 I))

Beachte: Wird eine Anspruchsgrundlage aus einem der oben genannten Bereiche bejaht, dann müssen im Anschluss daran **sämtliche** in Betracht kommende **Einwendungen/Einreden** nach folgendem Schema geprüft werden:

1. Anspruch entstanden?

-> bei vertraglichen Ansprüchen dürfen keine rechts**hindernden** Einwendungen vorliegen, z.B. mangelnde Geschäftsfähigkeit (§§ 104 ff.); bewusste Willensmängel (§§ 116 - 118); Formmangel (§ 125), Sittenwidrigkeit (§ 138 I); Wucher (§ 138 II)

2. Anspruch untergegangen?

-> es dürfen keine rechts**vernichtenden** Einwendungen vorliegen, z.B. Anfechtung (§§ 142 I, 119 ff.), Unmöglichkeit (§§ 275, 326), Rücktritt (§ 346), Erfüllung (§ 362), Aufrechnung (§ 389) oder Kündigung (z.B. § 314)

3. Anspruch durchsetzbar?

-> es dürfen keine **Einreden** vorliegen, also keine peremptorischen (dauernden) Einreden wie z.B. Verjährung (§§ 214 ff.) und keine dilatorischen (aufschiebenden) Einreden wie z.B. aus nichterfülltem Vertrag (§ 320), Zurückbehaltungsrecht (§ 273), Stundung, Vorausklage (§ 771).

B. Auslegung von Willenserklärung und Vertrag, §§ 133, 157

I. Ermittlung des Inhalts von Willenserklärungen (§ 133)

1. **Natürliche Auslegung:** Ermittlung des **wahren** Willens des Erklärenden = Bestimmter Wille des Erklärenden, der vom Empfänger auch so verstanden wird

2. **Normative Auslegung:** Feststellung des **objektiven Erklärungswerts** = Wie musste ein **objektiver Dritter** als Erklärungsempfänger das Geäußerte verstehen?
Der Erklärungsempfänger ist nach Treu und Glauben verpflichtet, unter Berücksichtigung aller ihm erkennbaren Umstände mit gehöriger Aufmerksamkeit zu prüfen, was der Erklärende meinen könnte

II. Ermittlung des Inhalts von Verträgen (§ 157)

1. **Erläuternde Vertragsauslegung:** Der Vertrag ist erläuternd auszulegen, wenn die Formulierung bestimmter Sachverhalte in einem Vertrag **mehrdeutig** oder **ungenau** ist; Ermittlung des Gewollten unter Berücksichtigung

    a) der **Interessenlage** der Parteien,
    b) des jeweilig mit dem Vertrag verfolgten **Zwecks**,
    c) von **Treu und Glauben** und
    d) der **Verkehrssitte**

2. **Ergänzende Vertragsauslegung:** Bei der ergänzenden Vertragsauslegung geht es darum, **Lücken** rechtsgeschäftlicher Vereinbarungen zu schließen: Was hätten die Vertragsparteien unter den damaligen Umständen vernünftigerweise vereinbart?

Beachte: An die ergänzende Vertragsauslegung sind **strenge** Voraussetzungen geknüpft

    a) Es muss eine **Vertragslücke** bei einem Punkt vorliegen, über den der Vertragszweck eine Regelung erfordert

    b) Kann diese Lücke nach dispositivem Gesetzesrecht geschlossen werden? Kann also die Vertragslücke mit Hilfe einer vertraglich abdingbaren gesetzlichen Regelung geschlossen werden?
    Wenn nicht, ist sie im Wege der ergänzenden Vertragsauslegung zu schließen: Feststellung des **hypothetischen** Parteienwillens: Was hätten die Parteien bei einer angemessenen Abwägung ihrer Interessen unter Berücksichtigung des Vertragszwecks nach Treu und Glauben redlicherweise gewollt und vereinbart, wenn sie den nicht geregelten Fall bedacht hätten?

Beachte: Scheidet auch eine ergänzende Vertragsauslegung aus, dann liegt ein **Dissens** vor (§ 155)

C. Zustandekommen und Wirksamkeit eines Vertrages

Ein Vertrag besteht aus inhaltlich übereinstimmenden, in Bezug aufeinander abgegebenen Willenserklärungen von mindestens zwei Personen (**Angebot** und **Annahme**, §§ 145, 146). Diese werden durch **Abgabe** und **Zugang** wirksam.

I. Angebot (§ 145)

Ein **Angebot** ist eine empfangsbedürftige Willenserklärung, durch die einem anderen ein Vertragsschluss so angetragen wird, dass nur von dessen Einverständnis das Zustandekommen des Vertrages abhängt (=> **schlichtes „ja"**). Das Angebot muss grundsätzlich alle **wesentlichen Punkte** des intendierten Vertrags (= sog. essentialia negotii) enthalten oder zumindest erkennen lassen: **Vertragspartner, Geschäftstyp, Geschäftsgegenstand**

Die Einzelheiten des Vertrags ergeben sich bei den typischen schuldrechtlichen Verträgen unmittelbar aus dem Gesetz. **Beachte:** Eine **Bestimmbarkeit** der vertragswesentlichen Inhalte reicht aber aus, d. h. es kann ein für einen Vertragsschluss ausreichendes Angebot auch ohne Benennung der essentialia negotii vorliegen.

In folgenden **Fallgruppen** ist eine **ausreichende Bestimmbarkeit** gegeben:
a) Einzelheiten des Vertrages richten sich nach der **Bestimmung** einer Vertragspartei oder eines Dritten (§§ 315 bis 319)
b) Unvollständige Regelungen werden durch **gesetzliche Bestimmungen** ergänzt (Bsp.: § 612)
c) Vorliegen eines **Bestimmungskaufes** (§ 433 i. V. m. § 375 HGB)
d) Es liegt ein Angebot an **jedermann** vor
e) Es liegt eine gesetzliche / vertragliche **Wahlschuld** vor

1. Willenserklärung des Antragenden (auch konkludent möglich)

Willenserklärung: Willensäußerung einer Person, die auf die Herbeiführung einer **bestimmten Rechtsfolge** gerichtet ist

a) Äußerer (objektiver) Erklärungstatbestand
Der äußere Erklärungstatbestand liegt vor, wenn sich das Verhalten des Erklärenden für einen objektiven Dritten in der Rolle des Erklärungsempfängers als die Äußerung eines **Rechtsbindungswillens** darstellt

b) Innerer (subjektiver) Erklärungstatbestand
Er umfasst drei Bestandteile: Handlungswille; Erklärungsbewusstsein; Geschäftswille

aa) Handlungswille
Wille, überhaupt etwas zu tun oder bewusst zu unterlassen

bb) Erklärungsbewusstsein
Wissen um die rechtliche Relevanz des Handelns

Umstritten ist die rechtliche Behandlung, wenn das **Erklärungsbewusstsein fehlt**: Nach h. M. (Erklärungstheorie) reicht ein **potenzielles** Erklärungsbewusstsein aus. Ein **potenzielles Erklärungsbewusstsein** liegt vor, wenn der Erklärende zumindest hätte wissen können, dass sein Verhalten als Willenserklärung aufgefasst wird. Die Erklärung wird dem Erklärenden als Willenserklärung zugerechnet, jedoch besteht ein Anfechtungsrecht analog § 119 I 2. Fall
Beachte: Fehlt das potenzielle Erklärungsbewusstsein, dann ist die Willenserklärung nichtig

cc) Geschäftswille
Wille des Erklärenden, eine ganz **bestimmte Rechtsfolge** herbeizuführen und sich insofern rechtlich zu binden

c) Beachte: Der Rechtsbindungswille fehlt in diesen Fällen:

aa) Gefälligkeiten
Versprechen einer unentgeltlichen Hilfe oder Annehmlichkeit
3 Fallgruppen: 1) Gefälligkeitsvertrag, 2) Gefälligkeitsverhältnis, 3) Alltägliche Gefälligkeit

bb) Erteilen von Auskünften / Ratschlägen / Empfehlungen

cc) Invitatio ad offerendum
Aufforderung zur Abgabe einer Willenserklärung und damit Aufforderung zur Abgabe eines Angebots zu einem Vertragsschluss

dd) Freibleibendes Angebot

2. Wirksamwerden des Angebots

a) Abgabe

aa) Abgabe einer Willenserklärung unter **Abwesenden** (§ 130): Liegt vor, wenn die Erklärung vom Erklärenden **willentlich** so in den Verkehr gebracht wird, dass ohne sein weiteres Zutun der Zugang der Erklärung eintreten kann
Beachte: Abgabe einer **nicht** empfangsbedürftigen Willenserklärung ist die endgültige willentliche Entäußerung

bb) Abgabe einer Willenserklärung unter **Anwesenden**: **Mündliche** Erklärung: Mit dem Aussprechen; **Schriftliche** Erklärung: Abgegeben, wenn sie dem Anwesenden zur Entgegennahme überreicht wird

b) Zugang

aa) Zugang einer empfangsbedürftigen Willenserklärung unter **Abwesenden**: Sie muss so in den **Machtbereich** des Empfängers gelangt sein, dass dieser die Möglichkeit der Kenntnisnahme hat und mit ihrer Kenntnisnahme zu rechnen ist (§ 130 I 1).

Beachte: Zugangsvereitelung: Bei **arglistiger** Annahmeverweigerung geht die Erklärung in dem Moment zu, in dem der Empfänger die Erklärung hätte entgegennehmen können (= **Zugangsfiktion**) Bei sonstigen, vom Empfänger zu vertretenden Zugangshindernissen ist ein erneuter Zustellversuch erforderlich, der aber auf den Zeitpunkt der erfolglosen Zustellung zurückwirkt.

Beachte: Eine Erklärung kann auch durch die Einschaltung von **Mittelspersonen** erfolgen:

(1) Zur Übermittlung setzt der Erklärende einen **Erklärungsboten** ein
Erklärungsbote: Wer vom Erklärenden mit der **Übermittlung** der Erklärung an den Empfänger beauftragt wurde.
Die Erklärung ist **zugegangen**, wenn sie an den Empfänger tatsächlich übermittelt worden ist

(2) Erklärung wird an einen **Empfangsvertreter** oder **-boten** des Empfängers übermittelt
Empfangsbote: Wer vom Empfänger zur Empfangnahme bestellt bzw. ermächtigt ist oder nach der Verkehrsanschauung als ermächtigt gilt und hierzu bereit und geeignet ist: Erklärung ist **zugegangen**, wenn mit der Weiterleitung an den Empfänger unter normalen Umständen zu rechnen ist.
Geht die Willenserklärung einem **Empfangsvertreter** zu, dann ist sie zugleich dem Vertretenen zugegangen (§ 164 III)

(3) Allgemein ist zu beachten:

(aa) Eine Willenserklärung wird nicht wirksam, wenn der **Widerruf** spätestens gleichzeitig mit der ursprünglichen Willenserklärung zugeht (§ 130 I 2)

(bb) Der **Tod** oder die **Geschäftsunfähigkeit** des Erklärenden nach Abgabe hindern das Wirksamwerden des Zugangs nicht (§ **130 II**)

(cc) Gegenüber **Geschäftsunfähigen** oder **beschränkt Geschäftsfähigen** geht die Erklärung erst mit Zugang an den gesetzlichen Vertreter zu (§ **131 I bzw. § 131 II 1**)
Beachte § 131 II 2: Gegenüber beschränkt Geschäftsfähigen erfolgt der Zugang unmittelbar, wenn die Erklärung **lediglich rechtlich vorteilhaft** ist oder die **Einwilligung** des gesetzlichen Vertreters vorliegt

bb) Zugang einer Willenserklärung unter **Anwesenden**: **Mündliche** Erklärung: Nach der eingeschränkten Vernehmungstheorie (h. M.) geht die Erklärung zu, wenn der Empfänger sie **akustisch** vernommen hat bzw. wenn der Erklärende damit rechnen konnte, dass der Empfänger seine Erklärung richtig und vollständig verstanden hat; **schriftliche** Erklärung: sie ist zugegangen, wenn sie dem Anwesenden **übergeben** wird und somit in seinen Herrschaftsbereich gelangt

II. Annahme

Annahme ist eine empfangsbedürftige Willenserklärung, durch die der Antragsempfänger dem Antragenden sein Einverständnis mit dem angebotenen Vertragsschluss zu verstehen gibt; lässt sich auf ein **schlichtes „ja"** beschränken, ansonsten neuer Antrag (**§ 150 II**)

1. Willenserklärung des Annehmenden (auch konkludent möglich)

Die Annahme muss sich inhaltlich auf das Angebot beziehen (Übereinstimmung mit dem bezweckten Rechtserfolg)
Beachte: Eine vom Angebot abweichende Annahmeerklärung gilt als neues Angebot (**§ 150 II**)
Besonderheit: Ausnahmsweise hat **Schweigen** Erklärungsgehalt kraft Gesetzes (Bspe.: §§ 108 II 2, 177 II 2, 416 I 2, 516 II 2, 625 BGB; § 362 HGB)

2. Wirksamwerden

Siehe bei C.I. 2.: Abgabe und Zugang
Beachte: Ein Zugang ist nicht erforderlich,

a) wenn eine Erklärung der Annahme nach der Verkehrssitte nicht zu erwarten ist (**§ 151 S. 1 Alt. 1**),

b) wenn der Antragende auf den Zugang der Annahmeerklärung verzichtet hat (**§ 151 S. 1 Alt. 2**),

c) bei notarieller Beurkundung der Annahmeerklärung (**§ 152**)

3. Annahmefrist (§§ 147 ff.)

a) Frist ist **ausdrücklich** bestimmt (**§ 148**)

b) Unter **Anwesenden**: sofort (**§ 147 I**)

c) Unter **Abwesenden**: üblicher Zeitraum (**§ 147 II**)
Hier setzt sich die Annahmefrist aus der Zeitspanne für das Zugehen des Antrags, der Zeitspanne für die Überlegung und Beantwortung und der Zeitspanne für das Zuleiten der Antwort zusammen

d) Verspätete oder **abändernde** Annahme ist ein neues Angebot (**§ 150**)

D. Bezug und Übereinstimmung von Angebot und Annahme, §§ 154, 155

I. Es besteht ein Konsens

Ein Vertrag kommt zustande, wenn sich die Parteien über die **wesentlichen vertraglichen Umstände** geeinigt haben (siehe D.: Zustandekommen und Wirksamkeit eines Vertrages)

Beachte: Ob ein Konsens zwischen den Parteien besteht, ist ggf. durch **Auslegung** (§§ 133, 157; siehe B.: Auslegung von Willenserklärung und Vertrag) zu ermitteln

Besonderheiten:
1. Es liegt nur eine **subjektive** Übereinstimmung der Parteien vor = **Falsa demonstratio non nocet**: Hier erklären die Parteien objektiv etwas anderes, als sie subjektiv übereinstimmend wollten, doch die Falschbezeichnung schadet nicht, so dass das übereinstimmend Gewollte gilt => §§ 154, 155 finden also **keine** Anwendung

2. Es liegt nur eine **objektive** Übereinstimmung der Parteien vor = Hier haben die Parteien subjektiv etwas Unterschiedliches gewollt, die Auslegung ergibt aber, dass beide Erklärungen der Parteien in einem übereinstimmenden Sinn zu verstehen sind, weshalb eine vertragliche Einigung vorliegt => §§ 154, 155 finden also **keine** Anwendung, jedoch besteht natürlich eine **Anfechtungsmöglichkeit**

II. Es besteht ein Dissens (= Einigungsmangel)

1. Offener Dissens (§ 154)
aa) Hier konnte **keine** Einigung über vertragliche **Nebenpunkte** erzielt werden (= **Unvollständigkeit der Einigung**)
Beachte: Es fehlt der Konsens über alle Punkte, Dissens im eigentlichen Sinne liegt also nicht vor
bb) Den Parteien ist die mangelnde Einigung **bekannt**

Beachte: Wenn sich die Parteien trotz des Einigungsmangels erkennbar vertraglich binden wollten, liegt ein wirksamer Vertragsschluss vor (=> es kommt also auf den **Willen der Parteien** an). „Im Zweifel" (lediglich Auslegungsregel) ist der Vertrag nicht zustande gekommen (§ 154 I 1); Schließung vertraglicher Lücken durch dispositive Normen und durch die ergänzende Vertragsauslegung.

2. Versteckter Einigungsmangel / Dissens (§ 155)
a) Parteien haben sich über einen Punkt, über den eine Vereinbarung getroffen werden sollte, in Wirklichkeit **nicht** geeinigt
Aber: Einigung zumindest bzgl. „essentialia negotii"
b) Parteien sehen den Vertrag trotz des Einigungsmangels als geschlossen an

Beachte: Im Zweifel gilt das Vereinbarte; Frage: Hätten die Parteien den Vertrag auch ohne die entsprechende Vereinbarung geschlossen? Wenn ja, dann ist ein Vertrag zustande gekommen. Schließung vertraglicher Lücken durch dispositive Normen, hilfsweise aber auch durch ergänzende Vertragsauslegung.

E. Wirksamkeit von Allgemeinen Geschäftsbedingungen (AGB), §§ 305 ff.

1. Anwendbarkeit der §§ 305 ff.
2. Vorliegen von AGB i. S. d. § 305 I
3. Einbeziehung in den Vertrag
4. Inhaltskontrolle
5. Rechtsfolgen der Nichteinbeziehung bzw. Unwirksamkeit

1. Anwendbarkeit der §§ 305 ff.

Sachlicher und persönlicher Anwendungsbereich

a) Sachlicher Anwendungsbereich

aa) **Nichtanwendbarkeit** bei Verträgen im Erb-, Familien- und Gesellschaftsrecht, sowie bei Tarifverträgen bzw. Betriebs- und Dienstvereinbarungen (**§ 310 IV 1**)

bb) **Eingeschränkt anwendbar** auf Arbeitsverträge, **§ 310 IV2**

b) Persönlicher Anwendungsbereich

aa) Bei Verwendung von AGB gegenüber **Nichtunternehmern** finden **alle** Vorschriften Anwendung; bei **Verbraucherverträgen** zusätzlich mit Maßgaben des § 305 III

bb) **§ 310 I, III**: Bei Verwendung von AGB gegenüber **Unternehmern** finden §§ 305 II, III, 308, 309 **keine** Anwendung

2. Vorliegen von AGB i. S. d. § 305 I

Definition AGB: § 305 I 1:

1. Vorformulierte Vertragsbedingungen (= Regelungen, die sich auf den Abschluss oder Inhalt eines Vertrages beziehen)

2. für eine Vielzahl (nach BGH mindestens 3) von Verträgen
Beachte: Besonderheit bei Verbrauchsgüterkaufverträgen: **Einmalige** Verwendungsabsicht genügt (§ 310 III Nr. 2)

3. vom Verwender (einseitig) gestellt
Beachte: Gegenüber Verbrauchern gelten AGB als vom Unternehmer gestellt (§ 310 III Nr. 1)

3. Einbeziehung in den Vertrag

a) Sind die AGB **Vertragsbestandteil** geworden?
Hier ist **§ 305 II, III** zu beachten (gegenüber **Verbrauchern!**)
Voraussetzungen:

aa) Ausdrücklicher Hinweis bzw. Aushang

bb) Möglichkeit der Kenntnisnahme

cc) Einverständnis der anderen Partei
Beachte: Das Einverständnis kann ausdrücklich, aber auch schlüssig erklärt werden
§ 305 III: Einbeziehung auch im Voraus möglich (Rahmenvereinbarung)

Beachte: Sonderformen der Einbeziehung gem. **§ 305a** (=> auch ohne Einhaltung der Voraussetzungen aa) und bb) werden Vertragsbestandteil: genehmigte Beförderungsbedingungen, veröffentlichte Telekommunikationsbedingungen und Postbedingungen)

Gegenüber Unternehmern: § 310 I 1, III Nr. 2
Keine Geltung der §§ 305 II, III, 305c I.
Einbeziehung nach allgemeinen Grundsätzen (Einigung, kaufmännisches Bestätigungsschreiben)

Beachte: Problem der sich **widersprechenden AGB** bei beidseitigem Handelskauf: Soweit AGB übereinstimmen bzw. sich nicht widersprechen gelten sie (h. M.) = Prinzip der **Kongruenzgeltung.** Widersprechen sich die AGB, werden sie nicht einbezogen, es gilt dann § 306 II

b) Keine Geltung bei überraschender Klausel u. Individualabrede

aa) Überraschende Klausel (§ 305c I)
Bestimmungen werden nicht Vertragsbestandteil, wenn sie nach den Umständen, insbesondere dem äußeren Erscheinungsbild des Vertrags, so **ungewöhnlich** sind, dass der Vertragspartner des Verwenders mit ihnen nicht zu rechnen braucht

bb) Vorliegen einer Individualabrede (§ 305b)
Individualabreden haben **Vorrang** vor AGB

4. Inhaltskontrolle

a) Auslegung der Klausel: §§ 133, 157
Beachte: § 305c II (Auslegung; Ziel: kundenfreundliches Ergebnis)

b) Anwendungsbereich der Inhaltskontrolle: § 307 III 1
Der Inhaltskontrolle unterliegen nur solche Bestimmungen in AGB, die von einer Rechtsvorschrift abweichen oder diese ergänzen
Beachte: Bei Anwendung auf Arbeitsverträge sind die Besonderheiten des Arbeitsrechts zu berücksichtigen (§ 310 IV 2)

c) Inhaltskontrolle (gegenüber **Verbrauchern**: §§ 307-309):
Beachte: Gegenüber **Unternehmern** ist **nur** § 307 zu prüfen (vgl. § 310 I 1 und 2!)

Prüfungsreihenfolge:

aa) § 309: Klauselverbote **ohne** Wertungsmöglichkeit
Jeder Verstoß führt zu Unwirksamkeit der Klausel

bb) § 308: Klauselverbote **mit** Wertungsmöglichkeit
Unangemessene Regelung führt zu Unwirksamkeit

cc) Prüfung der fraglichen AGB-Klausel am Maßstab der **Auslegungsregel** des **§ 307 II**

dd) Generalklausel § 307:
Es gilt die Interessen des Verwenders gegenüber denen der typischerweise beteiligten Kunden abzuwägen

(1) Benachteiligung des Vertragspartners

(2) Unangemessene Benachteiligung
Verstoß bei Abweichen von Grundgedanken der gesetzlichen Regelung (§ 307 II Nr. 1) oder bei Zweckgefährdung (§ 307 II Nr. 2)
Unangemessenheit liegt auch bei mangelnder Transparenz einer Regelung vor (§ 307 I 2) oder wenn nicht hinreichend auf die Interessen der durch die AGB benachteiligten Partei Rücksicht genommen wurde

5. Rechtsfolgen der Nichteinbeziehung bzw. Unwirksamkeit

§ 306

Beachte: Teilunwirksamkeit einer Klausel
Grundsätzlich unzulässig ist eine **geltungserhaltende Reduktion** (h. M.), d. h. die Klausel ist dann insgesamt unwirksam. **Ausnahme:** Lässt sich eine Formularklausel nach ihrem Wortlaut aus sich heraus verständlich und sinnvoll in einen inhaltlich zulässigen und in einen unzulässigen Regelungsteil trennen, dann kann die unwirksame Passage gestrichen werden, wobei der zulässige Teil aufrechterhalten bleibt.

F. Stellvertretung, §§ 164 ff.

1. Zulässigkeit der Stellvertretung
2. Eigene Willenserklärung des Vertreters
3. Handeln im fremden Namen (Offenkundigkeitsprinzip)
4. Bestehen einer Vertretungsmacht

1. Zulässigkeit der Stellvertretung

Die Stellvertretung ist zulässig bei allen Rechtsgeschäften und rechtsgeschäftsähnlichen Handlungen (dann allerdings analoge Anwendung der §§ 164 ff.).
Beachte: Bei Realakten (Verbindung, Verarbeitung, Vermischung) und höchstpersönlichen Rechtsgeschäften (Eheschließung, Testamentserrichtung) ist die Stellvertretung **nicht** zulässig.

2. Eigene Willenserklärung des Vertreters

Der Vertreter muss eine **eigene** (wirksame) Willenserklärung abgeben. **Beachte: Abgrenzung** zwischen Stellvertretung und **Botenschaft:** Der **Bote** übermittelt eine **fremde** Willenserklärung (die seines Geschäftsherrn), während der **Stellvertreter** dem Geschäftspartner seine **eigene** Willenserklärung unterbreitet.

Bei Problemfällen Ermittlung durch Auslegung (§§ 133, 157)

Die Abgrenzung zwischen Vertreter und Boten ist nach dem **objektiven Empfängerhorizont** vorzunehmen: Wie durfte der Empfänger das Auftreten der Mittelsperson verstehen?

Beachte: Vertreter mit **gebundener Marschrichtung** bedeutet: Vertreter ist der Handelnde auch dann, wenn dessen Willenserklärung in allen Einzelheiten bereits vom Geschäftsherrn vorgegeben ist (geringes Maß an Entscheidungsfreiheit). Der Vertreter muss **zumindest** beschränkt geschäftsfähig (§ 165) sein, dagegen besteht die Botenstellung unabhängig von der Geschäftsfähigkeit.

3. Handeln im fremden Namen (Offenkundigkeitsprinzip)

Vertreter muss seine Willenserklärung **im Namen des Vertretenen** abgeben
Beachte: § 164 I 2 Var. 1: „ausdrücklich" oder § 164 I 2 Var. 2: „aus den Umständen". Namensnennung ist nicht erforderlich, solange die Person des Vertretenen **individualisierbar** ist.

Ausnahmen vom Offenkundigkeitsprinzip:

a) Geschäft für den, den es angeht: Dem Dritten ist gleichgültig, wer Vertragspartner ist. Die Wirkungen des Geschäfts treffen den ungenannten Vertretenen, z. B. vor allem bei Bargeschäften des täglichen Lebens

b) Handeln unter fremdem Namen; 2 Möglichkeiten:

aa) Namenstäuschung
Dem Geschäftspartner ist der Namensträger unbekannt oder gleichgültig
Hier ist der Handelnde Vertragspartner = **Eigengeschäft** des Handelnden

bb) Identitätstäuschung
Hier kommt es dem Erklärungsempfänger auf die Identität des Geschäftspartners an. Es liegt ein **Fremdgeschäft** vor, dessen Wirkungen nur den Namensträger treffen können; es gelten die §§ 164 ff. analog. Das Geschäft ist **schwebend unwirksam**, sofern der Handelnde ohne Vertretungsmacht gehandelt hat, Heilung durch Genehmigung des „Vertretenen" (§§ 177, 184 I analog). Bei Verweigerung der Zustimmung: Haftung des Handelnden gem. § 179 I analog

4. Bestehen einer Vertretungsmacht

Fähigkeit, im Namen eines anderen Willenserklärungen abzugeben und zu empfangen.

Gesetzliche Vertretungsmacht: Eltern (§ 1629), Ehegatten (§ 1357), Vormund (§ 1793), Betreuer (§ 1902), organschaftliche Vertretung (z. B. § 35 GmbHG; § 78 AktG)

Voraussetzungen einer Vollmacht:

a) Die Vollmacht muss **erteilt** werden (= einseitige, empfangsbedürftige Willenserklärung), § 166 II 1

b) Mögliche Formen: Innen- und Außenvollmacht

aa) Innenvollmacht: Erteilung der Vollmacht gegenüber dem Bevollmächtigten (§ 167 I Var. 1)
Sonderfall: Nach außen kund getane Innenvollmacht (§ 171)

bb) Außenvollmacht: Die Vollmacht wird **nur** gegenüber dem potentiellen Geschäftspartner oder Dritten erklärt (§ 167 I Var. 2)

c) Rechtsfolgen beim Handeln eines **Vertreters ohne Vertretungsmacht:**

aa) Rechtsfolgen für Vertretenen: Rechtsgeschäft ist schwebend unwirksam (§ 177 I) und bei Genehmigung ex tunc wirksam (§ 184). Bei Versagung der Genehmigung oder Widerruf des Dritten (§ 178) ist es endgültig unwirksam. Dritter kann den Vertretenen zur Genehmigung auffordern, wobei ein Schweigen als Verweigerung gilt (§ 177 II).

bb) Rechtsfolgen für Vertreter: Bei Genehmigung hat der Vertreter mit Vertretungsmacht gehandelt (§ 184); bei Versagung der Genehmigung haftet er nach § 179

d) Form: Grundsätzlich **formfrei** (§ 167 II)
Ausnahme: Bei spezialgesetzlichen Vorschriften (z. B. § 1945 III) sowie insbesondere bei unwiderruflicher Vollmacht zur Vornahme eines formbedürftigen Rechtsgeschäfts

e) Kein Erlöschen (Widerruf / Anfechtung), § 168 S. 1, 2

f) Ggf. Fortbestand trotz Erlöschens (§§ 170 – 173)

g) Zurechenbarer **Rechtsschein** einer Vollmacht: **Duldungs- oder Anscheinsvollmacht**

aa) Duldungsvollmacht

(1) Auftreten eines Vertreters;
(2) Der Vertretene kennt und **duldet** das Auftreten (trotz Verhinderungsmöglichkeit);
(3) Geschäftsfähigkeit des Vertretenen;
(4) Der Dritte versteht das Dulden des Vertretenen nach Treu und Glauben dahin (§ 173 analog), dass der als Vertreter Handelnde **bevollmächtigt** ist und deswegen schließt der Dritte das Rechtsgeschäft ab

Rechtsfolgen: Der Duldende muss sich so behandeln lassen, als habe er wirksam eine Vollmacht erteilt (h. M.), **keine Anfechtung** möglich (a. A.: Konkludente Vollmachtserteilung; es liegt eine konkludente anfechtbare Kundgabe der Vollmacht vor).

bb) Anscheinsvollmacht

(1) Auftreten eines Vertreters von **gewisser Häufigkeit** und **Dauer**;
(2) Der Vertretene hätte dies bei pflichtgemäßer Sorgfalt erkennen und verhindern können;
(3) Geschäftsfähigkeit des Vertretenen;
(4) Der Dritte hat wegen der Untätigkeit des Vertretenen auf das Bestehen der Vollmacht vertraut (§ 173 analog) und deswegen das Rechtsgeschäft abgeschlossen
Rechtsfolgen: Rechtsscheinstatbestand, eine **Anfechtung** ist **nicht** möglich (h. M.), da der gesetzte Rechtsschein nicht rückwirkend vernichtet werden kann (a. A.: Ablehnung der Figur der Anscheinsvollmacht)

h) Kein Ausschluss / keine Beschränkung:
aa) § 181 Selbstkontrahieren / Mehrfachvertretung
bb) § 138 I Kollusion (=bewusstes und gewolltes Zusammenwirken von Vertreter und Vertragspartner mit dem Ziel der Schädigung des Vertretenen)
cc) § 242 evidente Überschreitung der Innenbefugnisse (Missbrauch der Vertretungsmacht)

G. Anfechtung, §§ 119 ff.

1. Zulässigkeit der Anfechtung
2. Anfechtungsgrund (§§ 119, 120, 123)
3. Anfechtungserklärung (§ 143)
4. Anfechtungsfrist (§§ 121, 124)
5. Kein Ausschluss der Anfechtung (§ 144)

1. Zulässigkeit der Anfechtung

Grundsätzlich sind **alle** Willenserklärungen nach §§ 119 ff. anfechtbar.

Ausnahmen: Die Anfechtung ist **ausgeschlossen**, soweit gesetzliche Sonderregelungen bestehen (vor allem im Familien- und Erbrecht zu finden)

Außerdem **nicht** anfechtbar sind:

a) Gründungs- und Beitrittserklärungen zu Kapitalgesellschaften des Handelsrechts nach Eintragung der Gesellschaft im Handelsregister;
b) Rechtsscheinstatbestände (h. M.; z. B. Duldungs-, Anscheinsvollmacht);
c) Rechtsfolgen des Schweigens (z. B. kaufmännisches Bestätigungsschreiben);
d) Tathandlungen („Realakte");
e) Prozessrechtliche Erklärungen

Beachte: Auf **geschäftsähnliche** Handlungen finden die Anfechtungsregelungen **analoge** Anwendung!

2. Anfechtungsgrund

Anfechtungsgründe: §§ 119, 120, 123

a) Irrtum über Inhalt oder Erklärung (§ 119 I)

aa) Irrtum: Irrtum ist das **unbewusste Auseinanderfallen** von objektiv Erklärtem und subjektiv Gewolltem
Beachte: Durch Auslegung (§§ 133, 157) zu ermitteln; Auslegung geht **vor** Anfechtung!

Inhaltsirrtum oder Erklärungsirrtum:

(1) § 119 I Var. 1: Inhaltsirrtum (Irrtum über den Erklärungsinhalt)
Der Erklärende gibt eine Erklärung ab, die objektiv etwas anderes bedeutet als innerlich gemeint war (= **Bedeutungsirrtum**)
Bspe.: Irrtum über den Geschäftstyp, über die Person des Geschäftspartners, über den Geschäftsgegenstand.
Beachte: Besonderheiten beim Inhaltsirrtum:
- **Rechtsfolgenirrtum:** Hier irrt sich der Erklärende über Rechtsfolgen, die mittels der Erklärung unmittelbar herbeigeführt werden sollten (= Inhaltsirrtum gem. § 119 I Var. 1)

Beachte: Bezieht sich aber der Irrtum auf gesetzliche **Nebenfolgen** des Rechtsgeschäfts, die vom Erklärenden nicht erkannt und nicht gewollt sind, dann ist eine Anfechtung **ausgeschlossen** (= unbeachtlicher Motivirrtum)

- **Irrtum über die Kalkulationsgrundlage:** Hier irrt sich der Erklärende über einen Umstand, den er seiner Berechnung zugrunde gelegt hat.
Unterscheide: Verdeckter oder offener Kalkulationsirrtum:
- **Verdeckter Kalkulationsirrtum:** Hier ist die **interne** Kalkulation **nicht** in die Willenserklärung aufgenommen, so dass eine **Anfechtung ausscheidet** (= unbeachtlicher Motivirrtum), selbst dann, wenn der Gegner den Irrtum hätte erkennen können oder sogar kannte (h. M., str.)
- **Offener Kalkulationsirrtum:** Beide Parteien gehen gemeinsam von einer bestimmten Kalkulationsgrundlage aus und haben diese **zur Grundlage** ihrer Verhandlungen gemacht; Behandlung dieser Fälle: **Vertragsauslegung** (§§ 133, 157): Auslegungsgrundsatz „falsa demonstratio non nocet".
Führt Auslegung nicht zum Ziel: Anpassung des Vertrags nach den Grundsätzen der Störung der Geschäftsgrundlage (**§ 313**). Ist dies nicht möglich, dann ist die Erklärung **perplex**, d. h. in sich widersprüchlich und nichtig.

(2) § 119 I Var. 2: Erklärungsirrtum
Der Erklärende setzt ein **anderes** Erklärungszeichen als gewollt
Bspe.: Versprechen, Vertippen, Verschreiben, Vergreifen.

bb) Erheblichkeit: Liegt vor, wenn anzunehmen ist, dass die Willenserklärung bei Kenntnis der Sachlage und verständiger Würdigung des Falles nicht oder nicht so abgegeben worden wäre.

b) Irrtum über wesentliche Eigenschaften (§ 119 II)
Irrtum über eine wesentliche Eigenschaft einer Person oder einer Sache

aa) Anwendbarkeit von § 119 II: Nach h.M. ausgeschlossen, wenn Gewährleistungsvorschriften (z. B. §§ 434 ff.) anwendbar sind, da diese sonst umgangen würden.

bb) Eigenschaft: Alle tatsächlichen oder rechtlichen Verhältnisse, die **dauerhaft** sind und die Sache oder Person **unmittelbar** kennzeichnen
Beachte: Der Wert der Sache selbst, also ihr Preis, ist keine Eigenschaft!

cc) Verkehrswesentlichkeit der Eigenschaft:
Verkehrswesentlich ist eine Eigenschaft, wenn sie nach der Verkehrsauffassung als wesentlich für das **konkrete** Rechtsgeschäft zu erachten, d. h. wenn sie **ausschlaggebend** für seinen Abschluss ist.

dd) Irrtum: Unbewusstes Fehlen der Eigenschaft (Differenz Vorstellung – Wirklichkeit)

ee) Einseitigkeit des Irrtums (h. M., str.)
Beachte: Liegt ein **beidseitiger Eigenschaftsirrtum** vor, d. h. bei Vertragsschluss irren sich **beide** Parteien, dann ist grundsätzlich der Anwendungsbereich des § 313 gegeben (h. M., keine Anfechtung nach § 119 II, str.).

c) Übermittlungsirrtum (§ 120)

aa) Einschaltung eines Übermittlungsboten (Person oder Einrichtung)

bb) Unrichtige Übermittlung: Willenserklärung hat bei Zugang einen anderen Inhalt als bei Abgabe

cc) Übermittler übermittelt die Erklärung **unbewusst** falsch (h. M.). **Beachte:** Bei bewusst falscher Übermittlung: §§ 177 ff. analog

dd) Erheblichkeit

d) Arglistige Täuschung (§ 123 I Var. 1)

aa) Täuschung über Tatsachen
Täuschung ist die Erregung, Verstärkung oder Aufrechterhaltung einer Fehlvorstellung über Tatsachen bei einem anderen.
Tatsachen sind dem Beweis zugängliche Ereignisse oder Zustände der Gegenwart oder Vergangenheit.
Beachte: Bloße Anpreisungen oder subjektive Werturteile reichen nicht aus.

bb) Täuschungshandlung: Kann sowohl durch ausdrückliches oder konkludentes **aktives Tun**, aber auch durch **Unterlassen** erfolgen

cc) Widerrechtlichkeit der Täuschung
Eine arglistige Täuschung ist an sich schon rechtswidrig
Beachte: Im Arbeitsvertragsrecht darf der Befragte bei unzulässigen Fragen nicht nur die Antwort verweigern, sondern auch eine unrichtige Antwort geben (=> kein Anfechtungsrecht desjenigen, der durch die Falschangabe getäuscht wurde)

dd) Irrtum: Jede Fehlvorstellung über Tatsachen, die Gegenstand der Täuschung waren

ee) Kausalität zwischen Täuschung – Irrtum – Abgabe der Willenserklärung

ff) Arglist: Bewusstsein, dass die Willenserklärung ohne Täuschung nicht oder mit einem anderen Inhalt abgegeben worden wäre
Beachte: Eventualvorsatz reicht aus

gg) Kein Ausschluss durch § 123 II

> **aa) Dritte** i. S. d. § 123 II 1 sind nur am Rechtsgeschäft gänzlich **Unbeteiligte**, nicht aber diejenigen, die im Lager des Erklärungsempfängers stehen

> **bb) Kennen oder Kennenmüssen**
> **Kenntnis:** Positives Wissen i. S. v. dolus directus 2. Grades
> **Kennenmüssen:** Fahrlässige Unkenntnis
> **Beachte:** Jede Form der Fahrlässigkeit genügt

e) Widerrechtliche Drohung (§ 123 I Var. 2)

> **aa) Drohung:** Drohung ist das (auch konkludente) **Inaussichtstellen eines künftigen Übels**, auf dessen Eintritt der Drohende Einfluss hat oder zu haben vorgibt. Als **Übel** genügt jeder Nachteil
> **Beachte:** Der Drohende muss beim Bedrohten den Eindruck erwecken, dass der Eintritt des Übels von **seinem** Willen abhängt

> **bb) Kausalität** zwischen Drohung und Abgabe der Willenserklärung

> **cc) Vorsatz**
> Der Drohende muss den Willen haben, den anderen Teil zur Abgabe einer Willenserklärung zu bestimmen

> **dd) Widerrechtlichkeit der Drohung**
> Die Drohung ist widerrechtlich, wenn das **Mittel**, der **Zweck** oder die **Mittel-Zweck-Relation** verwerflich ist

3. Anfechtungserklärung (§ 143)

Die Anfechtungserklärung ist eine formfreie, **einseitige** empfangsbedürftige Willenserklärung. Sie muss gegenüber dem **Anfechtungsgegner** erfolgen (§ 143 I).
Beachte: Die Erklärung kann ausdrücklich oder konkludent erfolgen. Die Angabe des Anfechtungsgrundes ist erforderlich, wenn er für den Gegner nicht erkennbar ist.

4. Anfechtungsfrist (§§ 121, 124)

Bei §§ 119, 120: Anfechtungsfrist gem. **§ 121 I** „unverzüglich"
Beachte: Dem Anfechtungsberechtigten steht eine **angemessene** Überlegungs-
frist zu (=> bestimmt sich nach den Umständen des Einzelfalles). Die Frist beginnt
mit **Kenntniserlangung** des Irrtums bzw. der falschen Übermittlung.

Bei § 123: Anfechtungsfrist gem. **§ 124 I** „binnen eines Jahres"
Beachte: Die Fristberechnung erfolgt nach §§ 186 ff.
Fristbeginn im Fall der arglistigen Täuschung / Drohung: **§ 124 II 1**

5. Kein Ausschluss der Anfechtung (§ 144)

Die Anfechtung ist ausgeschlossen, wenn das anfechtbare Rechtsgeschäft von
dem Anfechtungsberechtigten **bestätigt** wird (§ 144 I)
Beachte: Erforderlich ist aber das Bewusstsein der Anfechtbarkeit

6. Rechtsfolgen der Anfechtung

a) Nichtigkeit der Willenserklärung nach § 142 I (ex tunc) und damit auch des
Vertrags

b) Schadensersatzanspruch des Anfechtungsgegners bei der Anfechtung nach
§§ 119, 120, 122 (**Vertrauensschaden** = negatives Interesse).
Vertrauensschaden ist der Schaden, den der Anspruchsberechtigte dadurch erleidet, dass er auf die Gültigkeit der Erklärung und damit des Rechtsgeschäfts vertraut.
Beachte: Grenze des Schadenersatzanspruchs ist das **Erfüllungsinteresse**
(= positives Interesse)
Erfüllungsschaden ist der Schaden, der dadurch entsteht, dass der andere nicht
erfüllt

c) Ggf. Anspruch aus §§ 812 ff.

d) Bei Teilanfechtung: Teilnichtigkeit, sofern die Leistung teilbar ist

e) Beachte auch § 142 II: Wenn z. B. jemand die Anfechtbarkeit einer Übereignung kennt, dann wird er behandelt, als hätte er ihre Unwirksamkeit gekannt.
Folglich wusste er, dass der Erwerber kein Eigentum erlangt hat. Er kann somit
selbst **nicht gutgläubig** Eigentum erwerben

f) Verhältnis § 123 zu § 119
Neben § 123 kann **zugleich** eine Anfechtung wegen Irrtums in Betracht kommen
(Wahlrecht des Anfechtungsberechtigten). Bei § 123 **scheidet § 122 I aus**!

H. Beschränkte Geschäftsfähigkeit, §§ 106 ff., 131

1. Begriff: Minderjähriger

Ab Vollendung des 7. Lebensjahres (§ 106) bis zur Vollendung des 18. Lebensjahres (§ 2)

2. Wirksamkeit der abgegebenen Willenserklärung des Minderjährigen

a) Das Rechtsgeschäft bringt dem Minderjährigen **lediglich rechtliche Vorteile** (§ 107). **Lediglich rechtlich vorteilhaft** ist ein Rechtsgeschäft, das die Rechtsstellung eines beschränkt Geschäftsfähigen **ausschließlich verbessert**. Die **wirtschaftliche** Bewertung ist **unbeachtlich** (h. M.).

Beachte: Getrennte Beurteilung von Verpflichtungs- und Verfügungsgeschäft: **Abstraktionsprinzip!**

Neutrale Rechtsgeschäfte (weder Vor-, noch Nachteil) kann der beschränkt Geschäftsfähige auch **selbst** wirksam vornehmen.
Bringt das Rechtsgeschäft einen rechtlichen Vorteil für den Minderjährigen, ist das Rechtsgeschäft wirksam, andernfalls hängt es von der **Einwilligung** des gesetzlichen Vertreters ab.

b) Ausdrückliche Einwilligung des gesetzlichen Vertreters (§ 107)
Einwilligung: Vorherige Zustimmung (§ 183 S. 1)
Vertretungsmacht des gesetzlichen Vertreters: z. B. §§ 1629, 1643 II, 1795, 1821, 1822

aa) Die **Einwilligung** muss **wirksam erteilt** werden: Erklärung gegenüber dem Dritten oder Minderjährigen (§ 182 I).
Beachte: Die Einwilligung des gesetzlichen Vertreters kann sich auch auf eine **bestimmte Art** oder einen bestimmten, abgrenzbaren Kreis noch nicht individualisierter Rechtsgeschäfte beziehen (= **Beschränkter Generalkonsens / Generaleinwilligung**)

bb) Kein Erlöschen der wirksamen Erteilung (§ 183)

cc) Liegt ein einseitiges Rechtsgeschäft vor (§ 111)?
I. d. R.: Einwilligung nur wirksam bei Vorlage der Einwilligung in schriftlicher Form oder keine unverzügliche Zurückweisung durch den Dritten, andernfalls ist das Rechtsgeschäft nichtig!

28

c) Liegt keine ausdrückliche Einwilligung vor, dann ist zu prüfen, ob eine **konkludente Einwilligung** durch Überlassung von Mitteln gegeben ist (§ 110, **Taschengeldparagraf**)

Voraussetzungen des § 110:

aa) Keine ausdrückliche Einwilligung des gesetzlichen Vertreters

bb) Überlassung von Mitteln zur freien Verfügung bzw. zu einem bestimmten Zweck
Beachte: Die Einwilligung ist **beschränkt** auf die Verwendung der überlassenen Mittel, jedoch ist durch Auslegung zu ermitteln, ob und wie der Minderjährige mit den Gegenständen verfahren darf, die er mit den Mitteln erworben hat (**Zweckbestimmung**)

cc) Vollständige Bewirkung der Leistung mit entsprechenden Mitteln. Teilzahlungsgeschäfte werden erst mit Bezahlung der letzten Rate wirksam.

d) Sind die Voraussetzungen des § 110 nicht erfüllt, ist zu prüfen, ob eine **Teilgeschäftsfähigkeit** vorliegt (§§ **112, 113**)

3. Rechtsfolgen

Hat der Minderjährige das Rechtsgeschäft **ohne** die erforderliche **Einwilligung** des gesetzlichen Vertreters getätigt, dann richtet sich die Rechtsfolge dieses Handelns bei Verträgen nach den §§ **108, 109** bzw. bei einem einseitigen Rechtsgeschäft nach § **111**

§§ 108, 109: Schwebend unwirksame Geschäfte
Die Wirksamkeit ist abhängig von der **Genehmigung** des gesetzlichen Vertreters (§ 108 I). **Genehmigung** = nachträgliche Zustimmung (§ 184 I).

Wird die Genehmigung gegenüber dem Vertragspartner versagt, dann ist das Geschäft **endgültig** unwirksam, bei Erteilung entsprechend **endgültig** wirksam.
Beachte: Der Vertragspartner kann den Schwebezustand abkürzen: **Aufforderung zur Genehmigung (§ 108 II)**. Der Vertragspartner hat ferner ein **Widerrufsrecht** (§ **109**).

Beachte auch § 108 III: Bei Volljährigkeit tritt der Minderjährige an die Stelle seines gesetzlichen Vertreters, d. h. er kann **selbst** genehmigen.

Zweiter Abschnitt: Schuldrecht AT

A. Vertretenmüssen, Verschulden, Zurechnung des Verschuldens

I. Vertretenmüssen, § 276

1. Verschuldensfähigkeit (§ 276 I 1)

Beachte: Gem. § 276 I 2 gelten die §§ 827, 828 entsprechend.

2. Verschuldensformen

Beachte: Unterscheidung der Verschuldensformen ist wichtig, wenn ein besonderer Haftungsmaßstab durch Gesetz oder durch vertragliche Vereinbarung bestimmt ist.

a) Vorsatz: Wissen und Wollen des Erfolgs und Bewusstsein der Rechtswidrigkeit
Beachte: Ein Irrtum über die Rechtswidrigkeit und auch ein Verbotsirrtum schließen den Vorsatz aus!

b) Fahrlässigkeit: Außerachtlassung der im Verkehr erforderlichen Sorgfalt (§ 276 II)
Beachte: Im Verkehr erforderlichen Sorgfalt: Maßstab ist die Sorgfalt, die von einem Angehörigen der jeweiligen Gruppe in der jeweiligen Situation zu erwarten ist (**objektiv-abstrakter Maßstab**).
Außerachtlassen: Nichtbeachtung bei Voraussehbarkeit und Vermeidbarkeit des rechtswidrigen Erfolgs.

c) Grobe Fahrlässigkeit: Liegt vor, wenn die im Verkehr erforderliche Sorgfalt in **besonders schwerem Maße** verletzt ist.
Kurz: Der Handelnde beachtet nicht, was jedem einleuchten muss

d) Eigenübliche Sorgfalt (§ 277): Haftung für **Vorsatz** und **grobe Fahrlässigkeit** sowie nach subjektivem Maßstab für diejenige Sorgfalt, die dem **gewohnheitsmäßigen** Verhalten des Handelnden entspricht.

3. Haftungsmaßstab

Beachte: Der Schädiger haftet grundsätzlich für **jede** Fahrlässigkeit

a) Gesetzliche Beschränkungen auf Vorsatz und grobe Fahrlässigkeit
Bspe.: §§ 300, 521, 599, 680, 968

b) Gesetzliche Beschränkungen auf eigenübliche Sorgfalt
Bspe.: §§ 346 III 1 Nr. 3, 347 I 2, 690, 708, 1664

c) Vertragliche Beschränkungen, beachte allerdings die Grenzen:
Kein Ausschluss der Vorsatzhaftung: **§ 276 III**
Kein Ausschluss der Haftung für Verletzung von Leben, Körper, Gesundheit: **§ 309 Nr. 7a**
Kein Ausschluss der Haftung für grobes Verschulden: **§ 309 Nr. 7b**

d) Gesetzliche Haftungsverschärfungen
Gefährdungshaftungsfälle: z. B. § 7 StVG, 833 S. 1
Garantiehaftungsfälle: z. B. § 536 a
Zufallshaftungsfälle: z. B. § 848
Verschuldensunabhängige Haftung: z. B. §§ 122, 179 II

e) Vertragliche Haftungsverschärfungen
Garantievertrag / Beschaffungsrisikoübernahme: § 276 I 1

II. Die Zurechnung über § 278

1. Schuldverhältnis
2. Handelnder ist gesetzlicher Vertreter oder Erfüllungsgehilfe
3. Handlung in Erfüllung einer Verbindlichkeit des Schuldners
4. Verschulden des gesetzlichen Vertreters bzw. des Erfüllungsgehilfen

1. Schuldverhältnis

Schuldverhältnis beruht auf einem **Vertrag** oder dem **Gesetz**

2. Handelnder ist gesetzlicher Vertreter oder Erfüllungsgehilfe

Gesetzlicher Vertreter i. S. d. § 278 ist, wer aufgrund einer gesetzlichen Vorschrift mit Wirkung für einen anderen handeln kann.
Erfüllungsgehilfen sind Personen, deren der Schuldner sich zur Erfüllung seiner Verbindlichkeiten bedient (§ 278 S. 1) bzw. Personen, die mit **Wissen** und **Wollen** des Schuldners in dessen **Gesamtpflichtenkreis** tätig werden.

3. Handlung in Erfüllung einer Verbindlichkeit des Schuldners

Die Verletzungshandlung muss in einem **inneren sachlichen** Zusammenhang mit den Aufgaben stehen, die der Erfüllungsgehilfe zur Pflichterfüllung des Schuldners übernommen hat.
Beachte: Nicht ausreichend ist ein Handeln nur „**bei Gelegenheit**" der Pflichterfüllung!

4. Verschulden des gesetzlichen Vertreters bzw. des Erfüllungsgehilfen

Vor einem etwaigen Verschulden (Vorsatz oder Fahrlässigkeit) ist die **Verschuldensfähigkeit** des gesetzlichen Vertreters bzw. des Erfüllungsgehilfen zu prüfen.
Beachte: Hinsichtlich des Sorgfalts- und Verschuldensmaßstabs ist auf den Schuldner abzustellen.

B. Die Unmöglichkeit

I. Unmöglichkeit bzw. Unzumutbarkeit der Leistungserbringung, § 275

1. § 275 I

Unmöglichkeit liegt vor, wenn die Leistung aus **tatsächlichen** oder **rechtlichen** Gründen ganz oder teilweise vom Schuldner (= Unvermögen) oder von jedermann (= objektive Unmöglichkeit) **auf Dauer** nicht erbracht werden kann.
Beachte: § 275 I erfasst die Fälle, in denen die Leistungserbringung **absolut** nicht mehr möglich ist.

Die **absolute Unmöglichkeit** i. S. d. § 275 I kann auch auf **zeitlichen** Gründen beruhen = **absolutes Fixgeschäft:** Liegt vor, wenn die Einhaltung der Leistungszeit für den Gläubiger so wesentlich ist, dass eine verspätete Leistung keine Erfüllung mehr darstellt.

Keine Unmöglichkeit beim **relativen** Fixgeschäft (§ 323 I, II Nr. 2, bei Kaufleuten: § 376 HGB): Hier haben die Parteien vereinbart, dass der Vertrag aufgrund einer Terminvereinbarung mit der Einhaltung des Leistungstermins stehen und fallen soll.
Beachte: In § 275 I ist ein **einheitlicher Tatbestand** für **alle** Fälle der absoluten Unmöglichkeit geregelt: anfängliche/nachträgliche/objektive/subjektive Unmöglichkeit

Weitere Fälle der Unmöglichkeit nach § 275 I:

Der Leistungsgegenstand ist untergegangen bei **Gattungsschulden**, wenn die gesamte Gattung untergegangen ist.
Beachte bei Geldschuld: Schuldner wird von seiner Leistungsverpflichtung nicht durch Zahlungsunfähigkeit frei, **keine** Berufung auf § 275!

Der Leistungsgegenstand ist **untergegangen** bei **konkretisierten Gattungsschulden** (§ 243 II) bzw. bei Übergang der Leistungsgefahr durch **Annahmeverzug** (§ 300 II), wenn der Gegenstand untergegangen ist, auf den sich die Schuld konkretisiert hat. Ist ein **Dritter** Eigentümer bzw. Besitzer der geschuldeten Sache, dann liegt Unmöglichkeit vor, wenn er zur **Herausgabe** oder **Veräußerung nicht bereit** ist.

2. § 275 II

Praktische Unmöglichkeit liegt vor, wenn die Leistungserbringung zwar **theoretisch** noch **möglich** ist, aber einen Aufwand des Schuldners erfordert, der zum Leistungsinteresse des Gläubigers in **grobem Missverhältnis** steht.
Beachte: Abgrenzung § 275 II zu § 313 bei **wirtschaftlicher Unmöglichkeit**: Liegt bei den Tatbeständen vor, bei denen die Leistung zwar **praktisch** möglich, für den Schuldner aber mit so erheblichen Aufwendungen verbunden ist, dass sie ihm **unzumutbar** ist.
Die wirtschaftliche Unmöglichkeit ist nach den Regeln der Störung der Geschäftsgrundlage (§ 313) zu behandeln (str.).

3. § 275 III

Persönliche Unzumutbarkeit
Der Schuldner kann die Leistung verweigern, wenn sie ihm unter **Abwägung** des seiner Leistung entgegenstehenden Hindernisses mit dem Leistungsinteresse des Gläubigers nicht **zugemutet** werden kann.

4. Rechtsfolgen

a) Die Leistungspflicht des Schuldners entfällt

aa) Wegfall der Leistungspflicht bei Unmöglichkeit i. S. v. **§ 275 I**
bb) Leistungsverweigerungsrecht des Schuldners bei **§ 275 II, III**

b) Befreiung des Gläubigers von der Gegenleistung beim gegenseitigen Vertrag

aa) Grundsatz (§ 326 I 1): Der Anspruch auf die Gegenleistung **entfällt**
Beachte Ausnahmen, bei denen die Gegenleistung **bestehen** bleibt:

(1) Unmöglichkeit bzw. Unzumutbarkeit der Nacherfüllung (§ 326 I 2): Ist der Schuldner gem. § 275 vollständig von der Pflicht zur Nacherfüllung bei einer Schlechtleistung befreit, bleibt die Gegenleistungspflicht des Gläubigers gem. § 326 I 2 bestehen; **Aber: §§ 326 V**, 323: Rücktritt vom Vertrag

(2) Gläubiger hat die Unmöglichkeit **allein** oder **weit überwiegend** zu verantworten **(§ 326 II 1 Alt. 1)**
Beachte: Kein Vertretenmüssen erforderlich

(3) Gläubiger ist im **Annahmeverzug** und die Unmöglichkeit ist vom Schuldner **nicht** zu vertreten **(§ 326 II 1 Alt. 2)**
Maßstab: **§ 300 I**

(4) Gläubiger beansprucht das **Surrogat** gem. **§§ 285, 326 III**

(5) Eingreifen von **Gefahrtragungsregeln: §§ 446, 447, 644, 645. Beachte** aber **§ 475 II** beim Verbrauchsgüterkauf !

c) Sekundärleistungsansprüche des Gläubigers, § 275 IV

aa) Schadensersatz statt der Leistung bei **anfänglicher** Unmöglichkeit (§ 311 a II). Siehe dazu unten B. II.

bb) Aufwendungsersatz bei **anfänglicher** Unmöglichkeit (§§ 311 a II, 284). Siehe dazu unten B. II.

cc) Schadensersatz bei **nachträglicher** Unmöglichkeit (§§ 280 I, III, 283). Siehe dazu unten B. III.

dd) Aufwendungsersatz bei **nachträglicher** Unmöglichkeit (§§ 280 I, III, 283, 284). Siehe dazu unten B. III.

ee) Herausgabe des ersatzweise Erlangten (§ 285)

ff) Rückforderung einer **bereits erbrachten Gegenleistung**, soweit sie nicht nach § 326 II, III geschuldet bleibt (§§ 326 IV, 346, 347, 348)

gg) Rücktrittsrecht des Gläubigers (§ 326 V)

II. Schadens- und Aufwendungsersatz bei anfänglicher Unmöglichkeit, § 311a II

---

1. Wirksamer Vertrag zwischen den Parteien
2. Freiwerden von der Leistungspflicht, § 275 I-III;
   Leistungshindernis lag schon bei Vertragsschluss (= anfänglich) vor
3. Zu vertretende Unkenntnis, § 311a II 2

---

1. Wirksamer Vertrag zwischen den Parteien

2. Freiwerden von der Leistungspflicht, § 275

Schuldner braucht wegen Unmöglichkeit nicht leisten. Das Leistungshindernis lag schon **bei Vertragsschluss** vor (= anfängliche Unmöglichkeit).

3. Zu vertretende Unkenntnis, § 311a II 2

Dem Schuldner muss ein Vertretenmüssen seiner Unkenntnis vorgeworfen werden können.
Beachte: Ob der Schuldner seine Unkenntnis zu vertreten hat, richtet sich nach §§ 276, 278. Ein Vertretenmüssen der Unkenntnis des Schuldners wird gemäß 311a II 2 widerlegbar vermutet.

4. Rechtsfolgen

a) Schadensersatz statt der Leistung: § 311a II
Beachte: Schadensermittlung: **Surrogationsmethode** (Austauschtheorie) oder **Differenztheorie**

> **aa) Surrogationsmethode:** Gläubiger erbringt nach wie vor seine Gegenleistung und verlangt vom Schuldner den vollen Ersatz für die ausgebliebene Leistung

> **bb) Differenztheorie:** Gläubiger behält seine Gegenleistung und verlangt die Differenz zwischen dem Wert seiner behaltenen Gegenleistung und dem Wert der Leistung

Beachte: Die Schadensermittlung ist von der Schadensberechnung zu trennen (die Schadensberechnung erfolgt nach der Differenzhypothese).

b) Schadensersatz statt der ganzen Leistung: § 311a II 3

c) Anspruch auf Surrogate: § 285 I

d) Aufwendungsersatz: §§ 311a II 1, 284
Beachte: Der Aufwendungsersatzanspruch wird grundsätzlich nur **alternativ** zu Schadensersatz statt der Leistung gewährt!

34

III. Schadens- und Aufwendungsersatz bei nachträglicher Unmöglichkeit, §§ 280 I, III, 283

1. Wirksamer Vertrag zwischen den Parteien
2. Freiwerden von der Leistungspflicht, § 275 I-III
   Leistungshindernis lag erst nach Vertragsschluss (= nachträglich) vor
3. Vertretenmüssen der Unmöglichkeit wird vermutet, § 280 I 2

1. Wirksamer Vertrag zwischen den Parteien

2. Freiwerden von der Leistungspflicht, § 275 I-III

Schuldner braucht wegen Unmöglichkeit nicht leisten. Das Leistungshindernis lag erst **nach Vertragsschluss** vor (= nachträgliche Unmöglichkeit)

3. Vertretenmüssen der Unmöglichkeit wird vermutet, § 280 I 2

Dem Schuldner muss ein Vertretenmüssen vorgeworfen werden können.
Beachte: Das Vertretenmüssen richtet sich nach **§§ 276, 278**

4. Rechtsfolgen

a) Schadensersatz statt der Leistung: §§ 280 I, III, 283

b) Anspruch auf Surrogate: § 285 I

c) Aufwendungsersatz: § 284
Beachte: Der Aufwendungsersatzanspruch wird grundsätzlich nur **alternativ** zu Schadensersatz statt der Leistung gewährt!

C. Der Schuldner- und der Gläubigerverzug

I. Der Schuldnerverzug, §§ 280 I, II, 286

> **1. Fälliger und durchsetzbarer Anspruch**
> **2. Mahnung, § 286 I**
> **3. Pflichtverletzung: Nichtleistung trotz Möglichkeit, § 286 I 1**
> **4. Vertretenmüssen, § 286 IV**

1. Fälliger und durchsetzbarer Anspruch

Beachte: Anspruch kann aus einem **Vertrag** oder aus dem **Gesetz** resultieren.
Nicht: §§ 985, 1007, 861 (Sonderrecht der §§ 987 ff. verdrängt die Verzugsregelungen).
Fälligkeit gemäß Parteivereinbarung, im Zweifel sofort (§ 271).
Durchsetzbarkeit: Prüfen, ob Einreden gegen den fälligen Anspruch bestehen:
Bspe.: §§ 214, 273, 275 II, III, 320, 438 IV 2

2. Mahnung, § 286 I

Mahnung ist die **bestimmte** und **eindeutige** Leistungsaufforderung des Gläubigers, die deutlich macht, dass die Nichtleistung des Schuldners nachteilige Folgen für ihn hat.
Beachte: Die Mahnung ist eine geschäftsähnliche Handlung (Analoge Anwendung der Regeln über Willenserklärungen). Keine Mahnung **vor** Fälligkeit!

Entbehrlichkeit der Mahnung gem. § 286 II

a) Bestimmung der Leistungszeit nach dem Kalender (§ 286 II Nr. 1)

b) Festlegung eines ungewissen Ereignisses und Bestimmung einer angemessenen Zeit bis zur Leistung (§ 286 II Nr. 2)

c) Ernsthafte und endgültige Leistungsverweigerung (§ 286 II Nr. 3)

d) Vorliegen besonderer Gründe (§ 286 II Nr. 4)
Bspe.: Besondere Dringlichkeit der Leistung, Vereitelung der Mahnung durch Schuldner

Entbehrlichkeit der Mahnung bei Entgeltforderung: § 286 III

a) Entgeltforderung: Anspruch auf Zahlung aufgrund eines gegenseitigen Vertrages

b) Fälligkeit und Zugang einer Rechnung oder vergleichbaren Forderungsaufstellung

c) Nichtleistung innerhalb von 30 Tagen
Fristberechnung: §§ 187 I, 188 I

3. Pflichtverletzung: Nichtleistung trotz Möglichkeit, § 286 I 1

36

4. Vertretenmüssen: § 286 IV

Es gelten die §§ 276 I, 278.
Beachte: Der Entlastungsbeweis obliegt dem Schuldner!

5. Rechtsfolgen

a) Erfüllungsanspruch bleibt bestehen

b) Erweiterte Haftung des Schuldners, **§ 287**

c) Verzögerungsschaden
Verzögerungsschaden ist der Schaden, der dem Gläubiger dadurch entstanden ist, dass der Schuldner nicht rechtzeitig geleistet hat

d) Verzugszinsen, §§ 288 ff.

II. Der Gläubigerverzug, §§ 293 ff.

1. Leistungsberechtigung des Schuldners, § 271
2. Leistungsvermögen und -bereitschaft des Schuldners, § 297
3. Leistungsangebot des Schuldners, § 293
4. Nichtannahme der Leistung durch den Gläubiger oder Unterlassen der erforderlichen Mitwirkungshandlung, §§ 293, 299

1. Leistungsberechtigung des Schuldners, § 271

Der Leistungsanspruch muss wirksam und erfüllbar sein, d. h. der Schuldner muss also bereits leisten dürfen.
Beachte: Dies bestimmt sich nach der vertraglichen Vereinbarung, fehlt diese, dann gilt § 271 I, II.

2. Leistungsvermögen und -bereitschaft des Schuldners, § 297

Es darf **kein Unvermögen** des Schuldners vorliegen.

3. Leistungsangebot des Schuldners, § 293

Die Leistung muss ordnungsgemäß angeboten werden:

a) Tatsächliches Angebot, § 294
Beachte: Die Leistung muss so, wie sie zu bewirken ist, angeboten werden. Der Schuldner muss also die Leistung am **richtigen Ort**, zur **rechten Zeit** und in **rechter Art und Weise** anbieten.
Richtiger Ort für den Leistungserfolg ist der **Erfolgsort.**

b) Wörtliches Angebot, § 295
Beachte: Ein wörtliches Angebot stellt eine rechtsgeschäftsähnliche Handlung dar, d. h. die §§ 104 ff. gelten analog.

c) Tatsächliches bzw. wörtliches **Angebot entbehrlich, § 296**

4. Nichtannahme der Leistung durch den Gläubiger oder Unterlassen der erforderlichen Mitwirkungshandlung (§§ 293, 299)

Beachte: Gläubigerverzug trotz Annahmebereitschaft (§ 298): Gläubiger bietet Zug-um-Zug zu erbringende Leistung nicht an

5. Rechtsfolgen

a) Die Preisgefahr geht über, § 326 II 1 Var. 2

b) Die Leistungsgefahr geht bei einer Gattungsschuld über, § 300 II

c) Die Haftung ist gemindert auf Vorsatz und grobe Fahrlässigkeit, § 300 I

d) Mehraufwendungen des Schuldners sind zu ersetzen, § 304

D. Ansprüche bei Schlechtleistung und culpa in contrahendo

I. Schadensersatz statt der Leistung, §§ 280 I, III, 281 I

1. Fälliger und durchsetzbarer Anspruch
2. Pflichtverletzung: Leistung nicht oder nicht wie geschuldet erbracht
3. Nachfrist: § 281 I 1
4. Entbehrlichkeit der Nachfrist: § 281 II
5. Vertretenmüssen: § 280 I 2
6. Eigene Vertragstreue des Gläubigers

1. Fälliger und durchsetzbarer Anspruch

Fälligkeit gemäß Parteivereinbarung, im Zweifel sofort (§ 271).
Durchsetzbarkeit: Prüfen, ob Einreden gegen den fälligen Anspruch bestehen:
Bspe.: §§ 214, 273, 275 II, III, 320, 438 IV 2

2. Pflichtverletzung

Leistung wird trotz Möglichkeit nicht oder nicht wie geschuldet erbracht.
Nichtleistung: Schuldner erbringt die Leistung überhaupt nicht oder teilweise nicht.
Erbringung der Leistung nicht wie geschuldet: Sach- bzw. Rechtsmangel, alle sonstigen Fälle der Schlechterfüllung.
Beachte: Pflichtverletzung muss **erheblich** sein (§ 281 I 3)
Bei Teilleistung: Gläubiger darf an Teilleistung **kein Interesse** haben (§ 281 I 2).

3. Nachfrist, § 281 I 1

Setzung einer Nachfrist ist eine formlose einseitige und zugangsbedürftige Erklärung (= geschäftsähnliche Handlung; analoge Anwendung der Regeln über Willenserklärungen)
Beachte: Setzt der Gläubiger eine **zu kurze** Frist, dann wird dadurch automatisch eine angemessene Frist in Lauf gebracht (str.)
Die Nachfristsetzung kann erst **nach** der **Fälligkeit** der Leistung erfolgen
Beachte: Anstelle der Nachfrist kann auch eine **Abmahnung** treten: § 281 III

4. Entbehrlichkeit der Nachfrist, § 281 II

a) Ernsthafte und endgültige Erfüllungsverweigerung: § 281 II Var. 1

b) Besondere Umstände: § 281 II Var. 2

5. Vertretenmüssen, § 280 I 2

Schuldner muss Pflichtverletzung zu vertreten haben: §§ 276, 278.
Beachte: Entlastungsbeweis obliegt dem **Schuldner!**

6. Eigene Vertragstreue des Gläubigers

7. Rechtsfolgen

Gläubiger hat die Möglichkeit, zwischen der ursprünglichen Leistung und dem Schadensersatz statt der Leistung zu **wählen**: Erfüllung oder Schadensersatz

a) Schadensersatz statt der Leistung

b) Erfüllungsanspruch erlischt mit Geltendmachung des Schadensersatzanspruches: § 281 IV

c) Aufwendungsersatz: § 284

II. Rücktritt, § 323

1. Rücktrittserklärung, § 349
2. Rücktrittsgrund, § 323
3. Fristsetzung, § 323 I oder Entbehrlichkeit der Fristsetzung, § 323 II
4. Eigene Vertragstreue des Gläubigers
5. Interessensfortfall oder Erheblichkeit der Pflichtverletzung, § 323 V
6. Kein Ausschluss des Rücktrittsrechts nach § 323 VI oder nach § 218 I 1

1. Rücktrittserklärung, § 349

Einseitige empfangsbedürftige Willenserklärung des Rücktrittsberechtigten gegenüber dem Rücktrittsgegner

2. Rücktrittsgrund, § 323

a) Gegenseitiger Vertrag

b) Pflichtverletzung
Schuldner erbringt fällige Leistung nicht wie geschuldet

aa) Leistungspflicht
Jede vertragliche Leistungspflicht.
Beachte: Leistungspflicht muss nicht synallagmatisch sein, auch Nebenleistungspflichten, nicht jedoch bloße Nebenpflichten i. S. d. § 241 II (bei diesen ist Rücktritt nur nach § 324 möglich).
Wichtig: Es muss sich um eine **leistungsbezogene** Pflicht handeln, auf die der Gegner einen durchsetzbaren Anspruch hat.

bb) Fälligkeit
Nach § 271 I tritt sie grundsätzlich **sofort** ein, es sei denn, die Parteien haben einen anderen Fälligkeitszeitpunkt vereinbart.
Beachte: Fälligkeit ist gem. § 323 IV entbehrlich, wenn offensichtlich ist, dass die Voraussetzungen des Rücktritts eintreten werden (siehe 3.).

cc) Durchsetzbarkeit

Bestehen einer **Einrede** hindert Durchsetzbarkeit
Ausnahme: § 273, hier muss sich der Schuldner auf die Einrede wegen § 273 III berufen

dd) Nicht- oder Schlechtleistung

a) Schuldner erbringt die Leistung **nicht vollständig oder teilweise**

b) Nicht vertragsgemäße Leistung: **Schlechtleistung**

3. Fristsetzung, § 323 I oder Entbehrlichkeit der Fristsetzung, § 323 II

Erforderlichkeit einer **angemessenen** Fristsetzung (§ 323 I)
Beachte: Angemessenheit der Frist richtet sich nach den Umständen des Einzelfalls
Setzung einer zu kurzen Frist setzt angemessene Frist in Gang

Entbehrlichkeit der Fristsetzung nach § 323 II:

a) Ernsthafte und endgültige Leistungsverweigerung (**§ 323 II Nr. 1**)

b) Relatives Fixgeschäft (**§ 323 II Nr. 2**)
Parteien haben vereinbart, dass der Vertrag aufgrund einer Terminvereinbarung mit der Einhaltung des Leistungstermins stehen und fallen soll.

c) Besondere Umstände, die unter Abwägung der beiderseitigen Interessen den sofortigen Rücktritt rechtfertigen (**§ 323 II Nr. 3**)
Beachte: § 323 II Nr. 3 ist als **Auffangtatbestand** für die in den Nr. 1 und Nr. 2 nicht erfassten Fälle konzipiert.

4. Eigene Vertragstreue des Gläubigers

Der Gläubiger muss sich selbst vertragsgemäß verhalten.

5. Interessensfortfall oder Erheblichkeit der Pflichtverletzung, § 323 V

a) § 323 V 1: Fehlendes Interesse des Gläubigers an einer bereits erbrachten Teilleistung

b) § 323 V 2: Erheblichkeit der Pflichtverletzung
Hier wird der Fall der **Schlechtleistung** geregelt

6. Kein Ausschluss des Rücktrittsrechts nach § 323 VI oder nach § 218 I 1

Überwiegende Verantwortlichkeit des Gläubigers (Kein Vertretenmüssen erforderlich)

7. Rechtsfolgen

§§ 346 ff.
Beachte: Bei Verjährung: § 218

III. Rücktritt, § 324 (Nebenpflichtverletzung i.S.d. § 241 II)

1. Rücktrittserklärung, § 349

2. Rücktrittsgrund, § 324

a) Gegenseitiger Vertrag

b) Verletzung einer **nichtleistungsbezogenen** Pflicht i. S. d. **§ 241 II**
Schutz-, Verhaltens- und Rücksichtnahmepflichten

c) **Unzumutbarkeit** des Festhaltens am Vertrag für den Gläubiger
Durch wertende Abwägung zu ermitteln

3. Rechtsfolgen

§§ 346 ff.

IV. "Culpa in contrahendo", §§ 280 I, 311 II, 241 II

Beachte: Bei § 311 II handelt es sich um **vorvertragliche** Schuldverhältnisse.

---

1. **Anwendbarkeit: keine vorrangige Regeln einschlägig**
2. **Schuldverhältnis i. S. d. § 311 II**
3. **Handlung oder Unterlassung**
4. **Pflichtverletzung i. S. d. §§ 311 II, 241 II, 280**
5. **Kausalität zwischen Handlung und Pflichtverletzung**
6. **Vertretenmüssen, § 280 I 2**

---

1. Anwendbarkeit: keine vorrangige Regeln einschlägig

2. Schuldverhältnis i. S. d. § 311 II

a) Aufnahme von Vertragsverhandlungen: § 311 II Nr. 1

b) Vertragsanbahnung: § 311 II Nr. 2

c) Ähnliche geschäftliche Kontakte: § 311 II Nr. 3

d) Schuldverhältnis mit Dritten: § 311 III

aa) **Inanspruchnahme persönlichen Vertrauens in
besonderem Maße**
Beachte: Nur besondere Sachkunde des Dritten reicht nicht
aus, sondern es ist erforderlich, dass der Dritte eine über das
normale Verhandlungsvertrauen hinausgehende persönliche
Gewähr für die Seriosität und die Erfüllung des Vertrags übernommen hat.

bb) **Besonderes wirtschaftliches Eigeninteresse**
Der Dritte ist als wirtschaftlicher Herr des Geschäfts, d. h. als
eigentlicher wirtschaftlicher Interessenträger anzusehen.

42

3. Handlung oder Unterlassung

4. Pflichtverletzung i. S. d. §§ 311 II, 241 II, 280

Pflichtverletzung liegt vor, wenn der Schuldner von seinem durch das Schuldverhältnis begründeten Pflichtenprogramm abweicht

Verletzung von nichtleistungsbezogenen Nebenpflichten i. S. v. § 241 II
Beachte: Wird eine **nichtleistungsbezogene** Nebenpflicht **während des Bestehens** eines Schuldverhältnisses mit Leistungspflichten verletzt, dann greift **§§ 280 I, 241 II** („pVV" = Positive Vertragsverletzung) ein

aa) Schutz- und Obhutspflichten

bb) Aufklärungs- und Hinweispflichten

cc) Abbruch von Vertragsverhandlungen
Beachte: Hier hat eine Partei in zurechenbarer und pflichtwidriger Weise Vertrauen auf das Zustandekommen des Vertrags erweckt und ohne triftigen Grund die Verhandlungen abgebrochen.

dd) Mitwirkungspflichten

ee) Verletzung des Vertrauensverhältnisses bei dauernder Geschäftsverbindung

ff) Schuldhafte Verursachung des Abschlusses eines unwirksamen oder anfechtbaren (nach § 123) Vertrages

5. Kausalität zwischen Handlung und Pflichtverletzung

6. Vertretenmüssen, § 280 I 2

Schuldner muss Pflichtverletzung zu vertreten haben
Beachte: §§ 276, 278
Entlastungsbeweis obliegt dem **Schuldner**

7. Rechtsfolgen

Schadensersatz aus § 280 I

E. Wichtige Einwendungen und Einreden

I. Rücktritt, §§ 346 ff.

1. **Rücktrittserklärung, § 349**
2. **Keine Wirksamkeitshindernisse, §§ 350 – 353**
3. **Rücktrittsgrund**

1. Rücktrittserklärung, § 349

2. Keine Wirksamkeitshindernisse, §§ 350 – 353

3. Rücktrittsgrund

a) Vertraglich vereinbartes Rücktrittsrecht (§ 346 I Var. 1)

b) Gesetzliches Rücktrittsrecht (§ 346 I Var. 2)

aa) Mangelhaftigkeit: §§ 437 Nr. 2, 634 Nr. 3, 323

bb) Leistungsstörungen: §§ 323, 324, 326

cc) Störung der Geschäftsgrundlage: § 313

4. Rechtsfolgen

a) Primäransprüche aus dem ursprünglichen Schuldverhältnis erlöschen, ein **Rückgewährschuldverhältnis** entsteht.

b) Rückgewähr der **empfangenen Leistungen** „in Natur" (§ 346 I)
Beachte: Die **Rückabwicklung** erfolgt nach **§ 348 Zug um Zug**
Herausgabe der gezogenen Nutzungen (§ 100)

c) Wertersatz (§ 346 II)
Wertersatz ist zu leisten, wenn die Leistung in Natur nicht möglich ist

aa) Rückgewähr ist **nicht** möglich: **§ 346 II 1 Nr. 1**
Beachte: Es sind nur solche Leistungen gemeint, bei denen die Rückgewähr bzw. die Herausgabe **von vornherein** ausgeschlossen waren

bb) Verbrauch, Veräußerung, Verarbeitung oder Umgestaltung: **§ 346 II 1 Nr. 2**

cc) Untergang, Verschlechterung: **§ 346 II 1 Nr. 3**
Verschlechterung: Jede nachteilige Veränderung der Substanz oder Funktionstauglichkeit des Gegenstands
Beachte: Die bestimmungsgemäße Ingebrauchnahme bleibt außer Betracht (§ 346 II 1 Nr. 3 Hs 2)
Untergang: Vollständige Vernichtung der Sachsubstanz
Beachte: Es ist **unerheblich**, ob der **Schuldner** den Untergang bzw. die Verschlechterung der Sache **zu vertreten** hat.

44

d) Ausschluss der Wertersatzpflicht (§ 346 III)
Unter den Voraussetzungen des § 346 III kann die Wertersatzpflicht aus § 346 II wieder entfallen

> **a)** Mangel zeigt sich erst bei Verarbeitung oder Umgestaltung: § 346 III 1 Nr. 1
>
> **b)** Gläubiger hat Untergang oder Verschlechterung des Gegenstands zu vertreten (§ 276): § 346 III 1 Nr. 2 Var. 1
>
> **c)** Untergang oder Verschlechterung des Gegenstandes wäre bei dem Gläubiger gleichfalls eingetreten: § 346 III 1 Nr. 2 Var. 2
>
> **d)** Privilegierung des gesetzlich Rücktrittsberechtigten: § 346 III 1 Nr. 3 Ausschluss der Wertersatzpflicht bei Einhaltung eigenüblicher Sorgfalt (§ 277)

e) Herausgabe der verbleibenden Bereicherung: § 346 III 2
Herausgabe nach den §§ 812 ff. (Rechtsfolgenverweis)

f) Schadensersatzpflicht (§§ 346 IV, 280 ff.)
Beachte: Es ist beim Schadensersatzanspruch aus §§ 346 IV, 280 ff. umstritten, ab welchem **Zeitpunkt** eine solche Ersatzpflicht entstehen kann. Dies betrifft vor allem die Phase zwischen Kenntnis des Rücktrittgrunds und Ausübung des Rücktritts (nach der hier vertretenen Auffassung ist ein Schadensersatzanspruch in dieser Phase möglich, beachte aber Haftungsprivileg des § 346 III 1 Nr. 3)

g) Ersatz von Nutzungen und Verwendungen, § 347
Nutzungen: §§ 99, 100
Beachte: Wenn der Schuldner entgegen den Regeln einer ordnungsgemäßen Wirtschaft keine Nutzungen zieht, dann hat er nach § 347 I 1 dem Gläubiger Wertersatz zu leisten, beachte § 347 I 2 (Maßstab: § 277)
Verwendungen: § 347 II 1
Notwendige Verwendungen: Liegen bei einer willentlichen Vermögensaufwendung vor, die der Sache **zugute** kommen soll, indem sie sie wiederherstellt, erhält, verbessert oder sie ggf. auch grundlegend verändert
Sie sind **notwendig**, wenn sie zur Erhaltung der Sache zur Zeit der Vornahme erforderlich sind

II. Widerrufsrecht bei Verbraucherverträgen, §§ 355, 312 g I

1. Widerrufserklärung eines Verbrauchers (§ 13), § 355 I
2. Gesetzliches Widerrufsrecht nach §§ 355 I, 312 g I bzgl. Verbrauchervertrag
3. Eine Form der Widerrufserklärung ist nicht vorgeschrieben
4. Widerrufsfrist beträgt 14 Tage gemäß § 355 II 1

1. Widerrufserklärung eines Verbrauchers (§ 13), § 355 I

Einseitige, empfangsbedürftige Willenserklärung des Verbrauchers gegenüber dem Unternehmer (§ 14)

2. Gesetzliches Widerrufsrecht nach §§ 355 I, 312 g I bzgl. Verbrauchervertrag

- Außerhalb von Geschäftsräumen geschlossene Verträge, § 312 b
Beachte: § 312 g II: **Ausschluss** des Widerrufsrechts

- Widerrufsrecht bei **Fernabsatzverträgen**: §§ 312 c
Beachte: § 312 g II: **Ausschluss** des Widerrufsrechts

3. Form der Widerrufserklärung, § 355 I

Die Erklärung bedarf **keiner speziellen Form** und ist sogar telefonisch möglich. Aus der Erklärung muss aber der Entschluss des Verbrauchers zum Widerruf des Vertrags eindeutig hervorgehen.

Beachte: Es ist **keine Begründung** erforderlich, § 355 I 4

4. Widerrufsfrist, § 355 II

Widerrufsfrist beträgt **14 Tage** (§ 355 II 1). Sie beginnt mit Vertragsschluss, soweit nichts anderes bestimmt ist. Fristbeginn beim Verbrauchsgüterkauf ist idR, sobald der Verbraucher die Ware erhält, § 356 II Nr. 1a)

> **Beachte:** Die Frist beginnt nur nach einer ordnungsgemäßen Belehrung zu laufen, § 356 III
>
> **Fristberechnung:** § 187 I und § 188 II
>
> Erlöschen des Widerrufsrechts spätestens nach zwölf Monaten und 14 Tagen, § 356 III 2

5. Rechtsfolgen, § 357

a) Die empfangenen Leistungen sind spätestens nach 14 Tagen **zurückzugewähren**, § 357 I.

b) Der Unternehmer muss grundsätzlich auch etwaige Zahlungen des Verbrauchers für die Lieferung (**Hinsendung**) zurückgewähren, also z.B. Portokosten. Der Verbraucher trägt die unmittelbaren Kosten der **Rücksendung** der Waren, wenn der Unternehmer den Verbraucher von dieser Pflicht unterrichtet hat, § 357 VI.

c) Bei einem Verbrauchsgüterkauf kann der Unternehmer gemäß **§ 357 IV** die **Rückzahlung verweigern**, bis er die Waren zurückerhalten hat oder der Verbraucher den Nachweis erbracht hat, dass er die Waren abgesandt hat.

d) Der Verbraucher hat nach **§ 357 VII** für einen Wertverlust der Ware **Wertersatz** zu leisten, wenn der Wertverlust auf einen Umgang mit den Waren zurückzuführen ist, der zur Prüfung der Beschaffenheit, der Eigenschaften und der Funktionsweise der Waren **nicht notwendig** war <u>und</u> wenn der Unternehmer den Verbraucher entsprechend den gesetzlichen Vorgaben über sein Widerrufsrecht unterrichtet hat.

Ein Anspruch auf Wertersatz für gezogene **Nutzungen** steht dem Unternehmer demgegenüber **nicht** zu.

III. Aufrechnung, §§ 387 ff.

> 1. Aufrechnungslage, § 387
> 2. Kein Ausschluss der Aufrechnung, §§ 390 ff.
> 3. Aufrechnungserklärung (§ 388)

1. Aufrechnungslage, § 387

a) Gegenseitigkeit zweier Forderungen

Jeder ist Gläubiger und Schuldner des anderen.
Beachte: Ausnahmen, die das Erfordernis der Wechselseitigkeit aufheben: § 406; § 566d; § 242 (Grundsatz von Treu und Glauben), wenn die Berufung auf das Fehlen der Wechselseitigkeit als missbräuchlich erscheint

b) Gleichartigkeit der Forderungen (z.B. beide auf Geld gerichtet)

c) Erfüllbarkeit der Hauptforderung
Die Schuld des Aufrechnenden muss entstanden sein und er muss das Recht haben, seine Leistung auch schon zu erbringen
Beachte: Hauptforderung braucht **nicht durchsetzbar** sein

d) Fälligkeit und Durchsetzbarkeit der Gegenforderung des Aufrechnenden (§ 390)

2. Kein Ausschluss der Aufrechnung, §§ 390 ff.

a) Vertraglicher Ausschluss
Beachte: § 309 Nr. 3

b) Gesetzlicher Ausschluss
Beachte hier besonders §§ 390 – 395
Zu § 394: Unpfändbare Forderung: Die Unpfändbarkeit regeln u. a. die §§ 850 ff. ZPO

3. Aufrechnungserklärung, § 388

Sie ist eine einseitige empfangsbedürftige Willenserklärung, die nicht unter einer Bedingung oder Zeitbestimmung abgegeben werden kann (§ 388 S. 2)

4. Rechtsfolge, § 389

Die Aufrechnung bewirkt, dass die Forderungen, soweit sie sich decken, als in dem Zeitpunkt **erloschen** gelten, in welchem sie zur Aufrechnung geeignet einander gegenübergetreten sind.

IV. Störung der Geschäftsgrundlage, § 313

1. Anwendbarkeit
2. Vorliegen eines vertraglichen Schuldverhältnisses
3. Umstand (§ 313 I) oder Vorstellung (§ 313 II) ist relevante Grundlage des Vertrages geworden
4. Schwerwiegende Veränderung der Geschäftsgrundlage (§ 313 I) oder wesentliche Vorstellungen über die Geschäftsgrundlage (§ 313 II) haben sich als falsch herausgestellt
5. Festhalten am unveränderten Vertrag ist unzumutbar

1. Anwendbarkeit

Anderweitige gesetzliche Regelungen bzw. vertragliche Vereinbarungen sind **vorrangig** zu prüfen

a) Vertragliche Regelungen

b) Gesetzliche Regelungen
Bspe.: §§ 275 II, 779

c) Anfechtung
Beachte: Bei einem **beidseitigen Eigenschaftsirrtum** ist umstritten, ob die Regeln der Anfechtung vor den Regeln des § 313 Vorrang haben sollen.

d) Leistungsstörung
Beachte: Abgrenzung § 313 zu **§ 275 II**
Nach einer Auffassung soll die **wirtschaftliche Unmöglichkeit** nur unter § 313 fallen, nach einer anderen Auffassung sind bei der wirtschaftlichen Unmöglichkeit sowohl § 275 II als auch § 313 nebeneinander anwendbar. **Wirtschaftliche Unmöglichkeit:** Liegt bei den Tatbeständen vor, bei denen die Leistung zwar praktisch möglich, für den Schuldner aber mit so erheblichen Aufwendungen verbunden ist, dass sie ihm unzumutbar ist.

2. Vorliegen eines vertraglichen Schuldverhältnisses

Sowohl gegenseitige als auch einseitige Verträge

3. Umstand (§ 313 I) oder Vorstellung (§ 313 II) ist relevante Grundlage des Vertrages geworden

Beachte: Die Geschäftsgrundlage besteht aus **drei** Elementen: reales Element, hypothetisches Element und normatives Element

a) Reales Element: Das tatsächliche Element der Geschäftsgrundlage
ist ein Umstand, dessen Bestehen oder Eintritt von mindestens einer Vertragspartei bei Abgabe der Vertragserklärung vorausgesetzt wird

b) Hypothetisches Element: Die Partei, die sich auf § 313 beruft, hätte
bei Kenntnis der wahren Lage den Vertrag so nicht geschlossen

c) Normatives Element: Die andere Partei hätte sich redlicherweise auf einen anderen Vertragsinhalt einlassen müssen, weil die wahre Lage gem. § 242 nicht im Risikobereich der Partei liegt, die sich auf § 313 beruft

4. Schwerwiegende Veränderung der Geschäftsgrundlage (§ 313 I). Oder: wesentliche Vorstellungen über die Geschäftsgrundlage (§ 313 II) haben sich als falsch herausgestellt

Beachte: Typische Hauptfallgruppen:

a) Zweckstörung: Leistungshandlung kann vom Schuldner zwar vorgenommen werden, wird aber für den Gläubiger sinnlos

b) Äquivalenzstörung: Liegt vor, wenn das dem gegenseitigen Vertrag innewohnende angemessene Verhältnis von Leistung und Gegenleistung gestört ist

c) Beidseitiger Eigenschaftsirrtum

5. Festhalten am unveränderten Vertrag ist unzumutbar

6. Rechtsfolgen

a) Vertragsanpassung, § 313 I

b) Rücktritts- / Kündigungsrecht, wenn die Vertragsanpassung nicht möglich oder nicht zumutbar ist, § 313 III

V. Kündigung von Dauerschuldverhältnissen aus wichtigem Grund, § 314

1. Dauerschuldverhältnis
2. Vorliegen eines wichtigen Grunds
3. Interessenabwägung, § 314 I 2
4. Abhilfefrist / Abmahnung, § 314 II 1
5. Kündigungserklärung
6. Einhaltung einer angemessenen Frist, § 314 III

1. Dauerschuldverhältnis

Dauerschuldverhältnis: Die Verpflichtung besteht in einem **dauernden** Verhalten oder in **wiederkehrenden** Leistungen

2. Vorliegen eines wichtigen Grunds

Liegt vor, wenn dem Kündigenden ein Festhalten an dem Dauerschuldverhältnis **nicht mehr zugemutet** werden kann

3. Interessenabwägung, § 314 I 2

Beachte: Abwägung der **beidseitigen** Interessen
Berücksichtigung aller Umstände des Einzelfalls

4. Abhilfefrist / Abmahnung, § 314 II 1

Erfolglose Setzung einer Abhilfefrist bzw. erfolglose Abmahnung, wenn der
Kündigungsgrund eine **Vertragspflichtverletzung** ist
Beachte: Entbehrlich gem. §§ 314 II 2, 323 II

5. Kündigungserklärung

6. Einhaltung einer angemessenen Frist, § 314 III

Kündigung nur innerhalb einer angemessenen Frist seit Kenntnis vom
Kündigungsgrund
Fristdauer: Spezialgesetzlich; sonst angemessene Frist nach § 314 III

7. Rechtsfolgen

Beendigung des Vertragsverhältnisses **für die Zukunft.**
Beachte: Schadensersatzansprüche werden von einer Kündigung **nicht** berührt
(§ 314 IV).

VI. Hinterlegung, §§ 372 ff.

1. Hinterlegungsgrund
2. Hinterlegungsfähigkeit des geschuldeten Gegenstands

1. Hinterlegungsgrund

a) § 372 S. 1: Annahmeverzug des Gläubigers (§§ 293 ff.)
Beachte: Verzug muss **tatsächlich** vorliegen

b) Ein anderer in der Person des Gläubigers liegender Grund (**§ 372 S. 2 Var. 1**)

c) Ungewissheit über die Person des Gläubigers (**§ 372 S. 2 Var. 2**)

2. Hinterlegungsfähigkeit des geschuldeten Gegenstands

Nur Geld, Wertpapiere, sonstige Urkunden, Kostbarkeiten (**§ 372 S. 1**); Nicht z. B.
Tiere, Autos

Beachte: Wenn die Sache **nicht hinterlegungsfähig** ist, dann kann sie der
Schuldner unter den Voraussetzungen des **§§ 383 ff. versteigern** lassen, wobei
der Erlös daraus dann hinterlegungsfähig ist (§ 383).

Beachte: Die Vorschriften der §§ 373, 374 HGB sind zu beachten, wenn es sich
um einen **Handelskauf (§ 343 HGB)** handelt, wobei sie neben den Vorschriften der
§§ 372 ff. anwendbar sind.

3. Rechtsfolgen

a) Bei ausgeschlossener Rücknahme: Erlöschen der Leistungspflicht,
§§ 376 II, 378
b) Rücknahmerecht des Schuldners (§ 376 I)
Beachte: § 379

    aa) Einrede bzgl. Leistungspflicht (§ 379 I)

    bb) Gefahrübergang auf Gläubiger (§ 379 II)

    cc) Zinsfreiheit (§ 379 II)

    dd) Herausgabe der tatsächlich gezogenen Nutzungen

VII. Einrede des § 273 (Zurückbehaltungsrecht) = rechtshemmende Einrede

1. Schuldverhältnis
2. Gegenseitigkeit zweier Forderungen
3. Fälligkeit und Durchsetzbarkeit der Gegenforderung
   des Zurückbehaltenden
4. Konnexität (Verknüpfung) der Ansprüche
5. Kein Ausschluss des Zurückbehaltungsrechts
6. Erhebung der Einrede

1. Schuldverhältnis

Das Zurückbehaltungsrecht ist bei **allen** Arten von Schuldverhältnissen anwendbar

2. Gegenseitigkeit zweier Forderungen

Jeder ist Gläubiger und Schuldner des anderen
Beachte Ausnahme: Eine der Parteien tritt ihren Anspruch an einen **Dritten** ab, die Gegenpartei kann dann das Zurückbehaltungsrecht aus § 273 gem. § 404 auch dem Dritten entgegenhalten.
Weitere Ausnahme: §§ 328 ff. (§ 334 stellt eine dem § 404 vergleichbare Norm dar)

3. Fälligkeit und Durchsetzbarkeit der Gegenforderung des Zurückbehaltenden

4. Konnexität (Verknüpfung) der Ansprüche

Die gegenseitigen Ansprüche müssen auf **demselben Rechtsverhältnis** beruhen. Natürlicher / Wirtschaftlicher Zusammenhang beider Forderungen.
Konnexität ist gegeben, wenn zwei Forderungen ein innerlich zusammengehöriges, einheitliches Lebensverhältnis zugrunde liegt, so dass es gegen Treu und Glauben verstieße, wenn der eine Anspruch ohne Rücksicht auf den anderen geltend gemacht würde (Abwägung).

5. Kein Ausschluss des Zurückbehaltungsrechts

a) Vertraglicher Ausschluss (ausdrücklich oder konkludent)
Bei AGB: §§ 310 III, 309 Nr. 2 b
Beachte: Es sind nur solche Klauseln unwirksam, die das Zurückbehaltungsrecht bei gegenseitigen Forderungen ausschließen, die auf
demselben Vertragsverhältnis beruhen.

b) Gesetzlicher Ausschluss
Bsp.: Bei Rückgabe der Vollmachtsurkunde (§ 175)
Beachte: Gesetzlicher Ausschluss auch aus § 242 (Grundsatz von Treu
und Glauben)
Beachte auch **§ 273 III** (Abwendungsbefugnis): Gläubiger kann die
Geltendmachung des Zurückbehaltungsrecht durch den Schuldner
dadurch abwenden, dass er **Sicherheit** leistet.

6. Erhebung der Einrede

Der Schuldner muss dem Gläubiger ausdrücklich oder konkludent zu verstehen
geben, dass er die Leistung aufgrund seines Zurückbehaltungsrechts **verweigert**.

7. Rechtsfolgen

Es besteht ein Zurückbehaltungsrecht. Der Schuldner wird zur Leistung Zug-um-
Zug verurteilt (§ 274 I).

Beachte: Abwendung möglich durch **Sicherheitsleistung** des Gläubigers
(§ 273 III)

VIII. Einrede des § 320 = rechtshemmende Einrede

Beachte: § 320 ist **lex specialis** zu § 273 bei **gegenseitigen** Verträgen!

1. Gegenseitiger Vertrag, § 320 I
2. Synallagmatische Leistungspflichten
**3. Durchsetzbarkeit und Fälligkeit der Gegenforderung des Einredenden
(Schuldners)**
4. Eigene Vertragstreue des Schuldners
5. Keine Bewirkung der Gegenleistung des Gläubigers
6. Kein Ausschluss der Einrede

1. Gegenseitiger Vertrag, § 320 I

Synallagmatische Verträge

2. Synallagmatische Leistungspflichten

Pflichten, die im Gegenseitigkeitsverhältnis stehen

3. Durchsetzbarkeit und Fälligkeit der Gegenforderung des Einredenden (Schuldners)

Wenn die Forderung des Schuldners verjährt ist, ist sie nicht mehr eigenständig durchsetzbar, **Ausnahme: § 215**

4. Eigene Vertragstreue des Schuldners

Schuldner muss am Vertrag festhalten und willens sein, die ihm obliegende Leistung zu erbringen

5. Keine Bewirkung der Gegenleistung des Gläubigers

Leistung des Gläubigers ist noch nicht oder nicht vollständig erbracht worden
Vollständig oder fast vollständig geleistet: § 320 II

6. Kein Ausschluss der Einrede

a) Vertraglicher Ausschluss durch eine Individualvereinbarung

b) Einrede des § 320 kann auch durch den Grundsatz von **Treu und Glauben** (§ 242) beschränkt werden

7. Rechtsfolgen

Es besteht ein Zurückbehaltungsrecht. Verurteilung zur Leistung Zug-um-Zug (§ 322)

Beachte: Keine Abwendung durch Sicherheitsleistung des Gläubigers möglich (§ 320 I 3)

F. Dreipersonenverhältnisse

I. Echter Vertrag zugunsten Dritter, §§ 328 ff.

Beachte: § 328 ist **keine** eigene Anspruchsgrundlage! **Anspruchsgrundlage** ist die Vertragsnorm bzw. § 311 I i. V. m. § 328.

---

1. Wirksamer (schuldrechtlicher) Vertrag im Deckungsverhältnis zwischen dem Schuldner (= dem Versprechenden) **und dem Gläubiger** (= dem Versprechungsempfänger)
2. Vereinbarung der Leistung an einen Dritten (= Leistungsempfänger)
3. Leistungsanspruch: Der Dritte soll nach der Vereinbarung ein eigenes Recht besitzen, die Leistung zu fordern

---

1. Wirksamer (schuldrechtlicher) Vertrag im Deckungsverhältnis zwischen dem Schuldner (= dem Versprechenden) **und dem Gläubiger** (= dem Versprechungsempfänger)

Beachte: Nur **schuldrechtliche** Ansprüche sind möglich, Verfügungen zugunsten Dritter gem. §§ 328 ff. sind weder direkt noch analog anwendbar (Grund: Wortlaut und systematische Stellung von § 328)
Bezeichnungen:
- **Deckungsverhältnis:** Grundverhältnis zwischen **Gläubiger** und **Schuldner**
- **Valutaverhältnis:** Zuwendungsverhältnis zwischen dem **Gläubiger** und dem **Dritten**
- **Vollzugsverhältnis:** Drittverhältnis zwischen dem **Schuldner** und dem **Dritten**;

Beachte: Es handelt sich hierbei um **kein** vertragliches Rechtsverhältnis

2. Vereinbarung der Leistung an einen Dritten (= Leistungsempfänger)

Gläubiger und Schuldner vereinbaren, dass der Schuldner nicht an den Gläubiger, sondern an einen Dritten leisten soll
Beachte: Dritter: Natürliche oder juristische Person
Ausreichend ist die **Bestimmbarkeit** des Begünstigten

3. Leistungsanspruch: Der Dritte soll nach der Vereinbarung ein eigenes Recht besitzen, die Leistung zu fordern

Beachte: Ggf. Auslegung nach § 328 II
Ist der Dritte zwar leistungsberechtigt, hat aber nur der Gläubiger das Recht, die Leistung an den Dritten zu verlangen, dann liegt ein **unechter Vertrag zugunsten Dritter** vor.

Beachte: Die Vertragsparteien können im Deckungsverhältnis zusätzliche Voraussetzungen für den Rechtserwerb des Begünstigten vereinbaren (Grund: § 311 I).
Bsp.: Recht des Dritten kann befristet begründet werden

4. Rechtsfolgen für den Dritten

a) Dritter erhält einen **eigenen** Anspruch auf die Primärleistung

b) Dritter kann das Recht nach § 333 zurückweisen

c) Bei Leistungsstörungen hat der Dritte die **Gläubigerrechte** beispielsweise aus den §§ 280 ff.
Beachte: Der Dritte kann aber **nicht** solche Schadensersatzansprüche geltend machen, die **statt** der Leistung zu gewähren sind (str.), **anders** bei Schadensersatzansprüchen **neben** der Leistungserbringung
Dem Dritten steht **kein Rücktrittsrecht** zu, aber: aus Vertragsauslegung nach §§ 133, 157 ggf. §§ 281, 323 (str.)

Rechtsfolgen für den Gläubiger:

Gläubiger kann nur noch Leistung an den Dritten verlangen (§ 335)

Rechtsfolgen für den Schuldner:

Schuldner kann **schuldbefreiend** nur noch an den **Dritten leisten**
Beachte: Haftungsbeschränkungen, die mit dem Gläubiger vereinbart wurden, gelten auch gegenüber dem Dritten (§ 334)

II. Vertrag mit Schutzwirkung zugunsten Dritter

1. Vertrag zwischen Gläubiger und Schuldner
2. Einbeziehung des Dritten in den Schutzbereich des Vertrags
a) Der Dritte muss bestimmungsgemäß mit der Leistung
in Berührung kommen
b) Der Gläubiger hat ein berechtigtes Interesse am Schutz des Dritten
durch Einbeziehung in den Vertrag
c) Erkennbarkeit der Einbeziehung des Dritten für den Schuldner
bei Vertragsschluss
d) Schutzbedürftigkeit des Dritten

1. Vertrag zwischen Gläubiger und Schuldner

2. Einbeziehung des Dritten in den Schutzbereich des Vertrags

Beachte: Der Vertrag zwischen Gläubiger und Schuldner bezieht den Dritten in die **vertraglichen Sorgfalts- und Obhutspflichten** mit ein.
Sollten diese Pflichten verletzt werden, dann kann der Dritte Schadensersatz nach vertraglichen Grundsätzen verlangen.

    a) Leistungsnähe des Dritten: Der Dritte muss **bestimmungsgemäß** mit der Leistung in Berührung kommen und den **Gefahren** von Schutzpflichtverletzungen ebenso ausgesetzt sein wie der Gläubiger selbst

    b) Gläubigernähe: Der Gläubiger hat ein **berechtigtes Interesse** am Schutz des Dritten durch Einbeziehung in den Vertrag
    Beachte: Die frühere Rspr. bejahte die Gläubigernähe, wenn den Gläubiger eine Schutz- und Fürsorgepflicht gegenüber dem Dritten traf, d. h. wenn er also für das „Wohl und Wehe" des Dritten mitverantwortlich war („Wohl-und-Wehe-Formel").
    Fürsorgeverhältnis familien-, arbeits- oder mietrechtlicher Art

Neuere Rspr.: Ausdehnung der Gläubigernähe auch auf Dritte, zu denen **kein** Rechtsverhältnis mit personenrechtlichem Einschlag besteht
Nach wie vor: **Besonderes Näheverhältnis** zwischen dem Gläubiger und dem Dritten
Dritter muss aber **nicht mehr** zum Gläubiger in **sozialer Abhängigkeit stehen**
Das Interesse am Schutz des Dritten wird nun auch bejaht, wenn der Dritte mit der im Vertrag versprochenen Leistung bestimmungsgemäß in Kontakt kommen soll oder wenn sonstige Anhaltspunkte für einen auf den Schutz des Dritten gerichteten Parteiwillen bestehen.

c) Erkennbarkeit der Einbeziehung des Dritten für den Schuldner bei Vertragsschluss

d) Schutzbedürftigkeit des Dritten
Hieran fehlt es, wenn der Dritte **selbst** einen vertraglichen Anspruch gegen den Gläubiger hat

3. Rechtsfolgen

- **Eigener** vertraglicher **Schadensersatzanspruch des Dritten** gegen den Schuldner
- Ersatzfähig sind Personen- und Vermögensschäden
- **Beachte:** Schuldner kann dem Anspruch des Dritten **Einwendungen** aus dem Hauptvertrag entgegenhalten (**§ 334 analog**)
- Wenn der geschützte Dritte den Schadensersatzanspruch **mitverschuldet** hat, dann muss er sich dieses Mitverschulden anrechnen lassen (**§ 254**).

III. Drittschadensliquidation

Beachte: Abgrenzung zum Vertrag mit Schutzwirkung zugunsten Dritter und zur Vorteilsanrechnung
Vertrag mit Schutzwirkung hat **Vorrang**

1. **Anspruchsberechtiger (Gläubiger) hat keinen Schaden**
2. **Bei Drittem (Geschädigtem) ist ein Schaden eingetreten, er hat aber gegen den Schuldner keinen eigenen Anspruch**
3. **Aus Sicht des Schuldners zufällige Schadensverlagerung**

1. **Anspruchsberechtiger (Gläubiger) hat keinen Schaden**

2. Bei **Drittem** (Geschädigter) ist ein **Schaden eingetreten**, er hat aber **gegen den Schuldner keinen eigenen Anspruch**

3. **Aus Sicht des Schuldners zufällige Schadensverlagerung**

Folgende Fallgruppen sind anerkannt, in denen eine Schadensverlagerung als zufällig angesehen wird:

a) Obligatorische Gefahrentlastung

Liegt vor, wenn der Schaden und der Anspruch infolge einer Gefahr-
tragungsregelung auseinander fallen (Bspe.: §§ 447, 644 I)

b) Mittelbare Stellvertretung

In den Fällen, in denen ein mittelbarer Stellvertreter im eigenen Namen
für fremde Rechnung einen Vertrag abgeschlossen hat, kann der mittel-
bare Stellvertreter den Schaden des Geschäftsherrn gegen den zum
Schadensersatz verpflichteten Vertragsgegner geltend machen.
Bspe.: Kommissionär (§§ 383 ff. HGB), Spediteur (§§ 453 ff. HGB),
Frachtführer (§§ 407 ff. HGB) oder aus Parteivereinbarung

c) Obhut fremder Sachen

Wer zur Obhut über eine fremde Sache verpflichtet ist und über diese mit
einem anderen einen Vertrag schließt, soll hieraus den Schaden des dritten Eigentümers ersetzt verlangen können.

Rechtsfolgen für den Dritten / Gläubiger

Anspruchsinhaber (Gläubiger) kann Schaden des Dritten in eigenem Namen gel-
tend machen
Beachte: Oft hat der Dritte einen Anspruch aus § 285 auf Abtretung dieses
Anspruchs

Rechtsfolgen für den Schuldner

Mit dem Gläubiger vereinbarte Haftungsbeschränkungen gelten auch gegenüber
dem Dritten (**§ 334 analog**)

G. Abtretung (= Zession), §§ 398 ff.

Vertragliche Übertragung einer Forderung, §§ 398ff.
Unterschied: Gesetzlicher Forderungsübergang, § 412
Beachte: Die Regeln über die Forderungsabtretung sind nach § 413 auch auf die
Übertragung anderer Rechte entsprechend anzuwenden
Begriffe: Zedent = Ursprünglicher Gläubiger; **Zessionar** = Neuer Gläubiger

1. **Abtretungsvertrag, § 398 S. 1**
2. **Bestehen der Forderung in der Person des Zedenten**
3. **Übertragbarkeit der Forderung**
4. **Bestimmbarkeit der Forderung**

1. Abtretungsvertrag, § 398 S. 1

Wirksame Einigung gem. §§ 145 ff.
Beachte: Abtretungsvertrag bedarf **keiner Form, Ausnahme: § 1154**

2. Bestehen der Forderung in der Person des Zedenten

Die abzutretende Forderung muss **bestehen** und der Zedent muss **verfügungs-
berechtigt** sein
Beachte: Kein gutgläubiger Forderungserwerb möglich, **Ausnahme: § 405**

3. Übertragbarkeit der Forderung

I. d. R. ist **jedes** Recht übertragbar, aber **Zessionsausschluss: § 399** (beachte bei § 399 Var. 2 aber § 354a HGB => Wenn § 354a HGB eingreift, ist die Abtretung wirksam); § 400 (beachte hier §§ 850 ff. ZPO).

4. Bestimmbarkeit der Forderung

Die Abtretungsvereinbarung muss so getroffen werden, dass ohne weiteres Zutun der Parteien Inhalt, Höhe und Schuldner der Forderung spätestens mit ihrer Entstehung **bestimmt** sind.

5. Rechtsfolgen

a) Übergang der Gläubigerstellung, § 398 S. 2

b) Übergang der Neben- und Vorzugsrechte, § 401
Akzessorische Sicherungsrechte gehen ebenfalls auf den neuen Gläubiger über

c) Auskunftsanspruch, § 402

d) Schuldnerschutz: §§ 404 – 409

> **aa)** Einwendungen und Einreden gegen Zedenten bleiben auch gegenüber Zessionar erhalten (§ 404)
>
> **bb)** Aufrechnung mit Forderung gegen Zedenten gegenüber Zessionar ist trotz fehlender Gegenseitigkeit möglich (§ 406)
>
> **cc)** Rechtshandlungen gegenüber dem bisherigen Gläubiger (§ 407)
>
> **dd)** Mehrfache Abtretung (§ 408)
>
> **ee)** Abtretungsanzeige (§ 409)

H. Schuldübernahme, §§ 414 ff.

> 1. Bestehen eines Schuldverhältnisses zwischen Gläubiger und Altschuldner
> 2. Übernahmevereinbarung/-vertrag zwischen Gläubiger und Übernehmer (§ 414 I) oder zwischen Altschuldner und Übernehmer (§ 415 I)
> 3. Inhalt der Übernahmevereinbarung: Übernehmer tritt an die Stelle des Schuldners

1. Bestehen eines Schuldverhältnisses zwischen Gläubiger und Altschuldner

2. Übernahmevereinbarung/-vertrag zwischen Gläubiger und Übernehmer (§ 414 I) oder zwischen Altschuldner und Übernehmer (§ 415 I)

Beachte bei § 415 I: Wirksamkeit der Übernahme hängt von der **Zustimmung** des Gläubigers ab

3. Inhalt der Übernahmevereinbarung: Übernehmer tritt an die Stelle des Schuldners

58

4. Rechtsfolgen

a) Schuldnerwechsel: Übernehmer tritt an die Stelle des bisherigen Schuldners
Der bisherige Schuldner wird von der Schuld **befreit.**

b) Einwendungen des Übernehmers: Er kann dem Gläubiger alle Einwendungen
aus dem Verhältnis Gläubiger – Schuldner entgegensetzen (§ 417 I)
Aber: Einwendungen aus dem der Schuldübernahme zugrunde liegenden Rechtsverhältnis zwischen Übernehmer und Altschuldner können dem Gläubiger **nicht**
entgegengehalten werden (§ 417 II); **Ausnahme Fehleridentität:** Einwendung
kann gegenüber Gläubiger geltend gemacht werden, wenn wegen einer Fehleridentität nicht nur das Kausalgeschäft zwischen Altschuldner und Übernehmer
nichtig ist, sondern sich dieser **Fehler** auch auf die **Schuldübernahme** ausgewirkt
hat.

c) Gläubiger kann vom Dritten **Erfüllung** verlangen
Aber: Sicherungsrechte erlöschen (§ 418)

J. Art und Umfang des Schadensausgleichs, §§ 249 ff.

I. Grundsatz: Naturalrestitution (§ 249 I)

Wiederherstellung des Zustandes, der ohne das schädigende Ereignis bestehen
würde

II. Geldersatz bei Personen- / Sachbeschädigungen (§ 249 II)

Geldbetrag **statt** Herstellung
Beachte: Geldersatz muss nur geleistet werden, wenn eine Naturalrestitution der
Sache nach noch **möglich** ist
Tatsächliche Heilungs- oder Reparaturkosten einschließlich z. B. Gutachterkosten
(= Aufwendungen des Gläubigers) oder Mietwagenkosten

Beachte: Wiederherstellung muss nicht tatsächlich vorgenommen werden, damit
können auch die **fiktiven** Reparaturkosten verlangt werden. Die Ersatzfähigkeit der
fiktiven Mehrwertsteuer ist durch § 249 II 2 **ausgeschlossen.**
Der **Zeitaufwand** für die Schadensabwicklung ist **nicht** ersatzfähig
Grenzen des Ersatzanspruches i. S. d. § 249 II: **§ 251**

III. Fristsetzung: § 250

IV. Schadenskompensation (§§ 251, 252, 253),

Wenn die Naturalrestitution unmöglich bzw. nur mit unverhältnismäßigen Aufwendungen möglich oder nicht ausreichend ist: § 251

Beachte: Vorrangig ist also demnach **immer** eine **Naturalrestitution** bzw. ein
Ausgleichsanspruch nach § 249 II

    a) Unmöglichkeit der Herstellung: § 251 I **Var. 1**

    b) Herstellung zur Entschädigung nicht genügend: § 251 I **Var. 2**

c) Naturalrestitution für Schädiger mit unverhältnismäßigem Aufwand verbunden: § 251 II
Technischer oder wirtschaftlicher Totalschaden
Beachte: Wenn Reparaturkosten den Wiederbeschaffungswert um **30 Prozent** übersteigen

d) Entgangener Gewinn: **§ 252**

Ersatzfähigkeit: Im Rahmen der Schadenskompensation sind grundsätzlich nur **Vermögensschaden** ersatzfähig
Beachte: Der **merkantile Minderwert** wird als Vermögensschaden angesehen
Merkantiler Minderwert: Die Vermögensminderung, die einer Sache allein aufgrund der Tatsache anhaftet, dass sie mal beschädigt war (vor allem bei Kfz relevant)
Auch der **entgangene Gewinn** wird als **Vermögensschaden** angesehen
Bei folgenden Fällen ist streitig, ob ein Vermögensschaden vorliegt:

  - Vertane Freizeit
  h. M.: Nutzlos aufgewendete Freizeit ist nicht kompensierbar

  - Vertane Urlaubszeit
  h. M.: Nur dann ersatzfähig, wenn Urlaub **Gegenstand** einer vertraglichen Leistung ist, vgl. § 651 n II

  - Entgangene Genussmöglichkeiten (Bsp. Theaterbesuch)
  h. M.: Wert des Genusses ist durch seinen Eintrittspreis kommerzialisiert und kann daher als ersatzfähig angesehen werden

  - Unterhalt für ein Kind
  Auffassung: Keine Differenzierung zwischen einem Kind und dem Unterhaltsaufwand möglich, die Menschenwürde verbietet es, den Unterhaltsaufwand für ein Kind als Schaden zu begreifen (str.)

Ersatzfähigkeit immaterieller Schäden: § 253
Immaterieller Schaden = **Nichtvermögensschaden**: Geschädigter hat durch die Verletzung seines Körpers oder seiner Psyche Schmerzen bzw. Aufregungen erlitten

V. Anspruchskürzungen: Mitverschulden, § 254

Schuldhaftes Mitherbeiführen des haftungsbegründenden Tatbestands durch den Anspruchsberechtigten

VI. Schadensberechnung

Differenzhypothese: Vergleich der tatsächlichen Vermögenslage des Geschädigten mit der hypothetischen Vermögenslage ohne das schädigende Ereignis.
Die **Differenz** der Vermögenslagen stellt den Schaden dar.
Struktur des zu leistenden Schadensersatzes: **Integritäts- und Wertinteresse.**

Grundsatz: Integritätsinteresse: §§ 249, 250. Interesse des Geschädigten, dass seine einzelnen Rechtsgüter erhalten bleiben.

Ausnahme: Wertinteresse: § 251

Dritter Abschnitt: Schuldrecht BT

A. Kaufvertrag

I. Zustandekommen und Wirksamkeit eines Kaufvertrags, § 433

Beachte: Besondere ergänzende Regeln gelten für Kaufverträge zwischen **Unternehmern** und **Verbrauchern**:
- § 474: **Verbrauchsgüterkaufvertrag**
- Weitere Regeln: §§ 312 ff.

1. Zustandekommen eines Kaufvertrags

Einigung bzgl. **essentialia negotii**

    a) Vertragsparteien

    b) Verpflichtung des Verkäufers zur Übergabe und Übereignung des Kaufgegenstands

        Kaufgegenstand:
        - **Sachen** (Mobilien in Form der beweglichen Gegenstände; Immobilien; Tiere, § 90a)
        - **Rechte,** § 453 I Var. 1
        - Gegenstände, die keine Sachen oder Rechte sind = **andere Vermögenswerte**

        Beachte: Gegenstand muss vom Verkäufer **abgetreten** werden können

    c) Verpflichtung des Käufers zur Zahlung des vereinbarten Kaufpreises

    Beachte: Käufer muss den Kaufpreis in **Geld** entrichten (§ 433 II); Kaufpreis muss **bestimmbar** sein

2. Wirksamkeit des Kaufvertrags

Allgemeine Regeln (Geschäftsfähigkeit, Formerfordernisse usw.)

3. Rechtsfolgen

a) Pflichten des Verkäufers

aa) Hauptleistungspflichten

(1) Übertragung der Rechtsposition des Verkäufers auf den Käufer

(aa) Bei Sachen, § 433 I 1: Übergabe der geschuldeten Sache und **Verschaffung** des Eigentums (§§ 873, 925 bzw. §§ 929 ff.)

(bb) Bei Rechten, §§ 453 I, III, 433 I 1: Abtretung (§§ 398, 412) oder anderer **Rechtsübergang** und ggf. Übergabe

(2) Frei von Sach- und Rechtsmängeln, §§ 433 I 2, 434, 435, 453 III

bb) Nebenleistungspflichten
Beachte: Es können sich zahlreiche Nebenpflichten aus einem Kaufvertrag ergeben (=> Variieren je nach Fallgestaltung), z. B.

(1) Beratung und Aufklärung bzgl. des sachgemäßen Gebrauchs

(2) Allgemeine Sorgfaltspflichten und Obliegenheiten

(3) Auskunftspflicht

b) Pflichten des Käufers

aa) Hauptleistungspflicht: Kaufpreiszahlung, § 433 II

bb) Nebenpflichten

(1) Abnahmepflicht, § 433 II (ist nur ausnahmsw. Hauptpflicht)

(2) Kosten der Übergabe, § 448 I, II

(3) Vertragliche Nebenpflichten, z. B.
- Aufklärung
- Abruf der Ware

II. Anspruch auf Nacherfüllung, §§ 437 Nr. 1, 439 I

1. Zustandekommen eines wirksamen Kaufvertrages
2. Sach- oder Rechtsmangel, §§ 434, 435
3. Vorliegen des Mangels im Zeitpunkt des Gefahrübergangs, § 434 I 1
4. Kein Ausschluss der Mängelhaftung, §§ 442, 444, 445 BGB, § 377 HGB
5. Keine rechtmäßige Verweigerung der Nacherfüllung, § 439 IV
6. Keine Verjährung, § 438

1. Zustandekommen eines wirksamen Kaufvertrages

2. Sach- oder Rechtsmangel, §§ 434, 435

a) Sachmangel (§ 434): Liegt vor, wenn die **Ist-Beschaffenheit** nicht der geschuldeten **Soll-Beschaffenheit** entspricht

aa) Die Sache weist nicht die **vereinbarte Beschaffenheit** auf (§ 434 I 1)

Beachte: Der Begriff der Beschaffenheit ist gesetzlich **nicht** normiert. Die Vertragsparteien können die Beschaffenheit vereinbaren. Für die Vereinbarung bedarf es zweier übereinstimmender Willenserklärungen.

Beachte: Bei **Fehlen** einer **Beschaffenheitsvereinbarung** muss bei der Feststellung der Soll-Beschaffenheit überprüft werden, ob sich eine solche aus der vertraglich vorausgesetzten Verwendung ergibt, § 434 I 2 Nr. 1:

bb) Die Sache eignet sich nicht für die nach dem Vertrag vorausgesetzte **Verwendung:** § 434 I 2 Nr. 1

cc) Fehlt eine **Vereinbarung über den Verwendungszweck** und liegt **keine Beschaffenheitsvereinbarung** vor, kommt § 434 I 2 Nr. 2 zur Anwendung:

Mangelfreiheit bedeutet die Übereinstimmung mit den allgemeinen Standards und Gepflogenheiten, Mangelhaftigkeit dagegen deren Unterschreitung:

- Die Sache eignet sich nicht für die **gewöhnliche** Verwendung von Sachen der gleichen Art,
- Die Sache weist nicht die bei Sachen der gleichen Art **übliche** Beschaffenheit auf,
- Die Sache weist nicht die Beschaffenheit auf, die der **Durchschnittskäufer** nach der Art der Sache erwarten kann (§ 434 I Nr. 2)

Beachte: Zur **Sollbeschaffenheit** zählen auch Eigenschaften, die der Käufer aufgrund **öffentlicher Äußerungen** vom Verkäufer / Hersteller (§ 4 I, II ProdHaftG) oder dessen Gehilfen über bestimmte Eigenschaften der Sache erwarten kann. **Beachte Einschränkungen** nach § 434 I 3

dd) Unsachgemäße Montage, § 434 II

Sachmangelbegriff des § 434 I 2 Nr. 2 wird durch § 434 II erweitert auf **Montagefehler** oder **fehlerhafte Montageanleitung**

Beachte bei **fehlerhafter Montageanleitung**: Sachmangel liegt vor, wenn die Sache ohne die Anleitung nicht fehlerfrei montiert werden kann

ee) Aliudlieferung / -herstellung (§ 434 III Var. 1) oder **Mindermenge** (§ 434 III Var. 2)

Die Lieferung einer anderen als der gekauften Sache (Falschlieferung = Aliud; Mindermenge) **steht** einem Sachmangel **gleich**

b) Rechtsmangel, § 435

aa) Die Sache bzw. das Recht wurde **nicht frei** von Rechten Dritter übertragen (§ 435 S. 1)

bb) Im **Grundbuch** ist ein Recht eingetragen, das nicht besteht (§ 435 S. 2)

3. Vorliegen des Mangels im Zeitpunkt des Gefahrübergangs, § 434 I 1

a) § 446: Übergabe

b) § 447: Versendung

Die **Beweislast** trägt grundsätzlich der **Käufer**, bei Verbrauchsgüterkauf für die ersten sechs Monate ab Gefahrübergang der Verkäufer (§ 477)

4. Kein Ausschluss der Mängelhaftung

a) Vertraglicher Ausschluss
Beachte: Grenzen: §§ 444, 476; bei AGB z.B. § 309 Nr. 8 b

b) Gesetzlicher Ausschluss: §§ 442, 445; § 377 HGB
Eigene Vertragstreue des Käufers (§ 242)

5. Keine rechtmäßige Verweigerung der Nacherfüllung, § 439 IV (= Einrede)

6. Keine Verjährung, § 438

7. Rechtsfolgen

Ausübung des **Wahlrechts** des Käufers: **Mängelbeseitigung** oder **Lieferung einer mangelfreien Sache**; der Verkäufer muss erforderliche **Aufwendungen** tragen und der Käufer muss ggf. die mangelhafte Sache zurückgewähren. Der Unternehmer ist gemäß § 439 III verpflichtet, dem Käufer die **erforderlichen Aufwendungen** für das Entfernen der mangelhaften und den Einbau bzw. das Anbringen der gelieferten mangelfreien Sache zu ersetzen. Der Verkäufer kann gemäß § 445a beim Verkauf einer neu hergestellten Sache von dem Verkäufer, der ihm die Sache verkauft hatte (Lieferant), Ersatz der Aufwendungen verlangen, die er im Verhältnis zum Käufer nach § 439 Absatz 2 und 3 zu tragen hatte, wenn der vom Käufer geltend gemachte Mangel bereits beim Übergang der Gefahr auf den Verkäufer vorhanden war.

III. Rücktritt bei Nicht- / Schlechtleistung, §§ 437 Nr. 2 Var. 1, 440, 323, 326 V

1. Zustandekommen eines wirksamen Kaufvertrages
2. Rücktrittserklärung, § 349
3. Sach- oder Rechtsmangel im Zeitpunkt des Gefahrübergangs, § 434 I 1
4. Erfolglose Setzung einer angemessenen Frist zur Nacherfüllung, § 323 I
5. Entbehrlichkeit einer Fristsetzung
6. Kein Ausschluss der Mängelhaftung, §§ 442, 444, 445 BGB, § 377 HGB
7. Erheblichkeit des Mangels, § 323 V 2
8. Kein Ausschluss des Rücktritts, § 323 VI
9. Kein Ausschluss des Rücktritts, §§ 438 IV, 218

1. Zustandekommen eines wirksamen Kaufvertrages

2. Rücktrittserklärung, § 349

Der Käufer muss den Rücktritt erklärt haben.

3. Sach- oder Rechtsmangel im Zeitpunkt des Gefahrübergangs

Siehe bei Schema A. II. 2. und 3.

4. Erfolglose Setzung einer angemessenen Frist zur Nacherfüllung, § 323 I

Beachte: Der **Gläubiger** (Käufer) muss die Frist in Gang setzen.
Die Frist muss derart bemessen sein, dass dem Verkäufer die Nacherfüllung **objektiv möglich** ist.
Beachte: Eine unangemessene, zu kurze Frist setzt eine angemessene Frist in Gang

5. Entbehrlichkeit einer Fristsetzung

    a) Bei **Unmöglichkeit** der Nacherfüllung nach § 275 I: **§ 326 V**

    b) **Rechtmäßige Verweigerung** der Nacherfüllung, **§ 439 IV**

    c) **Fehlschlagen** oder **Unzumutbarkeit** der Nacherfüllung, **§ 440**
    Fehlgeschlagen ist die Nacherfüllung, wenn trotz entsprechender Versuche des Verkäufers (bzw. seiner Gehilfen) keine Abhilfe hinsichtlich des Mangels geschaffen wurde

    d) **Ausnahmen** nach § 323 II

6. Kein Ausschluss der Mängelhaftung

    a) **Vertraglicher Ausschluss**
    Grenzen: §§ 444, 476 ; bei AGB z.B. § 309 Nr. 8 b

    b) **Gesetzlicher Ausschluss:** §§ 442, 445; § 377 HGB

7. Erheblichkeit des Mangels, § 323 V 2

8. Kein Ausschluss des Rücktritts, § 323 VI

9. Kein Ausschluss des Rücktritts, §§ 438 IV, 218

10. Rechtsfolgen

a) Gesetzliches Rücktrittsrecht: Rückabwicklungen gem. §§ 346 ff.

b) Daneben (§ 325): Anspruch auf Schadens- oder Aufwendungsersatz, § 437 Nr. 3

IV. Minderung, §§ 437 Nr. 2 Var. 2, 441

Beachte: Vorliegen der Rücktrittsvoraussetzungen, da Minderung nur „**statt**" Rücktritt möglich (§ 441 I 1). Somit kann auf die Ausführungen des Rücktrittsrechts verwiesen werden (siehe Schema III.)

1. Zustandekommen eines wirksamen Kaufvertrages
2. Wirksame Minderungserklärung, § 441 I 1, II
3. Sach- oder Rechtsmangel im Zeitpunkt des Gefahrübergangs
4. Erfolglose Setzung einer angemessenen Frist zur Nacherfüllung, §§ 441 I 1, 323 I
5. Entbehrlichkeit einer Fristsetzung
6. Kein Ausschluss der Mängelhaftung, §§ 442, 444, 445 BGB, § 377 HGB
7. kein Ausschluss der Minderung, §§ 441 I, 323 VI
8. Kein Ausschluss §§ 438 V, 218

1. Zustandekommen eines wirksamen Kaufvertrages

2. Wirksame Minderungserklärung, § 441 I 1, II

3. Sach- oder Rechtsmangel im Zeitpunkt des Gefahrübergangs
Siehe bei Schema A. II. 2. und 3.

4. Erfolglose Setzung einer angemessenen Frist zur Nacherfüllung, §§ 441 I 1, 323 I

5. Entbehrlichkeit einer Fristsetzung

> **a) Bei Unmöglichkeit** der Nacherfüllung: §§ 441 I 1, 326 V

> **b) Rechtmäßige Verweigerung** der Nacherfüllung gem. § 439 IV

> **c) Fehlschlagen** der Nacherfüllung (§ 440 S. 1 Var. 2)
> **Beachte:** § 440 S. 2

> **d) Unzumutbarkeit** der Nacherfüllung (§ 440 S. 1 Var. 3)

> **e) Ausnahmen** nach 323 II

6. Kein Ausschluss der Mängelhaftung

a) Vertraglicher Ausschluss
Grenzen: §§ 444, 476; bei AGB z.B. § 309 Nr. 8 b

b) Gesetzlicher Ausschluss: §§ 442, 445; § 377 HGB

7. kein Ausschluss der Minderung, §§ 441 I, 323 VI

8. Kein Ausschluss §§ 438 V, 218

9. Rechtsfolgen

a) Der **Kaufvertrag** besteht mit allen seinen Rechten und Pflichten der Vertragsparteien fort. **Aber:** Kaufpreis wird auf den Betrag herabgesetzt, der sich nach § 441 III ergibt.

Formel:

$$\text{Zu zahlender (geminderter) Kaufpreis} = \frac{\text{Wert mit Mangel x vereinbarter Kaufpreis}}{\text{Wert ohne Mangel}}$$

b) Rückzahlungsanspruch, sofern bereits mehr als der geminderte Kaufpreis gezahlt wurde, § 441 IV

V. Schadensersatz statt der Leistung, §§ 437 Nr. 3 Var. 1, 311a

Schadensersatz statt der Leistung wegen anfänglicher Unmöglichkeit

1. Zustandekommen eines wirksamen Kaufvertrages
2. Sach- oder Rechtsmangel im Zeitpunkt des Gefahrübergangs
3. Schuldner braucht Nacherfüllung nach § 275 I – III nicht zu erbringen (anfängliches Leistungshindernis)
4. Der Schuldner hat die Unkenntnis bzgl. Leistungshindernis zu vertreten, § 311a II 2
5. Kein Ausschluss der Mängelhaftung, §§ 442, 444, 445 BGB, § 377 HGB
6. Keine Verjährung, § 438

1. Wirksames Zustandekommen eines Kaufvertrages

2. Sach- oder Rechtsmangel im Zeitpunkt des Gefahrübergangs
Siehe bei Schema A. II. 2. und 3.

3. Schuldner braucht Nacherfüllung nach § 275 I – III nicht zu erbringen (anfängliches Leistungshindernis)

Beachte: Anfängliche Unmöglichkeit liegt vor, wenn das Leistungshindernis bereits **vor** dem Vertragsschluss vorgelegen hat. Die Nacherfüllung muss demnach insgesamt ausgeschlossen sein.

4. Der Schuldner hat die Unkenntnis bzgl. Leistungshindernis zu vertreten, § 311a II 2

Entlastungsbeweis obliegt dem Schuldner/Verkäufer.

5. Kein Ausschluss der Mängelhaftung

a) Vertraglicher Ausschluss
Grenzen: §§ 444, 476; bei AGB z.B. § 309 Nr. 8 b

b) Gesetzlicher Ausschluss: §§ 442, 445, 377 HGB

6. Keine Verjährung, § 438

7. Rechtsfolgen

Wahlrecht des Gläubigers/Käufers:

a) Schadensersatz statt der Leistung
Beachte: Unterscheidung kleiner und großer Schadensersatz

Kleiner Schadensersatz: Der Käufer behält die mangelhafte Sache und erhält die Wertdifferenz zwischen fehlerfreier und mangelhafter Sache.

Großer Schadensersatz (§§ 311 a II 3, 281 I 2 u. 3, V): Der Käufer gibt die Kaufsache zurück, erhält im Gegenzug den bereits gezahlten Kaufpreis zurück und kann als Nichterfüllungsschaden z.B. die Kosten der Ersatzbeschaffung, den entgangenen Gewinn oder die Freistellung von der Haftung aus Weiterverkäufen verlangen.
Beachte: Großer Schadensersatz nur bei **Erheblichkeit** des Mangels möglich, § 281 I 3.
Rückforderungsanspruch des Schuldners gem. §§ 281 V, 346 bis 348

b) Aufwendungsersatz: § 284
Beachte: Der Anspruch auf Aufwendungsersatz wird nur **alternativ** zum Schadensersatz **statt** der Leistung gewährt.
Anspruch kann aber mit Schadensersatz **neben** der Leistung (**§ 280**) oder einem **Verzögerungsschaden (§ 286)** kombiniert geltend gemacht werden.

VI. Schadensersatz statt der Leistung, §§ 437 Nr. 3 Var. 1, 280 I, III, 283

Schadensersatz statt der Leistung wegen nachträglicher Unmöglichkeit

1. Zustandekommen eines wirksamen Kaufvertrages
2. Sach- oder Rechtsmangel im Zeitpunkt des Gefahrübergangs
3. Schuldner braucht Nacherfüllung nach § 275 I – III nicht zu erbringen (nachträgliches Leistungshindernis, also nach Vertragsabschluss)
4. Schuldner hat Unmöglichkeit zu vertreten, § 280 I 2
5. Kein Ausschluss der Mängelhaftung, §§ 442, 444, 445 BGB, § 377 HGB
6. Keine Verjährung, § 438

1. Zustandekommen eines wirksamen Kaufvertrages

2. Sach- oder Rechtsmangel im Zeitpunkt des Gefahrübergangs
Siehe bei Schema A. II. 2. und 3.

3. Schuldner braucht Nacherfüllung nach § 275 I – III nicht zu erbringen (nachträgliches Leistungshindernis)

Beachte: Schuldner braucht nach § 275 I – III **beide Arten** der Nacherfüllung nicht zu erbringen, weil **nach Vertragsschluss** ein Leistungshindernis eingetreten ist, d. h. bei Vertragsschluss ist der Kaufgegenstand noch mangelfrei und wird erst **nach** diesem unbehebbar mangelhaft.

Beachte: Abgrenzung zu §§ 437 Nr. 3, 280 I, III, 281
Wird nämlich nur eine Nacherfüllungsvariante unmöglich und verbleibt die jeweils andere Form als möglich, dann bleibt der Verkäufer zu einer mangelfreien Lieferung wegen §§ 433 I 2, 437 Nr. 1, 439 I verpflichtet.

4. Schuldner hat Unmöglichkeit zu vertreten, § 280 I 2

Entlastungsbeweis obliegt dem Schuldner/Verkäufer. Für das Vertretenmüssen gelten §§ 276, 278.

5. Kein Ausschluss der Mängelhaftung

a) Vertraglicher Ausschluss
Grenzen: §§ 444, 476; bei AGB z.B. § 309 Nr. 8 b

b) Gesetzlicher Ausschluss: §§ 442, 445, 377 HGB

6. Keine Verjährung, § 438

7. Rechtsfolgen

Wahlrecht des Gläubigers/Käufers:

a) Schadensersatz statt der Leistung
Beachte: Unterscheidung kleiner und großer Schadensersatz

Kleiner Schadensersatz: Der Käufer behält die mangelhafte Sache und erhält die Wertdifferenz zwischen fehlerfreier und mangelhafter Sache.

Großer Schadensersatz (§§ 283 S. 2, 281 I 3, V): Der Käufer gibt die Kaufsache zurück, erhält im Gegenzug den bereits gezahlten Kaufpreis zurück und kann als Nichterfüllungsschaden z.B. die Kosten der Ersatzbeschaffung, den entgangenen Gewinn oder die Freistellung von der Haftung aus Weiterverkäufen verlangen.
Beachte: Großer Schadensersatz nur bei **Erheblichkeit** des Mangels möglich, § 281 I 3.
Rückforderungsanspruch des Schuldners gem. **§§ 281 V, 346 bis 348**

b) Aufwendungsersatz: § 284
Beachte: Der Anspruch auf Aufwendungsersatz wird nur **alternativ** zum Schadensersatz **statt** der Leistung gewährt.
Anspruch kann aber mit Schadensersatz **neben** der Leistung (**§ 280**) oder einem **Verzögerungsschaden (§ 286)** kombiniert geltend gemacht werden.

VII. Schadensersatz statt der Leistung, §§ 437 Nr. 3 Var. 1, 440, 280 I, III, 281 I 1

Schadensersatz statt der Leistung bei <u>behebbaren Mängeln</u>

1. Zustandekommen eines wirksamen Kaufvertrages
2. Sach- oder Rechtsmangel im Zeitpunkt des Gefahrübergangs
3. Erfolglose Setzung einer angemessenen Frist zur Nacherfüllung, § 281 I 1
4. Entbehrlichkeit einer Fristsetzung: §§ 281 II, 439 IV (Verweigerung), 440
5. Schuldner hat die Lieferung der mangelhaften Sache zu vertreten, § 280 I 2
6. Kein Ausschluss der Mängelhaftung, §§ 442, 444, 445 BGB, § 377 HGB
7. Keine Verjährung, § 438

1. Zustandekommen eines wirksamen Kaufvertrages

2. Sach- oder Rechtsmangel im Zeitpunkt des Gefahrübergangs

Siehe bei Schema A. II. 2. und 3.

3. Erfolglose Setzung einer angemessenen Frist zur Nacherfüllung, § 437 Nr. 3, § 281 I 1

4. Entbehrlichkeit einer Fristsetzung: §§ 281 II, 439 IV (Verweigerung), 440

5. Schuldner hat die Lieferung der mangelhaften Sache zu vertreten, § 280 I 2

Für das Vertretenmüssen gelten §§ 276, 278. Der Entlastungsbeweis obliegt dem Schuldner/Verkäufer.

6. Kein Ausschluss der Mängelhaftung

    a) Vertraglicher Ausschluss
    Grenzen: §§ 444, 476; bei AGB z.B. § 309 Nr. 8 b

    b) Gesetzlicher Ausschluss: §§ 442, 445, 377 HGB

7. Keine Verjährung, § 438

8. Rechtsfolgen: Siehe Schema VI.

70

VIII. Schadensersatz für Mangelfolgeschäden, §§ 437 Nr. 3 Var. 1, 280 I

1. Zustandekommen eines wirksamen Kaufvertrages
2. Sach- oder Rechtsmangel im Zeitpunkt des Gefahrübergangs
3. Schuldner hat Lieferung der mangelhaften Sache zu vertreten, § 280 I 2
4. Kein Ausschluss der Mängelhaftung, §§ 442, 444, 445 BGB, § 377 HGB
5. Keine Verjährung, § 438
6. Eintritt eines Mangelfolgeschadens

1. Zustandekommen eines wirksamen Kaufvertrages

2. Sach- oder Rechtsmangel im Zeitpunkt des Gefahrübergangs

Siehe bei Schema A. II. 2. und 3.

3. Schuldner hat Lieferung der mangelhaften Sache zu vertreten, § 280 I 2

Für das Vertretenmüssen gelten §§ 276, 278. Der Entlastungsbeweis obliegt dem Schuldner/Verkäufer.

4. Kein Ausschluss der Mängelhaftung

a) Vertraglicher Ausschluss
Grenzen: §§ 444, 476; bei AGB z.B. § 309 Nr. 8 b

b) Gesetzlicher Ausschluss: §§ 442, 445, 377 HGB

5. Keine Verjährung, § 438

6. Eintritt eines Mangelfolgeschadens

Mangelfolgeschaden: Schaden, der an **anderen Rechtsgütern** des Käufers und **nicht** an der Kaufsache selbst eingetreten ist, also über die mangelbedingte Wertminderung der verkauften Sache hinausgeht.

Beispiel 1: Die K kauft sich bei Händler V einen neuen Wasserkocher. Wegen eines schon bei Übergabe des Kochers vorhandenen Defekts am Stromkabel kommt es zu einem Brand in der Küche. K verlangt nun von V Schadensersatz für die beschädigten Küchenmöbel (= Mangelfolgeschaden).

Beispiel 2: Die K kauft sich bei Händler V eine neue Haar-Trockenhaube. Da der Temperaturregler defekt ist, wird die Trockenhaube so heiß, dass K Verbrennungen an ihren Haaren und an ihrer Kopfhaut erleidet. (= Mangelfolgeschaden).

7. Rechtsfolge

Ersatz des Mangelfolgeschadens **ohne vorherige Fristsetzung!**

B. Mietvertrag, §§ 535 ff.

Beachte: Abgrenzung zur **Pacht** (§§ 581 ff.) und **Leihe** (§§ 598 ff.).

Pacht: Hier wird die Sache nicht nur gebraucht, sondern es können auch die aus ihr zu ziehenden **Früchte** beansprucht werden. Als Pachtobjekte kommen auch Rechte in Betracht.

Leihe: Gebrauchsüberlassung erfolgt, im Gegensatz zur Miete, **unentgeltlich**

I. Zustandekommen

1. **Einigung** bzgl. Mietsache, -parteien und Miete: § 535
2. **Entgeltlichkeit**
   Das Entgelt ist die Gegenleistung für die Gebrauchsgewährung

II. Wirksamkeit eines Mietvertrags

1. **Form:** I. d. R. formfrei
   Beachte Ausnahmen: §§ 550, 578
2. **Allgemeine Regeln** (Geschäftsfähigkeit etc.)

III. Wichtige Ansprüche/Rechte des Mieters

1. Der Vermieter wird verpflichtet, dem Mieter den **Gebrauch** der Mietsache während der Mietzeit **zu gewähren.** Der Vermieter hat die Mietsache dem Mieter in einem zum vertragsgemäßen Gebrauch geeigneten Zustand zu **überlassen** und sie während der Mietzeit in diesem Zustand zu **erhalten**, § 535 I.

2. **Mietminderung** bei Sach- und Rechtsmängeln, **§ 536 I.**
Beachte: Ein **Sachmangel** liegt vor, wenn die Ist-Beschaffenheit von der vertraglich vereinbarten Soll-Beschaffenheit abweicht. Die Minderung tritt ohne Minderungserklärung ein, vgl. § 536 I 1 und 2. Der Mieter muss den Mangel dem Vermieter aber grds. angezeigt haben, damit dieser Abhilfe schaffen konnte, § 536c II 2. Beachte ferner § 536b (Mangel-Kenntnis).

3. Schadensersatz wegen Nichterfüllung und Aufwendungsersatz, **§ 536a.** Der Mieter muss den Mangel dem Vermieter aber grds. angezeigt haben, damit dieser Abhilfe schaffen konnte, § 536c II 2.

IV. Wichtige Ansprüche/Rechte des Vermieters

a) Mietzahlung, **§§ 535 II, 556b**
b) Mieterhöhung, **§§ 557 ff.**
c) Duldungspflichten des Mieters: Duldung von Erhaltungs- und Modernisierungsmaßnahmen, **§§ 555a ff.** und **§ 536 Ia**
d) Schadensersatzansprüche wegen Schäden durch schuldhaftes Unterlassen der Anzeige, **§ 536c II 1**
e) Schadensersatzansprüche wegen verspäteter Rückgabe der Mietsache (**§ 546a**)
f) Unterlassungsanspruch bei vertragswidrigem Gebrauch (**§ 541**)
g) Gesetzliches **Vermieterpfandrecht** an eingebrachten Sachen des Mieters (**§§ 562 ff., 1227, 1257**)

V. Kündigung des Mietvertrags, außerordentlich: § 543, ordentlich: §§ 573 ff.

C. Dienstvertrag, §§ 611 ff.

Beachte: Abgrenzung zum **Werkvertrag** (§§ 631 ff.) und **Auftrag** (§§ 662 ff.)

Der **Werkvertrag** richtet sich auf die **Herbeiführung eines Erfolges**, der **Dienstvertrag** richtet sich auf eine **Tätigkeit**. Beim **Dienstvertrag** erfolgt die Leistung **entgeltlich**, beim **Auftrag unentgeltlich**.

I. Zustandekommen eines Dienstvertrages

1. Einigung zwischen dem Dienstberechtigten und dem Dienstverpflichteten, §§ 145 ff.

a) Einigung bzgl. Dienstleistung
b) Eigenverantwortlichkeit des Dienstverpflichteten: Keine tatsächliche persönliche Abhängigkeit (sonst: Arbeitsvertrag)
c) Vergütung
Beachte: Im Zweifel: „übliche Vergütung" (§ 612 II), bei Kaufleuten: § 354 HGB

2. Kein Untergang / Erlöschen

a) Zeitablauf (§ 620)
b) Kündigung: Ordentliche Kündigung (§§ 620 ff.) oder außerordentliche Kündigung (§§ 626 ff.)

II. Rechtsfolgen

1. Rechte des Dienstberechtigten

a) Anspruch auf Dienstleistung: §§ 611 I, 613
Beachte: Art und Umfang des zu leistenden Dienstes richten sich in erster Linie nach dem Vertrag
Dienstberechtigter hat ein **Direktions- und Weisungsrecht**, dadurch kann er auch während der geschuldeten Leistung durch den Dienstverpflichteten Richtung und Gegenstand der Dienstleistung näher bestimmen
Ausnahme: Wenn Vertrag hinsichtlich der Dienstleistung nachträglich **einvernehmlich** konkretisiert worden ist

b) Recht auf Wahrung der **Nebenleistungspflichten** durch den Dienstverpflichteten (§ 241 II): Rücksichtnahme auf die Rechtsgüter (= **Treuepflichten**)

2. Rechte des Dienstverpflichteten

a) Anspruch auf Vergütung: §§ 611 I, 612, 614 ff.
Beachte: Höhe der Vergütung bestimmt sich nach der **Vereinbarung** der Vertragsparteien. Fehlt eine Vereinbarung, dann greift **§ 612** ein.

b) Nebenleistungspflichten des Dienstberechtigten: **Fürsorgepflichten**
Beachte: Die Fürsorgepflichten entsprechen den Treuepflichten.
Schutzpflichten: Leben und Gesundheit des Dienstverpflichteten (§§ 617, 618).

D. Werkvertrag, §§ 631 ff.

Beachte: Abgrenzung vor allem zum **Dienstvertrag** (§§ 611 ff.), **Kaufvertrag** (§§ 433 ff.), **Auftrag** (§§ 662 ff.) und **Werklieferungsvertrag** (§ 650).

Der **Werkvertrag** richtet sich auf die **Herbeiführung eines Erfolges**, der **Dienstvertrag** richtet sich auf eine **Tätigkeit**. Beim **Kaufvertrag** wird nicht die Herstellung eines Gegenstands geschuldet, sondern er richtet sich auf die **Übereignung** eines **fertigen** Gegenstands (=> damit fehlt es an einer Werkschöpfung für den Besteller)

Auftrag: Unentgeltliche Geschäftsbesorgung

Werklieferungsvertrag: Lieferung einer zu erzeugenden oder herzustellenden beweglichen Sache

Sonderregeln gelten für den **Bauvertrag** (§§ 650a ff.) und den **Verbraucherbauvertrag** (§§ 650 i ff.), bei letzterem u.a. ein Widerrufsrecht, § 650L

I. Zustandekommen eines Werkvertrages

1. Zustandekommen

> **Einigung bzgl. Herstellung eines Werkes gegen Vergütung**
> **Werk:** Herbeiführung eines **geschuldeten Erfolgs**: § 631 II, z.B.
> Arbeiten am Körper des Bestellers; Herstellung bzw. Veränderung einer Sache; geistige Werke usw.
> Vergütung: Auslegungsregel des § 632 I

2. Rechtsfolgen

a) Rechte des Bestellers: §§ 631, 633 I

> **aa) Mangelfreie Herstellung des Werks**
> Rechtzeitige und vertragsgemäße Herstellung des versprochenen Werks

> **bb) Übergabe des Werks (ggf. auch Übereignung)**
> **Beachte:** Erst wenn Unternehmer seinen werkvertraglichen Verpflichtungen nachgekommen ist, d. h. sein Werk auch beim Besteller **abgeliefert** hat, kann nach § 641 I 1 die Fälligkeit der Vergütung eintreten

> **cc) Nebenleistungspflichten des Unternehmers: Rücksichtnahmepflicht nach § 241 II**

b) Rechte des Unternehmers: §§ 631, 640

> **aa) Abnahme: § 640 I**
> **Abnahme** ist die körperliche Entgegennahme eines Werkes verbunden mit der Anerkennung als in der Hauptsache vertragsgerecht erbrachter Leistung.
> Grundvoraussetzung für die Abnahme: **Vollendung** des Werks

> **bb) Entrichtung der vereinbarten Vergütung: § 631 I**
> Fälligkeit der Vergütung richtet sich nach § 641

> **cc) Nebenleistungspflichten des Bestellers: Rücksichtnahmepflicht nach § 241 II**, sowie Pflicht zu **Mitwirkungshandlungen** (§ 642)

II. Nacherfüllung, §§ 634 Nr. 1, 635

1. Zustandekommen eines wirksamen Werkvertrages, § 631
2. Sach- oder Rechtsmangel gemäß § 633
3. Kein Ausschluss der Mängelhaftung, §§ 639, 640 II, III
4. Keine rechtmäßige Verweigerung der Nacherfüllung, § 635 III
5. Keine Verjährung, § 634a

1. Zustandekommen eines wirksamen Werkvertrages, § 631

2. Sach- oder Rechtsmangel gemäß § 633

a) Sachmangel

aa) Sachmangel liegt vor, wenn die vereinbarte Soll-Beschaffenheit von der Ist-Beschaffenheit negativ abweicht (§ 633 II 1). Als **Beschaffenheit** sind die dem Werk anhaftenden Eigenschaften zu verstehen.

bb) Beachte: Wenn eine **Sollbeschaffenheitsvereinbarung fehlt** bzw. nicht ersichtlich ist, dann kommt es darauf an, ob das Werk die nach dem Vertrag **vorausgesetzte Eignung** hat (§ 633 II 2 Nr. 1).
Ein **Sachmangel** liegt demnach vor, wenn sich das Werk nicht für die nach dem Vertrag vorausgesetzte Verwendung eignet

cc) Fehlt eine ausdrückliche oder stillschweigende Vereinbarung über den Verwendungszweck, dann muss § 633 II 2 Nr. 2 berücksichtigt werden:

Das Werk
- eignet sich nicht für die **gewöhnliche Verwendung** von Werken der gleichen Art,
- weist nicht die bei Werken gleicher Art **übliche** Beschaffenheit auf,
- weist nicht die Beschaffenheit auf, die der Besteller nach der Art des Werkes **erwarten** durfte.

dd) Aliud (= falsches Werk) **oder Mankoleistung: § 633 II 3.**
Ein falsches Werk oder eine zu geringe Menge des Werks sind als mangelhaftes Werk anzusehen.

b) Rechtsmangel: § 633 III
Das Werk ist frei von Rechtsmängeln, wenn Dritte in Bezug auf das Werk keine oder nur die im Vertrag übernommenen Rechte gegen den Besteller geltend machen können.

Beachte: Es ist allein entscheidend, ob ein Recht des **Dritten** besteht.

3. Kein Ausschluss der Mängelhaftung

a) Vertraglicher Ausschluss
Grenzen: § 639; bei AGB z.b. § 309 Nr. 8 b

b) Gesetzlicher Ausschluss: § 640 II, III

4. Keine rechtmäßige Verweigerung der Nacherfüllung, § 635 III

5. Keine Verjährung, § 634a

6. Rechtsfolgen

a) Unternehmer hat das **Wahlrecht**, den Mangel zu beseitigen oder das Werk neu herzustellen: § 635 I

b) Unternehmer hat alle erforderlichen **Aufwendungen** zu tragen: § 635 II
Beachte: Anders als im Kaufrecht kann der Besteller nach erfolglosem Ablauf einer Frist den Mangel selbst beseitigen und **Ersatz** seiner Aufwendungen verlangen (= **Selbstvornahme**, § 637, siehe das folgende Schema D.III.).

III. Selbstvornahme, §§ 634 Nr. 2, 637

1. Zustandekommen eines wirksamen Werkvertrages
2. Sach- oder Rechtsmangel gemäß § 633
3. Erfolglose Setzung einer angemessenen Frist zur Nacherfüllung, § 637 I
4. Entbehrlichkeit einer Fristsetzung
5. Keine rechtmäßige Verweigerung der Nacherfüllung, § 635 III, § 637 I
6. Kein Ausschluss der Mängelhaftung, §§ 639, 640 II, III
7. Keine Verjährung, § 634a

1. Zustandekommen eines wirksamen Werkvertrages

2. Sach- oder Rechtsmangel gemäß § 633

Siehe Schema D.II.

3. Erfolglose Setzung einer angemessenen Frist zur Nacherfüllung, § 637 I

Beachte: Die Frist muss **angemessen** sein. Eine unangemessene, zu kurze setzt eine angemessene Frist in Gang.

4. Entbehrlichkeit einer Fristsetzung

a) Bei Fehlschlagen der Nacherfüllung oder Unzumutbarkeit für den Besteller (§ 637 II 2)

b) Gem. §§ 323 II, 637 II 1

5. Keine rechtmäßige Verweigerung der Nacherfüllung, § 635 III, § 637 I

6. Kein Ausschluss der Mängelhaftung

a) Vertraglicher Ausschluss
Beachte: Grenzen: § 639; bei AGB z.B. § 309 Nr. 8 b

b) Gesetzlicher Ausschluss: § 640 II

7. Keine Verjährung, § 634a

8. Rechtsfolgen

Ersatz der erforderlichen Aufwendungen
Aufwendungen: Freiwillige Vermögensopfer zur Durchführung der Mängelbeseitigung.
Erforderlich sind alle Maßnahmen, die den Mangel sicher beseitigen.
Vorschusspflicht des Unternehmers (§ 637 I, III).

IV. Rücktritt, §§ 634 Nr. 3 Var. 1, 636, 323, 326 V

1. Zustandekommen eines wirksamen Werkvertrages
2. Rücktrittserklärung, § 349
3. Sach- oder Rechtsmangel gemäß § 633
4. Erfolglose Setzung einer angemessenen Frist zur Nacherfüllung, § 323 I
5. Entbehrlichkeit einer Fristsetzung
6. Kein Ausschluss der Mängelhaftung, §§ 639, 640 II, III
7. Erheblichkeit des Mangels, § 323 V 2
8. Kein Ausschluss des Rücktritts gem. § 323 VI
9. Kein Ausschluss gemäß § 634a IV, 218

1. Zustandekommen eines wirksamen Werkvertrages

2. Rücktrittserklärung, § 349

Der Besteller muss den Rücktritt erklärt haben.

3. Sach- oder Rechtsmangel gemäß § 633

Siehe Schema D.II.

4. Erfolglose Setzung einer angemessenen Frist zur Nacherfüllung, § 323 I

Beachte: Die Frist muss **angemessen** sein. Eine unangemessene, zu kurze setzt angemessene Frist in Gang.

5. Entbehrlichkeit einer Fristsetzung

a) Bei **Unmöglichkeit** der Nacherfüllung: § 326 V

b) Bei **Verweigerung** der Nacherfüllung durch den Unternehmer nach § 635 III, **Fehlschlagen** der Nacherfüllung oder deren **Unzumutbarkeit** für den Besteller: § 636

c) Gem. §§ 636, 323 II

6. Kein Ausschluss der Mängelhaftung, §§ 639, 640 II, III

    a) Vertraglicher Ausschluss
    Beachte: Grenzen: § 639; bei AGB z.B. § 309 Nr. 8 b

    b) Gesetzlicher Ausschluss: § 640 II, III

7. Erheblichkeit des Mangels, § 323 V 2

8. Kein Ausschluss des Rücktritts gem. § 323 VI

9. Kein Ausschluss gemäß § 634a IV, 218

10. Rechtsfolgen

a) Gesetzliches Rücktrittsrecht: Rückabwicklungen gem. §§ 346 ff.

b) Daneben (§ 325): Anspruch auf Schadens- oder Aufwendungsersatz gemäß § 634 Nr. 4

V. Minderung, §§ 634 Nr. 3 Var. 2, 638

> **1. Zustandekommen eines wirksamen Werkvertrages**
> **2. Wirksame Minderungserklärung, § 638 I 1, II**
> **3. Sach- oder Rechtsmangel gemäß § 633**
> **4. Erfolglose Setzung einer angemessenen Frist zur Nacherfüllung,**
>   **§§ 638 I 1, 323 I (vgl. „statt zurückzutreten...." in § 638 I 1)**
> **5. Entbehrlichkeit einer Fristsetzung**
> **6. Kein Ausschluss der Mängelhaftung, §§ 639, 640 II**
> **7. Kein Ausschluss der Minderung, §§ 638 I 1, 323 VI**
> **8. Kein Ausschluss gemäß § 634a V, 218**

1. Zustandekommen eines wirksamen Werkvertrages

2. Wirksame Minderungserklärung, § 638 I 1, II

3. Sach- oder Rechtsmangel gemäß § 633

Siehe Schema D.II.

4. Erfolglose Setzung einer angemessenen Frist zur Nacherfüllung,
    §§ 638 I 1, 323 I (vgl. „statt zurückzutreten...." in § 638 I 1)

Beachte: Setzung einer zu kurzen Frist setzt angemessene Frist in Gang.

5. Entbehrlichkeit einer Fristsetzung

    a) Bei **Unmöglichkeit** der Nacherfüllung: §§ 638 I 1, 326 V

    b) Bei **Verweigerung** der Nacherfüllung durch den Unternehmer nach § 635 III, **Fehlschlagen** der Nacherfüllung oder deren **Unzumutbarkeit** für den Besteller: § 636

    c) Gem. §§ 638 I 1, 636, 323 II

6. Kein Ausschluss der Mängelhaftung, §§ 639, 640 II, III

a) Vertraglicher Ausschluss
Beachte: Grenzen: § 639; bei AGB z.B. § 309 Nr. 8 b

b) Gesetzlicher Ausschluss: § 640 II, III

7. Kein Ausschluss der Minderung: §§ 638 I 1, 323 VI

8. Kein Ausschluss gemäß § 634a V, 218

9. Rechtsfolgen

a) Besteller muss nach § 638 III nur den **geminderten Betrag** bezahlen:

Formel:

$$\text{Zu zahlende (geminderte) Vergütung} = \frac{\text{Wert mit Mangel x vereinbarte Vergütung}}{\text{Wert des Werks ohne Mangel}}$$

b) **Rückzahlungsanspruch**, soweit bereits mehr als die geminderte Vergütung gezahlt wurde: § 638 IV

VI. Schadensersatz statt der Leistung, §§ 634 Nr. 4, 311a

Schadensersatz statt der Leistung wegen **anfänglicher Unmöglichkeit**

---

1. Zustandekommen eines wirksamen Werkvertrages
2. Sach- oder Rechtsmangel gemäß § 633
3. Schuldner braucht Nacherfüllung nach § 275 I – III nicht zu erbringen (anfängliches Leistungshindernis)
4. Schuldner hat die Unkenntnis bzgl. Leistungshindernis zu vertreten, § 311a II 2
5. Kein Ausschluss der Mängelhaftung
6. Keine Verjährung, § 634a

---

1. Zustandekommen eines wirksamen Werkvertrages

2. Sach- oder Rechtsmangel gemäß § 633

Siehe Schema D.II.

3. Schuldner braucht Nacherfüllung nach § 275 I – III nicht zu erbringen (anfängliches Leistungshindernis)

Beachte: Anfängliche Unmöglichkeit liegt vor, wenn das Leistungshindernis bereits **vor** dem Vertragsschluss vorgelegen hat. Die Nacherfüllung muss demnach insgesamt ausgeschlossen sein.

4. Schuldner hat die Unkenntnis bzgl. Leistungshindernis zu vertreten, § 311a II 2

Entlastungsbeweis obliegt dem Unternehmer/Schuldner.

5. Kein Ausschluss der Mängelhaftung

Vertraglicher Ausschluss
Grenzen: § 639; bei AGB z.B. § 309 Nr. 8 b

6. Keine Verjährung, § 634a

7. Rechtsfolgen

Wahlrecht des Gläubigers/Bestellers:

a) Schadensersatz statt der Leistung
Beachte: Unterscheidung kleiner und großer Schadensersatz

Kleiner Schadensersatz: Besteller behält das mangelhafte Werk und verlangt daneben die ihm entstandenen Schäden vom Unternehmer ersetzt (= Schadensersatz statt der mangelfreien Leistung).

Großer Schadensersatz (§§ 311 a II 3, 281 I 2 u. 3, V; Schadensersatz statt der ganzen Leistung): Besteller gibt das gesamte Werk zurück und liquidiert im Gegenzug beim Unternehmer sämtliche ihm entstandenen Schäden.

b) Aufwendungsersatz: § 284
Beachte: Der Anspruch auf Aufwendungsersatz wird nur **alternativ** zu Schadensersatz **statt** der Leistung gewährt!

VII. Schadensersatz statt der Leistung, §§ 634 Nr. 4, 280 I, III, 283

Schadensersatz statt der Leistung wegen <u>nachträglicher Unmöglichkeit</u>

---

1. Zustandekommen eines wirksamen Werkvertrages
2. Sach- oder Rechtsmangel gemäß § 633
3. Schuldner braucht Nacherfüllung nach § 275 I – III nicht zu erbringen (nachträgliches Leistungshindernis)
4. Schuldner hat Unmöglichkeit zu vertreten, § 280 I 2
5. Kein Ausschluss der Mängelhaftung
6. Keine Verjährung: § 634a

---

1. Zustandekommen eines wirksamen Werkvertrages

2. Sach- oder Rechtsmangel gemäß § 633

Siehe Schema D.II.

3. Schuldner braucht Nacherfüllung nach § 275 I – III nicht zu erbringen (nachträgliches Leistungshindernis)

Beachte: Schuldner braucht nach § 275 I – III **beide Arten** der Nacherfüllung nicht zu erbringen, weil **nach Vertragsschluss** ein Leistungshindernis eingetreten ist.

4. Schuldner hat Unmöglichkeit zu vertreten, § 280 I 2

Entlastungsbeweis obliegt dem Unternehmer/Schuldner. Für das Vertretenmüssen gelten §§ 276, 278.

5. Kein Ausschluss der Mängelhaftung

> **Vertraglicher Ausschluss**
> Grenzen: § 639; bei AGB z.B. § 309 Nr. 8 b

6. Keine Verjährung: § 634a

7. Rechtsfolgen

Siehe Schema D.VI.

VIII. Schadensersatz statt der Leistung, §§ 634 Nr. 4, 280 I, III, 281 I 1

Schadensersatz statt der Leistung bei <u>behebbaren Mängeln</u>

> **1. Zustandekommen eines wirksamen Werkvertrages**
> **2. Sach- oder Rechtsmangel gemäß § 633**
> **3. Erfolglose Setzung einer angemessenen Frist zur Nacherfüllung, § 281 I 1**
> **4. Entbehrlichkeit einer Fristsetzung: §§ 281 II, 636**
> **5. Vertretenmüssen des Schuldners/Unternehmers, § 280 I 2**
> **6. Kein Ausschluss der Mängelhaftung**
> **7. Keine Verjährung: § 634a**

1. Zustandekommen eines wirksamen Werkvertrages

2. Sach- oder Rechtsmangel gemäß § 633

Siehe Schema D.II.

3. Erfolglose Setzung einer angemessenen Frist zur Nacherfüllung, § 281 I 1

4. Entbehrlichkeit einer Fristsetzung: §§ 281 II, 636

5. Vertretenmüssen des Schuldners/Unternehmers, § 280 I 2

Für das Vertretenmüssen gelten §§ 276, 278. Der Entlastungsbeweis obliegt dem Schuldner/Unternehmer.

6. Kein Ausschluss der Mängelhaftung

> **Vertraglicher Ausschluss**
> Grenzen: § 639; bei AGB z.B. § 309 Nr. 8b

7. Keine Verjährung: § 634a

8. Rechtsfolgen

Siehe Schema D.VI.

IX. Schadensersatz für Mangelfolgeschäden, §§ 634 Nr. 4 Var. 1, 280 I

1. Zustandekommen eines wirksamen Werkvertrages
2. Sach- oder Rechtsmangel gemäß § 633
3. Vertretenmüssen des Schuldners/Unternehmers, § 280 I 2
4. Kein Ausschluss der Mängelhaftung
5. Keine Verjährung: § 634a
6. Eintritt eines Mangelfolgeschadens

1. Zustandekommen eines wirksamen Werkvertrages

2. Sach- oder Rechtsmangel gemäß § 633

Siehe Schema D.II.

3. Vertretenmüssen des Schuldners/Unternehmers, § 280 I 2

Für das Vertretenmüssen gelten §§ 276, 278. Der Entlastungsbeweis obliegt dem Schuldner/Unternehmer.

4. Kein Ausschluss der Mängelhaftung

Vertraglicher Ausschluss
Grenzen: § 639, bei AGB z.B. § 309 Nr. 8 b

5. Keine Verjährung: § 634a

6. Eintritt eines Mangelfolgeschadens

Mangelfolgeschaden: Schaden, der an **anderen Rechtsgütern** des Bestellers und **nicht** an dem Werk selbst eingetreten ist.

Beispiel 1: Die B lässt bei U ihren Wasserkocher reparieren. Wegen eines von U falsch montierten Stromkabels kommt es zu einem Brand in ihrer Küche. B verlangt nun von U Schadensersatz für die beschädigten Küchenmöbel (= Mangelfolgeschaden).

Beispiel 2: Die B lässt bei U ihre alte Haar-Trockenhaube reparieren. Da der U den Temperaturregler falsch montiert hat, wird die Trockenhaube so heiß, dass B Verbrennungen an ihren Haaren und an ihrer Kopfhaut erleidet (= Mangelfolgeschaden).

7. Rechtsfolge

Ersatz des Mangelfolgeschadens **ohne vorherige Fristsetzung!**

E. Auftrag, §§ 662 ff.

Beachte: Abgrenzung zum **Gefälligkeitsverhältnis:** Für das Rechtsgeschäft des Auftrags kommt es auf den entsprechenden beiderseitig vorhandenen **Rechtsbindungswillen** der Beteiligten an (str.).
H. M.: Es kommt darauf an, ob der Auftraggeber nach der Verkehrsauffassung und den Umständen des konkreten Einzelfalls die gegebene Zusage als **rechtlich bindend** verstehen durfte.

I. Zustandekommen eines Auftrags: § 662

Vertragliche Einigung über

a) die Geschäftsbesorgung
Jede fremdbezogene Tätigkeit für den Auftraggeber

b) die Unentgeltlichkeit
Fehlen eines Entgelts für die Tätigkeit.
Beachte: Aufwendungen werden dadurch **nicht** ausgeschlossen!

II. Kein Untergang / Erlöschen

a) Widerruf des Auftraggebers: § 671 I
b) Kündigung des Beauftragten: § 671 I, II
c) Tod des Beauftragten: § 673

III. Rechtsfolgen

1. Ansprüche des Auftraggebers (= Geschäftsherrn)

a) Ausführung des Auftrags: **Erfüllung:** § 662
   Beachte: Unübertragbarkeit und Weisungsgebundenheit: §§ 664, 665
b) Auskunfts- und Rechenschaftspflicht des Beauftragten: § 666
c) Herausgabe des Erlangten: § 667

2. Ansprüche des Beauftragten (= Geschäftsführer)

Ersatz der erforderlichen Aufwendungen: § 670

Aufwendungen: freiwillige Vermögensopfer, die jemand zur Ausführung des Auftrags bewusst erbringt.

Erforderlich: Aufwendung, die der Beauftragte den Umständen nach für **notwendig** halten durfte.

Für die eigene **Arbeitsleistung** kann der Beauftragte regelmäßig keinen Aufwendungsersatz gemäß § 670 fordern. Die h.M. wendet aber § 1835 **III analog** an, wenn der Beauftragte im Rahmen des Auftrags zusätzliche Leistungen erbringt, die zu seinem Beruf oder Gewerbe gehören.

F. Geschäftsführung ohne Auftrag, §§ 677 ff.

I. Berechtigte GoA: § 677

1. Geschäftsbesorgung: Rechtsgeschäft oder tatsächliche Handlung
2. Fremdheit des Geschäfts
3. Fremdgeschäftsführungswille
4. Ohne Auftrag oder sonstige Berechtigung
5. Berechtigung zur Geschäftsführung

1. Geschäftsbesorgung: Rechtsgeschäft oder tatsächliche Handlung

2. Fremdheit des Geschäfts

a) Handeln in erkennbar fremdem Rechtskreis (= **objektiv fremdes Geschäft**)

Objektiv-fremdes Geschäft: Geschäft, das schon nach seinem **äußeren** Erscheinungsbild nicht zum Rechts- und Interessenkreis des Geschäftsführers gehört.

b) Geschäft, mit dem sowohl **fremde** Angelegenheiten als auch **eigene** erledigt werden = **Auch-fremdes-Geschäft**

aa) Bestehen einer **Mitverpflichtung**

bb) Geschäftsführer will **Verbindlichkeit** gegenüber Drittem erfüllen (str.).

cc) Behörde nimmt öffentlich-rechtliche Aufgabe wahr, erledigt damit aber auch Aufgabe einer **Privatperson.**
Fremdheit liegt also vor, wenn für den Geschäftsführer eine allgemeine öffentlich-rechtliche Pflicht besteht, für einen anderen tätig zu werden.

dd) Die Erfüllung vertraglicher Pflichten aus einem unwirksamen Vertrag mit dem Geschäftsherrn schließt ein auch fremdes Geschäft **nicht** aus (h. M.).

c) Neutrales Geschäft: Geschäft, das seinem Inhalt nach **keinen fremden** Rechtskreis betrifft
Beachte: Wichtig ist, dass der Fremdgeschäftsführungswille **äußerlich** erkennbar in Erscheinung tritt, siehe c).

3. Fremdgeschäftsführungswille

a) Geschäftsführer handelt mit dem Bewusstsein und dem Willen, ein **fremdes** Geschäft zu führen.

b) Bei **objektiv fremdem Geschäft:** I. d. R. wird Fremdgeschäftsführungswille gesetzlich **vermutet.**

c) Bei **auch fremdem Geschäft:** Wille indiziert bei Kenntnis der fremden Pflichten oder des fremden Interesses.

d) Bei **neutralen Geschäften** muss der Wille äußerlich erkennbar in Erscheinung treten.
Beachte: Positive Feststellung erforderlich!

4. Ohne Auftrag oder sonstige Berechtigung

5. Berechtigung zur Geschäftsführung

Beachte: Maßgeblicher Zeitpunkt: Im Zeitpunkt der **Übernahme** müssen jeweils die folgenden Voraussetzungen vorliegen:

a) Geschäftsführung entspricht dem **wirklichen,** erkennbaren Willen des Geschäftsherrn
Beachte: Wille kann ausdrücklich oder konkludent erklärt werden

b) Geschäftsführung entspricht dem **mutmaßlichen** Willen des Geschäftsherrn
Beachte: Hätte der Geschäftsherr bei objektiver Beurteilung der Gesamtumstände der Geschäftsübernahme zugestimmt?

c) Nachträgliche Genehmigung: §§ 684 S. 2, 184

d) Unbeachtlichkeit eines entgegenstehenden Willens: § 679

6. Rechtsfolgen

a) Ansprüche des Geschäftsherrn

aa) Auskunft und Rechenschaftslegung: §§ 681 S. 2, 666

bb) Herausgabe des Erlangten: §§ 681 S. 2, 667

cc) Verzinsung von Geld: §§ 681 S. 2, 668

dd) ggf. **Schadensersatz** wegen Pflichtverletzung (§§ 280 ff.)

b) Anspruch des Geschäftsführers

Ersatz erforderlicher Aufwendungen: §§ 683, 670

Aufwendungen: Vermögensopfer, die der Geschäftsführer zum Zwecke der Ausführung des Geschäfts **freiwillig** macht.

Erforderlich: Aufwendungen, die der Geschäftsführer den Umständen nach für **notwendig** halten durfte.

Beachte: Arbeitsentgelt gem. **§ 1835 III analog,** wenn die Tätigkeit zum Beruf oder Gewerbe des Geschäftsführers gehört.

II. Unberechtigte GoA

1. Geschäftsbesorgung

2. Fremdgeschäftsführungswille

3. Ohne Auftrag oder sonstige Berechtigung

4. GoA ist unberechtigt

Die Geschäftsführung entspricht **nicht** dem wirklichen / mutmaßlichen Willen des Geschäftsherrn. **Beachte:** Geschäftsführung weder nach § 679 berechtigt noch nach § 684 S. 2 genehmigt.

5. Rechtsfolgen

    a) Ansprüche des Geschäftsherrn

        aa) Schadensersatz: § 678

        bb) Ansprüche aus §§ 812, 823 ff.

    b) Ansprüche des Geschäftsführers

        Herausgabe des Erlangten: §§ 684 S. 1, 818 ff.;
        h.M.: § 684 ist Rechtsfolgenverweisung

III. Angemaßte Geschäftsführung: § 687 II

Hier behandelt der Geschäftsführer ein fremdes Geschäft wissentlich als **eigenes** und maßt sich damit die Geschäftsführung an.

1. Wahrnehmung eines objektiv fremden Geschäfts

2. Mit Eigengeschäftsführungswillen

3. Ohne Berechtigung oder Auftrag

4. In Kenntnis der Fremdheit und mangelnden Berechtigung

5. Rechtsfolgen

    a) Ansprüche des Geschäftsherrn

        aa) Herausgabe des Erlangten: §§ 687 II 1, 681 S. 2, 667

        bb) Schadensersatz: §§ 687 II 1, 678

        cc) Auskunft und Rechenschaft: §§ 687 II 1, 681 S. 2, 666

    b) Anspruch des Geschäftsführers

        Aufwendungsersatz: §§ 687 II 2, 684 S. 1, 818 ff.

86

G. Bürgschaftsvertrag, §§ 765 ff.

Voraussetzungen für die Haftung des Bürgen

I. Zustandekommen eines Bürgschaftsvertrags

1. Einigung
2. Wirksamkeit des Bürgschaftsvertrags, §§ 138 I, 766
3. Hauptforderung entstanden, § 767
4. Kein Erlöschen der Hauptforderung, § 767
5. Keine Einreden

1. Einigung

Einigung zwischen dem **Bürgen** und dem **Gläubiger**, dass der Bürge für eine Verpflichtung des **Hauptschuldners** einstehen soll: § 765
Beachte: Abgrenzung zum Schuldbeitritt und zur Garantie:

a) Schuldbeitritt (§ 311 I, 241 I): Ein **Dritter** tritt **neben** den **Schuldner** als weiterer Schuldner in das Schuldverhältnis ein, beide Schuldner werden Gesamtschuldner (§§ 421 ff.).

Der **Schuldbeitritt** begründet eine **selbstständige** Verpflichtung des Beitretenden für **eigene Schuld** (**Bürgschaft:** Begründet ein **akzessorisches** Einstehen für **fremde** Schuld).

b) Garantievertrag (§§ 311 I, 241 I): Der Dritte will hier unabhängig von dem Bestehen einer Verbindlichkeit des Schuldners in jedem Fall für einen bestimmten Erfolg einstehen oder für einen künftigen Schaden haften.

2. Wirksamkeit des Bürgschaftsvertrags

a) Schriftform erforderlich, § 766. Gilt im Fall des § 350 HGB nicht!

b) Unwirksamkeit wegen Sittenwidrigkeit (§ 138 I): z. B. bei finanziell überforderten Bürgen. Krasses Missverhältnis zwischen Haftungsverpflichtung und finanzieller Leistungsfähigkeit des Bürgen.

Voraussetzungen der Sittenwidrigkeit:

aa) krasses Missverhältnis zwischen Verpflichtung und Leistungsfähigkeit. Vermutung: Der Bürge hat sich nur wegen einer besonderen emotionalen Verbindung zwischen ihm und dem Schuldner auf die Bürgschaft eingelassen (Ehegatte, Lebenspartner, Kinder); die Bank hat dies in verwerflicher Weise ausgenutzt.

bb) kein berechtigtes Interesse des Gläubigers (Bank) an der Bürgschaft, z.B., eine Vermögensverlagerung zu verhindern; dieser Zweck muss ausdrücklich vereinbart werden.

c) Widerrufsrecht nach §§ 355 I, 312 g I falls **ein Geschäft iSv § 312 b** gegeben ist.

3. Hauptforderung entstanden, § 767

Die Bürgschaft ist in Entstehung, Fortbestand, Umfang und Durchsetzbarkeit von der Hauptforderung **dauernd abhängig** (= **akzessorisch**): §§ 765 I, 767 I 1, 2, 768, 770

Beachte: Ohne wirksame Hauptschuld entsteht **keine** Bürgschaft.
Die Bürgschaft kann auch eine **künftige** oder eine **bedingte** Verbindlichkeit sichern (§ 765 II).
Wichtig: Die zu sichernde Forderung muss **hinreichend bestimmt** bezeichnet werden: Gläubiger, Schuldner, Schuldgrund, Höhe.

4. Kein Erlöschen der Hauptforderung, § 767

5. Keine Einreden

a) Alle Einreden des Hauptschuldners gegenüber der Forderung: § 768

b) Einrede der Vorausklage: § 771
Beachte Ausnahmen in § 773; 349 HGB

c) Einrede der Anfechtbarkeit der Hauptschuld: § 770 I

d) Einrede der Aufrechnungsmöglichkeit für den Gläubiger: § 770 II

II. Rechtsfolgen

1. Bürgenhaftung

Der Bürge muss die durch den Bürgschaftsvertrag übernommene Leistungspflicht gegenüber dem Gläubiger erfüllen.

2. Ansprüche des Bürgen gegenüber dem Hauptschuldner

a) Ersatzanspruch aus dem zugrunde liegenden Schuldverhältnis zwischen Bürgen und Schuldner (§§ 662 ff., 675, 677 ff.), insbesondere Aufwendungsersatz aus § 670.

b) Ersatzanspruch aus **§ 774**

c) Befreiung von der Bürgschaft: **§ 775**

88

H. Unerlaubte Handlungen

I. § 823 I

Beachte: Deliktsrecht möglicherweise **nicht anwendbar** wegen §§ 987 ff. (bei Eigentümer-Besitzer-Verhältnis ist § 823 grds. nur anwendbar, wenn die Voraussetzungen des § 992 vorliegen; Ausnahme: Fremdbesitzerexzess).

1. **Tatbestand des § 823 I (Rechtsgutverletzung, Handlung, Kausalität)**
2. **Rechtswidrigkeit (regelmäßig indiziert)**
3. **Verschulden (Vorsatz oder Fahrlässigkeit)**

1. Tatbestand

a) Rechtsgutverletzung

aa) Leben: Tötung eines Menschen

bb) Körper, Gesundheit: Eingriff in die körperliche Unversehrtheit bzw. Störung der inneren Lebensvorgänge

Beachte: Nach der Rspr. sind auch **ärztliche Heileingriffe** als Körperverletzung zu behandeln (beachte aber erteilte bzw. mutmaßliche Einwilligung).

cc) Freiheit: Körperliche Bewegungsfreiheit

dd) Eigentum: Eine Eigentumsverletzung ist gegeben bei Beeinträchtigung des Eigentümers in seinen durch **§ 903** eingeräumten Befugnissen, z. B.: Einwirkungen auf die Substanz der Sache: Zerstören, beschädigen, verunstalten; Funktionsverletzungen; dauernde oder zeitweilige Entziehung; Gebrauchsbeeinträchtigungen; wirksame Verfügung eines Nichtberechtigten

ee) Sonstige Rechte

(1) Alle dinglichen Rechte (Hypotheken, Reallasten, Erbbaurechte, Anwartschaftsrecht)

(2) Immaterialgüterrechte (Marken-, Patent- und Urheberrechte)

(3) unmittelbarer und mittelbarer **Besitz** (h.M.)

(4) Recht am eingerichteten und ausgeübten Gewerbebetrieb

(aa) Subsidiarität: nur anwendbar, sofern keine andere Rechtsgrundlage eingreift, z.B. § 823 I (Eigentum), § 823 II oder § 824

(bb) Vorliegen eines eingerichteten und ausgeübten Gewerbebetriebs. Darunter versteht man einen auf Dauer angelegten und auf Gewinnerzielung gerichteten Betrieb.

(cc) Es muss in den Gewerbebetrieb auch **betriebsbezogen** eingegriffen worden sein. Betriebsbezogen ist der Eingriff, wenn er gegen den Betrieb als solches gerichtet ist und nicht irgendwelche vom Betrieb ohne weiteres ablösbare Rechte oder Rechtsgüter betrifft.

(5) Allgemeines Persönlichkeitsrecht (Art. 1 I iVm Art. 2 I GG)

(aa) Subsidiarität: nur anwendbar, sofern keine andere Rechtsgrundlage eingreift, z.b. § 12 BGB

(bb) Fallgruppen: Eindringen in die Privatsphäre z.b. durch Bildaufnahmen oder heimliche Tonbandaufnahmen; Veröffentlichung von Privatbriefen/Tagebuchaufzeichnungen; Verletzung der Ehre

(6) Recht der elterlichen Sorge (daher sind z.B. Detektivkosten zu ersetzen, wenn das Kind entführt wurde) **und Recht auf eheliche Lebensgemeinschaft**

b) Verletzungshandlung: Positives Tun oder pflichtwidriges Unterlassen bei Garantenstellung

aa) Unterlassen: Nichtvornahme einer bestimmten rechtlich geforderten Tätigkeit

bb) Garantenstellung ergibt sich insbesondere aus Verkehrssicherungspflichten (Schutz vor Gefahren, die z.B. von Wegen, Maschinen, Anlagen, mangelnder Beleuchtung und anderen Gefahrenquellen ausgehen).

c) Kausalität zwischen Verletzungshandlung und Rechtsgutverletzung (sog. haftungsbegründende Kausalität)

Bei der haftungsbegründenden Kausalität geht es um die Zurechnung der Rechtsgutverletzung zum Verhalten des in Anspruch Genommenen.

aa) Äquivalente Kausalität: Conditio sine qua non

(1) Bei positivem Tun: Jede Handlung ist kausal für die Rechtsgutverletzung, wenn sie **nicht hinweggedacht werden kann,** ohne dass die Rechtsgutverletzung in ihrer konkreten Form entfiele.
Beachte: Für die Ursächlichkeit ist kennzeichnend, dass alle Bedingungen **gleichwertig** sind, wenn sie für die konkrete Rechtsgutverletzung auch nur **mitursächlich** sind.

(2) Bei Unterlassen: Jede Handlung ist kausal für die Rechtsgutverletzung, wenn sie **nicht hinzugedacht werden kann,** ohne dass die Rechtsgutverletzung mit an Sicherheit grenzender Wahrscheinlichkeit entfiele.

bb) Adäquate Kausalität: Adäquanztheorie

Dem Handelnden ist eine Rechtsgutverletzung nur dann zuzurechnen, wenn die von ihm gesetzte Bedingung im Allgemeinen und nicht nur unter ganz besonders eigenartigen, unwahrscheinlichen Umständen zur Herbeiführung der Rechtsgutverletzung geeignet war.

Der adäquate Kausalzusammenhang wird **verneint**, wenn die Rechtsgutverletzung auf einem regelwidrigen, **atypischen** Kausalverlauf beruht, mit dem nach allgemeiner Lebenserfahrung nicht zu rechnen war.

cc) Lehre vom Schutzzweck der Norm

Das Gesetz will den Rechtsgütern und deren Trägern keinen absoluten Schutz, sondern nur Schutz vor **bestimmten** Arten von Beeinträchtigungen gewähren. Der eingetretene Schaden muss im **Schutzbereich** der verletzten Norm liegen.

2. Rechtswidrigkeit

Die Rechtswidrigkeit wird durch die Verwirklichung des Tatbestands **indiziert**.
Die Rechtswidrigkeit ist zu verneinen, wenn ein **Rechtfertigungsgrund** eingreift.
Beachte: Die Rechtswidrigkeit ist **nicht indiziert** beim „Recht am eingerichteten und ausgeübten Gewerbebetrieb" und beim allgemeinen Persönlichkeitsrecht: Hier muss jeweils eine umfassende Güter- und Interessenabwägung im Einzelfall erfolgen.

3. Verschulden

a) Verschuldensfähigkeit: §§ 827, 828

b) Verschulden: Vorsatz und jede Art von Fahrlässigkeit
Beachte Ausnahme: Billigkeitshaftung nach § 829

4. Rechtsfolge

Schadensersatz: §§ 249 ff., §§ 842 ff.

a) Schaden: Jeder Nachteil, der an den Rechtsgütern einer Person entsteht. Vermögensschaden, nicht jedoch das Vermögen als solches.
Umfasst sind auch immaterielle Schäden.

b) Kausalität zwischen Rechtsgutverletzung und Schaden (sog. haftungsausfüllende Kausalität)

Die haftungsausfüllende Kausalität betrifft die Frage nach der **Zurechnung** des Schadens zur Rechtsgutverletzung,

aa) Äquivalenz und Adäquanz (Def.: siehe bei H.I.1 c))
bb) Lehre vom Schutzzweck der Norm (Def.: siehe bei H.I.1 c))

c) Art und Umfang des zu ersetzenden Schadens

§§ 249 ff. mit den Besonderheiten der §§ 842 bis 850
Schmerzensgeld nach § 253 II

II. § 823 II

Beachte: Anwendbarkeit u.U. ausgeschlossen wegen §§ 987 ff. (siehe oben H.I.).

1. **Tatbestand: Verletzung eines Schutzgesetzes**
2. **Rechtswidrigkeit**
3. **Verschulden**

1. Tatbestand: Verletzung eines Schutzgesetzes

a) Schutzgesetz i. S. d. § 823 II

Jede materielle Rechtsnorm, die (auch) dem Schutz der Rechte und Interessen des **Einzelnen** (nicht: nur der Allgemeinheit/des Staates) dienen soll.

Beispiele: §§ 123, 142, 164,185, 223 ff. 242 ff., 263 ff. StGB.

b) Verstoß gegen das Schutzgesetz

Bsp.: Bei einem Verstoß gegen ein Strafgesetz sind Tatbestand, Rechtswidrigkeit und Schuld nach den Regeln des Strafrechts zu prüfen.

Wenn das Schutzgesetz hingegen eine Norm ist, die nur auf einen objektiven Verstoß abstellt, muss auch nur dieser objektive Verstoß geprüft werden. Im Rahmen des Verschuldens ist dann aber an § 823 II 2 zu denken (s.u.).

2. Rechtswidrigkeit

Die Rechtswidrigkeit wird durch die Verwirklichung des Tatbestands **indiziert**. **Beachte Rechtfertigungsgründe.**
Beachte: Wenn es sich um ein Strafgesetz handelt, erübrigt sich die Prüfung.

3. Verschulden

Vorsatz oder Fahrlässigkeit bezogen auf den Verstoß. Beachte § 823 II 2.

Bei Strafgesetzen wird das Verschulden bereits innerhalb des Straftatbestands geprüft, so dass keine gesonderte Prüfung notwendig ist.

4. Rechtsfolge

Schadensersatz: §§ 249 ff, §§ 842 ff.
Siehe Schema H.I.4.

III. § 831

1. Verrichtungsgehilfe
2. Tatbestandsmäßige und rechtswidrige unerlaubte Handlung des Verrichtungsgehilfen
3. In Ausführung der Verrichtung, nicht „bei Gelegenheit"
4. Keine Exculpation, § 831 I 2

1. Verrichtungsgehilfe

Verrichtungsgehilfe ist, wem vom Geschäftsherrn in dessen Interesse eine **Tätigkeit übertragen** worden ist und der von den **Weisungen** des Geschäftsherrn abhängig ist.

2. Tatbestandsmäßige und rechtswidrige unerlaubte Handlung des Verrichtungsgehilfen

Der Verrichtungsgehilfe muss eine tatbestandsmäßige und rechtswidrige unerlaubte Handlung begehen.

Beachte: Ein **Verschulden des Verrichtungsgehilfen** ist **nicht** erforderlich, weil § 831 eine Haftung des Geschäftsherrn für eigenes Verschulden begründet!

3. In Ausführung der Verrichtung, nicht „bei Gelegenheit"

Es muss ein **innerer Zusammenhang** zwischen der aufgetragenen Verrichtung und der Schadenszufügung bestehen.

Beachte: Es scheiden solche Schäden aus, die nur **bei Gelegenheit** der Ausführung zugefügt werden, z.B. wenn ein Malergeselle die Anwesenheit während der Malerarbeiten im Haus dazu nutzt, den Auftraggeber zu bestehlen (str.).

4. Keine Exculpation, § 831 I 2

Damit der Geschäftsherr nicht haftet, muss er die Verschuldensvermutung des § 831 I 1 widerlegen, sog. Exculpation. Kann er das nicht, haftet er aus § 831 I 1.

Die Ersatzpflicht tritt also nicht ein, wenn der Geschäftsherr bei der Auswahl der bestellten Person und, sofern er Vorrichtungen oder Gerätschaften zu beschaffen oder die Ausführung der Verrichtung zu leiten hat, bei der Beschaffung oder der Leitung die im Verkehr erforderliche Sorgfalt beobachtet oder wenn der Schaden auch bei Anwendung dieser Sorgfalt entstanden sein würde.

Dezentralisierter Entlastungsbeweis in **Großbetrieben:** Es genügt, wenn der Geschäftsherr seinen Betrieb sorgfältig organisiert und die zur Auswahl und Überwachung bestellten zwischengeschalteten Angestellten (z. B. Abteilungsleiter) sorgfältig auswählt und überwacht (h. M.).

5. Rechtsfolge

Schadensersatz: §§ 249 ff, §§ 842 ff.
Siehe Schema H.I.4.

J. Bereicherungsrecht

I. Leistungskondiktion (= Condictio indebiti), § 812 I 1 Var. 1

1. Bereicherung des Schuldners: „etwas erlangt"
2. Durch Leistung des Gläubigers
3. Ohne rechtlichen Grund
4. Kein Ausschluss nach §§ 814, 817 S. 2

1. Bereicherung des Schuldners: „etwas erlangt"

Jeder **vermögenswerte** Vorteil ("**etwas erlangt**"), z.B. Eigentum, Besitz, Rechte, Ansprüche, Befreiung von Schulden, Gebrauchs- / Nutzungsmöglichkeit

2. Durch Leistung des Gläubigers

Leistung: Jede bewusste und **zweckgerichtete** Mehrung fremden Vermögens.

Beachte: Entscheidendes Kriterium für den Leistungsbegriff ist die **Zweckgerichtetheit.**

Beispiel: A übereignet ein Fahrrad an B, um seine Pflicht aus § 433 I 1 (Eigentumsverschaffung) zu erfüllen, also bewusst und zweckgerichtet.

Beachte Besonderheiten im Mehrpersonenverhältnis: Hier ist umstritten, ob es für die Frage, zwischen welchen Personen eine Leistungsbeziehung besteht, auf die Sicht des Leistenden oder des Leistungsempfängers ankommt (h. M.: Entscheidend ist der **objektive Empfängerhorizont**, §§ 133, 157; a. A.: Der Zuwendende bestimmt den Leistungszweck, d. h. maßgeblich ist also die Sichtweise des Leistenden).

3. Ohne rechtlichen Grund

Ein Rechtsgrund fehlt, wenn die **Verbindlichkeit fehlt**, die mit der Leistung erfüllt werden sollte.

Beispiel: A verkauft und übereignet sein Fahrrad an B. Der zwischen A und B geschlossene Kaufvertrag wird wirksam angefochten und ist damit nichtig (§ 142 I). Hier fehlt der Rechtsgrund für die Übereignung.

4. Kein Ausschluss nach §§ 814, 817 S. 2

5. Rechtsfolgen

a) Herausgabe des Erlangten in natura. **Beispiel:** Zurückübereignung einer rechtsgrundlos erlangten Sache.

b) Herausgabe der gezogenen Nutzungen (§§ 100, 99) und Surrogate, §§ 812 I, 818 I.

c) **Wertersatz:** Ist die Herausgabe wegen der Beschaffenheit des Erlangten nicht möglich oder ist der Empfänger aus einem anderen Grund zur Herausgabe außer Stande, so hat er den Wert zu ersetzen, **§ 818 II.**

d) Es darf **kein Wegfall der Bereicherung** eingetreten sein: Die Verpflichtung zur Herausgabe oder zum Ersatz des Wertes ist ausgeschlossen, soweit der Empfänger nicht mehr bereichert ist, **§ 818 III.**

aa) Schuldner darf nicht mehr bereichert sein

Bei gegenständlicher Zuwendung: Gegenstand ist beschädigt oder zerstört und es ist kein Ersatzwert oder ein Anspruch gegenüber einem Dritten vorhanden.

Bei nicht gegenständlicher Zuwendung: Keine Aufwendungen erspart

bb) Abwicklung unwirksamer Verträge (bei zwei **gleichartigen Leistungen**, z. B. unterschiedliche Geldbeträge)

Grundsätzlich nach der **Saldotheorie** (h. M.): Wenn eine Partei nicht mehr zur Rückgewähr der von ihr empfangenen Leistung imstande ist, dann muss der Wert dieser Leistung bei der Kondiktion der eigenen Leistung als sog. **Abzugsposten** in Rechnung gestellt werden. Hiermit wird sichergestellt, dass dem Bereicherungsschuldner kein Nachteil entstehen kann, sofern seine eigene Leistung beim Gläubiger ersatzlos weggefallen ist.

Rückgewähr der Leistung nur **Zug-um-Zug** gegen Rückgewähr der Gegenleistung (es werden alle sonstigen Vor- und Nachteile verrechnet).

Beachte: Wertverlust der Sache wird als Wegfall der Bereicherung bei der Gegenleistung abgezogen, damit trägt der Sachinhaber das Entreicherungsrisiko. Verrechnung aller sonstigen Vor- und Nachteile, die im Vertrauen auf die Rechtsbeständigkeit entstanden sind.

Beachte: Bei ungleichartigen Leistungen hat jede Vertragspartei den Anspruch auf Rückgewähr ihrer Leistung (Zug-um-Zug gegen Rückgewähr der Gegenleistung).
Ein Ausgleich ist nach der **Zweikondiktionentheorie** vorzunehmen, wenn die mit der Anwendung der Saldotheorie gerechten Ergebnisse ausbleiben. **Keine** Anwendung der **Saldotheorie**, wenn sich Nachteile für nicht voll Geschäftsfähige ergeben oder wenn der Bereicherungsgläubiger durch arglistige Täuschung bzw. durch widerrechtliche Drohung zum Vertragsschluss bestimmt worden ist.

e) **Verschärfte Haftung nach allgemeinen Vorschriften über § 818 IV**

aa) Eintritt der **Rechtshängigkeit** durch Klagezustellung (§§ 253, 261 ZPO), **818 IV.**

bb) Bösgläubigkeit: Der Empfänger kennt den Mangel des rechtlichen Grundes bei dem Empfang oder erfährt ihn später, **§ 819 I.**

cc) Bei ungewissem Erfolgseintritt: **§ 820.**

f) Rechtsfolgen verschärfter Haftung

§ 292: Haftung nach den §§ 987 ff.
- Nutzungen sind herauszugeben: § 987
- Ersatz notwendiger Verwendungen: § 994 II
- Schadensersatz: §§ 989, 990
- Haftung für **Zufall** bei Verzug, § 287 S. 2

II. Condictio ob causam finitam, § 812 I 2 Var. 1

1. Bereicherung des Schuldners: „etwas erlangt"

Siehe Schema J.I.1.

2. Durch Leistung des Gläubigers

Siehe Schema J.I.2.

3. Späterer Wegfall des rechtlichen Grundes

Beispiel: Eintritt einer auflösenden Bedingung.

Beachte: Auch Anfechtung (str., a. A.: Rückabwicklung über § 812 I 1 Var. 1)

4. Kein Ausschluss nach § 817 S. 2

5. Rechtsfolgen

Siehe Schema J.I.5.

III. Condictio ob rem, § 812 I 2 Var. 2

1. Bereicherung des Schuldners: „etwas erlangt"

Siehe Schema J.I.1.

2. Durch Leistung des Gläubigers

Beachte: Hier **verfolgt die Leistung einen anderen Zweck** als die Erfüllung einer Verbindlichkeit. Vereinbarung dieses Zwecks als Inhalt des Rechtsgeschäfts (= **rechtsgeschäftliche Zweckvereinbarung** zwischen Leistendem und Leistungsempfänger).

3. Nichteintritt des mit der Leistung bezweckten Erfolgs

4. Kein Ausschluss nach §§ 815, 817 S. 2

5. Rechtsfolgen

Siehe Schema J.I.5.

IV. Nichtleistungskondiktion, § 812 I 1 Var. 2

Beachte: Hier beruht die Bereicherung **nicht** auf einer Leistung. Innerhalb der allgemeinen Nichtleistungskondiktion wird folgende Unterscheidung vorgenommen:

- **Allgemeine Eingriffskondiktion**
- **Verwendungskondiktion**
- **Rückgriffskondiktion**

1. Allgemeine Eingriffskondiktion

a) Bereicherung des Schuldners: „etwas erlangt"
Siehe Schema J.I.1.

b) In sonstiger Weise: Bereicherung muss in sonstiger Weise, d. h. **nicht durch Leistung**, sondern durch Eingriff in den **Zuweisungsgehalt** eines fremden Rechts oder Vermögenswertes entstanden sein.
Zuweisungsgehalt: Vermögensmehrung **ohne** den Willen des Berechtigten.
Ein **Eingriff** in den Zuweisungsgehalt des beeinträchtigten Rechts ist gegeben, wenn der erlangte Vermögensvorteil dem Bereicherungsgläubiger zugewiesen ist.

c) auf Kosten des Gläubigers

d) Ohne Rechtsgrund
Nach der Rechtsordnung gebührt der erlangte Vorteil einem anderen.

e) Rechtsfolgen
Meist Wertersatz, § 818 II. Siehe Schema J.I.5.

2. Verwendungskondiktion

Beachte: Verwendung auf eine fremde Sache, die **nicht nach Sonderregeln** zu erstatten ist. Eine **Verwendung** ist ein bewusstes Vermögensopfer, das einer Sache zugute kommt, ohne jedoch die Sache grundlegend zu verändern.

a) Bereicherung des Schuldners: „etwas erlangt"
Siehe Schema J.I.1.

b) In sonstiger Weise

c) auf Kosten des Gläubigers

d) Ohne Rechtsgrund

e) Rechtsfolgen
Siehe Schema J.I.5.

3. Rückgriffskondiktion

Beachte: Rückgriffskondiktion kommt nur dann in Betracht, wenn **keine Sonderregelung** besteht, die einen Rückgriffsanspruch vorsieht. Das Gesetz sichert den zahlenden Dritten dadurch, dass es den Anspruch auf ihn übergehen lässt, z.B. gemäß § 268 III, 426 I, 774 I. Dann ist für die Rückgriffskondiktion kein Raum.

a) Bereicherung des Schuldners: „etwas erlangt"
Siehe Schema J.I.1.

b) In sonstiger Weise: wirksame Tilgung fremder Schuld, § 267.

c) auf Kosten des Gläubigers

d) Ohne Rechtsgrund

e) Rechtsfolgen
Siehe Schema J.I.5.

V. Verfügung eines Nichtberechtigten, § 816 I

1. Entgeltliche Verfügung eines Nichtberechtigten, § 816 I 1

a) Verfügung
b) Verfügung erfolgte entgeltlich, z.B. Kauf oder Tausch
c) Verfügender war Nichtberechtigter
d) Wirksamkeit gegenüber Berechtigtem

a) Verfügung

Jedes Rechtsgeschäft, durch das ein Recht begründet, aufgehoben, übertragen, belastet oder inhaltlich geändert wird.

b) Verfügung erfolgte entgeltlich, z.B. Kauf oder Tausch

c) Verfügender war Nichtberechtigter

Nichtberechtigter ist derjenige, der weder Inhaber des Rechts noch zur Verfügung über das Recht befugt oder ermächtigt (§ 185) war.

d) Wirksamkeit gegenüber Berechtigtem

> **aa) Gutgläubiger Erwerb** vom **Nichtberechtigten:** §§ 932 ff., 892;
> § 366 HGB
> **bb) Nachträgliche Genehmigung:** §§ 185 II

e) Rechtsfolgen

Anspruch gegen **Nichtberechtigten** auf Herausgabe des Erlangten (Veräußerungserlös). Nach h. M. auch Herausgabe des **erzielten Gewinns.**

Beispiel: A verkauft das Fahrrad des B, das 50 Euro wert ist, für 100 Euro an den gutgläubigen X, der Eigentümer wird. B kann von A nach h.M. 100 Euro fordern.

98

2. Unentgeltliche Verfügung eines Nichtberechtigten, § 816 I 2

a) Verfügung
b) Verfügung erfolgte unentgeltlich, z.B. Schenkung
c) Verfügender war Nichtberechtigter
d) Wirksamkeit gegenüber Berechtigtem

a) Verfügung

Jedes Rechtsgeschäft, durch das ein Recht begründet, aufgehoben, übertragen, belastet oder inhaltlich geändert wird.

b) Verfügung erfolgte unentgeltlich, z.B. Schenkung

Beachte: Ob § 816 I 2 analog auf den **rechtsgrundlosen Erwerb** (Beispiel: der zugrunde liegende Kaufvertrag ist nichtig) angewandt wird, ist streitig. Dafür spricht, dass der rechtsgrundlose Erwerber im Ergebnis für seinen Erwerb kein Entgelt errichten muss. Die h.M. lehnt die Gleichsetzung von unentgeltlicher und rechtsgrundloser Verfügung jedoch ab.

c) Verfügender war Nichtberechtigter

Derjenige, der weder Inhaber des Rechts noch zur Verfügung über das Recht befugt oder ermächtigt (§ 185) war.

d) Wirksamkeit gegenüber Berechtigtem

      aa) Gutgläubiger Erwerb vom **Nichtberechtigten: §§ 932 ff., 892;**
           § 366 HGB
      bb) Nachträgliche Genehmigung: §§ 185 II

e) Rechtsfolge

Anspruch auf Herausgabe des Erlangten gegenüber demjenigen, welcher auf Grund der Verfügung unmittelbar einen rechtlichen Vorteil erlangt.

VI. Leistung an einen Nichtberechtigten, § 816 II

1. Leistung an einen Nichtberechtigten

2. Wirksamkeit gegenüber Berechtigtem, z.B. wegen § 407 I oder § 185 II

3. Rechtsfolge

Der Nichtberechtigte ist dem Berechtigten zur Herausgabe des Geleisteten verpflichtet.

Beispiel: A tritt eine Forderung, die er gegen B hat, an X ab. Obwohl X nun also neuer Gläubiger ist, zahlt B an A. X muss dies gegen sich gelten lassen gemäß § 407 I. X kann aber von A das gezahlte Geld gemäß § 816 II herausverlangen.

Vierter Abschnitt: Sachenrecht

A. Ansprüche aus Besitz

1. Herausgabe gemäß § 1007
2. Wiedereinräumung des Besitzes, § 861 bzw. § 869 bei mittelbarem Besitzer
3. Beseitigung und Unterlassung, § 862 bzw. § 869 bei mittelbarem Besitzer

B. Unmittelbarer Besitz, § 854 I

1. Räumliche Herrschaftsbeziehung zur Sache

Erlangung der tatsächlichen Gewalt über eine Sache.

Beachte: Richtet sich nach der **Verkehrsanschauung.** Es ist entscheidend, dass der Besitzer die physische Einwirkungsmöglichkeit auf das Bezugsobjekt erlangt und dadurch andere vom Zugriff faktisch ausschließt.

2. Mit Besitzbegründungswillen

Natürlicher Wille, der nicht auf eine konkrete Sache gerichtet sein muss, d. h. ein **genereller Besitzwille reicht aus.**

C. Besitzerwerb nach § 854 II

1. Rechtsgeschäftliche Einigung der Beteiligten über den Besitzübergang

2. Besitzaufgabe durch den bisherigen Besitzer

3. Möglichkeit für den Erwerber, die Herrschaft über die Sache auszuüben

D. Unmittelbarer Besitz durch einen Besitzdiener, § 855

1. Räumliche Herrschaftsbeziehung des Besitzdieners zur Sache

2. Soziales Abhängigkeitsverhältnis

Zwischen Besitzdiener und Besitzherrn muss ein Abhängigkeitsverhältnis bestehen.
Beachte: Besitzdienerschaft ist von dem **Besitzmittlungsverhältnis** (§ 868) abzugrenzen. Entscheidendes Abgrenzungskriterium: **Weisungsgebundenheit** des Besitzdieners.

3. Ausübung der Sachherrschaft innerhalb des sozialen Abhängigkeitsverhältnisses

Beachte: Es ist **kein** wirksamer Vertrag und **kein** besonderer Besitzdienerwille erforderlich (str.). Der unmittelbare Besitz des Besitzherrn erlischt aber, wenn der Besitzdiener einen **entgegenstehenden** Willen **nach außen** erkennbar zeigt.

E. Mittelbarer Besitz, § 868

1. Unmittelbarer Besitz des Besitzmittlers

2. Besitzmittlungsverhältnis gemäß § 868

a) Rechtsverhältnis i. S. d. § 868 zwischen Besitzmittler und mittelbarem Besitzer

b) Fremdbesitzerwille beim Besitzmittler
Liegt vor, wenn jemand mit dem Willen, für den mittelbaren Besitzer die tatsächliche Sachherrschaft auszuüben, den unmittelbaren Besitz innehat
Beachte: Natürlicher Wille und **kein** rechtsgeschäftlicher Wille

c) Durchsetzbarer Herausgabeanspruch des mittelbaren Besitzers gegen den Besitzmittler
Ergibt sich i. d. R. aus dem Rechtsverhältnis i. S. d. § 868

F. Eigentumserwerb an beweglichen Sachen, §§ 929 ff.

1. Einigung über den Eigentumsübergang, § 929 S. 1
2. Übergabe oder Übergabesurrogat (§§ 929 S. 1, 930)
3. Einigsein
4. Berechtigung des Veräußerers

1. Einigung über den Eigentumsübergang, § 929 S. 1

Beachte: Dinglicher Vertrag, bei dem die allgemeinen Regeln der Rechtsgeschäftslehre (§§ 104 ff., 119 ff., 164 ff.) Anwendung finden. Die Einigung kann auch aufschiebend oder auflösend **bedingt** erfolgen. Hauptanwendungsfall einer bedingten Einigung ist der Eigentumsvorbehalt, § 449 I. Wichtig ist, dass der **Bestimmtheitsgrundsatz** gewahrt bleibt. Es muss also erkennbar sein, welche Sachen genau übereignet werden sollen.

2. Übergabe oder Übergabesurrogat (§§ 929 S. 1, 930)

a) Übergabe gem. § 929 S. 1

aa) Besitzerwerb auf Erwerberseite

1) Erwerber erlangt unmittelbaren Besitz, §§ 854 f. Siehe Schema A., B. und C.

2) Geheißperson erwirbt unmittelbaren Besitz
Geheißperson: Ein **Dritter** wird in den Übereignungsvorgang eingeschaltet, der zunächst noch in gar keiner besitzrechtlichen Beziehung zum Veräußerer oder Erwerber steht, d. h. diese Person erwirbt auf **Anweisung** z. B. des Erwerbers für diesen Besitz und ist dabei kein Besitzdiener oder –mittler.

3) Besitzmittler (§ 868) erwirbt unmittelbaren Besitz. Siehe Schema D.

bb) Auf Veranlassung des Veräußerers zum Zwecke der Eigentumsübertragung
Stichwort: Besitzübertragungswillen

cc) Vollständiger „Besitzverlust" auf Veräußererseite
Der Veräußerer hat nach der Besitzverschaffung keinerlei Besitzposition mehr inne.

b) Übereignung „kurzer Hand" gem. § 929 S. 2

Hier ist der Erwerber **bereits** im Besitz der Sache. Für den Eigentumswechsel **genügt** daher die **Einigung** über den Eigentumsübergang.
Beachte: Mittelbarer Besitz reicht aus.

c) Einigung bzgl. Besitzkonstitut gem. § 930

aa) Veräußerer bleibt Besitzer
Beachte: Mittelbarer Besitz reicht aus

bb) Vereinbarung eines Besitzmittlungsverhältnisses zwischen Veräußerer und Erwerber gem. § 868
Siehe Schema D.
Beachte: Rechtsverhältnis i. S. v. § 868 kann auch **antizipiert** vereinbart werden

d) Abtretung eines Herausgabeanspruchs gemäß § 931

aa) Einigung: Bei der Übereignung gem. §§ 929 S. 1, 931 muss eine dingliche Einigung vorliegen, die auf die Übertragung des Eigentums gerichtet ist.

bb) Veräußerer ist mittelbarer Besitzer

cc) Dritter ist mittelbarer oder unmittelbarer Besitzer
Beachte: Ist **niemand** im Besitz der Sache, reicht für die Übereignung die **bloße Einigung.**

dd) Abtretung des Herausgabeanspruchs
Veräußerer muss gegen den Dritten einen Herausgabeanspruch haben und ihn gem. § 398 an den Erwerber **abtreten.**
Beachte: Bei Anspruch aus § 868 Abtretung des Herausgabeanspruchs gem. § 870.
Die h. M. verlangt bei **sonstigen Herausgabeansprüchen** (Bspe.: §§ 812, 823) die Abtretung des Herausgabeanspruchs aus dem **gesetzlichen** Schuldverhältnis (**nicht** aus § 985).
Besteht ein Herausgabeanspruch aus § 985, reicht für die Eigentumsübertragung eine **bloße Einigung** aus (h. M.: Eigentumsherausgabeanspruch ist **untrennbar** mit dem Eigentum verbunden, so dass er nicht isoliert abtretbar ist).

3. Einigsein

Beachte: Die Einigung muss **im Zeitpunkt der Übergabe** bzw. des Übergabe-surrogats bestehen. Eine **antizipierte** Einigung kann bis zur Übergabe widerrufen werden (str.; Argument: §§ 873 II, 956 I). Die Wirksamkeit von Einigungserklärung-en ist aber bei Tod oder Geschäftsunfähigkeit nach Abgabe **nicht** berührt (§ 130 II) **Beachte:** Die Erben bzw. gesetzlichen Vertreter können jedoch widerrufen.

4. Berechtigung des Veräußerers

a) Eigentümer selbst

b) Kraft Gesetzes verfügungsbefugter Nichteigentümer

Bspe.: Insolvenzverwalter (§ 80 I InsO), Nachlassverwalter (§ 1984 I), Testamentsvollstrecker (§ 2205)

c) Kraft Einwilligung verfügungsbefugter Nichteigentümer

Es muss eine Einwilligung des Berechtigten gem. § 185 I vorliegen.

G. Gutgläubiger Erwerb vom Nichtberechtigten, §§ 932 ff.

1. Einigung über den Eigentumswechsel, § 929 S. 1
2. Übergabe oder -surrogat
3. Einigsein
4. Keine Berechtigung des Veräußerers
5. Wirksamer Erwerb vom Nichtberechtigten, insbesondere §§ 932 ff.

1. Einigung über den Eigentumswechsel, § 929 S. 1

Siehe Schema E.

2. Übergabe oder -surrogat

Siehe Schema E.

3. Einigsein

Siehe Schema E.

4. Keine Berechtigung des Veräußerers

5. Wirksamer Erwerb vom Nichtberechtigten

a) Wirksamwerden der Verfügung gem. § 185 II

b) Gutgläubiger Erwerb gem. §§ 932 ff.

aa) Rechtsgeschäft im Sinne eines Verkehrsgeschäfts

Verkehrsgeschäft liegt vor, wenn auf der Erwerberseite mindestens eine Person beteiligt ist, die nicht auch auf der Veräußererseite steht

Entscheidend ist, dass der **Erwerber** und der **Veräußerer** nicht nur bei rechtlich-formaler, sondern auch bei wirtschaftlicher Betrachtung **personenverschieden** sind.

bb) Legitimation durch den Rechtsschein des Besitzes gem. §§ 932 ff.

1) Bei Veräußerung nach § 929 S. 1-> **§ 932 I 1**

2) Bei Veräußerung nach § 929 S. 2-> **§ 932 I 2**
Beachte: Der Besitz wurde vom Veräußerer oder auf Veranlassung des Veräußerers erlangt.

3) Bei Veräußerung nach § 930-> **§ 933**
Beachte: Übergabe durch den Veräußerer

4) Bei Veräußerung nach § 931-> **§ 934**
Beachte: § 934 Var. 1, sofern Veräußerer **mittelbarer** Besitzer war; § 934 Var. 2, sofern Veräußerer **nicht** mittelbarer Besitzer war (Erwerber muss den Besitz vom Dritten erlangen).

cc) Guter Glaube des Erwerbers bzw. seines Vertreters (§ 166 I)

(1) **Guter Glaube an das Eigentum gem. §§ 932 ff.**

(aa) **Gutgläubigkeit gem. § 932 II**

(bb) **Erweiterung des Gutglaubenserwerbes:** Ausnahmsweise wird der Gutglaubensschutz ausgeweitet auch auf den guten Glauben an das **Nichtbestehen einer Verfügungsbeschränkung**, d. h. der Eigentümer verfügt ohne Verfügungsbefugnis. **§ 135 II** überwindet ein relatives Verfügungsverbot.
Beachte: Keine Überwindung bei **absoluten** Verfügungsbeschränkungen: Bspe.: §§ 1365 ff., 1643; § 81 InsO

(2) Umstritten ist, ob ein Erwerber nach **§ 366 Abs. 1 HGB** geschützt ist, wenn er gutgläubig auf eine tatsächlich nicht bestehende Vertretungsmacht des Veräußerers vertraut.

c) Kein Abhandenkommen der Sache (§ 935)

Eine Sache ist abhanden gekommen, wenn der Eigentümer oder sein Besitzmittler den unmittelbaren Besitz **ohne** - nicht notwendig gegen - seinen Willen verloren hat.
Beachte § 935 II: keine Anwendung auf Geld oder Inhaberpapiere sowie auf Sachen, die u.a. im Wege öffentl. Versteigerung veräußert werden.

Besondere Fälle des Abhandenkommens:

aa) Abhandenkommen bei **willentlicher** Besitzaufgabe des **Besitzdieners** (str.).

bb) Abhandenkommen bei **Erben** (§ 857). **Beachte:** Ausnahme, wenn sich der Veräußerer als Scheinerbe einen Erbschein ausstellen lässt, § 2366.

cc) Kein Abhandenkommen, wenn ein **Geschäftsunfähiger** eine Sache weggibt (str.).

dd) Bei einer Weggabe, die auf einer **Täuschung** oder auf einem **Irrtum** beruht, ist in der Regel **kein** Abhandenkommen anzunehmen.

ee) Ein Abhandenkommen kann bejaht werden, wenn der unmittelbare Besitzer aufgrund einer **Drohung** zur Weggabe veranlasst wurde (str.).

H. Sicherungsübereignung

Bei der Sicherungsübereignung übereignet der Schuldner die Sache unter Vereinbarung eines **Besitzkonstituts** gem. **§§ 929, 930** an den Gläubiger. Der Schuldner bleibt also Besitzer, während der Gläubiger Eigentümer wird und sich ggf. aus dem Sicherungseigentum befriedigen kann.

I. Folgende Rechtsverhältnisse existieren:

1. Schuldverhältnis, aus dem sich die zu sichernde Forderung ergibt

2. Rechtsgeschäftliche Übertragung des Eigentums (§§ 929, 930)

3. Schuldrechtlicher Sicherungsvertrag (§ 311 I) = Rechtsgrund für die Übereignung

Beachte: Aus dem Sicherungsvertrag ergeben sich **Verwertungsrechte** bzw. **Sorgfaltspflichten** der Parteien. Wenn die Übereignung nicht auflösend bedingt vereinbart wurde, ergibt sich auch aus dem Vertrag, wann das Eigentum auf den Gläubiger zurück übertragen werden muss.

II. Übereignung nach §§ 929 ff.

1. Einigung über den Eigentumswechsel

Erfolgt nach allgemeinen Regeln. **Beachte:** Wahrung des sachenrechtlichen **Bestimmtheitsgrundsatzes.** Er ist bei Raumsicherungs- bzw. Markierungsverträgen gewahrt, jedoch liegt **keine** Bestimmtheit bei bloßen Mengen- oder Wertangaben vor. Auch liegt **keine** Bestimmtheit bei der Verwendung des Begriffs „Inventar" vor.

Es dürfen **keine Unwirksamkeits- bzw. Nichtigkeitsgründe** vorliegen:

a) Keine Sittenwidrigkeit (§ 138): Knebelung des Schuldners, Übersicherung, Gläubigergefährdung bzw. Verleitung zum Vertragsbruch

b) Anfechtung (§ 142)

2. Übergabe oder Besitzkonstitut gem. § 930

3. Einigsein

4. Berechtigung des Sicherungsgebers
Es gelten die Grundsätze der Berechtigung für die Übertragung von beweglichen Sachen.

J. Herausgabeanspruch des Eigentümers, § 985

1. Anspruchsteller ist Eigentümer
2. Anspruchsgegner ist Besitzer, § 854 ff.
3. Anspruchsgegner hat kein Recht zum Besitz im Sinne des § 986

1. Anspruchsteller ist Eigentümer

Anspruchsteller muss Eigentümer der Sache (§ 90) sein, die er herausverlangt. **Beachte:** Besteht Streit über die Zuordnung einer Sache, greift die Vermutungsregelung des § 1006.

2. Anspruchsgegner ist Besitzer, §§ 854 ff.

3. Anspruchsgegner kein Recht zum Besitz im Sinne des § 986

> a) Das eigene Besitzrecht gem. § 986 I 1 Alt. 1
> aa) Besitzer kann aufgrund eines wirksamen schuldrechtlichen Vertrags zum Besitz berechtigt sein, z.B. Kaufvertrag, Mietvertrag
> bb) Dingliche Rechte
> cc) Anwartschaftsrecht als Recht zum Besitz (str.)
>
> b) Das abgeleitete Besitzrecht gem. § 986 I 1 Alt. 2
>
> c) Das Besitzrecht gegenüber dem Rechtsnachfolger des Eigentümers gem. § 986 II

4. Rechtsfolge

Anspruch auf Herausgabe der Sache.

K. Ansprüche bei Vorliegen eines Eigentümer-Besitzer-Verhältnisses

Vindikationslage: Der Besitzer, der vom Eigentümer nach § 985 auf Herausgabe in Anspruch genommen wird, hat kein Recht zum Besitz gemäß § 986.

I. Ansprüche des Eigentümers gegen den Besitzer

1. Schadensersatz, §§ 989, 990
2. Schadensersatz bei verbotener Eigenmacht oder Straftat, §§ 992, 823 ff.
3. Verzugsschaden, § 990 II, 286
4. Herausgabe von Nutzungen, § 987 (ggf. iVm. § 990 I 1) und § 988

106

II. Anspruch des Besitzers gegen den Eigentümer

Anspruch auf **Verwendungsersatz**, § 994. Als Verwendungen werden nach der Rspr. alle freiwilligen Vermögensopfer bezeichnet, die einer fremden Sache zugute kommen **ohne sie grundlegend umzugestalten** (enger Verwendungsbegriff). Von der Literatur werden als Verwendungen freiwillige Vermögensopfer bezeichnet, die einer fremden Sache zugute kommen (weiter Verwendungsbegriff).

L. Vormerkung, §§ 883 ff.

Die Vormerkung schützt den Inhaber eines schuldrechtlichen Anspruchs, der auf dingliche Rechtsänderung gerichtet ist, vor **beeinträchtigenden Verfügungen** des Schuldners.

1. Schuldrechtlicher Anspruch auf dingliche Rechtsänderung (§ 883 I) (Vormerkung ist akzessorisch)
2. Bewilligung des Betroffenen (§ 885)
3. Eintragung der Vormerkung in das Grundbuch (§ 885)
4. Berechtigung des Bewilligenden oder Erwerb vom Nichtberechtigten (§§ 893, 892)

1. Schuldrechtlicher Anspruch auf dingliche Rechtsänderung (§ 883 I) liegt vor (Vormerkung ist akzessorisch)

2. Bewilligung des Betroffenen (§ 885)

Beachte: Bei der einseitigen Bewilligung des Betroffenen ist keine Einigung i. S. v. § 873 notwendig.

3. Eintragung der Vormerkung in das Grundbuch (§ 885)

4. Berechtigung des Bewilligenden oder Erwerb vom Nichtberechtigten (§§ 893, 892)

Die Berechtigung richtet sich nach den allgemeinen sachenrechtlichen Grundsätzen.

5. Rechtsfolgen

a) Eine Verfügung, die nach der Eintragung der Vormerkung über das Grundstück oder das Recht getroffen wird, ist insoweit unwirksam, als sie den Anspruch vereiteln oder beeinträchtigen würde, § 883 II.

b) Soweit der Erwerb eines eingetragenen Rechts oder eines Rechts an einem solchen Recht gegenüber demjenigen, zu dessen Gunsten die Vormerkung besteht, unwirksam ist, kann dieser von dem Erwerber die Zustimmung zu der Eintragung oder der Löschung verlangen, die zur Verwirklichung des durch die Vormerkung gesicherten Anspruchs erforderlich ist, § 888.

M. Erwerb des Eigentums an einem Grundstück, §§ 873, 925

1. Einigung über den Eigentumsübergang, §§ 873, 925
2. Eintragung in das Grundbuch
3. Einigsein im Zeitpunkt der Eintragung
4. Verfügungsbefugnis: Berechtigung des Veräußerers
5. Oder gutgläubiger Erwerb vom Nichtberechtigten gem. § 892

1. Einigung über den Eigentumsübergang, §§ 873, 925

Einigung zwischen Veräußerer und Erwerber (= **Auflassung**), § 873.
Auflassung: Dinglicher Vertrag zwischen Verkäufer und Käufer über den Eigentumsübergang.

Der Vertrag kommt nach allgemeinen Regeln zustande

    a) Zwei **wirksame** Willenserklärungen
    b) Keine Vereinbarung einer Bedingung (§ 925 II)
    c) Abgabe der Willenserklärungen in der Form des § 925 I 1
    d) Gegenstand ist ein **bestimmtes** Grundstück

2. Eintragung in das Grundbuch

Die Nichtbeachtung von GBO-Vorschriften, z. B. von § 29 GBO, hindert **nicht** den Eigentumsübergang. Wichtig ist nur, dass eine Eintragung des Eigentümerwechsels erfolgt, nicht aber wie.

3. Einigsein im Zeitpunkt der Eintragung

Widerruf nur möglich, solange keine Bindung an die Einigungserklärung eingetreten ist (§ 873 II).

4. Verfügungsbefugnis: Berechtigung des Veräußerers

    a) Verfügungsberechtigter Eigentümer

    b) Der an sich Nichtberechtigte ist vom Berechtigten zur Veräußerung **ermächtigt (§ 185 I)**

    c) Der an sich Nichtberechtigte ist **sonst gesetzlich verfügungsbefugt**
    Bspe.: Insolvenz-, Nachlassverwalter

    d) Der an sich Berechtigte ist zwar in seiner Verfügungsbefugnis beschränkt, aber es liegen die Voraussetzungen des § 878 vor

5. Oder gutgläubiger Erwerb vom Nichtberechtigten gem. § 892

Voraussetzungen des § 892:

    a) Rechtsgeschäftlicher Erwerb

    b) Vorliegen eines Verkehrsgeschäfts
    Personenverschiedenheit von Veräußerer und Erwerber, auch in wirtschaftlicher Hinsicht

    c) Unrichtigkeit des Grundbuchs

d) Legitimation des Verfügenden

Der Verfügende muss im Grundbuch als Berechtigter eingetragen sein.

e) Gutgläubigkeit des Erwerbers

Erwerber muss im Zeitpunkt der Stellung des Eintragungsantrags gutgläubig hinsichtlich der Richtigkeit des Grundbuchs gewesen sein (**§ 892 II Hs. 1**), wobei nur die **positive** Kenntnis des Erwerbs bzgl. der Unrichtigkeit des Grundbuchs schadet.

f) Keine Eintragung eines Widerspruchs gegen die Richtigkeit des Grundbuchs, § 899

Eingetragener Widerspruch verhindert den gutgläubigen Erwerb.

N. Ersterwerb einer Hypothek vom *Berechtigten*, § 1113

Beachte: Die Hypothek dient der Sicherung von Forderungen. Sie ist **akzessorisch**, d. h. in Entstehung und Bestand von einer Forderung abhängig.

1. Einigung gem. §§ 873 I, 1113
2. Eintragung der Einigung im Grundbuch gem. §§ 873 I, 1115 I
   (Briefhypothek)
3. Briefübergabe oder Ausschluss der Brieferteilung, § 1117 bzw. § 1116 II
4. Bestehen der zu sichernden Forderung (Akzessorietät)
5. Berechtigung des Bestellers, § 873 I

1. Einigung gem. §§ 873 I, 1113

Die Einigung muss den Gläubiger, den Sicherungsgeber, das belastete Grundstück und die zu sichernde Forderung erkennen lassen. **Beachte: Personenverschiedenheit** von Gläubiger und Inhaber der persönlichen Forderung.

2. Eintragung der Einigung im Grundbuch gem. §§ 873 I, 1115 I (Briefhypothek)

Beachte: Die Einigung muss im Zeitpunkt der Eintragung fortbestehen.
Im Falle einer **Buchhypothek** muss der Ausschluss der Brieferteilung im Grundbuch eingetragen werden (**§ 1116 II**).

3. Briefübergabe oder Ausschluss der Brieferteilung, § 1117 bzw. § 1116 II

Es kommt darauf an, ob eine Brief- oder eine Buchhypothek vereinbart wurde.
Bei **Brief**hypothek: § 1117; bei **Buch**hypothek: § 1116 II

4. Bestehen der zu sichernden Forderung (Akzessorietät)

Die der Hypothek zugrunde liegende Forderung muss bestehen. Bsp.: Anspruch auf Darlehensrückzahlung.

5. Berechtigung des Bestellers, § 873 I

Berechtigt sind der verfügungsbefugte Eigentümer, die kraft Gesetzes verfügungsbefugte Person und diejenige Person, die mit Zustimmung nach § 185 I verfügt.

Beachte: Liegt **keine** Berechtigung vor, dann gutgläubiger Erwerb einer Hypothek vom Nichtberechtigten prüfen (siehe das nachfolgende Schema O.).

6. Rechtsfolge

Der Hypothekar kann bei nicht durchsetzbarem Anspruch aus der Forderung die Duldung der Zwangsvollstreckung gem. § 1147 verlangen.

Der **Haftungsverband** der Hypothek ergibt sich aus § 1120.

Beispiel: Der Bauer B hat dem A für eine Kaufpreisforderung eine Hypothek an seinem Hofgrundstück mit einem Wohn- und mehreren Wirtschaftsgebäuden bestellt. B baut auf seinem Hof Getreide an, wofür er sich einen Mähdrescher angeschafft hat. Als B nicht zahlt, betreibt A die Zwangsvollstreckung in das Grundstück. Bei der Zwangsversteigerung erhält C den Zuschlag. Woran hat C Eigentum erworben?

Lösung: Als Erzeugnis fällt gem. § 1120 das von B geerntete Getreide in den Haftungsverband. Der Mähdrescher, mit dem B seine Felder bewirtschaftet, stellt gem. § 1120 vom Haftungsverband umfasstes Zubehör (§ 97) dar. C hat also Eigentum an dem Grundstück samt Gebäuden, dem von B geernteten Getreide sowie an dem Mähdrescher des B erworben, vgl. Skript *Sachenrecht 2*, S. 50.

O. Ersterwerb einer Hypothek vom *Nichtberechtigten,* § 892

Voraussetzungen gem. §§ 873, 1113, 1115 ff., 892 (siehe Schema N.)

> **1. Einigung gem. §§ 873 I, 1113**
> **2. Eintragung der Einigung im Grundbuch gem. §§ 873 I, 1115 I**
> **3. Briefübergabe oder Ausschluss der Brieferteilung, § 1117 bzw. § 1116 II**
> **4. Bestehen der zu sichernden Forderung (Akzessorietät)**
> **5. Voraussetzungen des § 892: siehe Schema M.5.**

P. Zweiterwerb einer Hypothek vom *Berechtigten* bzw. Nichtberechtigten gem. §§ 398, 1154, 1153

Eine Hypothek wird durch **Abtretung der Forderung**, die die Hypothek sichern soll, übertragen.

1. Abtretung der Forderung, § 398

Die der Hypothek zugrunde liegende Forderung muss **abgetreten** worden sein.

2. Abtretung in der Form der §§ 1154 I, II, 1117 (Briefhypothek)

Die Abtretung muss in schriftlicher Form auf dem Hypothekenbrief erfolgen und der Hypothekenbrief **übergeben** werden (§ 1117 I).
Beachte: Bei der Abtretung der durch eine **Buchhypothek** gesicherten Forderung ergibt sich die erforderliche Einigung aus § 873 I, auf den § 1154 III verweist.
Die Abtretung ist hier **formlos**, die Rechtsänderung wird erst mit der Eintragung im Grundbuch wirksam.

3. Berechtigung des Übertragenden (bzgl. Forderung und Hypothek)

Q. Zweiterwerb einer Hypothek vom *Nichtberechtigten* gem. §§ 398, 1154, 1153, 892

1. Abtretung der Forderung, § 398

2. Abtretung in der Form der §§ 1154 I, II, 1117

3. Voraussetzungen des § 892

Beachte beim Prüfungspunkt „**Rechtsgeschäftlicher Erwerb**": § 1153 normiert zwar einen gesetzlichen Übergang der Hypothek, aber dem Erwerb nach § 1153 liegt eine rechtsgeschäftliche Übertragung, nämlich die Abtretung gem. § 398, zugrunde und das ist ausreichend.

Beachte: Zweiterwerb einer Hypothek vom Nichtberechtigten wegen nicht bestehender Forderung
Hier ist bei den Voraussetzungen des § 892 einfach der § 1138 mitzuzitieren, d. h. §§ 1138, 892. Beim Prüfungspunkt der Gutgläubigkeit des Erwerbers gilt zu beachten, dass dieser bzgl. des Bestehens der Forderung gutgläubig sein muss. § 1138 fingiert nämlich das Bestehen einer Forderung, wenn die Voraussetzungen des § 892 bzgl. der Forderung vorliegen und damit kann die Hypothek gem. § 1153 übergehen (**Aber:** Voraussetzung ist, dass der Übertragende **Inhaber der Hypothek** ist; falls Übertragender nicht Hypothekeninhaber ist, dann gilt auch § 1153, wenn bzgl. der Hypothek die Voraussetzungen des § 892 vorliegen).

Beachte Einreden des Eigentümers gem. §§ 1137, 1157!

R. Voraussetzungen des Ersterwerbs einer Grundschuld vom *Berechtigten* gem. §§ 873, 1191, 1192 I, 1115 ff.

Zentrale Vorschrift: § 1192 I

Die Grundschuld setzt **nicht** das Bestehen einer Forderung voraus. Sie ist im Gegensatz zur Hypothek **nicht akzessorisch**. Es besteht aber die Möglichkeit, Forderung und Grundschuld in einem sog. **Sicherungsvertrag** schuldrechtlich miteinander zu verknüpfen. Die Parteien vereinbaren in diesem Vertrag schuldrechtlich, dass die Grundschuld eine Forderung sichern soll (= **Sicherungsgrundschuld**).

1. Einigung über die Bestellung der Grundschuld, §§ 873, 1191 I

2. Eintragung der Einigung im Grundbuch, §§ 873, 1192 I, 1115 I (Briefgrundschuld)

Beachte: Im Falle einer **Buchgrundschuld** muss der Ausschluss der Brieferteilung im Grundbuch eingetragen werden, §§ 1192 I, 1116 II.

3. Briefübergabe oder Ausschluss der Brieferteilung: §§ 1192 I, 1117 bzw. 1116 II

4. Berechtigung des Bestellers, § 873 I

Berechtigt sind der verfügungsbefugte Eigentümer, die kraft Gesetzes verfügungsbefugte Person und derjenige, der mit Zustimmung gem. § 185 I verfügt.

5. Rechtsfolgen

Bei nicht durchsetzbarem Anspruch aus der Forderung kann der Inhaber der Grundschuld die Duldung der Zwangsvollstreckung nach §§ 1192 I, 1147 verlangen. Zum **Haftungsverband** der Grundschuld vgl. Schema N.6.

S. Ersterwerb einer Grundschuld vom *Nichtberechtigten:* §§ 873, 1191, 1192 I, 1115 ff., 892 (vgl. Schema M.5.)

Beachte die Vorschrift des § 878: § 878 bestimmt, dass - wenn die Erklärung des Berechtigten nach §§ 873, 1191, 1192, 1115 ff. bindend geworden ist - eine anschließende Verfügungsbeschränkung **nicht** zur Unwirksamkeit der Übertragung führt.

Beachte: Ist eine Grundschuld zur Sicherung eines Anspruchs verschafft worden (Sicherungsgrundschuld), können Einreden, die dem Eigentümer auf Grund des Sicherungsvertrags mit dem bisherigen Gläubiger gegen die Grundschuld zustehen oder sich aus dem Sicherungsvertrag ergeben nach **§ 1192 Abs. 1a S. 1** auch jedem Erwerber der Grundschuld entgegengesetzt werden. Ein gutgläubiger **einredefreier** Erwerb findet hier somit nicht statt!

T. Voraussetzungen des Zweiterwerbs einer Grundschuld vom *Berechtigten* gem. §§ 1192 I, 1154

1. Einigung über den Übergang gem. § 873 I
2. In der Form der §§ 1192 I, 1154
3. Berechtigung des Übertragenden

1. Einigung über den Übergang gem. § 873 I

2. In der Form der §§ 1192 I, 1154

      Bei **Brief**grundschuld: §§ 1154 I, II, 1117
      Bei **Buch**grundschuld: §§ 1192 I, 1154 III, 873: Einigung und Eintragung

3. Berechtigung des Übertragenden

Übertragender muss Inhaber der Grundschuld sein. **Beachte: Die Übertragung einer Sicherungsgrundschuld** umfasst zwei Rechtsgeschäfte: 1) Die Übertragung der Grundschuld und 2) die Abtretung der Forderung. Die Abtretung der Forderung erfolgt ausschließlich nach §§ 398 ff.

U. Voraussetzungen des Zweiterwerbs einer Grundschuld vom *Nichtberechtigten* gem. §§ 1192 I, 1154, 892

1. Einigung über den Übergang gem. § 873 I
2. In der Form der §§ 1192 I, 1154
3. Voraussetzungen des § 892. Siehe Schema M.5
    sowie Schema S. zum *neuen § 1192 Abs. 1a*!

V. Vertragliches Pfandrecht an beweglichen Sachen, §§ 1204 ff.

Das Pfandrecht ist **streng akzessorisch**, d. h. ohne eine Forderung existiert auch kein Pfandrecht.

I. Entstehung

1. Einigung zwischen Verpfänder und Gläubiger der zu sichernden Forderung, §§ 1204, 1205

2. Bestehen der zu sichernden Forderung (Akzessorietät)

Beachte: Wenn die Forderung wieder erlischt, dann erlischt auch das Pfandrecht (§ 1252).

3. Übergabe oder -surrogat, §§ 1205, 1206

Beachte: Anders als bei der Übereignung gem. §§ 929 S. 1, 930 kann die Übergabe bei der Pfandrechtsbestellung **nicht** durch ein Besitzkonstitut ersetzt werden. **Beachte** auch **Entbehrlichkeit** der **Übergabe** gem. § 1205 I 2.

4. Einigsein im Zeitpunkt des Rechtserwerbes

5. Berechtigung des Verpfänders oder gutgläubiger Erwerb vom Nichtberechtigten (§§ 1207, 932 ff.)

Berechtigt ist der verfügungsbefugte Eigentümer oder der gesetzlich oder gem. § 185 zur Verfügung Ermächtigte.
Beachte: Wenn der Verpfänder **nicht** berechtigt ist, dann kommt ein Erwerb vom **Nichtberechtigten** gem. §§ 1207, 932, 934 in Betracht, es sei denn, die Sache ist dem Eigentümer **abhanden gekommen** (§ 935).
Beachte auch § 1208.

II. Übertragung des Pfandrechts

Gem. §§ 398, 1250, 401 durch Abtretung der gesicherten Forderung => Das Pfandrecht geht wegen seiner strengen Akzessorietät auf den neuen Gläubiger über.

III. Schutz des Pfandrechts

Über § 1227 finden die für die Ansprüche aus dem Eigentum geltenden Vorschriften entsprechende Anwendung, z.B. der Herausgabeanspruch aus § 985.

W. Gesetzliche Pfandrechte an beweglichen Sachen, § 1257

1. **Werkunternehmerpfandrecht, § 647:** h.M. lehnt einen gutgläubigen Erwerb ab; § 1207 findet **keine** Anwendung, auch nicht analog.
2. **Vermieterpfandrecht, § 562**
3. **Pächterpfandrecht am Inventar, § 583, Verpächterpfandrecht, § 592, Pfandrecht des Gastwirts, § 704**

Fünfter Abschnitt: Familienrecht

A. Eheschließung -> §§ 1303 ff.

B. Anspruch auf eheliche Lebensgemeinschaft -> § 1353 I 2

C. Verpflichtung zum Familienunterhalt bei wirksamer Ehe-> § 1360 f.

D. Anspruch des getrennt lebenden Ehegatten (§ 1567) auf Unterhalt -> § 1361

E. Geschäfte zur Deckung des Lebensbedarfs, § 1357 („Schlüsselgewalt")

I. Geschäft zur angemessenen Deckung des Lebensbedarfs, § 1357 I

Lebensbedarf: Nach objektiv erkennbaren Lebensverhältnissen der Familie (Auslegung gem. § 1360a).
Angemessen: Zu fragen ist, ob für das betreffende Geschäft üblicherweise eine vorherige Verständigung der Eheleute zu erfolgen hat. § 1357 I 1 erfasst nur solche Geschäfte, die ein Ehegatte nach den typischen Lebensverhältnissen selbstständig zu erledigen pflegt.

II. Rechtsfolgen

1. Mitverpflichtung des anderen Ehegatten: Verpflichtung beider Ehegatten als Gesamtschuldner (§ 421)

2. Bei Leistungsansprüchen sind beide Ehegatten Gesamtgläubiger (§ 428; h. M.) bzw. gemeinschaftliche Gläubiger (§ 432; a.A.).

3. Nach h.M. gilt § 1357 I nicht für den **dinglichen Rechtserwerb**. Es besteht nur eine schuldrechtliche Verpflichtung. Bei der dinglichen Übereignung kommen die Regeln des Geschäfts für den, den es angeht zum Zuge. Die Einigungserklärung des handelnden Ehegatten ist beim Erwerb von Hausrat so zu verstehen, dass beide Ehegatten Eigentümer werden sollen.
Nach a.A. erwirbt der andere Ehegatte am gekauften Gegenstand durch Übereignung kraft § 1357 I 2 Miteigentum.

F. Verfügungsbeschränkungen in der Zugewinngemeinschaft

I. Verfügungen über das Vermögen im Ganzen, § 1365

Vermögen im Ganzen: Bei kleinen Vermögen ist der Tatbestand des § 1365 regelmäßig nicht erfüllt, wenn dem Verfügenden wertmäßig 15 % seines Vermögens verbleiben. Bei größeren Vermögen wird diese Grenze auf 10 % herabgestuft.

Subjektiv muss der Vertragspartner nach der **Rspr.** positiv wissen, dass es sich bei dem Vermögensgegenstand um das ganze oder nahezu das ganze Vermögen des Ehegatten handelt (str.).

II. Verfügungen über Haushaltsgegenstände, § 1369

Ein Ehegatte kann über ihm gehörende Gegenstände des ehelichen Haushalts nur verfügen und sich zu einer solchen Verfügung auch nur verpflichten, wenn der andere Ehegatte einwilligt.

G. Ehescheidung, §§ 1564 ff.

I. Scheidungsgrund: Scheitern der Ehe (§ 1565 I 1)

1. Die Ehe ist **gescheitert**, wenn die Lebensgemeinschaft der Ehegatten nicht mehr besteht und nicht zu erwarten ist, dass die Ehegatten sie wiederherstellen (§ 1565 I 2).

2. Es wird **unwiderlegbar vermutet,** dass die Ehe gescheitert ist, wenn die Ehe gatten seit einem Jahr getrennt leben und beide Ehegatten die Scheidung beantragen oder der Antragsgegner der Scheidung zustimmt, § 1566 I.

3. Es wird **unwiderlegbar vermutet,** dass die Ehe gescheitert ist, wenn die Ehegatten seit drei Jahren getrennt leben, § 1566 II.

II. Ausschluss: Keine unzumutbare Härte, § 1568

1. Die Ehe soll nicht geschieden werden, obwohl sie gescheitert ist, wenn und solange die Aufrechterhaltung der Ehe im Interesse der aus der Ehe hervorgegangenen minderjährigen **Kinder** aus besonderen Gründen ausnahmsweise notwendig ist, § 1568 **Alt. 1.**

2. Die Ehe soll nicht geschieden werden, wenn und solange die Scheidung für den Antragsgegner, der sie ablehnt, auf Grund außergewöhnlicher Umstände eine so schwere Härte darstellen würde, dass die Aufrechterhaltung der Ehe auch unter Berücksichtigung der Belange des Antragstellers ausnahmsweise geboten erscheint, § 1568 **Alt. 2.**

III. Rechtsfolgen

1. Verpflichtung zum **Unterhalt** gegenüber dem geschiedenen Ehegatten, **§§ 1569 ff.**

2. Verpflichtung zum **Unterhalt** gegenüber dem Kind, §§ 1601 ff.

3. Versorgungsausgleich, § 1587

4. Anspruch auf **Zugewinnausgleich** (§§ 1372 ff., siehe das folgende Schema H.) bzw. **Auseinandersetzung,** § 1478

5. Regelungen bzgl. gemeinsamer Kinder, **§§ 1671 ff.**

Beachte: Persönliches Umgangsrecht des nicht sorgeberechtigten Ehegatten (§§ 1626 III, 1684)!

H. Anspruch auf Zugewinnausgleich, §§ 1372, 1378 I

1. Beendigung der Zugewinngemeinschaft zu Lebzeiten beider Ehegatten, § 1372

2. Berechnung des Ausgleichsanspruchs

a) Ermittlung des **Anfangsvermögens** jedes Ehegatten (§§ 1374, 1376 f.)

Beachte: Verbindlichkeiten sind über die Höhe des Vermögens hinaus abzuziehen, § 1374 III.

b) Ermittlung des **Endvermögens** jedes Ehegatten (§ 1375 f.)

c) Ermittlung der **Differenz:**
Zugewinn (§ 1373) = Endvermögen abzüglich Anfangsvermögen

3. Höhe der Ausgleichsforderung

Übersteigt der Zugewinn des einen Ehegatten den Zugewinn des anderen, so steht **die Hälfte des Überschusses** dem anderen Ehegatten als Ausgleichsforderung zu, § 1378 I.

Beispiel: Ein Ehepaar lebt im gesetzlichen Güterstand. Nach der Scheidung soll die Ausgleichsforderung bzgl. des Zugewinns berechnet werden! Wer kann was von wem verlangen?

Vermögen in Euro zum Zeitpunkt der Heirat:

	Ehefrau	Ehemann
Haus im Wert von	200.000	-
Wertpapiere	10.000	-
Festgeld	-	20.000
Zahnarztpraxis im Wert von	-	100.000

Vermögen in Euro zum Zeitpunkt der Scheidung:

	Ehefrau	Ehemann
Haus im Wert von	240.000	-
Wertpapiere	60.000	-
Festgeld	-	30.000
Zahnarztpraxis im Wert von	-	300.000

Lösung: Zugewinn (§ 1373) = Endvermögen – Anfangsvermögen.

Ehefrau: 300.000 - 210.000 = 90.000 Euro;

Ehemann: 330.000 - 120.000 = 210.000 Euro.

Der Ehemann hat einen um 120.000 Euro höheren Zugewinn (210.000-90.000 = 120.000). Die Ehefrau kann davon ½ = 60.000 Euro verlangen, § 1378 BGB.

Sechster Abschnitt: Erbrecht

A. Gesetzliche Erbfolge

Universalsukzession, § 1922 BGB: Mit dem Tod einer Person (Erbfall) geht deren Vermögen (Erbschaft) als Ganzes auf eine oder mehrere andere Personen (Erben) über. Wer ist Erbe? Die gesetzliche Erbfolge greift ein, wenn kein Testament bzw. kein Erbvertrag vorliegt:

1. **Ehegattenerbrecht:** §§ 1931, 1371; Ausnahme: § 1933

2. **Abkömmlinge:** § 1924

3. **Verwandte (§ 1589) nach Ordnung**
Beachte Erbberechtigung (§ 1930) in der **Rangfolge** der §§ 1925 – 1929

4. **Staat:** § 1936

B. Verfügung von Todes wegen: Testament, § 1937

I. Wirksamkeit

1. Ein **Minderjähriger** kann ein Testament erst errichten, wenn er das 16. Lebensjahr vollendet hat, **§ 2229 I**

2. Der Erblasser kann ein Testament nur **persönlich** errichten, **§ 2064**

3. **Zulässige Formen**

>   **a) Eigenhändigkeit, § 2247**
>   **Beachte:** Bei Mitwirkung **Dritter:** Schreibhilfe, d. h. bloße Unterstützung, ist unschädlich, falls aber mehr „geholfen" wird, ist das Testament formnichtig. Die Schriftzüge müssen vom Willen des Erblassers bestimmt werden. Die Unterschrift muss den Text **abschließen,** Zusätze sind gesondert zu unterschreiben.

>   **b) Notarielle Beurkundung, § 2232**
>   **Beachte** Sonderfälle: **§ 2233**

>   **c) Nottestament vor dem Bürgermeister, §§ 2249 ff.**

4. **Kein Widerruf des Testaments, § 2253**

5. **Keine Anfechtung des Testaments, §§ 2078 ff.**

II. Auslegung der letztwilligen Verfügung

1. Blickwinkel der Auslegung: Erblasserwille, § 133
Beachte: Allein der tatsächliche Wille des Erblassers **im Zeitpunkt** der Errichtung des Testaments ist maßgeblich.

2. Auslegungsmethoden

a) Erläuternde Auslegung: Was hat der Verfasser gewollt?

Beispiel: X bestimmt in seinem Testament, dass "Mutter" Alleinerbin sein soll. Nach dem Tode des X streiten seine Frau und seine Mutter um das Erbe. Wenn X zu Lebzeiten seine Frau immer mit "Mutter", seine Mutter aber immer mit "Trude" angeredet hat, so wird er gewollt haben, dass seine Frau Erbin wird.

b) Ergänzende Auslegung: Ermittlung des hypothetischen Willens des Erblassers zur Zeit der Abgabe der Willenserklärung.

Beachte: Es reicht, dass der (ausgelegte) Inhalt in der Urkunde (zwischen den Zeilen) Anklang gefunden hat (sog. **Andeutungstheorie,** h.M.).

Beachte auch § 2084: Lässt der Inhalt einer letztwilligen Verfügung verschiedene Auslegungen zu, so ist im Zweifel diejenige Auslegung vorzuziehen, bei welcher die Verfügung Erfolg haben kann.

118

C. Gemeinschaftliches Testament unter Ehegatten, §§ 2265 ff.

I. Wirksamkeit

1. Zur Errichtung eines gemeinschaftlichen Testaments nach § 2247 genügt es, wenn einer der Ehegatten das Testament in der dort vorgeschriebenen Form errichtet und der andere Ehegatte die gemeinschaftliche Erklärung eigenhändig mitunterzeichnet, § 2267.

2. **Kein Wideruf, § 2253;** beachte Grenzen des Widerrufs bei wechselbezüglichen Verfügungen, § 2271.

II. Alternativen des „Berliner Testaments", § 2269 I

Hier setzen sich die Eheleute **gegenseitig** zu Erben ein und bestimmen einen **Dritten** als Erben des **Überlebenden**. Es gibt **zwei** Möglichkeiten, dieses Testament zu gestalten:

1. Vorerbschaft des überlebenden Gatten und Nacherbschaft eines Dritten (§§ 2100 ff.).

Getrennte Vererbung der Vermögensmassen des Gatten (**Trennungsprinzip**). Jeder Ehegatte setzt den anderen zum **Vorerben** des eigenen Vermögens und den **Dritten** als **Nacherben** ein.

Mit dem Tod des erstverstorbenen Ehegatten geht dessen Vermögen auf den überlebenden Ehegatten als **Vorerben** über. Nach dessen Tod geht dann das Vermögen des Erstverstorbenen auf den Dritten als **Nacherben** und das Vermögen des später Verstorbenen auf den Dritten als **Vollerben** über (**2 Erbgänge**).

Beachte: Beschränkte Verfügungsrechte des Vorerben: §§ 2112 ff.

2. Ergibt sich 1. nicht zweifelsfrei, dann gilt die Auslegungsregel des § 2269 I Hs. 2

Anordnung von Voll- und Schlusserbschaft (**Einheitslösung**). Jeder Ehegatte setzt den anderen als **Vollerben** und den **Dritten** als **Schlusserben** des länger Lebenden ein. Der überlebende Ehegatte wird folglich **alleiniger Vollerbe** des zuerst Verstorbenen.

Die Vermögen beider Ehegatten **verschmelzen** damit in der Person des überlebenden Ehegatten zu einer Einheit. Stirbt dieser, dann erhält der Dritte als dessen Erbe den gesamten Nachlass in **einem** Erbgang.

D. Erbvertrag -> §§ 2274 ff.

Zweites Kapitel: Strafrecht

§§ ohne nähere Bezeichnung sind solche des StGB.

Erster Abschnitt: Strafrecht AT

A. Vorsätzliches Begehungsdelikt

I. Tatbestand
II. Rechtswidrigkeit
III. Schuld
IV. Sonstige Strafbarkeitsvoraussetzungen (Strafantrag etc.)

I. Tatbestand

1. Objektiver Tatbestand

a) Tatsubjekt (Täter)

b) Tatobjekt

c) Tathandlung u. -sofern Erfolgsdelikt- Erfolgseintritt

d) Kausalität zwischen Tathandlung u. Erfolg: **conditio-sine-qua-non-Formel**: Ursache ist danach jede Bedingung, die nicht hinweggedacht werden kann, ohne dass der Erfolg in seiner konkreten Gestalt entfiele

e) Objektive Zurechenbarkeit: Schaffung einer rechtlich relevanten Gefahr (Erfolgsrisiko) **+** Verwirklichung dieser Gefahr im konkret eingetretenen Erfolg (Risikozusammenhang)

2. Subjektiver Tatbestand

a) Vorsatz (erforderlich gem. § 15): Wille zur Verwirklichung des objektiven Tatbestands in Kenntnis aller seiner Merkmale. **Vorsatzformen:** Absicht im technischen Sinne; Wissentlichkeit; dolus eventualis

Beachte: Abgrenzung zwischen dolus eventualis u. bewusster Fahrlässigkeit (u. a. Möglichkeits-, Wahrscheinlichkeits-, Billigungstheorie)

b) Sonstige subjektive Tatbestandsmerkmale (z. B. bei §§ 242, 249: Zueignungsabsicht; §§ 253, 259, 263: Bereicherungsabsicht)

c) Möglicherweise auftretende Irrtümer:

> **aa) Tatbestandsirrtum (§ 16):** Irrtum über Vorliegen eines Umstandes, der zum gesetzlichen Tatbestand gehört.
> RF: Täter handelt ohne Vorsatz, ggf. aber fahrlässig.
>
> **bb) Error in persona vel objecto:** Der Täter trifft das Objekt, auf das er zielt, irrt sich jedoch in der **Identität** des Objekts.
> RF: Ist das Gedachte und das tatsächlich Getroffene **gleichwertig**, so wird der Täter hinsichtlich des Getroffenen bestraft: Kein Wegfall des Vorsatzes gemäß § 16 I 1 (str.), da der Täter das anvisierte Objekt ja auch getroffen hat. Die Tatsache, dass es sich tatsächlich um ein anderes Objekt handelte, ist nur eine unbedeutende Abweichung vom (vorgestellten) Kausalverlauf. Bei **Ungleichwertigkeit** wird der Täter wegen Versuchs hinsichtlich des Gedachten und wegen Fahrlässigkeit hinsichtlich des tatsächlich Getroffenen bestraft.
>
> **cc) Aberratio ictus:** Fehlgehen der Tat, z.B. weil der Täter wegen äußerer Umstände nicht das anvisierte Objekt trifft, sondern ein anderes.
> RF: Nach h.M. **versuchte Vorsatztat** am anvisierten und, sofern eine entsprechende Strafvorschrift existiert, eine vollendete **Fahrlässigkeitstat** am getroffenen Tatobjekt. Bei **gleichwertigen** Rechtsgütern wird jedoch von einer Ansicht ein Vorsatzdelikt angenommen.

II. Rechtswidrigkeit

Tatbestand und positive Feststellung der Rechtswidrigkeit ergeben den Unrechtstatbestand, der ausscheidet, wenn etwa diese Rechtfertigungsgründe vorliegen:

1. Notwehr (§ 32)

2. Zivilrechtlicher Notstand (Defensivnotstand: § 228 BGB; Aggressivnotstand: § 904 BGB)

3. Allgemeiner rechtfertigender Notstand (§ 34)

4. Festnahmerecht (§ 127 StPO)

5. Rechtfertigende Einwilligung des Verletzten

6. Mutmaßliche rechtfertigende Einwilligung

III. Schuld

1. Schuldfähigkeit des Täters (§§ 19, 20, 21; actio libera in causa)

2. Schuldvorsatz: <u>nur</u> bei **Erlaubnistatbestandsirrtum** prüfen! Ein Erlaubnistatbestandsirrtum ist ein Irrtum über das Vorliegen eines Umstandes, der, wenn er tatsächlich vorläge, die Voraussetzungen eines anerkannten Rechtfertigungsgrundes erfüllen würde.
RF: Sehr streitig!
Nach h.M. (eingeschränkte Schuldtheorie) entfällt analog § 16 der Schuldvorsatz, also der Vorsatz bzgl. der Rechtswidrigkeit. Teilnahme bleibt nach h.M. möglich. Eine andere dogmatische Einordnung erfolgt u.a. durch die strenge Schuldtheorie, die § 17 anwendet und die Lehre von den negativen Tatbestandsmerkmalen, die § 16 direkt anwendet.

3. Unrechtsbewusstsein
Möglicherweise auftretende Irrtümer:

a) Verbotsirrtum (§ 17): Irrtum über das **Verbotensein** einer Tat (Täter kennt die Ge- oder Verbotsnorm nicht).
RF: War der Irrtum **unvermeidbar**, so handelt der Täter **ohne** Schuld.

b) Erlaubnisirrtum (auch über § 17 zu lösen): Irrtum über das Bestehen oder die rechtlichen Grenzen eines anerkannten Rechtfertigungsgrundes.

4. Fehlen von Entschuldigungsgründen
Mögliche Entschuldigungsgründe:

a) Notwehrexzess (§ 33)

b) Entschuldigender Notstand (§ 35)

c) Übergesetzlicher entschuldigender Notstand

IV. Sonstige Strafbarkeitsvoraussetzungen

1. Persönliche Strafaufhebungsgründe (z. B. §§ 24, 31)

2. Strafantrag (§§ 77 ff.; z. B. § 123 II, § 230, § 303c)

B. Notwehr (§ 32)

I. Notwehrlage
II. Notwehrhandlung
III. Verteidigungswille

I. Notwehrlage

Gegenwärtiger, rechtswidriger Angriff auf ein rechtlich geschütztes Interesse

1. Angriff auf notwehrfähiges Rechtsgut bzw. Interesse des Täters oder (dann aber Nothilfe) eines Dritten

2. Gegenwärtigkeit des Angriffs: Angriff steht unmittelbar bevor, hat bereits begonnen oder dauert noch fort

3. Rechtswidrigkeit des Angriffs: Verhalten des Angreifers verstößt objektiv sorgfaltspflichtwidrig gegen die Rechtsordnung

II. Notwehrhandlung

Erforderliche **Verteidigungshandlung** gegen den Angreifer, die geboten ist, um den Angriff abzuwehren

1. Erforderlichkeit der Verteidigungshandlung (objektive Ex-ante-Beurteilung!)

    a) Geeignetheit, d. h. Verteidigungshandlung darf nicht von vornherein aussichtslos sein

    b) Relativ mildestes Mittel, d. h. unter mehreren gleich geeigneten Mitteln ist das **schonendste** zu wählen (aber: grundsätzlich keine Interessenabwägung!)

2. Gebotenheit der Notwehr: Fallgruppen, für die ausnahmsweise Einschränkung des Notwehrrechts gelten:

    a) Kein Notwehrrecht

        aa) bei Bagatellangriffen

        bb) bei krassem Missverhältnis zwischen der aus dem Angriff drohenden Verletzung u. den Folgen der Verteidigung

    b) Beschränkung des Notwehrrechts („**Stufen-Modell**": **aa)** zunächst Ausweichen/Flucht/Hilfe durch Dritte; **bb)** wenn aa) nicht möglich ist, dann schonende Schutzwehr; **cc)** wenn bb) nicht möglich ist, erst dann maßvolle Trutzwehr):

        - bei Angriffen von schuldlos Handelnden

        - bei Angriffen unter Personen mit engen persönlichen Beziehungen

        - bei Fahrlässigkeitsprovokation; bei absichtlicher Provokation nach h. M. kein Notwehrrecht!

III. Verteidigungswille (subjektives Rechtfertigungselement)

Täter muss **in Kenntnis** der Notwehrlage gehandelt haben.

C. Defensivnotstand (§ 228 BGB) = Verteidigungsnotstand

I. Notstandslage
II. Notstandshandlung
III. Gefahrenabwendungswille

I. Notstandslage

> **1.** Drohende **Gefahr** für notstandsfähiges Rechtsgut des Täters oder (dann aber Notstandshilfe) eines Dritten
>
> **2.** Gefahr geht von **fremder Sache** aus

II. Notstandshandlung

> **1. Beschädigung** / **Zerstörung** der Sache, von der die Gefahr ausgeht
>
> **2. Erforderlichkeit** der Notstandshandlung
>
> > **a) Geeignetheit**
> >
> > **b) Relativ mildestes Mittel**
>
> **3.** Notstandshandlung **nicht unverhältnismäßig**, d. h. Sachschaden nicht außer Verhältnis zur Gefahr (**Abwägung** = Verhältnismäßigkeitsprüfung)

III. Gefahrenabwendungswille (subjektives Rechtfertigungselement)

D. Aggressivnotstand (§ 904 BGB) = Angriffsnotstand

I. Notstandslage
II. Notstandshandlung
III. Gefahrabwendungswille

I. Notstandslage: Gegenwärtige Gefahr für ein Rechtsgut

> **1. Gefahr** für notstandsfähiges Rechtsgut des Täters oder (dann Notstandshilfe) eines Dritten
>
> **2. Gegenwärtigkeit** der Gefahr: Sie ist gegenwärtig, wenn der Zustand bei natürlicher Weiterentwicklung **jederzeit** in einen Schaden umschlagen kann.

II. Notstandshandlung

1. Einwirkung (z. B. Beschädigung, eigenmächtiger Gebrauch) auf irgendeine fremde Sache

2. Notwendigkeit der Beeinträchtigung der fremden Sache (Erforderlichkeit)

    a) Geeignetheit
    b) Relativ mildestes Mittel

3. Verhältnismäßigkeit: Drohender Schaden muss **unverhältnismäßig** groß sein gegenüber dem durch die Einwirkung entstehenden Sachschaden („**Güterabwägung**": Das geschützte Rechtsgut muss erheblich mehr wert sein als das beeinträchtigte)

III. Gefahrabwendungswille (subjektives Rechtfertigungselement)

E. Rechtfertigender Notstand (§ 34)

I. Notstandslage
II. Notstandshandlung
III. Gefahrabwendungswille

I. Notstandslage

Gegenwärtige Gefahr für ein notstandsfähiges **Rechtsgut** des Täters oder (dann aber Notstandshilfe) eines Dritten (grds. auch Rechtsgüter der Allgemeinheit, h. M.)

II. Notstandshandlung

Begehung einer Tat, um die Gefahr von sich oder einem anderen abzuwenden
1. Erforderlichkeit der Abwehrhandlung

    a) Geeignetheit (erfolgreiche Gefahrabwehr nicht ganz unwahrscheinlich)
    b) Relativ mildestes Mittel (mangels Rechtsbewährung ist Ausweichmöglichkeit oder -polizeiliche- Hilfe wahrzunehmen)

2. Güter- u. Interessenabwägung: Wesentliches Überwiegen des bedrohten Interesses gegenüber dem beeinträchtigten Interesse (eindeutiger Wertüberhang)

3. Angemessenheit des Mittels (§ 34 S. 2): Kein Widerspruch zur Gesamtrechtsordnung! Angemessenheit kann entfallen bei besonderen Gefahrtragungspflichten, z. B. bei Polizisten, bei speziellen Schutzpflichten, z. B. aus Garantenstellung, oder bei Eingriffen in unantastbare Freiheitsrechte

III. Gefahrabwendungswille (= Rettungswille, subj. Rechtfertigungselement)

F. Festnahmerecht (§ 127 StPO)

> I. Festnahmesituation
> II. Festnahmegrund
> III. Festnahmehandlung
> IV. Handeln in Festnahmeabsicht

I. Festnahmesituation

Täter muss auf **frischer Tat betroffen/verfolgt** worden sein

> **1.** Auf frischer Tat **betroffen** ist, wer bei Begehung der Tat oder unmittelbar danach am Tatort oder in dessen unmittelbarer Nähe gestellt wird.

> **2.** Auf frischer Tat **verfolgt** wird der Täter, wenn er sich bereits vom Tatort entfernt hat, sichere Anhaltspunkte aber auf ihn als Täter hinweisen u. seine Verfolgung zum Zwecke seiner Ergreifung aufgenommen wird.

II. Festnahmegrund

Fluchtverdacht (Entziehung der Strafverfolgung) oder Unmöglichkeit sofortiger **Identitätsfeststellung**

III. Festnahmehandlung

Zur Ermöglichung der Strafverfolgung (Verhältnismäßigkeit der Maßnahme/n)

IV. Handeln in Festnahmeabsicht (subj. Rechtfertigungselement)

Kenntnis der Festnahmesituation u. Absicht, den Täter der Strafverfolgung zuzuführen.

G. Rechtfertigende Einwilligung

> I. Disponibilität des Rechtsguts
> II. Einwilligungserklärung
> III. Wirksamkeit der Einwilligung
> IV. Bei Körperverletzung: Keine Sittenwidrigkeit (§ 228)
> V. Kenntnis der Einwilligung

I. Disponibilität des Rechtsguts

Einwilligender muss **alleiniger Inhaber** des verletzten Rechtsguts sein (nur bei Individualrechtsgütern möglich, nicht bei Rechtsgütern der Allgemeinheit).

II. Einwilligungserklärung

Einwilligung muss

> **1. vor der Tat** nach außen kundgegeben sein (auch konkludent, h. M.)

> **und**

> **2. im Zeitpunkt** der Tat noch fortbestehen

126

III. Wirksamkeit der Einwilligung

1. Einwilligungsfähigkeit: Fähigkeit, die Bedeutung u. Tragweite der Einwilligung zu erkennen u. sachgerecht zu beurteilen. Sie bestimmt sich nach der **geistigen u. sittlichen Reife** des Zustimmenden, die Geschäftsfähigkeit ist dabei irrelevant, d. h. maßgebend ist nur die natürliche Verstandsreife u. Urteilsfähigkeit (ggf. Zustimmung des gesetzlichen Vertreters erforderlich), anders z. T. für Vermögensdelikte.

2. Keine Willensmängel: Die Einwilligung muss **ernstlich** (nicht Scherz- oder Scheinerklärung) u. **freiwillig** (nicht durch Zwang: Gewalt/Drohung) sein.

IV. Bei Körperverletzung: Keine Sittenwidrigkeit (§ 228)

V. Kenntnis der Einwilligung (subj. Rechtfertigungselement)

Täter muss in Kenntnis u. aufgrund der Einwilligung handeln.

H. Mutmaßliche rechtfertigende Einwilligung

I. Disponibles Rechtsgut
II. Keine Einwilligungserklärung
III. Einwilligungsfähigkeit des Rechtsgutsträgers
IV. Übereinstimmung mit hypothetischem Willen
V. Absicht i. S. d. Betroffenen zu handeln

I. Disponibles Rechtsgut

Siehe bei rechtfertigender Einwilligung

II. Keine Einwilligungserklärung, d. h.

1. kein erkennbar **entgegenstehender Wille**
2. Befragung des Betroffenen **nicht rechtzeitig** möglich (1. Fall) oder **entbehrlich** wegen mangelnden Interesses (2. Fall)

III. Einwilligungsfähigkeit des Rechtsgutsträgers

Siehe bei rechtfertigender Einwilligung

IV. Übereinstimmung mit dem hypothetischen Willen

Übereinstimmung der fraglichen Handlung mit dem hypothetischen Willen des Betroffenen (Ex-ante-Sicht!)

V. Absicht

1. Absicht i. S. d. **Betroffenen** zu handeln (1. Fall) bzw.

2. nicht gegen die Interessen des Betroffenen zu handeln (2. Fall)

und jeweils gewissenhafte Prüfung der für den hypothetischen Willen maßgebenden Umstände (subjektives Rechtfertigungselement)

I. Entschuldigender Notwehrexzess (§ 33)

I. Bestehen einer tatsächlichen Notwehrlage i. S. d. § 32
II. Überschreiten der Grenzen der Notwehr
III. Psychischer Ausnahmezustand
IV. Verteidigungswille (subj. Rechtfertigungselement)

I. Bestehen einer tatsächlichen Notwehrlage i. S. d. § 32

II. Überschreiten der Grenzen der Notwehr

Notwehrhandlung nicht erforderlich / nicht geboten (= **intensiver** Notwehrexzess); Angriff noch nicht / nicht mehr gegenwärtig (= **extensiver** Notwehrexzess, der nach h. M. **nicht** von § 33 erfasst wird)

III. Psychischer Ausnahmezustand

Verwirrung, Furcht oder Schrecken (= **asthenische** Affekte = Affekte der Schwäche); **nicht** bei **sthenischen** Affekten (= Affekte der Stärke) wie Wut, Zorn, Kampfeseifer

IV. Verteidigungswille (subj. Rechtfertigungselement)

J. Entschuldigender Notstand (§ 35)

I. Notstandslage
II. Notstandshandlung
III. Hinnahme der Gefahr nicht zumutbar (§ 35 I S. 2)
IV. Gefahrabwendungswille (subjektives Rechtfertigungselement)

I. Notstandslage

Gegenwärtige Gefahr für Leben, Leib oder Freiheit (nur Fortbewegungsfreiheit i. S. d. § 239) des Täters, einen Angehörigen oder eine ihm nahe stehende Person

II. Notstandshandlung

Erforderlichkeit der Rettungshandlung (Gefahr nicht anders abwendbar)

    1. Geeignetheit

    2. Relativ mildestes Mittel

III. Hinnahme der Gefahr nicht zumutbar (§ 35 I S. 2)

    1. Keine Selbstverursachung der Gefahr

2. Kein besonderes Rechtsverhältnis mit erhöhter Gefahrtragungspflicht: Bspe. für solche Verhältnisse: Ärzte, Soldaten, Polizeibeamte

IV. Gefahrabwendungswille (subjektives Rechtfertigungselement)

Handeln in Kenntnis der Gefahr u. zum Zweck ihrer Abwendung

K. Übergesetzlicher entschuldigender Notstand

I. Notstandslage
II. Notstandshandlung
III. Unzumutbarkeit, die Gefahr hinzunehmen (Anlehnung an § 35 I S. 2)
IV. Gefahrabwendungswille

I. Notstandslage

Gegenwärtige Lebensgefahr

II. Notstandshandlung

1. Handlung nicht nach § 34 gerechtfertigt bzw. nach § 35 entschuldigt
2. Handlung stellt bei einer ethischen **Gesamtbetrachtung** das geringere Übel dar (= einziges Mittel, um noch größeres Unheil zu verhindern, str. für nicht-homogene Gefahren)
Beachte: Gefährdet der Täter durch sein Eingreifen eine etwa **gleich große** Zahl von Menschenleben, dann ist er **nicht** entschuldigt!

III. Unzumutbarkeit, die Gefahr hinzunehmen (Anlehnung an § 35 I S. 2)

IV. Gefahrabwendungswille (subj. Rechtfertigungselement)

Handeln in Kenntnis der Gefahr u. zum Zweck ihrer Abwendung in schwerer Gewissensnot

L. Versuchtes vorsätzliches Begehungsdelikt

0. Vorprüfung: Keine Tatvollendung, Strafbarkeit des Versuchs
I. Tatbestand: Tatentschluss und unmittelbares Ansetzen
II. Rechtswidrigkeit
III. Schuld
IV. Strafaufhebungsgrund: Rücktritt (§ 24 I, II)

Vorprüfung

1. Keine Tatvollendung
2. Strafbarkeit des Versuchs (§ 23 I i. V. m. § 12)

I. Tatbestand

1. Subjektiver Tatbestand: Endgültiger **Tatentschluss**, d. h. Vorsatz hinsichtlich der in Aussicht genommenen Tat sowie aller besonderen subjektiven Tatbestandsmerkmale

2. Objektiver Tatbestand: Unmittelbares Ansetzen zur Tatbestandsverwirklichung. **Beachte:** Hier erfolgt die Abgrenzung von strafbarem
Versuch u. grundsätzlich strafloser Vorbereitungshandlung: **Gemischt
subj.-obj. Theorie** (h. M.): Täter setzt dann unmittelbar zur Tat an, wenn
er die **Schwelle zum „jetzt geht`s los"** überschreitet u. objektiv derart
zur tatbestandsmäßigen Angriffshandlung ansetzt, dass sein Tun **ohne
wesentliche Zwischenakte** in die Erfüllung des Tatbestands übergeht

II. Rechtswidrigkeit

III. Schuld

IV. Strafaufhebungsgrund: Rücktritt (§ 24 I, II)

M. Rücktritt gemäß § 24 I S. 1 Fall 1

I. Vorliegen eines unbeendeten Versuchs
II. Aufgabe der weiteren Tatausführung
III. Freiwilligkeit

I. Vorliegen eines unbeendeten Versuchs

Täter glaubt nach Abschluss der letzten Ausführungshandlung, **noch nicht alles**
zur Tatvollendung Erforderliche getan zu haben.

II. Aufgabe der weiteren Tatausführung

Täter nimmt von der weiteren Realisierung des gesetzlichen Tatbestandes
aufgrund eines **Gegenentschlusses** Abstand.

III. Freiwilligkeit

Freiwillig handelt, wer durch **autonome** Motive zum Rücktritt bewegt wird.
Maßgeblicher Zeitpunkt: Nach Abschluss der **letzten** Ausführungshandlung

N. Rücktritt gemäß § 24 I S. 1 Fall 2

I. Vorliegen eines beendeten Versuchs
II. Verhinderung der Vollendung
III. Freiwilligkeit

I. Vorliegen eines beendeten Versuchs

Täter glaubt nach Abschluss der letzten Ausführungshandlung, **alles** getan zu
haben, was nach seiner Vorstellung zur Tatbestandsverwirklichung erforderlich ist.

II. Verhinderung der Vollendung

Täter muss nach h. A. eine **neue Kausalkette** in Gang setzen, die objektiv für das
Ausbleiben der Vollendung wenigstens **mitursächlich** wird.

III. Freiwilligkeit

Siehe wie bei Rücktritt gem. § 24 I S. 1 Fall 1. **Beachte:** Wer durch **heteronome** (fremdgesetzte) Motive zur Aufgabe weiterer Ausführungshandlungen veranlasst wird, handelt **unfreiwillig.**

O. Rücktritt gem. § 24 I S. 2

> **I. Vorliegen eines beendeten Versuchs**
> **II. Tat wird ohne Zutun des Zurücktretenden nicht vollendet**
> **III. Freiwilliges u. ernsthaftes Bemühen um Erfolgsverhinderung**

I. Vorliegen eines beendeten Versuchs

Siehe beim Rücktritt gem. § 24 I S. 1 Fall 2

II. Tat wird ohne Zutun des Zurücktretenden nicht vollendet

III. Freiwilliges u. ernsthaftes Bemühen um Erfolgsverhinderung

Täter muss **alle** erforderliche Mittel ausschöpfen, die **aus seiner Sicht** zur Abwendung des Erfolges notwendig u. geeignet sind. Zur Freiwilligkeit: Siehe beim Rücktritt gem. § 24 I S. 1 Fall 1

P. Rücktritt gem. § 24 II S. 1

> **I. Vorliegen eines Versuchs**
> **II. Beteiligung mehrerer an der Tat**
> **III. Verhinderung der Vollendung wg. Rücktrittsbemühungen des Beteiligten**
> **IV. Freiwilligkeit**

I. Vorliegen eines Versuchs

II. Beteiligung mehrerer an der Tat

III. Verhinderung der Vollendung aufgrund der Rücktrittsbemühungen des Beteiligten

Der Rücktritt des Tatbeteiligten muss **kausal** für die Nichtvollendung der Tat sein.

IV. Freiwilligkeit

Siehe beim Rücktritt gem. § 24 I S. 1 Fall 1

Q. Rücktritt gem. § 24 II S. 2 Fall 1

I. Vorliegen eines Versuchs
II. Beteiligung mehrer an der Tat
III. Bemühen zur Verhinderung der Vollendung
IV. Nichtvollendung der Tat ohne Zutun des Beteiligten (fehlende Kausalität)
V. Ernsthaftigkeit des Bemühens um die Nichtvollendung
VI. Freiwilligkeit

I. Vorliegen eines Versuchs

II. Beteiligung mehrer an der Tat

III. Bemühen zur Verhinderung der Vollendung

IV. Nichtvollendung der Tat ohne Zutun des Beteiligten (fehlende Kausalität)

V. Ernsthaftigkeit des Bemühens um die Nichtvollendung

VI. Freiwilligkeit

Siehe beim Rücktritt gem. § 24 I S. 1 Fall 1

R. Rücktritt gem. § 24 II S. 2 Fall 2

I. Vorliegen eines Versuchs
II. Beteiligung mehrerer an der Tat
III. Ernsthaftes Bemühen zur Verhinderung der Vollendung
IV. Tat dennoch vollendet, jedoch unabhängig vom Tatbeitrag des Beteiligten
V. Freiwilligkeit

I. Vorliegen eines Versuchs

II. Beteiligung mehrerer an der Tat

III. Ernsthaftes Bemühen zur Verhinderung der Vollendung

IV. Tat dennoch vollendet, jedoch unabhängig vom Tatbeitrag des Beteiligten

V. Freiwilligkeit

Siehe beim Rücktritt gem. § 24 I S. 1 Fall 1

132

S. Erfolgsqualifiziertes Delikt (Vorsatz-Fahrlässigkeits-Kombination)

I. Tatbestand
 1. Vorliegen des Grundtatbestands
 2. Eintritt der schweren Tatfolge
 3. Objektive Zurechnung
 4. Gefahrspezifischer Zusammenhang zwischen Grunddelikt
 und schwerer Folge
II. Rechtswidrigkeit
III. Schuld

I. Tatbestand

1. Vorliegen des Grundtatbestands (Tatbestand, Rechtswidrigkeit, Schuld)

2. Eintritt der schweren Tatfolge (Kausalität zwischen Grunddelikt u. Erfolg)

3. Objektive Zurechnung

4. Gefahrspezifischer Zusammenhang zwischen Grunddelikt u. schwerer Folge: In dem besonderen Erfolg muss sich gerade die dem Grundtatbestand anhaftende spezifische Gefahr der Tathandlung bzw. des Taterfolges niedergeschlagen haben.

5. Sorgfaltspflichtverletzung (§ 18): „Wenigstens Fahrlässigkeit" bzgl. der schweren Folge: Dies bedeutet, dass auch eine vorsätzliche Begehung nicht ausgeschlossen ist.

II. Rechtswidrigkeit

III. Schuld

1. Subjektive Sorgfaltspflichtverletzung

2. Subjektive Vorhersehbarkeit

3. Fehlen von Entschuldigungsgründen

T. Fahrlässiges Begehungsdelikt

I. Tatbestand
 1. Erfolgsverursachung (Tathandlung, Taterfolg, Kausalität)
 2. Objektive Sorgfaltspflichtverletzung
 3. Objektive Zurechnung des Erfolges
II. Rechtswidrigkeit
III. Schuld
 1. Schuldfähigkeit
 2. Subjektive Sorgfaltspflichtverletzung
 3. Entschuldigungsgründe

I. Tatbestand

1. Erfolgsverursachung (Tathandlung, Taterfolg, Kausalität)

2. Objektive Sorgfaltspflichtverletzung, d. h.

a) Außerachtlassen der im Verkehr erforderlichen Sorgfalt
b) bei **objektiver Voraussehbarkeit** des tatbestandsmäßigen Erfolgs durch einen besonnenen u. gewissenhaften Menschen
Beachte: Objektive Vorhersehbarkeit liegt vor, wenn der wesentliche Kausalverlauf u. der eingetretene Erfolg nicht so sehr außerhalb der Lebenserfahrung stehen, dass mit ihnen nicht gerechnet werden musste.

c) Begrenzung der Sorgfaltspflicht: **Vertrauensgrundsatz** (**erlaubtes Risiko**): Jeder, der sich ordnungsgemäß verhält, darf darauf vertrauen, dass seine Mitmenschen sich ebenfalls sorgfaltsgerecht verhalten, solange keine Anzeichen bestehen, dass andere ihrer Sorgfaltspflicht nicht nachkommen oder nicht gewachsen sind.

3. Objektive Zurechnung des Erfolges. Zu prüfen ist:

a) Pflichtwidrigkeitszusammenhang: Im Erfolg muss sich diejenige rechtliche Gefahr realisiert haben, die durch die Pflichtwidrigkeit des Täters geschaffen worden ist. Pflichtwidrigkeitszusammenhang **entfällt**, wenn feststeht oder wenn konkrete Anhaltspunkte dafür vorliegen, dass der Erfolg auch bei pflichtgemäßem Alternativverhalten eingetreten wäre (**in dubio pro reo**; h. M.).

b) Schutzzweckzusammenhang: Die Norm, gegen die der Täter verstoßen hat, muss gerade den Zweck haben, den konkreten Erfolgseintritt zu verhindern.

II. Rechtswidrigkeit

III. Schuld

1. Schuldfähigkeit

2. Subjektive Sorgfaltspflichtverletzung: Zu prüfen ist, ob der Täter nach seinen persönlichen Fähigkeiten die Möglichkeit hatte, die objektive Sorgfaltswidrigkeit seines Verhaltens zu erkennen u. sich danach sorgfaltsgemäß zu verhalten.

a) Nichterfüllung der **objektiven Sorgfaltspflicht** trotz ausreichender **persönlicher** Fähigkeiten
b) bei **subjektiver Voraussehbarkeit** des Erfolgs

3. Entschuldigungsgründe: Insbes. Unzumutbarkeit normgemäßen Verhaltens: Einem Täter kann nur dann ein Verhalten vorgeworfen werden, wenn es für diesen zumutbar gewesen ist, auch anders zu handeln.

U. Vorsätzliches unechtes Unterlassungsdelikt

---

0. Vorprüfung: Abgrenzung: Tun – Unterlassen
I. Tatbestand (Eintritt des tatbestandlichen Erfolgs, Unterlassen, Quasi-Kausalität, Objektive Zurechnung, Garantenstellung, Entsprechungsklausel)
II. Rechtswidrigkeit
III. Schuld

Vorprüfung: Abgrenzung: Tun – Unterlassen

Die Rspr. u. wohl h. M. nimmt diese Abgrenzung anhand des Schwerpunkts der strafrechtlichen Vorwerfbarkeit vor (**Schwerpunkt des strafrechtlich relevanten Verhaltens** => Wertung!)

I. Tatbestand

1. Objektiver Tatbestand:

a) Eintritt des tatbestandlichen Erfolgs

b) Unterlassen: Nichtvornahme der zur Erfolgsabwendung objektiv gebotenen Handlung trotz physisch-realer Handlungsmöglichkeit

c) Quasi-Kausalität: Diese liegt vor, wenn die gebotene Handlung nicht hinzugedacht werden kann, ohne dass der konkrete Erfolg mit an Sicherheit grenzender Wahrscheinlichkeit entfiele

d) Objektive Zurechnung des konkreten Erfolgs

e) Garantenstellung (§ 13): Es werden **Beschützergaranten**, die für bestimmte Rechtsgüter **Schutzpflichten** haben, von **Überwachungsgaranten**, die für bestimmte Gefahrenquellen **Sicherungspflichten** haben, unterschieden
Beachte: Bsp. für Überwachungsgarant: **Ingerenz** (= pflichtwidriges gefährdendes Vorverhalten)

f) Entsprechungsklausel: Unterlassungstäter ist nur dann strafbar, wenn das Unterlassen der Verwirklichung des gesetzlichen Tatbestandes durch ein Tun entspricht (§ 13 I HS 2)

2. Subjektiver Tatbestand:
Vorsatz bzgl. a) bis f) + sonstige subj. Tatbestandsmerkmale

II. Rechtswidrigkeit

Zusätzlicher spez. Rechtfertigungsgrund: **Rechtfertigende Pflichtenkollision:** Von mehreren rechtlich begründeten Handlungspflichten kann nur eine auf Kosten der anderen erfüllt werden. Bei **gleichwertigen** Pflichten: Erfüllung einer von beiden; bei **ungleichwertigen** Pflichten: Erfüllung der höherwertigen Pflicht

III. Schuld

Spez. Entschuldigungsgrund: **Unzumutbarkeit normgemäßen Verhaltens** (siehe fahrlässiges Begehungsdelikt):

> **1.** Vornahme der gebotenen Handlung hätte eine Gefährdung eigener billigenswerter Interessen des Täters zur Folge,

> **2.** in einem dem drohenden Erfolg unangemessenen Umfang

V. Vorsätzliches echtes Unterlassungsdelikt (z.B. §§ 138, 142 II, 323c)

I. Tatbestand (Nichtvornahme der gebotenen Handlung, physisch-reale Möglichkeit der unterlassenen Abwehrhandlung, Zumutbarkeit)
II. Rechtswidrigkeit
III. Schuld

I. Tatbestand

1. Objektiver Tatbestand:

a) Nichtvornahme der gebotenen Handlung

b) Physisch-reale Möglichkeit der unterlassenen Abwehrhandlung

c) Zumutbarkeit der unterlassenen Abwehrhandlung

2. Subjektiver Tatbestand:
Vorsatz

II. Rechtswidrigkeit

Insbes. **rechtfertigende Pflichtenkollision** (siehe vorsätzliches unechtes Unterlassungsdelikt)

III. Schuld

W. Mittelbare Täterschaft (§ 25 I Fall 2)

I. Strafbarkeit des Tatnächsten (= Tatmittler, Vordermann)
II. Strafbarkeit des Hintermannes (Begehung durch „einen anderen", Strafbarkeitsmangel beim Tatmittler, Tatherrschaft des Hintermannes)

I. Strafbarkeit des Tatnächsten (= Tatmittler, Vordermann)

1. Tatbestand

2. Rechtswidrigkeit

3. Schuld

II. Strafbarkeit des Hintermannes

1. Tatbestand

a) Objektiver Tatbestand

aa) Feststellen, dass Begehung durch „**einen anderen**" i. S. d. § 25 I Fall 2 erfolgte

bb) Strafbarkeitsmangel beim Tatmittler

(1) Tatmittler handelt objektiv tatbestandslos oder nicht voll tatbestandsmäßig
(2) Tatmittler handelt ohne Tatbestandsvorsatz
(3) Tatmittler handelt ohne spezifische Absicht
(4) Tatmittler handelt rechtmäßig (Tatmittler handelt also tatbestandsmäßig, aber nicht rechtswidrig)
(5) Tatmittler handelt schuldunfähig / schuldlos
(6) Tatmittler handelt vermindert schuldfähig (str.)

cc) Tatherrschaft des Hintermannes: Beherrschung des Vordermannes bzw. Tatmittlers aufgrund einer Willens- und/oder Wissensüberlegenheit: **Abgrenzung Täterschaft – Teilnahme** (vor allem Anstiftung berücksichtigen!): Subjektive Theorie (Rspr.); Lehre von der Tatherrschaft (h. M. in der Lit.) Auch ohne Strafbarkeitsmangel beim Tatmittler z. T. mittelbare Täterschaft kraft Organisationsherrschaft anerkannt (str.)

b) Subjektiver Tatbestand

aa) Vorsatz bzgl. Erfüllung der objektiven Tatbestandsmerkmale durch Tatmittler

bb) Vorsatz bzgl. eigener Tatherrschaft und der unterlegenen Stellung des Tatmittlers

cc) Besondere subjektive Merkmale (z. B. Zueignungsabsicht in § 242)

c) Eventuell Tatbestandsverschiebung nach § 28 II

2. Rechtswidrigkeit

3. Schuld

X. Mittäterschaft (§ 25 II)

A. Gemeinsame Prüfung bei arbeitsteiligem Zusammenwirken

Hier begehen die Beteiligten das Delikt in **arbeitsteiliger Weise**; wichtig, wenn sich nur durch das Zusammenwirken der jeweiligen Tatbeteiligten das Vorliegen aller obj. Tatbestandsmerkmale ergibt:

I. Tatbestand (Gemeinschaftliche Tatbegehung, gegenseitige Zurechnung)
II. Rechtswidrigkeit (für jeden Beteiligten gesondert prüfen!)
III. Schuld (für jeden Beteiligten gesondert prüfen!)

I. Tatbestand

1. **Objektiver Tatbestand:**
   a) **Gemeinschaftliche** Tatbegehung
   b) Gegenseitige Zurechnung der jeweiligen Tatbeiträge gemäß § 25 II aufgrund eines **gemeinsamen Tatplans**: Abgrenzung zur Beihilfe: Subjektive Theorie (Rspr.); Tatherrschaftslehre

2. **Subjektiver Tatbestand** (**Beachte:** Hier muss nun **jeder** Beteiligte **gesondert** geprüft werden!):
   a) Vorsatz bzgl. Erfüllung der objektiven Tatbestandsmerkmale einschließlich des Wissens u. Wollens des gemeinschaftlichen Handelns
   b) Besondere subjektive Merkmale (z. B. Zueignungsabsicht in § 242)

3. **Eventuell Tatbestandsverschiebung nach § 28 II** (**Beachte:** Auch hier muss **jeder** Beteiligte **gesondert** geprüft werden!)

II. Rechtswidrigkeit (Beachte: Für **jeden** Beteiligten **gesondert** prüfen!)

III. Schuld (Beachte: Für **jeden** Beteiligten **gesondert** prüfen!)

B. Getrennte Prüfung bei vollständiger Deliktsverwirklichung eines Mittäters

---

I. Strafbarkeit des Tatnächsten (Tatbestand, Rechtswidrigkeit, Schuld)
II. Strafbarkeit des Beteiligten als Mittäter (§ 25 II: Zurechnung der Tathandlungen)

Hier hat der eine Beteiligte den Gesamttatbestand **voll** verwirklicht u. der andere Beteiligte dagegen nur die Tat **vorbereitet** oder **unterstützt**. Bei der Prüfung muss dann mit dem **Tatnächsten** begonnen werden:

I. Strafbarkeit des Tatnächsten

1. Tatbestand

2. Rechtswidrigkeit

3. Schuld

II. Strafbarkeit des Beteiligten als Mittäter (§ 25 II)

1. Tatbestand

   a) **Objektiver Tatbestand**
   Zurechnung der Tathandlungen des bzw. der anderen nach § 25 II aufgrund eines **gemeinsamen Tatplans**

Abgrenzung zur Beihilfe: Subjektive Theorie (Rspr.); Tatherrschaftslehre

b) Subjektiver Tatbestand

1) Vorsatz bzgl. Erfüllung der objektiven Tatbestandsmerkmale
einschließlich des Wissens u. Wollens des gemeinschaftlichen
Handelns

2) Besondere subjektive Merkmale (z. B. Zueignungsabsicht in
§ 242)

c) Eventuell Tatbestandsverschiebung nach § 28 II

2. Rechtswidrigkeit

3. Schuld

Y. Anstiftung (§ 26)

Die Anstiftung ist **akzessorisch** zur Haupttat. Aus diesem Grund muss die **Haupttat** immer **zuerst** geprüft werden. Erst wenn die vorsätzliche u. rechtswidrige
Haupttat bejaht wurde, darf auf die Anstiftung eingegangen werden.

I. Strafbarkeit des Haupttäters (Tatbestand, Rechtswidrigkeit, ggf. Schuld)
II. Strafbarkeit des Anstifters (vorsätzliche rechtswidrige Haupttat,
    „Bestimmen", doppelter Anstiftervorsatz)

I. Strafbarkeit des Haupttäters

a) Tatbestand

b) Rechtswidrigkeit

c) Schuld: „limitierte" Akzessorietät: schuldhaftes Handeln des Haupttäters ist
für die Strafbarkeit des Anstifters nicht erforderlich!

II. Strafbarkeit des Anstifters

1. Tatbestand

a) Objektiver Tatbestand

aa) Teilnahmefähige vorsätzliche rechtswidrige **Haupttat**
(zumindest strafbarer Versuch)

bb) „Bestimmen" = Hervorrufen des Tatentschlusses; streitig
ist, in welcher Form die Beeinflussung der Tat stattfinden muss; h.M.:
Voraussetzung ist, dass der Anstifter **unmittelbar auffordernd** auf
den Willen des Täters einwirkt. Ein beiläufig geäußerter Rat oder eine
bloße Information reichen nicht aus (a.A.: die bloße Verursachung

einer fremden Tat genügt, eine kommunikative Beeinflussung des Täters durch den Anstifter ist nicht notwendig)

b) Subjektiver Tatbestand

„Doppelter" Anstiftervorsatz
Der Vorsatz muss sich auf das **Hervorrufen** des Tatentschlusses des Täters hinsichtlich der Ausführung einer konkreten Tat beziehen. Des Weiteren muss er auf die **Ausführung** u. Vollendung einer **bestimmten**, in ihren wesentlichen Grundzügen **konkretisierten** Tat durch einen bestimmten Täter oder bestimmbaren Personenkreis gerichtet sein:

1) Vorsatz bzgl. „Bestimmen"
2) Vorsatz bzgl. Vollendung der Haupttat

c) Eventuell Tatbestandsverschiebung nach § 28 II

2. Rechtswidrigkeit

3. Schuld

4. Ggf. Strafmilderung nach § 28 I

Z. Beihilfe (§ 27)

Auch die Beihilfe ist **akzessorisch** zur Haupttat. Aus diesem Grund muss die **Haupttat** immer **zuerst** geprüft werden. Erst wenn die vorsätzliche u. rechtswidrige Haupttat bejaht wurde, darf auf die Beihilfe eingegangen werden:

I. Strafbarkeit des Haupttäters (Tatbestand, Rechtswidrigkeit, ggf. Schuld)
**II. Strafbarkeit des Gehilfen (vorsätzliche rechtswidrige Haupttat,
Hilfeleisten, doppelter Gehilfenvorsatz)**

I. Strafbarkeit des Haupttäters

1. Tatbestand

2. Rechtswidrigkeit

3. Schuld: „limitierte" Akzessorietät: schuldhaftes Handeln des Haupttäters ist für die Strafbarkeit des Gehilfen nicht erforderlich!

II. Strafbarkeit des Gehilfen

1. Tatbestand

a) Objektiver Tatbestand

aa) Teilnahmefähige vorsätzliche rechtswidrige **Haupttat** (zumindest strafbarer Versuch)

bb) „Hilfeleisten" zur (Haupt-)Tat eines anderen: Jeder Tatbeitrag, der die Haupttat **ermöglicht** oder **erleichtert** oder die

Rechtsgutverletzung **verstärkt**. **Formen** des Hilfeleistens: **Physische** oder **psychische** Unterstützung des Haupttäters. Möglich ist auch Beihilfe durch **Unterlassen**, wenn für den Gehilfen eine Garantenpflicht besteht.
Beachte: Streitig ist, ob der Gehilfenbeitrag für den Erfolg der Haupttat **ursächlich** geworden sein muss: Die Rspr. stellt darauf ab, ob die Hilfeleistung die **Handlung** des Haupttäters gefördert hat; h. Lit.: Die Hilfeleistung muss conditio sine qua non für den **Erfolgseintritt** der Haupttat sein.

b) Subjektiver Tatbestand

Doppelter Gehilfenvorsatz

aa) Vorsatz bzgl. „Hilfeleisten"
bb) Vorsatz bzgl. Vollendung der Haupttat

c) Eventuell Tatbestandsverschiebung nach § 28 II

2. Rechtswidrigkeit

3. Schuld

4. Ggf. Strafmilderung nach § 27 II / § 28 I

Zweiter Abschnitt: Konkurrenzen

A. Tateinheit (Idealkonkurrenz), § 52

I. Es liegt eine Handlung vor

1. Eine natürliche Handlung, z.B. ein Bombenanschlag tötet einen Menschen, beschädigt ein Auto und verletzt einen weiteren Menschen.
2. Natürliche Handlungseinheit: Mehrere natürliche Handlungen in engem zeitlichen und räumlichen Zusammenhang, z.b. der Täter schlägt sukzessiv das Opfer mit Tötungsvorsatz zunächst nieder, tritt dann darauf ein und wirft es schließlich ins brennende Haus, wo es verbrennt
3. Tatbestandliche Handlungseinheit: Verknüpfung mehrerer natürlicher Handlungen durch einen Tatbestand
4. Verklammerung: Mehrere Einzeldelikte werden durch eine schwerere Dauerstraftat verknüpft

II. Ein Tatbestand wird mehrmals verletzt oder es werden mehrere Tatbestände verletzt

III. Es liegt keine Gesetzeskonkurrenz vor

1. Spezialität: Ein Tatbestand enthält einen anderen ganz und zusätzlich weitere Merkmale, z.B. § 242- > § 244; § 240 -> § 249
2. Subsidiarität: Ein Tatbestand tritt aufgrund einer gesetzlichen Vorschrift zurück, z.B. „wenn die Tat nicht in anderen Vorschriften mit schwererer Strafe bedroht ist" in § 246
3. Konsumtion: Eine Strafnorm ist zwar nicht notwendige, aber typische Begleittat einer schwereren Norm, z.B. §§ 242, 243 I S. 2 Nr. 1 konsumiert bzw. verzehrt § 123 und § 303

B. Tatmehrheit (Realkonkurrenz), § 53

I. Es liegen mehrere Handlungen vor

II. Ein Tatbestand wird mehrmals verletzt oder es werden mehrere Tatbestände verletzt

III. Es liegt keine Gesetzeskonkurrenz vor

1. Mitbestrafte Vortat; diese dient der **Vorbereitung** der Haupttat. Beispiel: A unterschlägt den Autoschlüssel des B und entwendet damit später dessen Wagen. Hier ist der Unrechtsgehalt der Unterschlagung der Autoschlüssel bereits im Unrechtsgehalt des Autodiebstahls enthalten.
2. Mitbestrafte Nachtat; diese dient der **Sicherung** der Haupttat. Beispiel: A stiehlt den Wagen des B und verkauft ihn an C. Hier wird die in dem Verkauf des Wagens liegende Unterschlagung nicht zusätzlich zu dem Diebstahl bestraft. Vielmehr tritt die Unterschlagung nach der Literatur hinter dem Diebstahl als mitbestrafte Nachtat zurück.

Dritter Abschnitt: Strafrecht BT

Erster Teil: Widerstand gegen die Staatsgewalt

§ 113 - Widerstand gegen Vollstreckungsbeamte

Geschütztes Rechtsgut: Schutz der inländischen Vollstreckungsbeamten u. Schutz der rechtmäßigen Vollstreckung

I. Tatbestand

1. Objektiver Tatbestand

a) Geschützter Personenkreis: Vollstreckungsbeamter oder gleichgestellte Person (§ 114): Inländischer Amtsträger i. S. d. § 11 I Nr. 2; Soldat der Bundeswehr, der Aufgaben i. S. d. § 113 I erfüllt; Person i. S. d. § 114

b) Der Personenkreis wird erst bei der Vornahme der **Vollstreckungshandlung** geschützt.
Vollstreckungshandlung: Handlung, durch die in einem konkreten Einzelfall der bereits konkretisierte Staatswillen gegenüber bestimmten Personen oder Sachen verwirklicht werden soll, notfalls auch mit Zwang.

c) Tathandlungen

aa) Widerstand mit **Gewalt** oder **Drohung mit Gewalt** (Fall 1)
Widerstand leisten: Jede aktive Tätigkeit, die die Durchführung der Vollstreckungsmaßnahme **verhindern** oder **erschweren** soll

bb) Tätlicher Angriff auf den Amtsträger oder auf die ihm gleichgestellte Person (Fall 2)
Tätlicher Angriff: Jede feindselige, unmittelbar auf den Körper des Vollstreckungsbeamten abzielende Einwirkung, unabhängig davon, ob ein Körperverletzungserfolg eintritt oder die Vollstreckung dadurch verhindert werden soll

2. Subjektiver Tatbestand

Vorsatz (Eventualvorsatz genügt) bzgl. aller Tatbestandsmerkmale mit **Ausnahme** der Rechtmäßigkeit der Vollstreckungshandlung

3. Rechtmäßigkeit der Vollstreckungshandlung (§ 113 III)

Die Tathandlung muss auf eine Vollstreckungshandlung gerichtet sein, die **strafrechtsgemäß** ist.

Entscheidend ist, dass die Vollstreckungshandlung im Wesentlichen der **formellen Rechtslage** entspricht:

a) Der Amtsträger muss sachlich u. örtlich zuständig sein

b) Beachtung der wesentlichen Förmlichkeiten

c) Pflichtgemäßes Ausüben eines etwa bestehenden Ermessens

d) Beachtung verbindlicher Weisungen

II. Rechtswidrigkeit

III. Schuld

IV. Besonders schwere Fälle (§ 113 II)

Zweiter Teil: Straftaten gegen die Öffentliche Ordnung

A. § 123 - Hausfriedensbruch

Geschütztes Rechtsgut: Hausrecht. Freiheit der Entscheidung des Berechtigten darüber, wer sich innerhalb der geschützten Räume aufhalten darf.

I. Tatbestand

1. Objektiver Tatbestand

a) Tatobjekt: Wohnung, Geschäftsräume, befriedetes Besitztum, abgeschlossene zum öffentlichen Dienst / Verkehr bestimmte Räume
Befriedetes Besitztum: Gegen Betreten gesichertes Grundstück. Grundstück mit z. B. Mauer, Hecke, die jedoch nicht lückenlos sein müssen

b) Tathandlungen

aa) Eindringen (Fall 1): Körperliches Betreten gegen (oder ohne) den Willen des Berechtigten
Berechtigter des Hausrechts: Derjenige, der über Zugang u. Aufenthalt in dem Raum rechtmäßig zu bestimmen hat

bb) Sich-Nicht-Entfernen (Fall 2): Aufforderung zum Verlassen muss erfolgt sein (auch konkludent möglich)

2. Subjektiver Tatbestand
Vorsatz (Eventualvorsatz genügt)

II. Rechtswidrigkeit und Schuld

III. Strafantrag nach § 123 II

B. § 138 – Nichtanzeige geplanter Straftaten

Geschütztes Rechtsgut: Schutz der Rechtsgüter, die auch durch die anzeigepflichtigen Tatbestände geschützt werden sollen

I. Tatbestand

1. Objektiver Tatbestand

a) Vorhaben oder Ausführen einer gefährlichen anzeigepflichtigen rechtswidrigen Tat (Katalog § 138 I, II)
Vorhaben: Ernsthafter Plan

b) Tathandlung
Unterlassen rechtzeitiger Benachrichtigung einer Behörde oder des Bedrohten

2. Subjektiver Tatbestand

Vorsatz (Eventualvorsatz genügt)

II. Rechtswidrigkeit

Die Freistellung von der Anzeigepflicht nach **§ 139 II, III S. 2** stellt nach h. M. einen Rechtfertigungsgrund dar.

III. Schuld

IV. Persönlicher Strafaufhebungsgrund nach § 139 III S. 1, IV

(Abwendungsbemühen)

C. § 142 – Unerlaubtes Entfernen vom Unfallort

Geschütztes Rechtsgut: Privates Interesse der Unfallbeteiligten u. Geschädigten an möglichst umfassender Aufklärung des Unfallhergangs zum Zweck der Sicherung von Schadensersatzansprüchen (Vermögensdelikt!)

I. Tatbestand

1. Objektiver Tatbestand

a) Unfall im Straßenverkehr
Unfall = Plötzliches Ereignis, das in unmittelbarem Zusammenhang mit den Gefahren des Straßenverkehrs steht u. einen nicht ganz unerheblichen Schaden verursacht

b) Täter ist der Unfallbeteiligte
Unfallbeteiligter: Legaldefinition in § 142 V

c) Tathandlung:
Sich-Entfernen vom Unfallort vor Pflichterfüllung:

aa) Bei Anwesenheit feststellungsberechtigter Personen besteht eine Anwesenheits- u. Vorstellungspflicht, **§ 142 I Nr. 1** (= **Feststellungsduldungspflicht**): Angemessen lange Anwesenheit am Unfallort u. Angabe der Tatsache der Unfallbeteiligung

bb) Bei **fehlender** Anwesenheit feststellungsberechtigter Personen besteht eine Wartepflicht, **§ 142 I Nr. 2**: Gefordert ist Nicht-Entfernen innerhalb zumutbarer Wartezeit (diese hängt von Art u. Schwere des Unfalls u. den sonstigen Umständen ab)

d) Nach § 142 II zulässiges Entfernen, **ohne** dass aber die Feststellungen unverzüglich (ohne schuldhaftes Zögern) **nachträglich** ermöglicht werden (Form der Ermöglichung: § 142 III)

2. Subjektiver Tatbestand

Vorsatz (Eventualvorsatz genügt)

II. Rechtswidrigkeit

III. Schuld

IV. Absehen von Strafe („tätige Reue"), § 142 IV

D. § 145d – Vortäuschen einer Straftat

Geschütztes Rechtsgut: Schutz der inländischen Rechtspflege vor falscher Inanspruchnahme

I. Tatbestand

1. Objektiver Tatbestand

a) Tathandlungen

aa) § 145d I: Vortäuschen einer angeblich begangenen rechtswidrigen Straftat (§ 145d I Nr. 1) oder Vortäuschen des Bevorstehens einer Straftat i. S. v. § 126 I (§ 145d I Nr. 2)
Vortäuschen = Erregen oder Verstärken des Verdachts der Tatbegehung

Beachte: Eine Ordnungswidrigkeit reicht nicht aus!

bb) § 145d II: Täuschung über Beteiligten einer
geschehenen rechtswidrigen Tat (§ 145d II Nr. 1)
Beachte: Die Tat, über deren Beteiligung getäuscht
wird bzw. getäuscht werden soll, muss **wirklich**
begangen worden sein (h. M.).
Beteiligte: Alle, auf deren Mitwirkung der Erfolg
zurückzuführen ist (Täter, Teilnehmer, Nebentäter)
Täuschung über Beteiligten an einer bevorstehenden
rechtswidrigen Tat i. S. v. § 126 I (§ 145d II Nr. 2)

b) Täuschungsadressat: Behörde (§ 11 Nr. 7) oder eine zur
Entgegennahme von Anzeigen zuständige Stelle (§ 158 I
StPO)

2. Subjektiver Tatbestand

Vorsatz bzgl. aller objektiven Tatbestandsmerkmale (Eventual-
vorsatz genügt). Allerdings muss der Täter hinsichtlich der
Täuschungshandlung wider besseres Wissen handeln
(**Direkter Vorsatz**).

II. Rechtswidrigkeit

III. Schuld

IV. Eventuell Qualifikation: Abs. 3 Nr. 1 (Nr. 2 und 3 sind als eigene Tatbestände separat zu prüfen)

Dritter Teil: Falsche uneidliche Aussage und Meineid

A. § 153 – Falsche uneidliche Aussage

Geschütztes Rechtsgut: Schutzgut ist die staatliche Rechtspflege

I. Tatbestand

1. Objektiver Tatbestand

a) Täter: Zeuge oder Sachverständiger

b) Tathandlung: Uneidlich falsche Aussage
Eine Aussage ist **falsch**, wenn sie mit der Wirklichkeit nicht
übereinstimmt (objektive Theorie, h. M.).

c) Zuständige Stelle: Falschaussage muss vor einer für das
konkrete Verfahren zuständigen **staatlichen Stelle** gemacht
werden: Staatliche Gerichte u. andere zur eidlichen Ver-
nehmung zuständige Stellen (z. B. Notare; **nicht:** Polizei, StA)

2. Subjektiver Tatbestand

Vorsatz (Eventualvorsatz genügt)

II. Rechtswidrigkeit

III. Schuld

IV. Strafmilderung / Absehen von Strafe: § 157 u. § 158

B. § 154 - Meineid

Geschütztes Rechtsgut: Staatliche Rechtspflege

I. Tatbestand

1. Objektiver Tatbestand

a) Täter: Täter kann nur der **Eideseinsichtige** sein (= Jeder, der das Wesen einer Aussage u. des Eides versteht; aber Eidesmündigkeit: über 16 Jahre, § 60 Nr. 1 Alt. 1 StPO)
b) Tathandlung: Beeidung einer falschen Aussage (Falschschwören). **Beeidung:** Vollendung mit Durchführung des Eids; Versuch erst mit Beginn des Eids
c) Zuständige Stelle: Vor Gericht oder einer sonst zur Eidesabnahme zuständigen Stelle (**nicht:** StA, Referendare, Rechtspfleger)
Beachte: Eid muss in betreffendem Verfahren überhaupt **gesetzlich** zugelassen sein (Bsp.: Vereidigung des Beschuldigten im Strafverfahren ist stets unzulässig)

2. Subjektiver Tatbestand
Vorsatz (Eventualvorsatz genügt)

II. Rechtswidrigkeit und Schuld

III. Strafmilderung / Absehen von Strafe: § 157 u. § 158

C. § 156 – Falsche Versicherung an Eides statt

Geschütztes Rechtsgut: Staatliche Rechtspflege

I. Tatbestand

1. Objektiver Tatbestand

a) Tathandlungen

aa) Abgabe einer falschen Versicherung an Eides Statt (**§ 156 Alt. 1**).
Eine Versicherung kann **falsch** sein, wenn sie inhaltlich richtig, aber unvollständig ist oder Wesentliches verschweigt. **Abgabe der Versicherung:** Liegt vor, wenn die Versicherung in den Machtbereich derjenigen Behörde gelangt, an die sie gerichtet war

Beachte: Auf die Kenntnis der Behörde kommt es **nicht** an!
bb) Falschaussagen unter Berufung auf eine Versicherung an Eides Statt (**§ 156 Alt. 2**)

b) Zuständige Behörde: Allgemeine Zuständigkeit der Behörde **und** Befugnis der Behörde, Versicherungen an Eides Statt abzunehmen (= Besondere Zuständigkeit)

2. Subjektiver Tatbestand:

Vorsatz (Eventualvorsatz genügt)

II. Rechtswidrigkeit und Schuld

III. Strafmilderung / Absehen von Strafe: § 158

D. § 160 – Verleitung zur Falschaussage

Geschütztes Rechtsgut: Staatliche Rechtspflege

I. Tatbestand

1. Objektiver Tatbestand

a) Objektiver Tatbestand eines Meineids, einer falschen Aussage oder einer falschen Versicherung an Eides Statt
Beachte: Die dazu erforderliche Einwirkung auf den Willen des Aussagenden kann durch **beliebige** Mittel (Täuschung, Drohen, Ausnutzen eines Irrtums) erfolgen.

b) Gutgläubigkeit des Aussagenden (Aussagender muss also gutgläubig falsch aussagen): Nach h. M. liegt auch Vollendung vor, wenn der Aussagende entgegen der Vorstellung des Verleitenden vorsätzlich falsch aussagt; a. A.: Nur Versuch bei vorsätzlichem Handeln des Aussagenden

c) Verleiten: Einwirkung auf den Willen des Aussagenden, eine bestimmte Aussage zu machen

2. Subjektiver Tatbestand
Vorsatz (einschließlich Gutgläubigkeit des Aussagenden)

II. Rechtswidrigkeit

III. Schuld

IV. Strafmilderung / Absehen von Strafe: § 158

Vierter Teil: Falsche Verdächtigung

§ 164 – Falsche Verdächtigung

Geschütztes Rechtsgut: Innerstaatliche Rechtspflege und Individualrechtsgüter eines zu Unrecht Beschuldigten

I. Tatbestand

1. Objektiver Tatbestand

a) Tathandlung: Falsches Verdächtigen (**§ 164 I**)
Verdächtigen: Sachverhaltsmitteilung, die unrichtig u. geeignet ist, gegenüber bestimmten Personen Verdacht hervorzurufen oder zu verstärken
Beachte: Dies kann ausdrücklich oder konkludent erfolgen.
Auffangtatbestand, § 164 II: Alle sonstigen Behauptungen, die geeignet sind, die Einleitung einer behördlichen Maßnahme gegen den Verdächtigen zu fördern

b) Die Verdächtigung (§ 164 I) / die andere Behauptung (§ 164 II) muss **objektiv falsch** sein
Beachte: Es ist auf den Kern der Mitteilung abzustellen.

c) Die Verdächtigung muss sich gegen einen anderen richten
Ein anderer: Eine bestimmte, noch lebende Person, die infolge der genannten Umstände identifizierbar sein muss

d) Adressat der Verdächtigung: Verdächtigung der betreffenden Person muss gegenüber einer Behörde, einem zur Entgegennahme von Anzeigen zuständigen Amtsträger, militärischen Vorgesetzten oder der Öffentlichkeit erfolgen

2. Subjektiver Tatbestand

Vorsatz bzgl. aller objektiven Tatbestandsmerkmale
Beachte: Der Täter muss **wider besseres Wissen** handeln, d. h. er muss im Zeitpunkt der Verdächtigung bestimmte Kenntnis von der Unwahrheit des Anzeigeinhalts haben (i. S. d. **direkten Vorsatzes**).
Darüber hinaus muss er in der Absicht handeln, ein behördliches Verfahren oder eine behördliche Maßnahme gegen den Verdächtigen herbeizuführen (hier genügt auch **direkter Vorsatz**).

II. Rechtswidrigkeit

III. Schuld

Beachte auch § 164 III !

Fünfter Teil: Beleidigung

A. § 185 - Beleidigung

Geschütztes Rechtsgut: Persönliche Ehre. Unter **Ehre** ist der Wert zu verstehen, der dem Menschen kraft seiner Personenwürde u. aufgrund seines sittlich-sozialen Verhaltens zukommt (normativer Ehrbegriff, str.).

I. Tatbestand

1. Objektiver Tatbestand

a) Tatobjekt: Alle **Menschen** (nicht Tote, da § 189) u. **Personengemeinschaften,** soweit sie eine anerkannte gesellschaftliche Funktion nach außen gestaltend ausüben u. einen einheitlichen Willen nach außen bilden können („Kollektivbeleidigung"). Als Tatobjekte kommen aber auch **Einzelpersonen unter einer Kollektivbezeichnung** in Betracht.

Beachte 1.: Beleidigung von Einzelpersonen unter einer **Kollektivbezeichnung** ist nur möglich, wenn der Personenkreis zahlenmäßig überschaubar u. so klar abgegrenzt ist, dass er deutlich aus der Allgemeinheit **hervortritt.**
Beachte 2.: Die Familie ist als solche nicht beleidigungsfähig.

b) Tathandlung: Nichttätliche Beleidigung (§ 185 Alt. 1)
Beleidigung: Kundgabe der Nichtachtung, Missachtung oder Geringschätzung einer Person, die geeignet ist, den Betroffenen verächtlich zu machen oder in der öffentlichen Meinung **herabzuwürdigen.**
Beachte 3 Arten der Beleidigung: **1.** Äußerung eines ehrkränkenden Werturteils gegenüber dem Betroffenen; **2.** Äußerung eines ehrkränkenden Werturteils über Personen gegenüber Dritten; **3.** Unwahre ehrkränkende Tatsachenbehauptung gegenüber Betroffenem (Unwahrheit muss erwiesen sein, damit die Äußerung von § 185 sanktioniert wird, h. M.)

2. Subjektiver Tatbestand

Vorsatz (Eventualvorsatz genügt)
Beachte: Ein Beleidigungswille wird nicht vorausgesetzt!

II. Rechtswidrigkeit

Beachte: Als Rechtfertigungsgrund kommt auch die Wahrnehmung berechtigter Interessen gem. § 193 in Betracht.

III. Schuld

IV. Qualifikation nach § 185 Alt. 2

Die tätliche Beleidigung stellt eine Qualifikation dar. **Tätliche Beleidigung:** Sie erfordert eine **unmittelbare** körperliche Einwirkung, die nach ihrem objektiven Sinn eine besondere Missachtung des Geltungswerts des Betroffenen ausdrückt.

V. Strafantrag nach § 194

VI. Straffreiheit nach § 199

B. § 186 – Üble Nachrede

Geschütztes Rechtsgut: Ehre. Der Betroffene soll vor dem Ermöglichen fremder Missachtung geschützt werden. Stichwort: Schutzgut ist „**Der gute Ruf**"

I. Tatbestand

1. Objektiver Tatbestand

a) Tatobjekt: Lebende Individualpersonen, Personengesamtheiten u. Einzelpersonen unter einer Kollektivbezeichnung (siehe wie bei § 185)

b) Tathandlung: Behaupten oder Verbreiten ehrenrühriger Tatsachen in Beziehung auf einen anderen
Behaupten: Etwas nach eigener Überzeugung gegenüber einem Dritten als richtig hinstellen, auch wenn man es von Dritten erfahren u. nicht selbst gesehen hat
Verbreiten: Weitergabe einer fremden Äußerung
In Beziehung auf einen anderen: Tatopfer u. Empfänger der Mitteilung dürfen nicht personengleich sein

2. Subjektiver Tatbestand

Vorsatz (Eventualvorsatz genügt)
Beachte: Vorsatz muss sich nur auf die **Ehrenrührigkeit** der behaupteten oder verbreiteten Tatsache beziehen, **nicht** auf deren Unwahrheit bzw. Nichterweislichkeit (siehe 3. Prüfungspunkt); Erforderlich ist das Bewusstsein u. der Wille zur Kundgabe gegenüber einem Dritten.

3. Objektive Bedingung der Strafbarkeit:

Die Nichterweislichkeit der Wahrheit der behaupteten Tatsache ist eine objektive Strafbarkeitsbedingung (h. M.), die **nicht** vom Vorsatz umfasst sein muss. Das Gericht hat von Amts wegen die Wahrheit zu erforschen u. darüber Beweis zu erheben. Die Nichterweislichkeit geht aber zu Lasten des Angeklagten. Der Angeklagte trägt das **volle Beweisrisiko** u. damit die Gefahr der Verurteilung, auch wenn Zweifel bestehen (keine Anwendung des in-dubio-pro-reo-Grundsatzes).
Beachte: Für den Wahrheitsbeweis bei behaupteter Straftat gilt **§ 190.**

II. Rechtswidrigkeit

Beachte: Als Rechtfertigungsgrund kommt auch die Wahrnehmung berechtigter Interessen gem. § 193 in Betracht.

III. Schuld

IV. Qualifikation nach § 186 Alt. 2 (öffentliche üble Nachrede bzw. Verbreiten durch Schriften) u. § 188 I

C. § 187 - Verleumdung

Geschütztes Rechtsgut: Ehre

I. Tatbestand

1. Objektiver Tatbestand

a) Tatobjekt: Lebende Individualpersonen, Personengesamtheiten u. Einzelpersonen unter einer Kollektivbezeichnung (siehe bei § 185).

b) Tathandlung: Behaupten oder Verbreiten von unwahren ehrenrührigen Tatsachen in Beziehung auf einen anderen, die zur Herabwürdigung oder Verächtlichmachung geeignet sind bzw. dazu, den Kredit des anderen zu gefährden.
Unwahre ehrenrührige Tatsache: Konkrete Vorgänge in der Vergangenheit oder Gegenwart, die sinnlich wahrnehmbar u. damit dem Beweis zugänglich sind.
Die Tatsache muss geeignet sein, den Betroffenen **verächtlich** zu machen bzw. ihn in der öffentlichen Meinung **herabzuwürdigen.**
Beachte: Die behauptete Tatsache muss **unwahr** sein!
Kreditgefährdung: Behauptete unwahre Tatsache muss geeignet sein, das Vertrauen in die Leistungsfähigkeit u. bzw. oder Leistungswilligkeit zu beeinträchtigen, das ein anderer hinsichtlich der Erfüllung seiner vermögensrechtlichen Verbindlichkeiten genießt.
Behaupten: Etwas nach eigener Überzeugung gegenüber einem Dritten als richtig hinstellen, auch wenn man es von Dritten erfahren u. nicht selbst gesehen hat.
Verbreiten: Weitergabe einer fremden Äußerung
In Beziehung auf einen anderen: Tatopfer u. Empfänger der Mitteilung dürfen nicht personengleich sein.

2. Subjektiver Tatbestand

Vorsatz (Eventualvorsatz genügt)
Beachte: Der Täter muss bzgl. der behaupteten Tatsache **wider besseres Wissen** handeln, d. h. positive Kenntnis von der Unwahrheit haben

II. Rechtswidrigkeit

Beachte: § 193 kommt **nicht** zur Anwendung (str.)

III. Schuld

IV. Strafantrag nach § 194

V. Straffreiheit nach § 199

VI. Qualifikation nach § 187 Alt. 2 (Tatbegehung geschieht öffentlich oder durch Verbreitung von Schriften) u. § 188 I

Öffentlich begangen: Sofern Verleumdung von einem größeren, individuell nicht begrenzten Kreis unmittelbar wahrgenommen wird.

Sechster Teil: Straftaten gegen das Leben

A. § 211 - Mord

Geschütztes Rechtsgut: Leben

I. Tatbestand

1. Objektiver Tatbestand des § 212 I

2. Subjektiver Tatbestand des § 212 I

3. Deliktsmerkmale des § 211 II:

> **a) Merkmale der 2. Gruppe** (Art u. Weise der Tatbegehung = **tatbezogene** Mordmerkmale):
>
> > **aa) Heimtücke:** Wer in feindseliger Willensrichtung die Arg- u. Wehrlosigkeit des Opfers bewusst zur Tötung ausnutzt (Rspr.); Ein Teil der Lit.: Diese fordert zusätzlich / statt dessen einen besonderen verwerflichen Vertrauensbruch
> > **Beachte:** Täter muss die **Bedeutung** der Arg- u. Wehrlosigkeit des Opfers **erkennen**
> > Es muss ihm bewusst sein, dass er es mit einem ahnungslosen u. schutzlosen Menschen zu tun hat u. dies muss für ihn auch eine Rolle spielen (**Bewusstes Zu-Nutze-Machen der hilflosen Lage**).
> > **Arglos:** Wer im Zeitpunkt der Tat keinen tätlichen Angriff auf seine körperliche Unversehrtheit oder sein Leben erwartet
> > **Beachte:** Voraussetzung ist die **Fähigkeit zum Argwohn** (nicht z. B. bei Kleinkindern vorhanden)

Wehrlos: Wer infolge seiner Arglosigkeit zur Verteidigung außerstande oder in seiner Verteidigung stark eingeschränkt ist

bb) Grausam: Wer dem Opfer im Rahmen der Tötungshandlung aus gefühlloser, unbarmherziger Gesinnung durch Dauer, Stärke oder Wiederholung der Schmerzverursachung besonders schwere Qualen körperlicher oder seelischer Art zufügt, die über das zur Tötung erforderliche Maß hinausgehen

cc) Mit gemeingefährlichen Mitteln: Sind solche Tatmittel, deren Wirkungsweise der Täter im Einzelfall nicht sicher zu beherrschen vermag und deren Einsatz geeignet ist, eine größere Zahl von Menschen an Leib oder Leben zu gefährden

b) Merkmale der 1. Gruppe (Verwerflichkeit des Beweggrundes = **täterbezogene** Mordmerkmale):

aa) Aus Mordlust: Antrieb zum Töten besteht ausschließlich darin, andere Person zu töten („Freude am Töten")
Täter kommt es darauf an, einen Menschen sterben zu sehen
Beachte: Es handelt sich um eine Tötung aus Absicht (**dolus directus 1. Grades**)

bb) Zur Befriedigung des Geschlechtstriebs:
Tötung zur geschlechtlichen Befriedigung in, durch oder nach der Tötung

cc) Aus Habgier: Tötung aus rücksichtslosem u. sittlich anstößigem Gewinnstreben um jeden Preis

dd) Aus sonst niedrigen Beweggründen: Alle Tatantriebe, die nach allgemeiner sittlicher Anschauung verachtenswert sind, auf tiefster Stufe stehen und daher besonders verwerflich sind

c) Merkmale der 3. Gruppe (Besonders verwerflicher Zweck der Tötungshandlung = **täterbezogene** Mordmerkmale)

aa) Ermöglichungsabsicht: Tötung muss **Mittel** zur Ermöglichung einer Straftat sein und darf nicht nur eine Begleiterscheinung oder Folge des Vorgehens des Täters darstellen
Erforderlich ist ein **zielgerichtetes Handeln** (= **Absicht** im technischen Sinn)
Die Absicht muss sich auf das Ermöglichen richten (**dolus directus 1. Grades**), nicht etwa auf den Taterfolg, d. h. den Tod. Hinsichtlich der Tötung

selbst genügt unter bestimmten Voraussetzungen Eventualvorsatz

bb) Verdeckungsabsicht: Tötung muss das **Mittel** der Verdeckung einer Straftat sein und darf nicht nur eine Folge einer anderen Handlung darstellen
Verdeckung: Bestreben der Verhinderung oder Erschwerung des Bekanntwerdens der Vortat oder ihres Täters
Erforderlich ist ein **zielgerichtetes Handeln** (= **Absicht** im technischen Sinn)
Die Absicht muss sich auf das Verdecken richten (**dolus directus 1. Grades**), nicht etwa auf den Taterfolg, d. h. den Tod. Hinsichtlich der Tötung selbst genügt unter bestimmten Voraussetzungen Eventualvorsatz

II. Rechtswidrigkeit

III. Schuld

IV. Teilnehmerhaftung

Qualifiziert man die Mordmerkmale der 1. u. 3. Gruppe als **strafbegründend** (**Rpsr.**), so kommt § 28 I zur Anwendung. Wenn also ein Teilnehmer nicht selbst ein Mordmerkmal aufweist, dann ist seine Strafe zu mildern.
Beachte: Prüfungsort ist **nach der Schuld** (auf der Strafzumessungsebene).
Der Teilnehmer muss aber die strafbegründenden persönlichen Merkmale des Haupttäters kennen.

Qualifiziert man die Mordmerkmale der 1. u. 3. Gruppe als **strafschärfend (h. L.**), so kommt **§ 28 II** zur Anwendung (Tatbestandsverschiebung)
Beachte: Prüfungsort ist nach Feststellung der objektiven u. subjektiven Tatbestandselemente, d. h. **zwischen subjektivem Tatbestand und Rechtswidrigkeit**

B. § 212 - Totschlag

Geschütztes Rechtsgut: Leben

I. Tatbestand

1. Objektiver Tatbestand

a) Tötung eines anderen Menschen

b) Kausalität

c) Objektive Zurechnung

2. Subjektiver Tatbestand

Vorsatz (Eventualvorsatz genügt)

II. Rechtswidrigkeit

III. Schuld

IV. Strafzumessungsregeln

1. Besonders schwerer Fall: § 211 II

2. Minder schwerer Fall: § 213

C. § 216 – Tötung auf Verlangen

Geschütztes Rechtsgut: Leben

I. Tatbestand

1. Objektiver Tatbestand des § 212 I

2. Subjektiver Tatbestand des § 212 I

3. Objektiver Tatbestand des § 216 I:

> a) **Verlangen des Getöteten:** Tötung muss durch **autonomen** Willen des Opfers **ernstlich** begehrt und **unmissverständlich** kundgetan worden sein
>
>> aa) **Ernstlich:** Setzt voraus, dass der Verlangende imstande ist, die Tragweite seiner Entscheidung zu erfassen, und dass er sie frei von Zwang und anderen wesentlichen Willensmängeln trifft
>>
>> bb) **Aktuelles Bestehen** im Augenblick der Tathandlung
>
> b) **Kausalität zwischen Verlangen u. Tötung:** Der Täter muss das Verlangen gekannt haben u. dadurch zur Tat bestimmt worden sein.
> **Beachte:** Liegen mehrere Motive vor, dann muss die Erfüllung des Verlangens das **bestimmende** Motiv gewesen sein

4. Subjektiver Tatbestand des § 216 I:

> Vorsatz (Eventualvorsatz genügt)
> **Beachte:** Vorsatz muss sich auch auf das ausdrückliche und ernstliche Verlangen erstrecken

II. Rechtswidrigkeit

III. Schuld

D. § 221 - Aussetzung

Geschütztes Rechtsgut: Schutz hilfloser Personen vor der konkreten Gefährdung des Lebens und der körperlichen Unversehrtheit

I. Tatbestand

1. Objektiver Tatbestand:

a) Versetzen des Opfers in eine hilflose Lage (§ 221 I Nr. 1):

aa) Versetzen: Zustandsveränderung beim Opfer vornehmen, deren Folge eine hilflose Lage ist, in der dann das Opfer **allein** gelassen wird
Beachte: Jede Herbeiführung einer hilflosen Lage reicht aus, eine Ortsveränderung ist **nicht** erforderlich

bb) Hilflose Lage: Situation, in der der Betreffende sich **nicht** aus eigener Kraft vor einer ihm drohenden Gefahr schützen kann

b) Im-Stich-lassen des Opfers in einer hilflosen Lage (§ 221 I Nr. 2):

aa) Im-Stich-lassen: Unterlassen der zur Gefahrabwendung gebotenen und nach den Umständen auch möglichen und zumutbaren Hilfeleistung, wodurch eine bestehende Gefahr entweder nicht beseitigt wird oder sie erhöht wird.
Beachte: Das Im-Stich-lassen umfasst nicht nur das räumliche Entfernen vom Opfer, sondern auch das untätige Verweilen beim Opfer (**Unterlassen** der Beistandsleistung)

bb) Täter muss dem Opfer gegenüber eine **Obhuts-** oder **Beistandspflicht** haben.
Obhut: Bereits tatsächlich bestehendes Schutz- oder Betreuungsverhältnis.
Beistandspflicht: Besondere Pflicht erforderlich, dass der Im-Stich-Gelassene nicht in Gesundheitsgefahr gerät

c) Eintritt einer konkreten Lebensgefahr / konkreten Gefahr einer schweren Gesundheitsschädigung
Schwere Gesundheitsschädigung: Besteht in einem physischen oder psychischen Krankheitszustand, der die Gesundheit des Betroffenen ernstlich, einschneidend und nachhaltig beeinträchtigt

2. Subjektiver Tatbestand:

Vorsatz (Eventualvorsatz genügt)

> **Beachte:** Eventualvorsatz muss auch die Begründung einer **konkreten** Gefahr umfassen

II. Rechtswidrigkeit

III. Schuld

IV. Qualifikationen

1. § 221 II Nr. 1 / Nr. 2. **Beachte:** Für § 221 II Nr. 1 ist **Vorsatz** erforderlich (Eventualvorsatz genügt), für § 221 II Nr. 2 im Hinblick auf den Erfolg wenigstens **Fahrlässigkeit**

2. § 221 III

Siebter Teil: Straftaten gegen die körperliche Unversehrtheit

A. § 223 - Körperverletzung

Geschütztes Rechtsgut: Körperliche Unversehrtheit (einschließlich des körperlichen und gesundheitlichen Wohlbefindens)

I. Tatbestand

1. Objektiver Tatbestand

a) Körperliche Misshandlung (§ 223 I Alt. 1):
Körperliche Misshandlung: Umfasst alle substanzverletzenden Einwirkungen auf den Körper des Opfers sowie jede üble, unangemessene Behandlung, durch die das körperliche Wohlbefinden oder die körperliche Unversehrtheit mehr als nur unerheblich beeinträchtigt wird

b) Gesundheitsschädigung (§ 223 I Alt. 2):
Gesundheitsschädigung: Hervorrufen oder Steigern eines vom Normalzustand nachteilig abweichenden krankhaften Zustandes körperlicher oder psychischer Art

2. Subjektiver Tatbestand:
Vorsatz (Eventualvorsatz genügt)

II. Rechtswidrigkeit und Schuld

III. Strafverfolgungsvoraussetzungen

Antragserfordernis nach § 230

IV. Qualifikationen

1. §§ 224 bis 227
2. § 340

B. § 224 – Gefährliche Körperverletzung

Geschütztes Rechtsgut: Körperliche Unversehrtheit

I. Tatbestand des § 223 I

II. Tatbestand des § 224 I

1. Objektiver Tatbestand: Gefährliche Tatmittel oder Begehungsweise

a) Beibringung von Gift oder anderen gesundheitsschädlichen Stoffen (§ 224 I Nr. 1): **Beibringen:** Sobald Stoffe in den Körper des anderen eingeführt werden, dass diese ihre gesundheits-schädlichen Wirkungen entfalten können

b) Waffe oder anderes gefährliches Werkzeug (§ 224 I Nr. 2): **Waffe:** Werkzeug, das seiner Natur nach dazu bestimmt ist, auf mechanischem oder chemischem Weg erhebliche Verletzungen beizubringen.
Gefährliches Werkzeug: Jeder Gegenstand, der geeignet ist, bei der konkreten Art der Anwendung und des Körperteils, auf den er angewendet wird, erhebliche Verletzungen hervorzurufen

c) Hinterlistiger Überfall (§ 224 I Nr. 3): **Hinterlistig:** Wenn der Täter seine wahre Absicht planmäßig berechnend verdeckt, um gerade dadurch die Abwehr zu erschweren

d) Gemeinschaftliche Begehung mit einem anderen Beteiligten (§ 224 I Nr. 4)

e) Lebensgefährdende Behandlung (§ 224 I Nr. 5): Verletzungshandlung muss nach den konkreten Umständen abstrakt geeignet sein, das Leben des Opfers in Gefahr zu bringen; wirkliche Lebensgefahr ist nach h. M. nicht erforderlich

2. Subjektiver Tatbestand:

Vorsatz (Eventualvorsatz genügt)

III. Rechtswidrigkeit und Schuld

160

C. § 225 – Mißhandlung von Schutzbefohlenen

Geschütztes Rechtsgut: Körperliche Unversehrtheit

1. Objektiver Tatbestand

a) Tatobjekt: Minderjähriger, wegen Gebrechlichkeit oder Krankheit Wehrloser

b) Zwischen Täter und Opfer muss ein **besonderes Schutz- oder Abhängigkeitsverhältnis** bestehen:

aa) Fürsorge- oder Obhutsverhältnis (§ 225 I Nr. 1)
bb) Hausstandszugehörigkeit (§ 225 I Nr. 2)
cc) Fürsorgeüberlassung (§ 225 I Nr. 3)
dd) Abhängigkeit durch ein Dienst- oder Arbeitsverhältnis (§ 225 I Nr. 4)

c) Tathandlungen

aa) Quälen: Zufügen länger dauernder oder sich wiederholender Schmerzen oder Leiden körperlicher oder seelischer Art

bb) Rohes Misshandeln: Setzt gefühllose, fremdes Leid missachtende Gesinnung voraus

cc) Gesundheitsschädigung durch **böswillige Vernachlässigung** der Fürsorgepflicht

2. Subjektiver Tatbestand

Vorsatz (Eventualvorsatz genügt)
Beachte: Bei **böswilliger Vernachlässigung**: Zusätzlich Handeln aus einem verwerflichen Beweggrund erforderlich

II. Rechtswidrigkeit

III. Schuld

IV. Qualifikation

§ 225 III

V. Strafzumessungsregel

§ 225 IV

D. § 226 – Schwere Körperverletzung

Geschütztes Rechtsgut: Körperliche Unversehrtheit

I. Tatbestand des § 223 I

II. Erfolgsqualifikation des § 226

1. Eintritt einer der in § 226 I bezeichneten schweren Folgen:

a) § 226 I Nr. 1: Verlust des Sehvermögens auf mindestens einem Auge, des Gehörs, der Sprache oder der Fortpflanzungsfähigkeit.
Fortpflanzungsfähigkeit: Verlust von Zeugungs- **und** Empfängnisfähigkeit.

b) § 226 I Nr. 2: Verlust oder dauernde Unbrauchbarkeit eines wichtigen Körpergliedes.
Glied: In sich abgeschlossener Körperteil mit Eigenaufgaben im Gesamtorganismus.
Beachte: Innere Organe gehören auch dazu (h. L., str.)
Wichtigkeit: Wesentliche Bedeutung des Gliedes für den Menschen (Beurteilung nach einem objektiv-individuellen Maßstab, h. M., str.)

c) § 226 I Nr. 3: Erhebliche dauernde Entstellung, Siechtum, Lähmung oder geistige Behinderung
Erhebliche Entstellung: Wesentliche Beeinträchtigung des äußeren Erscheinungsbildes einer Person durch körperliche Verunstaltung
Dauernde Entstellung: Bei bleibender oder unbestimmt langer Beeinträchtigung des Aussehens

2. Tatbestandsspezifischer Gefahrzusammenhang:
Körperverletzung hat die schwere Folge unmittelbar verursacht

a) Kausalität

b) Objektive Zurechenbarkeit

c) Unmittelbarkeit: Die tatspezifisch gesetzte Gefahr muss sich in der besonderen Folge realisiert haben

3. Eventualvorsatz oder Fahrlässigkeit

Die schwere Folge muss **wenigstens fahrlässig** herbeigeführt werden (§ 18 i. V. m. § 226 I). **Beachte: Wenigstens** bedeutet, dass auch eine vorsätzliche Begehung nicht ausgeschlossen ist. Die Körperverletzung als solche muss natürlich vorsätzlich erfolgen

Voraussetzungen hinsichtlich der **fahrlässig** verursachten **schweren Folge:**
a) Objektives Fahrlässigkeitselement:

aa) Objektive Sorgfaltspflichtverletzung
Beachte: Sie liegt schon in der vorsätzl. KV (str.)

bb) Objektive Voraussehbarkeit des wesentlichen Kausalverlaufs und der schweren Folge

b) Subjektives Fahrlässigkeitselement:
Vorwerfbarkeit der Sorgfaltspflichtverletzung:

aa) Persönliche Kenntnisse und Fähigkeiten des Täters

bb) Individuelle Erkennbarkeit der schweren Folge u. des tatbestandsspezifischen Gefahrzusammenhangs

III. Rechtswidrigkeit

IV. Schuld

V. Qualifikation

§ 226 II: Täter muss hinsichtlich der schweren Folge **absichtlich** oder **wissentlich** (dolus directus) handeln

VI. Strafzumessungsregel

§ 226 III (Minder schwerer Fall)

E. § 227 – Körperverletzung mit Todesfolge

Geschütztes Rechtsgut: Körperliche Unversehrtheit

I. Tatbestand des § 223 I

II. Erfolgsqualifikation des § 227 I

1. Eintritt der in § 227 I bezeichneten schweren Folgen:
Tod des Verletzten

2. Tatbestandsspezifischer Gefahrzusammenhang:
Die Körperverletzung hat den Tod unmittelbar verursacht

a) Kausalität

b) Objektive Zurechenbarkeit

c) Unmittelbarkeit: Die tatspezifisch durch Art und Schwere des Verletzungserfolgs oder der Verletzungshandlung gesetzte Gefahr muss sich im **Tod** realisiert haben

3. Wenigstens Fahrlässigkeit bzgl. der Todesfolge (§ 18 i.V.m. § 227 I). **Beachte: Wenigstens** bedeutet, dass auch eine vorsätzliche Begehung nicht ausgeschlossen ist. Wenn der Täter hinsichtlich der Todesfolge aber vorsätzlich handelt, dann wird § 227 durch die §§ 212, 211 verdrängt

Voraussetzungen hinsichtlich der **fahrlässigen Herbeiführung der Todesfolge:**

a) Objektives Fahrlässigkeitselement:

aa) Objektive Sorgfaltspflichtverletzung
Beachte: Sie liegt schon in der vorsätzlichen Körperverletzung (str.)

bb) Objektive Voraussehbarkeit des wesentlichen Kausalverlaufs und der Todesfolge

b) Subjektives Fahrlässigkeitselement:
Vorwerfbarkeit der Sorgfaltspflichtverletzung:

aa) Persönliche Kenntnisse und Fähigkeiten des Täters

bb) Individuelle Erkennbarkeit der schweren Folge und des tatbestandsspezifischen Gefahrzusammenhangs, d. h. **subjektive Erkennbarkeit des tödlichen Ausgangs**

III. Rechtswidrigkeit

IV. Schuld

V. Strafzumessungsregel

§ 227 II (Minder schwerer Fall)

F. § 231 – Beteiligung an einer Schlägerei

Schutzzweck: Schutz vor der Gefährlichkeit einer Schlägerei

I. Tatbestand

1. Objektiver Tatbestand

a) Schlägerei: Tätlicher Streit mit gegenseitigen Körperverletzungen zwischen **mindestens drei** Personen

b) Von mehreren verübter Angriff: Feindselige, unmittelbar auf den Körper des bzw. der Opfer abzielende Einwirkung durch **mindestens zwei** Personen.
Beachte: Angreifer brauchen nicht Mittäter (§ 25 II) zu sein

c) Beteiligung an der Schlägerei oder an dem Angriff: Anwesenheit und aktive physische oder psychische Mitwirkung zu irgendeinem Zeitpunkt der Schlägerei. **Beachte: Nicht** beteiligt ist, wer nicht Partei ergreift

2. Subjektiver Tatbestand
Vorsatz (Eventualvorsatz genügt)

3. Objektive Bedingung der Strafbarkeit

Schwere Folge: Verursachung des Todes eines Menschen oder einer schweren Körperverletzung (§ 226) durch die Schlägerei bzw. den Angriff
Beachte: Nicht erforderlich ist, dass die schwere Folge vom Vorsatz umfasst war

II. Rechtswidrigkeit

III. Schuld

Achter Teil: Straftaten gegen die persönliche Freiheit

A. § 239 - Freiheitsberaubung

Geschütztes Rechtsgut: Potentielle persönliche Fortbewegungsfreiheit, d. h. Freiheit, sich vom derzeitigen Aufenthaltsort jederzeit ohne Beeinträchtigung fortzubewegen, wenn man es wollte.

I. Tatbestand

1. Objektiver Tatbestand

a) Tathandlungen:

aa) Einsperren: Verhindern des Verlassens eines Raums durch äußere Vorrichtungen gegen den Willen des Opfers

bb) Sonstige Beraubung der Fortbewegungsfreiheit: Eingriff in die persönliche Bewegungsfreiheit eines Menschen durch Gewalt, List oder Drohung, so dass diesem die Möglichkeit genommen wird, sich frei fortzubewegen
Beachte: Bei der **Drohung** mit einem empfindlichen Übel muss es sich um eine Gefährdung von Leib

oder Leben des Opfers handeln, sonst reicht es nicht aus

b) Tatobjekt: Jeder Mensch, der zur Ortsveränderung potentiell fähig ist, auch wenn er gerade nicht weg will (h. M., str.)
Beachte: Tatobjekt ist auch der Bewusstlose oder Schlafende (str.)

c) Kein Einverständnis: Es ist ein Handeln **gegen** oder **ohne den Willen** des Opfers erforderlich
Beachte: Wenn das Opfer einverstanden ist, liegt ein **tatbestandsausschließendes Einverständnis** vor

2. Subjektiver Tatbestand
Vorsatz (Eventualvorsatz genügt)

II. Rechtswidrigkeit und Schuld

III. Erfolgsqualifikation: § 239 III, IV

B. § 240 - Nötigung

Geschütztes Rechtsgut: Freiheit der Willensentschließung und Willensbetätigung / -ausübung

I. Tatbestand

1. Objektiver Tatbestand

a) Nötigung mit Gewalt

aa) Nötigen: Das Opfer gegen seinen Willen zu einem bestimmten Verhalten zwingen

bb) Gewalt: Jeder physisch vermittelte Zwang durch Aufwendung nicht notwendigerweise erheblicher Kraft, der der Überwindung eines geleisteten oder erwarteten Widerstands dient
Beachte: Auch psychischer Zwang fällt jedenfalls nach der älteren BGH-Rspr. unter den Begriff der Gewalt (sehr str.!)
Erscheinungsformen der Gewalt: **vis absoluta** (Verhinderung der Willensbildung), **vis compulsiva** (Willensbeugende Gewalt)

b) Drohung mit einem empfindlichen Übel

aa) Drohung: Das ausdrückliche oder konkludente Inaussichtstellen eines künftigen Übels, auf dessen Eintritt der Drohende einen Einfluss zu haben vorgibt

bb) Empfindliches Übel: Empfindlich ist ein Übel, wenn der in Aussicht gestellte Nachteil von solcher Erheblichkeit ist, dass seine Ankündigung geeignet ist, das bezweckte Verhalten so zu veranlassen
Beachte: Das angedrohte Übel kann in einem **Tun** oder **Unterlassen** (str.) bestehen
Die h. L. macht das Drohen mit einem **Unterlassen** nicht von einer bestehenden Garantenstellung abhängig; A. A.: Diese macht das Drohen mit einem **Unterlassen** von einer Garantenstellung des Täters abhängig (angekündigtes Unterlassen muss eine Rechtspflicht zum Handeln verletzen)

2. Nötigungserfolg: Handlung, Duldung oder Unterlassung

3. Kausalität zwischen Nötigungshandlung und Nötigungserfolg:
In der Reaktion des Opfers muss sich gerade die dem Nötigungsmittel eigentümliche Kraft der Willensbeugung niedergeschlagen haben

4. Subjektiver Tatbestand

Vorsatz (Eventualvorsatz genügt)
Beachte: Eventualvorsatz bzgl. Nötigungsmittel und auch bzgl. Nötigungshandlung (h. M., str.); a. A.: Bzgl. des abgenötigten Verhaltens ist Absicht im technischen Sinn erforderlich (dolus directus 1. Grades); Vermittelnde Ansicht: Nur bei Gewalt gegen Sachen ist Absicht i. S. zielgerichteten Handelns bzgl. des Nötigungserfolgs erforderlich

II. Rechtswidrigkeit

1. Ausschluss durch die allgemeinen Rechtfertigungsgründe

2. Verwerflichkeit der Mittel-Zweck-Relation (§ 240 II): Verwerflich ist, was sozial unerträglich und wegen seines grob anstößigen Charakters besonders stark zu missbilligen ist

III. Schuld

IV. Besonders schwere Fälle der Nötigung, § 240 IV

Neunter Teil: Diebstahl und Unterschlagung

A. § 242 - Diebstahl

Geschütztes Rechtsgut: Das Eigentum und – strittigerweise – der Gewahrsam.

I. Tatbestand
1. Objektiver Tatbestand
a) fremde bewegliche Sache
b) Wegnahme
2. Subjektiver Tatbestand
a) Vorsatz (bezüglich der Wegnahme einer fremden beweglichen Sache)
b) Absicht der rechtswidrigen Zueignung
Zueignungsabsicht: Aneignung mit Absicht, Enteignung: mind. Eventual
vorsatz, (objektive) Rechtswidrigkeit der Zueignung, Vorsatz bezüglich
dieser Rechtswidrigkeit
II. Rechtswidrigkeit
III. Schuld
IV. Ggf. Anträge gemäß §§ 247, 248a

I. Tatbestand

1. Objektiver Tatbestand
Wegnahme einer fremden beweglichen Sache

a) Fremde bewegliche Sache

aa) Sache: Jeder körperliche Gegenstand

bb) Fremdheit der Sache: Wenn sie nicht im Alleineigentum des Täters steht und nicht herrenlos ist

cc) Beweglichkeit der Sache: Alle Sachen, die tatsächlich fortbewegt werden können; auch wenn dies erst durch die Tat bewerkstelligt wird

b) Wegnahme: Aufhebung fremden und Begründung neuen, nicht notwendig tätereigenen Gewahrsams durch Bruch

aa) Gewahrsam: Die von einem natürlichen Herrschaftswillen getragene tatsächliche Sachherrschaft eines Menschen über eine Sache unter Berücksichtigung der Verkehrsanschauung (h. M.)
Kurz: Tatsächliche Sachherrschaft (objektives Element) **+ Sachherrschaftswille** (subjektives Element)
Tatsächliche Sachherrschaft: Wenn ohne Überwindung von Hindernissen der unmittelbare Zugriff auf die Sache möglich ist (physisch-reale Einwirkungsmöglichkeit / Zugriffsmöglichkeit)
Sachherrschaftswille: Natürlicher Beherrschungswille

Beachte: Ob die tatsächliche Sachherrschaft und der Sachherrschaftswille vorliegen, bestimmt sich ausschließlich nach der Verkehrsauffassung (wertende Komponente i.S.d. normativen Gewahrsamstheorie):

1) Bei vorübergehender Verhinderung der physisch-realen Einwirkungsmöglichkeit: nur Gewahrsamslockerung, tatsächliche Sachherrschaft liegt vor

2) Mitgewahrsam: Mehrere Personen haben Gewahrsam an einer Sache
Beim **gleichrangigen** Mitgewahrsam kann jeder Gewahrsamsinhaber den Gewahrsam des anderen brechen
Mehrstufiger Gewahrsam: Nur der **untergeordnete** Gewahrsamsinhaber kann den Mitgewahrsam des Übergeordneten brechen, nicht jedoch umgekehrt

bb) Bruch fremden Gewahrsams: Aufhebung der tatsächlichen Sachherrschaft **gegen** oder zumindest **ohne** den Willen des bisherigen Gewahrsamsinhabers
Beachte: Ein Einverständnis des Gewahrsamsinhabers in die Wegnahme schließt den objektiven Tatbestand aus

cc) Begründung neuen Gewahrsams: Wenn der Täter (oder der Dritte) die tatsächliche Sachherrschaft über die Sache derart erlangt, dass ihrer Ausübung keine weiteren Hindernisse mehr entgegenstehen.
Streitig, in welcher Form die Definition präzisiert werden kann: **Apprehensionstheorie** (h. M.). Diese verlangt ein zum Gewahrsamswechsel führendes Ergreifen (und Festhalten) der fremden Sache; letztendlich kommt es aber auf die Beschaffenheit des Gegenstandes an

2. Subjektiver Tatbestand

a) Vorsatz bzgl. aller objektiven Tatbestandsmerkmale (Eventualvorsatz genügt)

b) Zueignungsabsicht: Der Täter muss seinem Vermögen nach der **Vereinigungstheorie** (h. M.) die Sache selbst (Substanztheorie) oder den unmittelbar in ihr verkörperten Sachwert (enge Sachwerttheorie) unter Ausschluss des Berechtigten einverleiben wollen
Kurz: Zueignung nach der Vereinigungstheorie: **Zueignung = Enteignung + Aneignung**

aa) Enteignungvorsatz: Wille zur endgültigen Verdrängung des Eigentümers aus seiner wirtschaftlichen Position
Beachte: Abgrenzung zur straflosen Gebrauchsanmaßung

bb) Aneignungsabsicht: Wenn es dem Täter darauf ankommt, sich die Sache oder deren Sachwert für eigene Zwecke oder für die Zwecke eines Dritten zumindest vorübergehend einzuverleiben bzw. darüber zu verfügen
Beachte: Abgrenzung zur Sachbeschädigung (§ 303), Sachentziehung, eigenmächtigen Verfügung zugunsten des Eigentümers

c) Zueignung zu eigenen Gunsten oder zugunsten eines Dritten (Drittzueignungsabsicht)

d) Zueignungsabsicht setzt voraus:

aa) Bzgl. der auch nur vorübergehenden **Aneignung dolus directus 1. Grades**

bb) Vorsatz bzgl. der **Enteignung (Eventualvorsatz** genügt)

e) Rechtswidrigkeit der beabsichtigten Zueignung

aa) Rechtswidrig ist die erstrebte Zueignung, wenn sie im Widerspruch zur Rechtsordnung steht, d. h. wenn sie nicht einem fälligen, einredefreien Anspruch auf Übereignung des Wegnahmeobjekts oder einem Aneignungsrecht entspricht

bb) Vorsatz: Subjektiv muss die Rechtswidrigkeit der erstrebten Zueignung mindestens mit Eventualvorsatz vom Vorsatz des Täters umfasst sein
Beachte: Stellt der Täter sich vor, einen Anspruch auf die Sache zu haben -> Tatbestandsirrtum, § 16 I, str.

II. Rechtswidrigkeit

III. Schuld

IV. Ggf. Anträge gemäß §§ 247, 248a

B. §§ 242, 243 – Besonders schwerer Fall des Diebstahls

Es handelt sich bei § 243 nicht um eine Tatbestands- oder Erfolgsqualifikation zu § 242, sondern um eine **Strafzumessungsregel** für einen besonders schweren Fall des Diebstahls, in der **Regelbeispiele** benannt sind; deshalb **nie** allein zitieren!

I. Verwirklichung des § 242 (Tatbestand, Rechtswidrigkeit, Schuld)

II. Regelbeispiel(e) des § 243 I

Beachte: Der **Tätervorsatz** muss die Merkmale des objektiv verwirklichten Regelbeispiels umfassen

A) Regelbeispiele:

1. § 243 I S. 2 Nr. 1: Verletzung eines räumlichen Schutzbereichs
a) Umschlossener Raum: Jedes Raumgebilde, das (zumindest auch) zum Betreten von Menschen bestimmt und mit Vorrichtungen versehen ist, die das Eindringen von Unbefugten abwehren sollen und ein tatsächliches nicht unerhebliches Hindernis bilden

b) Tathandlungen:
aa) Einbrechen: Gewaltsames Öffnen oder Erweitern des Zugangs zu einem umschlossenen Raum durch nicht ganz unerhebliche körperliche Anstrengung

bb) Einsteigen: Hineingelangen in einen Raum durch Überwinden von Hindernissen, die den Zugang erschweren
Beachte: Die Öffnung darf nicht zum ordnungsgemäßen Gebrauch bestimmt sein

cc) Eindringen mit falschem Schlüssel oder sonst nicht zur ordnungsgemäßen Öffnung bestimmtem Werkzeug

dd) Sich-Verborgen-Halten

c) Täter muss bereits beim Einbrechen, Einsteigen, Eindringen oder Sich-Verborgen-Halten mit **Diebstahlsvorsatz** gehandelt haben

2. § 243 I S. 2 Nr. 2: Verschlossenes Behältnis oder andere Vorrichtung zum Schutz gegen Wegnahme
a) Behältnis: Umschlossener Raum, der zur Aufnahme von Sachen dient, jedoch nicht zum Betreten durch Menschen

b) Verschlossen: Besonders gesichert gegen unbefugten Zugriff

c) **Andere Schutzvorrichtung:** Vorkehrung, die dazu bestimmt und geeignet ist, die Wegnahme von Sachen erheblich zu erschweren

3. **§ 243 I S. 2 Nr. 3:** Gewerbsmäßiges Stehlen
Wenn der Täter in der Absicht handelt, sich durch **wiederholte** Diebstähle eine fortlaufende Einnahmequelle von einiger Dauer u. einigem Umfang zu verschaffen (schon bei der ersten Tat!)

4. **§ 243 I S. 2 Nr. 4:** Kirchendiebstahl
5. **§ 243 I S. 2 Nr. 5:** Diebstahl öffentlicher Sachen
6. **§ 243 I S. 2 Nr. 6:** Diebstahl unter Ausnutzung fremder Bedrängnis
7. **§ 243 I S. 2 Nr. 7:** Diebstahl von Waffen und Sprengstoff

B) Ausschlussklausel des § 243 II: Geringwertigkeit der Sache: Kommt maßgeblich auf den objektiven Verkehrswert der Sache zur Tatzeit an. Grenze für Geringwertigkeit: Zurzeit ca. 50 Euro. **Beachte:** Auf Sachen ohne messbaren Verkehrswert ist die Privilegierung des § 243 II nicht anwendbar

C. § 244 – Diebstahl mit Waffen, Bandendiebstahl usw.

Beachte: § 244 stellt eine tatbestandliche **Qualifikation** des § 242 dar

I. Verwirklichung des § 242

II. Tatbestand des § 244 I

1. **Objektiver Qualifikationstatbestand**

a) **§ 244 I Nr. 1a:** Diebstahl mit Waffen oder anderen gefährlichen Werkzeugen.
Waffe: Schuss-, Hieb-, Stoss-, Stichwaffe (§ 1 I WaffG als Orientierung)
Beachte: Schusswaffe nur, wenn sie geladen ist oder Munition mitgeführt wird
Gefährliches Werkzeug: Str., da Definition des § 224 StGB hier nicht anwendbar ist; es ist entweder objektiv auf „besondere Gefährlichkeit" des Gegenstands abzustellen oder subjektiv auf Verwendungsvorbehalt bzw. Widmung des Gegenstandes zur Verwendung als Kampfinstrument
Bei-Sich-Führen: Eine Waffe oder ein anderes gefährliches Werkzeug führt bei sich, wer diese(s) **bewusst** einsatzbereit in erreichbarer Nähe zur Verfügung hat (vom Beginn des Versuchs an bis zur Vollendung, str.; A. A.: bis zur Beendigung)

b) **§ 244 I Nr. 1b:** Diebstahl mit sonstigen Werkzeugen und Mitteln („**Auffangtatbestand**").
Sonst ein Werkzeug oder Mittel: Objektiv ungefährliche Gegenstände oder Tatmittel, die in der Absicht zur Gewaltanwendung oder zur Drohung mit Gewalt mitgeführt werden

172

c) § 244 I Nr. 2: Bandendiebstahl
Bande: Zusammenschluss von mindestens **3** Personen
(heutige Rspr., str.), die sich mit dem Willen verbunden haben,
künftig für eine gewisse Dauer mehrere selbständige, im
Einzelnen noch ungewisse Straftaten im Sinne der §§ 242, 249
zu begehen.
Beachte: Die heutige Rspr. hat die Anforderungen an das
Merkmal der Mitwirkung **gelockert:** So soll es ausreichen,
wenn z. B. ein Bandenmitglied stiehlt, ein zweites als Gehilfe
fungiert u. ein drittes zum Tatzeitpunkt im Urlaub ist

d) § 244 I Nr. 3: Wohnungseinbruchdiebstahl
Wohnung: Räumlichkeit, deren Hauptzweck darin besteht,
Menschen Unterkunft zu gewähren
Beachte: Solche Räumlichkeiten, die den Mittelpunkt des
privaten Lebens bilden bzw. im unmittelbaren Zusammenhang
mit der Intimsphäre stehen
Tathandlungen: Einbrechen, Einsteigen, Eindringen, Verbor-
genhalten (siehe § 243 I S. 2 Nr. 1)

2. Subjektiver Qualifikationstatbestand

Vorsatz bei allen 3 Varianten (Eventualvorsatz genügt)
Beachte: Zusätzlich: Verwendungsabsicht (dolus directus 1.
Grades) bei § 244 I Nr. 1a (str.)

III. Rechtswidrigkeit

IV. Schuld

D. § 246 - Unterschlagung

Geschütztes Rechtsgut: Eigentum

I. Tatbestand

1. Objektiver Tatbestand

a) Fremde bewegliche Sache: Siehe bei § 242

b) Zueignung zugunsten des Täters oder eines Dritten:
Zueignung: Objektiv erkennbare Betätigung des (vorläufig zu
unterstellenden) **Zueignungswillens** nach außen (Enteignung
und Aneignung).
Beachte: Aus der Sicht eines **objektiven Beobachters** muss
das Verhalten des Täters zum Ausdruck bringen, dass dieser
die Sache behalten will („enge Manifestationstheorie").
Wiederholte Zueignung: Ein Täter, der sich eine fremde
Sache bereits durch eine strafbare Handlung zugeeignet hat,
kann diese Sache später tatbestandlich **nicht** noch einmal
zueignen (Tatbestandslösung, str.).

c) **Rechtswidrigkeit der Zueignung:** Sie ist rechtswidrig, wenn auf die Übereignung der Sache kein rechtlich begründeter und einredefreier Anspruch des Täters oder des Drittbegünstigten besteht

2. Subjektiver Tatbestand

Vorsatz: Eventualvorsatz genügt (str.)

II. Rechtswidrigkeit

III. Schuld

IV. Qualifikation

§ 246 II: Die Sache ist dem Täter anvertraut. **Anvertraut:** Anvertraut ist eine unterschlagene Sache, wenn der Täter den Gewahrsam hieran mit der Verpflichtung erlangt hat, die Sache zurückzugeben oder zu bestimmten Zwecken zu verwenden

Zehnter Teil: Raub und Erpressung

A. § 249 - Raub

Geschütztes Rechtsgut: Eigentum, Gewahrsam, persönliche Freiheit

I. Tatbestand

1. Objektiver Tatbestand

a) Wegnahme einer fremden beweglichen Sache
Siehe bei § 242

b) Qualifizierte Nötigung als Mittel zur Wegnahme

aa) Gewalt gegen eine Person: Jeder körperlich wirkende Zwang mittels nicht notwendigerweise erheblicher Kraftaufwendung, der durch seine mittelbare oder unmittelbare Wirkung auf einen anderen nach der Vorstellung des Täters zur Überwindung eines geleisteten oder erwarteten Widerstands geeignet ist

bb) Drohung mit gegenwärtiger Gefahr für Leib oder Leben: Inaussichtstellen eines künftigen Übels, auf dessen Eintritt der Drohende Einfluss hat oder zu haben vorgibt
Beachte: Als Adressaten der Drohung oder der Gewalt kommen auch schutzbereite Dritte in Betracht (str.)

cc) Gewalt oder Drohung sind Mittel der Wegnahme: Die Gewalt oder Drohung braucht nicht kausal zu sein für die Wegnahme (h. M., str.), sondern muss nur nach der Vorstellung des Täters als Mittel zur Ermöglichung der Wegnahme eingesetzt werden (= **Finalzusammenhang**)
Beachte: Objektiv muss nur ein bestimmter **räumlich-zeitlicher** Zusammenhang zwischen Nötigung und der Wegnahme bestehen (h. M.), d. h. Gewalt oder Drohung müssen also spätestens bis zum Zeitpunkt der Vollendung der Wegnahme erfolgen. Finalzusammenhang besteht auch dann, wenn eine zuvor ausgeübte Gewalt als aktuelle Drohung erneuter Gewaltanwendung fortwirkt

2. Subjektiver Tatbestand

Vorsatz bzgl. aller objektiven Tatbestandsmerkmale (Eventualvorsatz genügt)
Zusätzlich: Absicht, die Sache sich oder einem Dritten rechtswidrig zuzueignen (Zueignungsabsicht)

II. Rechtswidrigkeit

III. Schuld

IV. Qualifikation, § 250 (Schwerer Raub)

B. § 250 – Schwerer Raub

§ 250 ist eine tatbestandliche **Qualifikation** zum Grundtatbestand des § 249

I. Verwirklichung des § 249

II. Qualifikationstatbestand des § 250 I

1. Objektiver Tatbestand

a) § 250 I Nr. 1a: Bei-Sich-Führen einer Waffe oder eines anderen gefährlichen Werkzeugs: Siehe wie bei § 244 I Nr. 1a

b) § 250 I Nr. 1b: Bei-Sich-Führen eines sonstigen Werkzeugs oder Mittels: Siehe wie bei § 244 I Nr. 1b

c) § 250 I Nr. 1c: Raub mit Gefahr einer schweren Gesundheitsschädigung
Beachte: Es handelt sich um einen Gefährdungtatbestand, bei dem der Täter mit Gefährdungsvorsatz (Eventualvorsatz) handeln muss
Erforderlich ist die **konkrete** Gefahr einer schweren Gesundheitsschädigung

Gefahr einer schweren Gesundheitsschädigung: Besteht, wenn zu befürchten ist, dass das Opfer in eine ernste langwierige Krankheit hätte verfallen oder seine Arbeitskraft erheblich hätte beeinträchtigt werden können
Beachte: Die konkrete Gefahr muss durch die Tat verursacht worden sein

d) § 250 I Nr. 2: Bandenraub
Siehe wie bei § 244 I Nr. 2

2. Subjektiver Tatbestand

Vorsatz (Eventualvorsatz genügt) bzgl. aller objektiven Qualifikationsmerkmale.
Zusätzlich: Verwendungsabsicht bei § 250 I Nr. 1b (dolus directus 1. Grades)

III. Qualifikationstatbestand des § 250 II

1. Objektiver Tatbestand

a) § 250 II Nr. 1: Verwenden von Waffe oder gefährlichem Werkzeug
Waffe / gefährliches Werkzeug: Siehe bei § 244 I Nr. 1a
Verwenden: Die Waffe wird verwendet, wenn sie zumindest zur Drohung eingesetzt wird und dabei der Bedrohte in eine konkrete Leibes- oder Lebensgefahr gebracht wird (str.); A. A.: Die Schaffung einer konkreten Gefahr ist nicht erforderlich

b) § 250 II Nr. 2: Bandenraub unter Beisichführen von Waffen
Bande: Siehe wie bei § 244 I Nr. 2

c) § 250 II Nr. 3a: Schwere körperliche Misshandlung
Schwere körperliche Misshandlung: Zufügung erheblicher Schmerzen oder länger dauernder physischer oder psychischer Tatfolgen

d) § 250 II Nr. 3b: Todesgefahr für das Opfer
Es ist eine **konkrete** Todesgefahr erforderlich, diese Gefahr muss vom Vorsatz erfasst sein

2. Subjektiver Tatbestand

Vorsatz (Eventualvorsatz genügt) bzgl. aller objektiven Qualifikationsmerkmale
Zusätzlich: Gefährdungsvorsatz (Eventualvorsatz) bei § 250 II Nr. 3b

IV. Rechtswidrigkeit

V. Schuld

VI. § 250 III (Minder schwerer Fall des Raubes)

C. § 251 – Raub mit Todesfolge

§ 251 ist ein **erfolgsqualifiziertes Delikt** (i. S. v. § 18)

I. Verwirklichung des vorsätzlichen Grunddelikts (§§ 249, 250 oder auch §§ 252, 255)

II. Tatbestand des § 251

1. Tod eines anderen Menschen:
Raubopfer oder unbeteiligter Dritter. **Beachte:** Mittäter (Tatbeteiligte) können keine „anderen" i. S. d. § 251 sein

2. Kausalität
3. Objektive Zurechenbarkeit

4. Tatbestandsspezifischer Gefahrzusammenhang zwischen Grunddelikt u. der Todesfolge:
Es muss sich in dem tödlichen Erfolg gerade die dem Grundtatbestand anhaftende spezifische Gefahr der Raubhandlung niedergeschlagen haben, d. h. der Tod muss **Folge** der Begehungsweise der tatbestandsmäßigen Gewalt, der Drohung oder der Wegnahmehandlung sein

5. Wenigstens leichtfertiges Handeln im Hinblick auf Todesherbeiführung: Wenigstens bedeutet, dass auch eine vorsätzliche Begehung nicht ausgeschlossen ist, beachte aber dann § 211 II
Leichtfertigkeit: ungefähr vergleichbar mit „grober Fahrlässigkeit"

Leichtfertigkeitselemente:
Objektives Leichtfertigkeitselement: Objektive Sorgfaltspflichtverletzung u. objektive Vorhersehbarkeit des wesentlichen Kausalverlaufs der schweren Folge. **Beachte:** Nur Vorhersehbarkeit der schweren Folge prüfen, da der Täter schon durch die schuldhafte Verwirklichung des Grunddelikts objektiv u. subjektiv sorgfaltswidrig handelte (Rspr.)

Subjektives Leichtfertigkeitselement: Persönliche Kenntnisse und Fähigkeiten des Täters u. individuelle Erkennbarkeit der schweren Folge und des tatbestandsspezifischen Gefahrzusammenhangs. Der Täter muss also die Fähigkeit gehabt haben, die Sorgfaltspflicht zu erfüllen, wobei sich die Einhaltung der Sorgfaltspflicht dem Täter aufgedrängt haben muss. Der Erfolg muss für den Täter vorhersehbar gewesen sein

III. Rechtswidrigkeit

IV. Schuld

D. § 252 – Räuberischer Diebstahl

Geschütztes Rechtsgut: Eigentum und Freiheit (Willensbildungs- u. Willensbetätigungsfreiheit des Opfers)

Beachte: § 252 ist nicht ein erschwerter Fall des Diebstahls, sondern ein selbstständiges, raubähnliches Sonderdelikt: Verteidigung der Beute mit Raubmitteln.
Unterscheide: § 249: Gewalt oder Drohung **zur Erlangung** des Gewahrsams; § 252: Gewalt oder Drohung **nach Erlangung** des Gewahrsams zur Gewahrsamserhaltung

I. Tatbestand

1. Objektiver Tatbestand

a) Bei einem Diebstahl auf frischer Tat betroffen

aa) Diebstahl (mit Vollendung der Wegnahme) oder Raub (h. M.) als Vortat
Beachte: Auch die Qualifikationen der §§ 242, 249 kommen in Betracht, nicht dagegen andere Vermögensdelikte (wie Betrug oder Unterschlagung) Die Vortat muss vollendet sein (Täter muss fremden Gewahrsam gebrochen u. neuen Gewahrsam begründet haben)

bb) Auf frischer Tat: Wenn der Täter noch am Tatort oder in dessen Nähe ist und noch ein zeitlicher Zusammenhang gegeben ist (Unmittelbar nach Vollendung der Wegnahme bis zur Sicherung der Sachherrschaft)

cc) Betroffen: Betroffen ist der Täter, wenn er wahrgenommen bzw. bemerkt wird, ohne Rücksicht darauf, ob der andere den Charakter des Diebstahls erkennt (str.)

b) Gewaltanwendung gegen eine Person oder Drohung mit gegenwärtiger Gefahr für Leib und Leben:
Siehe bei § 249

2. Subjektiver Tatbestand

Vorsatz bzgl. des objektiven Tatbestands
Zusätzlich: Absicht, den Besitz des gestohlenen Gutes zu erhalten (dolus directus 1. Grades, zielgerichteter Wille)

II. Rechtswidrigkeit

III. Schuld

IV. Qualifikationen
1. §§ 252, 250: Schwerer räuberischer Diebstahl
2. §§ 252, 251: Räuberischer Diebstahl mit Todesfolge

178

E. § 253 - Erpressung

Geschütztes Rechtsgut: Vermögen und persönliche Entscheidungsfreiheit

I. Tatbestand

1. Objektiver Tatbestand

a) Nötigung durch Gewalt oder Drohung mit einem empfindlichen Übel: Siehe bei § 240

b) Nötigungserfolg: Handeln, Dulden oder Unterlassen des Genötigten: Jedes willensgesteuerte Verhalten

c) Vermögensverfügung des Genötigten (str.):
Streitig ist, ob die drei abgenötigten Verhaltensweisen -siehe b)- zu einer Vermögensverfügung führen müssen
Beachte: Rspr.: Erpressung setzt **keine** Vermögensverfügung auf Seiten des Opfers voraus; **h. L.:** Vermögensverfügung **ist** ungeschriebenes Tatbestandsmerkmal
h. L.: Abgrenzung zwischen Raub (= Nehmen) u. räuberischer Erpressung (= Geben) nach der **inneren** Willensrichtung des Genötigten (Mitwirkung an der Vermögensverschiebung = Erpressung); **Rspr.:** Abgrenzung zwischen Raub und räuberischer Erpressung nach dem **äußeren** Erscheinungsbild der Tat

d) Vermögensnachteil beim Genötigten oder bei einem Dritten: Wenn die Vermögenslage des Betroffenen nach der Tat ungünstiger als vorher ist (Siehe auch Vermögensschaden beim Betrug, da dieser mit dem Vermögensnachteil gleichbedeutend ist)

2. Subjektiver Tatbestand

a) Vorsatz (Eventualvorsatz genügt) bzgl. des objektiven Tatbestands

b) Zusätzlich: Bereicherungsabsicht: Absicht, sich oder einem Dritten einen Vermögensvorteil zu verschaffen

c) Stoffgleichheit zwischen Vermögensschaden u. Vermögensvorteil

d) Rechtswidrigkeit der erstrebten Bereicherung (hierauf muss sich der Vorsatz ebenfalls beziehen): Täter hat keinen zivil- oder öffentlichrechtlichen fälligen und einredefreien Anspruch auf den Vermögensvorteil

II. Rechtswidrigkeit: muss positiv festgestellt werden, § 253 II (Siehe bei § 240 II)

III. Schuld

IV. Besonders schwerer Fall, § 253 IV S. 2

V. Qualifikation, §§ 253, 255 (schwere räuberische Erpressung)

F. §§ 253, 255 – Räuberische Erpressung

Geschütztes Rechtsgut: Vermögen und persönliche Entscheidungsfreiheit

I. Räuberische Erpressung (§§ 253, 255)

1. Verwirklichung des § 253

2. Durch vorsätzliche Gewaltanwendung gegen eine Person oder Drohung mit gegenwärtiger Gefahr für Leib oder Leben (= Qualifikationsmerkmale): Siehe bei § 249
Gegenwärtigkeit: Falls der Schadenseintritt sicher oder höchstwahrscheinlich ist, wenn nicht alsbald Abwehrmaßnahmen ergriffen werden

II. Qualifikation: Schwere räuberische Erpressung: §§ 253, 255, 250

III. Erfolgsqualifikation: Räuber. Erpressung mit Todesfolge: §§ 253, 255, 251

Elfter Teil: Begünstigung und Hehlerei

A. § 257 - Begünstigung

Geschütztes Rechtsgut: Rechtspflege und Vermögen;
Schutzzweck: Bestrafung einer Verhinderung bzw. Erschwerung der Wiederherstellung des gesetzmäßigen Zustandes

I. Tatbestand

1. Objektiver Tatbestand

a) Vortat eines anderen: Bereits rechtswidrig (nicht notwendigerweise schuldhaft) begangene Tat (i. S. v. § 11 I Nr. 5), die dem Täter einen Vorteil verschafft hat (Vermögensvorteile / tatsächliche Vorteile)

b) Tathandlung: Hilfeleistung
Jede Hilfeleistung, die objektiv geeignet ist, den durch die Vortat erlangten Vorteil dagegen zu sichern, dass er dem Vortäter zugunsten des Verletzten entzogen wird (h. M.).
Beachte: Ist der Täter **Garant**, dann erfüllt auch ein bloßes Unterlassen die Tathandlung des Hilfeleistens. Die bloße Sacherhaltung dient nicht der Vorteilssicherung

2. Subjektiver Tatbestand

Vorsatz (Eventualvorsatz genügt)
Zusätzlich: Absicht, dem Begünstigten die Vorteile der rechtswidrigen Vortat zu sichern (Erschwerung oder Verhinderung der Wiederherstellung des gesetzmäßigen Zustands) = **Vorteilssicherungsabsicht** (dolus directus 1. Grades)

II. Rechtswidrigkeit

III. Schuld

IV. Persönlicher Strafausschließungsgrund

§ 257 III S. 1: schließt die Strafe aus, wenn der Begünstigende wegen Beteiligung an der Vortat strafbar ist
Beachte Ausnahme: § 257 III S. 2

V. Strafantrag, Ermächtigung, Strafverlangen, § 257 IV

B. § 258 - Strafvereitelung

Geschütztes Rechtsgut: Innerstaatliche Rechtspflege

I. Tatbestand

1. Objektiver Tatbestand des § 258 I:

**Verfolgungsvereitelung: § 258 I Alt. 1 oder
Vereitelung einer Maßnahme: § 258 I Alt. 2**

a) § 258 I Alt. 1: Rechtswidrige u. schuldhaft begangene Vortat eines anderen
Beachte: Strafaufhebungs- oder Strafausschließungsgründe dürfen nicht eingreifen.
§ 258 I Alt. 2: Rechtswidrige, **nicht** aber schuldhaft begangene Vortat

b) Vereiteln der gesetzmäßigen Bestrafung / Maßnahme:
Vereiteln: Verhalten, welches bewirkt, dass der staatliche Strafanspruch ganz oder zum Teil endgültig oder für geraume Zeit nicht durchgesetzt werden kann
Zum Teil vereitelt: Wenn statt eines Verbrechens nur wegen eines Vergehens bestraft wird oder wenn das Strafmaß milder ausfällt, als es den wahren Umständen entsprechend angemessen wäre.
Vereitelung ist auch durch **Unterlassen** möglich.
§ 258 ist häufig auch für Strafverteidiger von Bedeutung

2. Objektiver Tatbestand des § 258 II:

a) Vollstreckungsvereitelung:
Vorliegen einer rechtskräftigen Strafe bzw. Maßnahme, die gegen einen anderen verhängt wurde

Beachte: Irrelevant ist, ob Vortat auch wirklich begangen worden ist. Wichtig ist nur, dass die Verurteilung (Strafe / Maßnahme) vollstreckbar ist

b) Tathandlung: Täter vereitelt die Straf- oder Maßnahmenvollstreckung ganz oder zum Teil (siehe § 258 I)

3. Subjektiver Tatbestand:

Vorsatz (Eventualvorsatz genügt) bzgl. der Vortat
Zusätzlich: Absicht (dolus directus 1. Grades) oder direkter Vorsatz (dolus directus 2. Grades) bzgl. der Vereitelung

II. Rechtswidrigkeit und Schuld

III. Persönliche Strafausschließungsgründe (h. M.)

1. § 258 V: Selbstbegünstigung ist straffrei
Beachte: Ebenfalls straffrei ist die Anstiftung zu einer den Täter begünstigenden Strafvereitelung

2. § 258 VI: Angehörigenprivileg
Angehörige: Legaldefinition in § 11 I Nr. 1

IV. Qualifikation: § 258a

C. § 259 - Hehlerei

Geschütztes Rechtsgut: Vermögen

I. Tatbestand

1. Objektiver Tatbestand

a) Tatobjekt: Sache: Jeder körperliche Gegenstand
Beachte: Auch tätereigene oder herrenlose Sachen kommen in Betracht

b) Vortat: Gegen fremdes Vermögen gerichtete rechtswidrige Vortat eines anderen
Die Vortat muss nur tatbestandsmäßig und rechtswidrig, braucht jedoch **nicht** schuldhaft zu sein. Die Vortat muss sich gegen fremde Vermögensinteressen richten (gemeint sind nicht nur Vermögensdelikte im engeren Sinne, sondern z. B. auch die §§ 257, 267, 274)
Beachte: Sache muss im Zeitpunkt der Vortat bereits **existieren** und darf nicht erst durch diese hergestellt werden.
Der Versuch genügt nur dann, wenn er bereits zur Sacherlangung beim Täter geführt hat.

Die **Vortat** muss im Zeitpunkt der Hehlereihandlung **vollendet** sein (h. M., str.). Gegenstand der Hehlerei muss die Sache der Vortat sein
Beachte: Anstifter und Gehilfen können sich nach § 259 strafbar machen (h. M., str.).
Der Vortäter muss die Sache erlangt haben (= Innehaben der tatsächlichen Mit-/Verfügungsgewalt)

c) Bei Vornahme der Tathandlung muss die rechtswidrige Vermögenslage an der Sache noch **fortbestehen** (d. h. keine der §§ 932 ff. BGB, keine der §§ 946 ff. BGB, kein Ablauf der Anfechtungsfrist des § 123 BGB bei Betrug)

d) Tathandlungen: Ankaufen, Sich-Verschaffen, einem Dritten verschaffen, Absetzen oder Absatzhilfe. **Voraussetzung:** Einvernehmliches Zusammenwirken des Hehlers mit mindestens einem der Vortäter bzw. seines Besitznachfolgers

Sich-Verschaffen: Liegt vor bei gewolltem Erwerb der (Mit-) Verfügungsgewalt über die Sache zu eigenen Zwecken

Absetzen: Selbständige, weisungsunabhängige Veräußerung im Interesse und mit Einverständnis des Vortäters
Beachte: Die Absatzbemühung muss erfolgreich sein (str.)

Absatzhilfe: Weisungsabhängige, unselbständige Unterstützung des Vortäters beim Weiterverschieben der Beute
Beachte: Nach h. M. muss es zu einem **Wechsel** in der Verfügungsgewalt kommen (str.)

2. Subjektiver Tatbestand

Vorsatz (Eventualvorsatz genügt)
Zusätzlich: Bereicherungsabsicht (zielgerichtetes Handeln)
Beachte: Rechtswidrigkeit der angestrebten Bereicherung u. Stoffgleichheit (str.) zwischen Hehlobjekt u. Bereicherung sind jeweils **nicht** erforderlich

II. Rechtswidrigkeit

III. Schuld

IV. Qualifikationen: §§ 260, 260a

V. Strafantrag: § 259 II

Zwölfter Teil: Betrug und Untreue

A. § 263 - Betrug

Geschütztes Rechtsgut: Vermögen in seiner Gesamtheit als Inbegriff aller wirtschaftlichen Güter

I. Tatbestand
1. Objektiver Tatbestand
a) Täuschung (über Tatsachen) durch aktives Tun oder Unterlassen
b) Irrtum
c) Vermögensverfügung
d) Vermögensschaden oder -gefährdung
2. Subjektiver Tatbestand
a) Vorsatz zu I.
b) Stoffgleiche Bereicherungsabsicht
c) Rechtswidrigkeit der Bereicherung und diesbezüglicher Vorsatz
II. Rechtswidrigkeit und Schuld
III. Besonders schwere Fälle des Betrugs, § 263 III
IV. Qualifikation: § 263 V: Gewerbsmäßiger Bandenbetrug
V. Ggf. Antrag, §§ 263 IV, 247, 248a

I. Tatbestand

1. Objektiver Tatbestand

a) Täuschung über Tatsachen
Täuschung: Jede intellektuelle Einwirkung auf das Vorstellungsbild eines anderen mit dem Ziel der Irreführung über Tatsachen. Täuschung durch Vorspiegelung einer der Wahrheit nicht entsprechenden Tatsache oder durch Entstellung oder Unterdrückung wahrer Tatsachen
Beachte: Täuschung kann durch ausdrückliches oder konkludentes aktives Tun oder durch Unterlassen erfolgen
Tatsachen: Dem Beweis zugängliche Ereignisse oder Zustände der Gegenwart oder Vergangenheit
Beachte: Es kommen äußere und innere Tatsachen in Betracht
Äußere Tatsachen: Äußere Ereignisse oder Zustände
Innere Tatsachen: Kenntnisse, Überzeugungen, Absichten
Täuschung durch Unterlassen: Liegt vor, wenn entgegen einer Aufklärungspflicht die Entstehung eines Irrtums nicht verhindert oder ein entstandener Irrtum nicht beseitigt wird

b) Erregung oder Unterhaltung eines Irrtums als Folge:
Infolge der Täuschung muss beim Getäuschten ein Irrtum erregt oder unterhalten werden
Irrtum: Jede Fehlvorstellung über Tatsachen, die Gegenstand der Täuschung waren, d. h. Vorstellung und Wirklichkeit stimmen nicht überein
Beachte: Zweifel schließen die Möglichkeit eines Irrtums nicht aus, sofern der Getäuschte die Wahrheit der fraglichen Tatsache nur für möglich hält und durch die Möglichkeitsvorstellung zur Vermögensverfügung motiviert wird (h. M., str.)

Erregen eines Irrtums: Wenn eine Fehlvorstellung hervorgerufen wird
Unterhalten eines Irrtums: Eine bereits vorhandene Fehlvorstellung wird verstärkt oder pflichtwidrig nicht beseitigt

c) Vermögensverfügung des Getäuschten:
Jedes Handeln, Dulden oder Unterlassen, das eine Vermögensminderung unmittelbar herbeiführt
Unmittelbar: Ohne zusätzliche Handlungen des Täters
Beachte: Getäuschter u. Verfügender müssen **identisch** sein, nicht jedoch Verfügender und Geschädigter.
Wenn Verfügender und Geschädigter verschiedene Personen sind, dann kann ein **Dreiecksbetrug** vorliegen
Vermögen: Gesamtheit der wirtschaftlichen Güter einer natürlichen oder juristischen Person, unabhängig davon, ob sie dieser rechtlich zustehen oder nicht (= Wirtschaftlicher Vermögensbegriff, Rspr. u. ein Teil der Lit., str.)

d) Vermögensschaden:
Differenz zwischen dem Wert des Vermögens vor und dem Wert des Vermögens nach der Verfügung.
Berechnung erfolgt anhand eines objektiv-individualisierenden Beurteilungsmaßstabes nach dem Prinzip der **Gesamtsaldierung** (durch die Vermögensverfügung gleichzeitig erlangte Vorteile sind zu verrechnen, sofern sie unmittelbar aus der Vermögensverfügung fließen)

Kategorisierte Schadensfälle des § 263
aa) Eingehungsbetrug (Täuschung bei Vertragsschluss);
bb) Anstellungsbetrug (zu vergleichen sind das vereinbarte Entgelt und die zugesagte Gegenleistung);
cc) Prozessbetrug;
dd) Erfüllungsbetrug (wenn ein Vergleich von geschuldeter und tatsächlich erbrachter Leistung von Täuschendem oder Getäuschtem eine Differenz zu Lasten des Getäuschten ergibt);
ee) Persönlicher Schadenseinschlag: Schaden trotz gleichwertiger Leistung (Leistung und Gegenleistung stehen zwar objektiv in einem wirtschaftlichen Äquivalenzverhältnis zueinander, die Leistung ist aber speziell für den Betroffenen zu dem vertraglich vorausgesetzten Zweck unbrauchbar und er kann sie auch nicht in anderer zumutbarer Weise verwenden);
ff) Schaden bei sozialer Zweckverfehlung (Fehlleitung zweckgebundener öffentlicher Mittel oder Verfehlung subjektiver Zwecke im privaten Bereich, wenn eine unentgeltliche Zuwendung den ihr immanenten und wirtschaftlich relevanten Zweck verfehlt);
gg) Sicherungsbetrug (Täuschung, um einen durch eine Vermögensstraftat erlangten Vorteil zu sichern)

2. Subjektiver Tatbestand

a) Vorsatz (Eventualvorsatz genügt) bzgl. des objektiven Tatbestands

b) Absicht, sich oder einem Dritten einen rechtswidrigen Vermögensvorteil zu verschaffen (dolus directus 1. Grades)

c) Stoffgleichheit zwischen der vermögensschädigenden Verfügung und dem erstrebten Vorteil (h. M., str.)
Stoffgleichheit: Wenn Vorteil und Schaden auf derselben Vermögensverfügung beruhen und der Vorteil unmittelbar zulasten des geschädigten Vermögens geht

d) Rechtswidrigkeit des erstrebten Vermögensvorteils: Liegt vor, wenn der Täter auf ihn keinen Anspruch hat
Beachte: Es handelt sich bei der Rechtswidrigkeit der erstrebten Bereicherung um ein objektives Tatbestandsmerkmal, so dass sich auch der **Vorsatz** des Täters darauf beziehen muss (Eventualvorsatz genügt)

II. Rechtswidrigkeit und Schuld

III. Besonders schwere Fälle des Betrugs

§ 263 III
1. § 263 III Nr. 1: Gewerbsmäßig handelt, wer sich aus der wiederholten Tatbegehung eine nicht nur vorübergehende Einnahmequelle von einigem Umfang und einer gewissen Dauer verschaffen möchte
Bande: Zusammenschluss von **mindestens 3** Personen, die sich mit dem Willen verbunden haben, künftig für eine gewisse Dauer mehrere selbständige, im Einzelnen noch ungewisse Straftaten im Sinne der §§ 263, 267 zu begehen (BGH, str.)

2. § 263 III Nr. 2: Vermögensverlust großen Ausmaßes
Großes Ausmaß: Mindestens 50.000 Euro (str.)
Große Anzahl von Menschen: Entspricht mindestens 20 Personen (str.)

3. § 263 III Nr. 3: Wirtschaftliche Notlage
Wirtschaftliche Notlage: Wenn eine Person nicht mehr über die Mittel verfügt, die zur ordnungsgemäßen Erfüllung ihrer Verbindlichkeiten unerlässlich sind und sie lebenswichtige Ausgaben nicht mehr bestreiten kann

4. § 263 III Nr. 4: Amtsträger, siehe Legaldefinition **§ 11 I Nr. 2**

5. § 263 III Nr. 5: Vortäuschen eines Versicherungsfalles

IV. Qualifikation: § 263 V: Gewerbsmäßiger Bandenbetrug

V. Strafverfolgungsvoraussetzungen: § 263 IV

B. § 263a - Computerbetrug

Geschütztes Rechtsgut: Vermögen

I. Tatbestand

1. Objektiver Tatbestand

a) Tathandlungen des § 263a I:

aa) § 263a I Var. 1: Unrichtige Gestaltung des Programms (**Programm-Manipulation**): **Programm:** Eine durch Daten fixierte Arbeitsanweisung an den Computer
Unrichtige Programmgestaltung: Wenn die Arbeitsanweisung auf betrugsrelevante Tatsachen bezogen ist und wenn sie bewirkt, dass die Daten letztlich zu einem inhaltlich unrichtigen Ergebnis verarbeitet werden

bb) § 263a I Var. 2: Verwendung unrichtiger oder unvollständiger Daten (**Input-Manipulation**):
Daten: Alle codierten und codierbaren Informationen unabhängig vom Verarbeitungsgrad
Unrichtige Daten: Wenn die mit ihnen dargestellten Informationen falsch sind
Unvollständige Daten: Wenn Informationen über wahre Tatsachen pflichtwidrig vorenthalten werden
Verwendung: Eingabe von Daten in den Datenverarbeitungsprozess (h. M., str., a. A.: Jede Nutzung von Daten)

cc) § 263a I Var. 3: Unbefugte Verwendung von Daten:
Unbefugte Verwendung: Nach h. M. handelt unbefugt, wer sich einer fremden Karte und PIN-Nummer bedient, um täuschungsähnlich eine eigene materielle Berechtigung vorzuspiegeln (str.)

dd) § 263a I Var. 4: Sonstige unbefugte Einwirkung auf den Ablauf (**Ablauf-Manipulation**): Hier handelt es sich um einen Auffangtatbestand

b) Beeinflussung des Ergebnisses eines Datenverarbeitungsvorgangs:

Die vier Tathandlungen setzen voraus, dass der Täter das Vermögen eines anderen dadurch beschädigt, dass er das Ergebnis eines Datenverarbeitungsvorgangs beeinflusst
Beachte: Die Beeinflussung des Datenverarbeitungsvorgangs tritt an die Stelle der Täuschung

c) Vermögensschaden:
Manipulation muss einen Vermögensschaden zur Folge haben
Zum Begriff des Vermögensschadens siehe § 263

2. Subjektiver Tatbestand

a) Vorsatz (Eventualvorsatz genügt) bzgl. des objektiven Tatbestands

b) Absicht, sich oder einem Dritten einen rechtswidrigen Vermögensvorteil zu verschaffen (dolus directus 1. Grades)

c) Stoffgleichheit zwischen der vermögensschädigenden Verfügung und dem erstrebten Vorteil (h. M., str.)
Stoffgleichheit: Wenn Vorteil und Schaden auf **derselben** Vermögensverfügung beruhen und der Vorteil unmittelbar zulasten des geschädigten Vermögens geht

d) Rechtswidrigkeit des erstrebten Vermögensvorteils: Liegt vor, wenn der Täter auf ihn keinen Anspruch hat
Beachte: Es handelt sich bei der Rechtswidrigkeit der erstrebten Bereicherung um ein objektives Tatbestandsmerkmal, so dass sich auch der **Vorsatz** des Täters darauf beziehen muss (Eventualvorsatz genügt)

II. Rechtswidrigkeit

III. Schuld

IV. Besonders schwerer Fall: §§ 263a II, 263 III

V. Qualifikation: §§ 263a II, 263 V

VI. Strafverfolgungsvoraussetzungen: §§ 263a II, 263 IV

VII. Strafbare Vorbereitung: § 263a III

VIII. Tätige Reue: § 263a IV

C. § 266 - Untreue

Geschütztes Rechtsgut: Vermögen

I. Tatbestand

1. Objektiver Tatbestand

a) Missbrauchstatbestand (§ 266 I Var. 1): Vermögensschädigung durch Missbrauch einer Verfügungsbefugnis oder Vertretungsmacht

Beachte: Nur der Treuepflichtige kann Täter sein (Treueverhältnis zwischen Täter und Vermögensträger)

aa) Befugnis, über fremdes Vermögen zu verfügen oder einen anderen zu verpflichten:
Befugnis kann durch Gesetz, behördlichen Auftrag oder Rechtsgeschäft eingeräumt worden sein

bb) Tathandlung: Missbrauch der eingeräumten Befugnis
Missbrauch: Überschreiten des rechtlichen Dürfens im Rahmen des rechtlichen Könnens
Rechtliches Dürfen: Grenzen des Innenverhältnisses (Konkretisierung durch Weisungen)
Rechtliches Können: Rechtswirksames Außenverhältnis

cc) Vermögensbetreuungspflicht: Pflicht, fremde Vermögensinteressen wahrzunehmen.
Geschäftsbesorgung für einen anderen in einer nicht ganz unbedeutenden Angelegenheit mit einem Aufgabenkreis von einigem Gewicht und einem gewissen Grad von Verantwortlichkeit
Beachte: Vermögensbetreuungspflicht ist nach h. M. sowohl für den Missbrauchs-, als auch für den Treubruchstatbestand erforderlich (str.)

b) Treubruchstatbestand (§ 266 I Var. 2):
Vermögensschädigung durch Bruch eines Treueverhältnisses

aa) Vermögensbetreuungspflicht:
Pflicht zur Wahrnehmung fremder Vermögensinteressen (s. o.)

bb) Verletzung einer spezifischen Treuepflicht:
Jedes Handeln oder Unterlassen, das im Widerspruch zur Treuepflicht steht. Verstöße gegen allgemeine Schuldnerpflichten
Beachte Untreue durch Unterlassen: h. L. betrachtet § 266 als echtes Unterlassungsdelikt mit der Folge der Unanwendbarkeit des § 13

c) Nachteilszufügung: Eintritt eines Vermögensschadens
Siehe wie bei § 263

2. Subjektiver Tatbestand

Vorsatz (Eventualvorsatz genügt)

II. Rechtswidrigkeit und Schuld

III. Besonders schwerer Fall: §§ 266 II, 263 III, 243 II

IV. Strafantrag: §§ 266 II, 247, 248a

D. § 266b – Mißbrauch von Scheck- und Kreditkarten

Geschütztes Rechtsgut: Vermögen

I. Tatbestand

1. Objektiver Tatbestand

a) Scheck- oder Kreditkarte:
Scheckkarte (§ 266b I Var. 1): Euroscheckkarten
Beachte: Früher: Nur die ec-Karte; heute: Unter Scheckkarte ist auch die Maestro-Karte in ihrer nunmehr einzigen Funktion als Codekarte zu verstehen (str.).
§ 266b ist nur auf Karten im sog. **Drei-Partner-System** und nicht auf Karten im Zwei-Partner-System (z. B. Kundenkarten) anwendbar
Kreditkarte (§ 266b I Var. 2): Universalkreditkarte im Drei-Partner-System
b) Karte muss dem Täter als Berechtigtem überlassen worden sein
Beachte: Nur dem Täter als **berechtigtem** Karteninhaber ist die Möglichkeit eingeräumt, den Aussteller zu einer Zahlung zu veranlassen. Für Nichtberechtigten: §§ 263, 263a

c) Missbrauch:
Wer im Rahmen seines rechtlichen Könnens nach außen handelt, die Grenzen seines rechtlichen Dürfens im Innenverhältnis jedoch überschreitet. Siehe bei § 266 I Var. 1

d) Vermögensschädigung des Kartenausstellers unmittelbar durch den Missbrauch

2. Subjektiver Tatbestand

Vorsatz (Eventualvorsatz genügt)

II. Rechtswidrigkeit

III. Schuld

190

Dreizehnter Teil: Urkundenfälschung

A. § 267 - Urkundenfälschung

Geschütztes Rechtsgut: Schutz der Sicherheit und Zuverlässigkeit des Beweisverkehrs / Rechtsverkehrs

I. Tatbestand

1. Objektiver Tatbestand

a) Herstellen einer unechten Urkunde (§ 267 I Var. 1):
Urkunde: Verkörperte Gedankenerklärung (**Perpetuierungsfunktion**), die zum Beweis im Rechtsverkehr geeignet und bestimmt ist (**Beweisfunktion**) und die ihren Aussteller erkennen lässt (**Garantiefunktion**)
Beachte: Die Gedankenerklärung muss dem Verständnis zugänglich sein und sie muss verkörpert, d. h. mit einer körperlichen Sache fest verbunden sein

Erläuterungen zum Urkundenbegriff:
Objektive Beweiseignung: Gedankenerklärung muss aufgrund ihres Gedankeninhalts auf die Überzeugungsbildung einwirken können, d. h. sie muss für die Beteiligten verständlich sein
Subjektive Beweisbestimmung: Setzt einen durch einen beliebigen Akt nach außen getretenen Willen voraus, die Gedankenerklärung im Rechtsverkehr einzusetzen
Die Beweisbestimmung kann eine Urkunde von Anfang an oder nachträglich erhalten
Unterscheide: **Absichtsurkunde** (originäre Urkunde), **Zufallsurkunde** (Beweisbestimmung erfolgt später durch einen Dritten oder den Aussteller selbst)
Aussteller: Derjenige, dem das urkundlich Erklärte im Rechtsverkehr zugerechnet wird und von dem die Erklärung in diesem Sinne geistig herrührt
Erkennbarkeit des Ausstellers: Hinweis auf eine bestimmte Person als Urheber, durch Unterschrift oder aus dem Gesamtzusammenhang des Inhalts
Beachte: Abgrenzung zwischen Beweiszeichen (sind Urkunden) und Kennzeichen (sind keine Urkunden)
Bestimmte Formen der Urkunde: Gesamturkunde oder zusammengesetzte Urkunde
Gesamturkunde: Mehrere Einzelurkunden sind in dauerhafter Form verbunden, so dass sie einen über ihre Einzelbestandteile hinaus bestehenden selbständigen Erklärungsgehalt bekommen
Zusammengesetzte Urkunde: Verkörperte Gedankenerklärung, die mit einem Bezugsobjekt räumlich fest zu einer Beweiseinheit verbunden ist

Unechte Urkunde: Wenn sie nicht von demjenigen stammt, der als Aussteller der Urkunde erkennbar ist (Identitätstäuschung). **Beachte:** Abgrenzung zur Namenstäuschung / Namenslüge. **Herstellen:** Jede zurechenbare Verursachung der Existenz einer unechten Urkunde

b) Verfälschen einer echten Urkunde (§ 267 I Var. 2):
Verfälschen: Nachträgliche Änderung des Gedankeninhalts

c) Gebrauchen einer unechten / verfälschten Urkunde (§ 267 I Var. 3):
Gebrauchen: Die Urkunde dem zu Täuschenden so zugänglich machen, dass er die Möglichkeit zur Kenntnisnahme hat, unabhängig davon, ob er diese Kenntnis nimmt

2. Subjektiver Tatbestand

Vorsatz (Eventualvorsatz genügt)
Zusätzlich: Absicht, im Rechtsverkehr zu täuschen (direkter Vorsatz = dolus directus 2. Grades, h. M.): Täter bezweckt den Eindruck der Echtheit hervorzurufen und den Getäuschten dadurch zu einem rechtserheblichen Verhalten zu veranlassen

II. Rechtswidrigkeit

III. Schuld

IV. Besonders schwerer Fall: § 267 III: siehe bei § 263 III

V. Qualifikation: § 267 IV: siehe bei § 263 V

B. § 268 – Fälschung technischer Aufzeichnungen

Geschütztes Rechtsgut: Schutz der Sicherheit und Zuverlässigkeit des Beweisverkehrs / Rechtsverkehrs

I. Tatbestand

1. Objektiver Tatbestand

a) Technische Aufzeichnung: Legaldefinition in § 268 II
Beachte: Eine Darstellung liegt dann vor, wenn es sich um eine Information von einiger Dauerhaftigkeit handelt, die vom Gerät abtrennbar ist (h. M., str.).
Die Darstellung muss **selbständig** bewirkt sein.
Die Darstellung ist selbständig bewirkt, wenn nicht nur der Aufzeichnungsvorgang selbsttätig abläuft, sondern das technische Gerät **ohne** wesentliche menschliche Mitwirkung einen neuen, geräteautonomen Aufzeichnungsinhalt hervorbringt

b) Tathandlungen

aa) Herstellen einer unechten technischen Aufzeichnung (**§ 268 I Nr. 1 Var. 1**):
Unecht ist die technische Aufzeichnung, wenn sie nicht das Ergebnis eines selbsttätigen und unbeeinflussten Herstellungsvorgangs ist, obwohl sie diesen Anschein erweckt

bb) Beeinflussung des Aufzeichnungsergebnisses durch **störende** Einwirkung auf den Aufzeichnungsvorgang selbst (**§ 268 III**):
§ 268 III ist ein Unterfall von § 268 I Nr. 1.
§ 268 III erfasst Eingriffe in den selbsttätig-fehlerfreien Funktionsablauf des technischen Gerätes
Beachte: Störend ist nur eine auf ein unrichtiges Ergebnis zielende Einwirkung

cc) Verfälschen einer echten oder unechten technischen Aufzeichnung (**§ 268 I Nr. 1 Var. 2**):
Eine **echte** technische Aufzeichnung wird nachträglich verändert, sodass sie einen anderen gedanklichen Inhalt erhält

dd) Gebrauch einer echten oder verfälschten technischen Aufzeichnung (**§ 268 I Nr. 2**):
Zugänglichmachen zur sinnlichen Wahrnehmung

2. Subjektiver Tatbestand

Vorsatz (Eventualvorsatz genügt)
Zusätzlich: Täter muss zur Täuschung im Rechtsverkehr gehandelt haben (dolus directus 2. Grades)

II. Rechtswidrigkeit

III. Schuld

IV. Besonders schwere Fälle: §§ 268 V, 267 III

V. Qualifikation: §§ 268 V, 267 IV

C. § 269 – Fälschung beweiserheblicher Daten

Geschütztes Rechtsgut: Schutz der Sicherheit und Zuverlässigkeit des Beweis-verkehrs / Rechtsverkehrs

I. Tatbestand

1. Objektiver Tatbestand

a) Beweiserhebliche Daten: Daten, die elektronisch, magnetisch oder sonst nicht unmittelbar wahrnehmbar gespeichert oder übermittelt werden

b) Tathandlung

aa) Speichern beweiserheblicher Daten (§ 269 I Var. 1): Speichern erfasst jeden Vorgang, durch den die Daten in eine Datenverarbeitungsanlage eingegeben werden

bb) Verändern von Daten (§ 269 I Var. 2): In-haltliche Umgestaltung von beweiserheblichen gespeicherten oder übermittelten Daten

cc) Gebrauch derartig gespeicherter oder ver-änderter Daten (§ 269 I Var. 3): Siehe wie bei § 267

dd) Für die Varianten aa) bis cc) erforderlich: Entstehen einer „bei Wahrnehmung" unechten, also einer hypothetisch unechten Urkunde

2. Subjektiver Tatbestand

Vorsatz (Eventualvorsatz genügt)
Zusätzlich: Täter muss zur Täuschung im Rechtsverkehr gehandelt haben. **Beachte:** § 270

II. Rechtswidrigkeit

III. Schuld

D. § 274 - Urkundenunterdrückung

Geschütztes Rechtsgut: Bestand von Urkunden und technischen Aufzeichnungen bei Beweisführungsbefugnis eines anderen. **Beachte:** Geschützt ist also nicht der Beweisverkehr im Allgemeinen (str.)

I. Tatbestand

1. Objektiver Tatbestand

a) Urkundenunterdrückung / -vernichtung (§ 274 I Nr. 1):

aa) Echte Urkunde oder technische Aufzeichnung: Urkunde: Siehe § 267
Technische Aufzeichnung: Siehe § 268

bb) Urkunde / technische Aufzeichnung gehört **nicht** oder **nicht ausschließlich** dem Täter:
Tatobjekt gehört Täter nicht, wenn es Beweisführungsrecht eines anderen gibt
Beachte: Das Eigentum ist hier nicht entscheidend!

cc) Tathandlungen: Vernichten, Beschädigen oder Unterdrücken der fraglichen Urkunde / Aufzeichnung:
Vernichten: Völlige Beseitigung der beweiserheblichen Substanz (Funktion als Beweismittel endet)
Beschädigen: Beeinträchtigung des Beweiswertes
Unterdrücken: Jede Handlung, die den Berechtigten dauernd oder zeitweilig an der Benutzung der Urkunde hindert

b) Beweiserhebliche Daten, über die Täter nicht oder nicht ausschließlich verfügen darf (§ 274 I Nr. 2):

aa) Beweiserhebliche Daten: Siehe § 269

bb) Tathandlungen: Löschen, Unterdrücken, Unbrauchbarmachen, Verändern
Löschen: Vollständiges und unwiederbringliches Unkenntlichmachen der Daten
Unterdrücken: Entzug der Daten vor dem Zugriff des Verfügungsberechtigten
Unbrauchbarmachen: Beeinträchtigung der Daten in ihrer Gebrauchsfähigkeit, dass sie nicht mehr ordnungsgemäß verwendet werden können
Verändern: Daten erhalten einen anderen Informationsgehalt, so dass der ursprüngliche Verwendungszweck beeinträchtigt wird

c) Veränderung einer Grenzbezeichnung (§ 274 I Nr. 3)

2. Subjektiver Tatbestand

Vorsatz (Eventualvorsatz genügt)
Zusätzlich: Täter muss mit der Absicht handeln, einem anderen einen Nachteil zuzufügen
Absicht bedeutet hier das Bewusstsein, dass der Nachteil notwendige Folge der Tat ist (dolus directus 2. Grades, h. M.)
Beachte: Nachteil i. S. v. § 274 ist nur die Beeinträchtigung des Rechts- u. Beweisverkehrs, nicht die Vereitelung bzw. Beeinträchtigung staatlicher Straf- und Bußgeldansprüche (str.)

II. Rechtswidrigkeit

III. Schuld

Vierzehnter Teil: Sachbeschädigung

A. § 303 - Sachbeschädigung

Geschütztes Rechtsgut: Eigentum

I. Tatbestand

1. Objektiver Tatbestand

a) Tatobjekt: Fremde bewegliche oder unbewegliche Sache
Fremd: Sachen, die nicht im Alleineigentum des Täters stehen oder herrenlos sind
Sache: Alle körperlichen Gegenstände
Beachte: Tiere fallen trotz § 90a BGB auch unter den Sachbegriff des § 303, da das Strafrecht einen gegenüber dem Zivilrecht eigenständigen Sachbegriff hat

b) Tathandlungen: Zerstören oder Beschädigen der Sache
Zerstören: Vernichtung / Beeinträchtigung einer Sache, die deren Brauchbarkeit völlig ausschließt
Beschädigen: Eine nicht unerhebliche Substanzverletzung, durch welche die Brauchbarkeit der Sache zu ihrem bestimmten Zweck beeinträchtigt wird

2. Subjektiver Tatbestand: Vorsatz (Eventualvorsatz genügt)

II. Rechtswidrigkeit

III. Schuld

IV. Qualifikation: §§ 305, 305a

Beachte: §§ 303a, 303b, 304 sind keine Qualifikatstatbestände

V. Strafantrag: § 303c

B. § 303a - Datenveränderung

Zweck: Schutz des Interesses des Verfügungsberechtigten an unversehrter Verwendbarkeit der Daten

I. Tatbestand

1. **Objektiver Tatbestand**

a) Tatobjekt: Fremde Daten, die elektronisch, magnetisch oder sonst nicht unmittelbar wahrnehmbar gespeichert sind oder übermittelt werden. Zum Begriff von Daten vgl. § 202a II

b) Tathandlungen: Löschen, Unterdrücken, Unbrauch-barmachen, Verändern:
Löschen: Unwiederbringliche Unkenntlichmachung
Unterdrücken: Dauerhaft oder zeitweiliges Entziehen gegen-über dem Zugriff des Berechtigten
Unbrauchbarmachen: Beeinträchtigung der Verwendungs-fähigkeit durch zusätzliche Einfügungen oder sonstige Manipulationen, sodass der mit den Daten verfolgte Zweck nicht mehr ordnungsgemäß zu erfüllen ist
Verändern: Umgestaltung von Daten derart, dass sie anderen Informationsgehalt haben

2. **Subjektiver Tatbestand:** Vorsatz (Eventualvorsatz genügt)

II. Rechtswidrigkeit

III. Schuld

IV. Strafantrag: § 303c

Fünfzehnter Teil: Gemeingefährliche Straftaten

A. § 306 - Brandstiftung

Geschütztes Rechtsgut: Eigentum. **Beachte:** Bei § 306 handelt es sich um ein Erfolgsdelikt (Spezialfall des § 303)

I. Tatbestand

1. **Objektiver Tatbestand**

a) Tatobjekt: § 306 I Nr. 1 bis Nr. 6
Beachte: Die hohe Strafandrohung des § 306 I verlangt eine **restriktive Auslegung** der Tatbestandsmerkmale (h. M.):
Objekte müssen einen **bedeutenden** Wert haben (Schaden von etwa 1000 Euro) bzw. von dem Objekt muss im Falle eines Brandes eine **Gemeingefährlichkeit** ausgehen

aa) Gebäude / Hütte (§ 306 I Nr. 1):
Gebäude: Bauwerke mit Wand und Dach, die mit dem Erdboden fest verbunden sind und die dem Aufenthalt von Menschen dienen. **Beachte:** Nicht: Wohn- und Bauwagen
Hütte: Unbewegliches mit dem Boden fest verbundenes Bauwerk, das mangels Größe, Festigkeit oder Dauerhaftigkeit nicht als Gebäude gelten kann. **Beachte:** Bau-/Marktbude; nicht: Zelt

bb) Betriebsstätte / Technische Einrichtungen (§ 306 I Nr. 2):
Betriebsstätte: Gesamtheit der Bauwerke (eingeschlossen: Inventar, das dem gewerblichen Betrieb dient)
Technische Einrichtung: Sachen, die im Rahmen einer Betriebsstätte zur Fertigung und Produktion eingesetzt werden

cc) Warenlager / Warenvorrat (§ 306 I Nr. 3)

dd) Kraftfahrzeug / Schienen-, Luft- u. Wasserfahrzeug (§ 306 I Nr. 4)

ee) Wald / Heide / Moor (§ 306 I Nr. 5)

ff) Land-, ernährungs- u. forstwirtschaftliche Anlagen u. Erzeugnisse (§ 306 I Nr. 6)

b) Fremdes Eigentum: Die bei a) aufgezählten Tatobjekte müssen für den Täter fremd sein, dürfen also weder im Alleineigentum des Täters stehen noch herrenlos sein

c) Tathandlungen: Inbrandsetzen oder durch Brandlegung ganz oder teilweise zerstören:
Inbrandsetzen: Nicht völlig unwesentlicher Bestandteil des Gegenstandes muss derart vom Feuer ergriffen sein, dass er auch nach Entfernen oder Erlöschen des Zündstoffs **selbständig** weiterbrennen kann
Beachte: Bei Gebäuden muss ein Bestandteil des Gebäudes in Brand gesetzt werden, der für den **bestimmungsgemäßen** Gebrauch von **wesentlicher Bedeutung** ist. Inbrandsetzen ist auch durch Unterlassen möglich, wenn Unterlassender eine Garantenstellung hat
Beachte: Ein bereits brennendes Gebäude kann auch in Brand gesetzt werden, da **jede Erweiterung** oder **Intensivierung** des Brandes für Täterschaft genügt (str., a. A.: Täterschaft nur bei Schaffung eines neuen selbständigen Brandherdes möglich, bei bloßer Intensivierung nur Beihilfe)
Zerstören durch Brandlegung: Tatobjekt wird vernichtet oder verliert völlig seine bestimmungsgemäße Brauchbarkeit
Brandlegung: Jede Handlung, die auf das Verursachen eines Brandes gerichtet ist

2. Subjektiver Tatbestand: Vorsatz (Eventualvorsatz genügt)

II. Rechtswidrigkeit

III. Schuld

IV. Minder schwerer Fall: § 306 II

V. Tätige Reue: § 306e

a) Täter löscht den Brand (auch mit Hilfe Dritter) **freiwillig** selbst oder bemüht sich freiwillig und ernsthaft darum (§ 306e III)

b) Bevor ein erheblicher Schaden entstanden ist:
Erheblicher Schaden bei Sachwerten: Mindestens 2500 Euro zur Schadensbeseitigung (str.)
Erheblicher Schaden bei Personenschäden: Körperverletzung mit erheblicher Verletzungsgefahr i. S. d. § 224 I Nr. 2

B. § 306a I – Schwere Brandstiftung

Geschütztes Rechtsgut: Schutz der Allgemeinheit vor den von den Tathandlungen ausgehenden unberechenbaren Gefahren. **Beachte:** Bei § 306a I handelt es sich um ein **abstraktes** Gefährdungsdelikt, das unabhängig und selbständig neben dem Erfolgsdelikt des § 306 I steht (str.)

I. Tatbestand

1. Objektiver Tatbestand

a) Tatobjekte: Räumlichkeiten (§ 306a I Nr. 1 bis 3), die dem Aufenthalt von Menschen dienen:
Räumlichkeit: Jeder nach allen Seiten und nach oben hin abgeschlossener, unbeweglicher oder beweglicher Raum, der tatsächlich dem dauernden Aufenthalt von Menschen dient **Beachte:** Auch Wohnwagen; nicht: PKW (da dieser keine Bewegungsmöglichkeit bietet)
Die dem Aufenthalt von Menschen dienen: Entscheidend ist nicht die Eignung oder Bestimmung zum Wohnen, sondern die **rein tatsächliche Nutzung** als Wohnung.
Die Räumlichkeit muss für mindestens eine Person, wenn auch nur vorübergehend, den räumlichen Mittelpunkt bilden.
Beachte: Die zeitweise Nutzung der Räumlichkeit reicht aus
Sonderproblem: Gemischt-genutzte Gebäude: Teils zu Wohnzwecken, teils gewerbliche Nutzung.
Gemischt-genutzte Gebäude werden von § 306a I Nr. 1 erfasst, wenn sie mit dem Wohngebäude nach ihrer äußeren Erscheinung und inneren Einrichtung ein **einheitliches** Ganzes bilden; **1. Ansicht:** Feuer muss tatsächlich den Wohn- oder Aufenthaltsbereich ergriffen haben; **2. Ansicht:** § 306a I Nr. 1 ist verwirklicht, wenn lediglich nicht auszuschließen ist, dass das Feuer auch auf den Wohn- / Aufenthaltsbereich übergreifen kann (h. M.)

b) Tathandlungen: Inbrandsetzen oder durch eine Brandlegung ganz oder teilweise Zerstören:
Siehe § 306

2. **Subjektiver Tatbestand:** Vorsatz (Eventualvorsatz genügt)

II. Rechtswidrigkeit

III. Schuld

IV. Minder schwerer Fall: § 306a III

V. Tätige Reue: § 306e, siehe bei § 306

Beachte: Ggf. teleologische Reduktion des § 306a I

1. Ansicht: § 306a scheidet aus, wenn der Täter eine Räumlichkeit in Brand setzt u. dabei **sicher** davon ausgehen kann, dass **niemand** an Leib oder Leben gefährdet werden kann;

2. Ansicht: Eine Nichtanwendung des § 306a setzt voraus, dass eine Gefährdung vom Menschenleben nach der tatsächlichen Lage **völlig** ausgeschlossen ist (nur dann teleologische Reduktion);

3. Ansicht: Ablehnung jeglicher Einschränkung des § 306 a (keine Reduktion!)

C. § 306a II – Schwere Brandstiftung

Beachte: § 306a II ist ein konkretes Gefährdungsdelikt!

I. Tatbestand

1. Objektiver Tatbestand

a) Tatobjekte: Ein in § 306 I Nr. 1 bis 6 genanntes Objekt, das nicht fremd zu sein braucht (h. M.)

b) Tathandlungen: Inbrandsetzen oder durch eine Brandlegung ganz oder teilweise Zerstören: Siehe bei § 306

c) Konkrete Gefährdung der Gesundheitsschädigung eines anderen Menschen:
Täter muss durch seine Tathandlung die konkrete Gefahr einer Schädigung der Gesundheit eines anderen Menschen geschaffen haben
Konkrete Gefahr: Nichteintritt der Gesundheitsschädigung hängt lediglich vom rettenden Zufall ab
Gesundheitsschädigung: Siehe bei § 223 I

d) Spezifischer Risikozusammenhang zwischen Tathandlung und Gefährdung:
Die Gefahr der Gesundheitsschädigung muss gerade die Folge der Inbrandsetzung / Brandlegung sein
2. **Subjektiver Tatbestand:** Vorsatz (Eventualvorsatz genügt)

200

D. § 306b I – Besonders schwere Brandstiftung

Beachte: § 306b I ist eine Erfolgsqualifikation zu § 306 und § 306a

I. Verwirklichung des § 306 oder § 306a

II. Erfolgsqualifikation des § 306b I

1. Schwere Gesundheitsschädigung eines anderen Menschen:
Schwere Gesundheitsschädigung: Liegt jedenfalls vor, wenn das Opfer eine der in § 226 aufgezählten Folgen erleidet
Beachte: Es reicht aber auch, dass das Opfer in eine **ernste langwierige Krankheit** verfällt, seine Arbeitskraft erheblich beeinträchtigt wird oder vergleichbar schwere Folgen eintreten

2. Gesundheitsschädigung einer großen Zahl von Menschen:
Große Zahl: Mehr als 10 (str.)

3. Brandstiftung hat die Schädigung unmittelbar verursacht (Spezifischer Gefahrzusammenhang): Unter Verursachung ist eine mindestens fahrlässige Herbeiführung i. S. d. § 18 gemeint (h. M.)
In der Gesundheitsschädigung muss sich ein in der Brandstiftung typischerweise angelegtes Risiko realisiert haben

E. § 306b II – Besonders schwere Brandstiftung

Beachte: § 306b II ist eine Qualifikation des § 306a!

I. Verwirklichung des § 306a

II. Qualifikationstatbestand des § 306b II

1. Objektiver Tatbestand

a) Gefahr des Todes eines anderen Menschen (§ 306b II Nr.1): Es handelt sich um ein konkretes Gefährdungsdelikt

b) Verdeckungs- oder Ermöglichungsabsicht betreffend einer anderen Straftat (§ 306b II Nr. 2): Siehe bei § 211

c) Verhinderung oder Erschwerung der Brandlöschung (§ 306b II Nr. 3)

2. Subjektiver Tatbestand

Vorsatz (Eventualvorsatz genügt)
Zusätzlich bei § 306b II Nr. 2: Absicht i. S. v. dolus directus 1. Grades

III. Rechtswidrigkeit und Schuld

IV. Tätige Reue: § 306e: Siehe § 306

F. § 306c – Brandstiftung mit Todesfolge

Beachte: § 306c ist ein erfolgsqualifiziertes Delikt!

I. Verwirklichung eines der Grundtatbestände der §§ 306 bis 306b

II. Erfolgsqualifikation des § 306c

1. Tod eines Menschen

2. Tatbestandsspezifischer Gefahrzusammenhang zwischen dem Grunddelikt und der schweren Folge: Brandstiftung hat den Tod unmittelbar verursacht

3. Wenigstens Leichtfertigkeit bzgl. der schweren Folge: Wenigstens bedeutet, dass auch eine vorsätzliche Begehung nicht ausgeschlossen ist

Prüfung der Leichtfertigkeit:

a) Objektives Leichtfertigkeitselement:
Objektive Sorgfaltspflichtverletzung aus besonderem Leichtsinn oder besonderer Gleichgültigkeit und objektive Vorhersehbarkeit des wesentlichen Kausalverlaufs der schweren Folge
Beachte: Täter handelt schon durch die Verwirklichung eines der Grunddelikte objektiv und subjektiv sorgfaltswidrig (Rspr., str.). Somit muss nur die Vorhersehbarkeit der schweren Folge geprüft werden

b) Subjektives Leichtfertigkeitselement:
Vorwerfbarkeit der Sorgfaltspflichtverletzung (persönliche Kenntnisse und Fähigkeiten des Täters und individuelle Erkennbarkeit der schweren Folge und des tatbestandsspezifischen Gefahrzusammenhangs): Für Täter muss sich die Möglichkeit der Todesgefahr aufgedrängt haben

G. § 315b – Gefährliche Eingriffe in den Straßenverkehr

Geschütztes Rechtsgut: Sicherheit des Straßenverkehrs

Beachte 1: § 315b soll **verkehrsfremde** Eingriffe von außen in den Straßenverkehr abwehren; § 315c erfasst nur Beeinträchtigungen durch **verkehrsinternes** Verhalten

Beachte 2: Verkehrsfremder Eingriff ist auch: Täter setzt das von ihm gesteuerte Kfz im fließenden Verkehr bewusst **zweckentfremdet** in verkehrsfeindlicher Einstellung zur gezielten Verkehrsbehinderung oder als Waffe ein („Pervertierung des Straßenverkehrs")

I. Tatbestand

1. Objektiver Tatbestand

a) Verkehrsfremder Eingriff:

aa) § 315b I Nr.1: Zerstörung, Beschädigung oder Beseitigung von Anlagen oder Fahrzeugen
Anlagen: Alle der Sicherheit des Verkehrs dienende Einrichtungen (Verkehrszeichen, Ampeln etc.)

bb) § 315b I Nr. 2: Bereiten von Hindernissen
Einwirkungen, die geeignet sind, den reibungslosen Verkehrsablauf zu beeinträchtigen

cc) § 315b I Nr. 3: Ähnlicher, ebenso gefährlicher Eingriff (Generalklausel)

b) Beeinträchtigung der Sicherheit des Straßenverkehrs

c) Konkrete Gefährdung von Leib oder Leben eines anderen oder fremder Sachen von bedeutendem Wert

d) Kausalität und objektive Zurechnung: Erforderlich ist eine **doppelte** Kausalität und zwar zwischen dem Fehlverhalten und der Straßenverkehrsgefährdung und zwischen der Straßenverkehrsgefährdung und der konkreten Gefahr
Beachte: Nicht ausreichend ist, wenn ein Fehlverhalten unmittelbar zur konkreten Gefahr führt
Objektive Zurechnung: Insb. Pflichtwidrigkeitszusammenhang zwischen Fehlverhalten und Gefahr

2. Subjektiver Tatbestand: Vorsatz (Eventualvorsatz genügt)

II. Rechtswidrigkeit

III. Schuld

H. § 315c – Gefährdung des Straßenverkehrs

Geschütztes Rechtsgut: Schutz / Sicherheit des öffentlichen Straßenverkehrs ist das vorrangig geschützte Rechtsgut (**Rspr.**); **Lit.**: Schutz von Individualrechtsgütern (Leben, körperliche Unversehrtheit, Eigentum) ist das vorrangig geschützte Rechtsgut, die Sicherheit des Straßenverkehrs ist nur mittelbar geschützt

Beachte: Dieser Streit ist vor allem für die Frage relevant, ob eine **Einwilligung** des Gefährdeten rechtfertigend wirkt

I. Tatbestand

1. Objektiver Tatbestand

a) Täter ist Führer eines Fahrzeugs im Straßenverkehr

aa) Führen: Inbewegungsetzen des Fahrzeugs („Räder rollen")

bb) Straßenverkehr: Öffentlicher Straßenverkehr

cc) Fahrzeug: Nur Straßenfahrzeuge, die im Straßenverkehr geführt werden (Kfz, Lkw, Bagger, Fahrrad etc.)

b) Fahrunsicherheit oder pflichtwidriges Verhalten

aa) Fahrunsicherheit (§ 315c I Nr. 1): Fahrsicher ist nur, wer fähig ist, sein Fahrzeug im Straßenverkehr über eine längere Strecke, und zwar auch bei plötzlichem Auftreten schwieriger Verkehrslagen, sicher zu steuern. **Beachte:** Maßstab ist das durchschnittliche Können

1) Die Fahrunsicherheit muss Folge des Genusses alkoholischer Getränke oder anderer berauschender Mittel sein (§ 315c I Nr. 1 a)
Beachte: Alkoholbedingte Fahrunsicherheit: Unterscheide absolute und relative Fahrunsicherheit!
Absolute Fahrunsicherheit: Ab BAK von 1,1 Promille bei Kraftfahrern; 1,6 Promille bei Radfahrern
Wichtig: Im Zeitpunkt der Tat!
Ist der Grenzwert festgestellt, ist ein Gegenbeweis für die Fahrsicherheit unzulässig (Unwiderlegliche Vermutung)
Relative Fahrunsicherheit: Bei mindestens 0,3 Promille (im Zeitpunkt der Tat) **und** nachweislich konkreten Ausfallerscheinungen (Fahrfehler, z. B. Schlangenlinien)

Beachte: Je niedriger der Alkoholwert ist, desto deutlicher müssen die Beweisanzeichen sein

2) Die Fahrunsicherheit muss Folge geistiger oder körperlicher Mängel sein (§ 315c I Nr. 1 b)

bb) Grob verkehrswidrig und rücksichtslos: „Sieben Todsünden des Straßenverkehrs" (§ 315c I Nr. 2)
Grob verkehrswidrig: Besonders schwerer Verstoß gegen eine Verkehrsvorschrift
Rücksichtslos: Wenn sich Täter aus eigensüchtigen Gründen über seine Pflichten gegenüber anderen Verkehrsteilnehmern hinwegsetzt (= „Vorsätzlich rücksichtslos") oder aus Gleichgültigkeit von vornherein Bedenken gegen sein Verhalten nicht aufkommen lässt (= „Fahrlässig rücksichtslos")

c) Konkrete Gefährdung von Leib oder Leben eines anderen oder fremder Sachen von bedeutendem Wert: Konkrete Gefahr liegt vor, wenn es nur noch vom **Zufall** abhängt, ob eine Rechtsgutsverletzung eintritt oder nicht
Bedeutender Wert: Ab ca. 1.300 Euro

d) Kausalität zwischen Verhalten und konkreter Gefahr

e) Objektive Zurechnung der konkreten Gefahr (insbes. Pflichtwidrigkeitszusammenhang zwischen Fehlverhalten und Gefahr)

2. Subjektiver Tatbestand: Vorsatz (Eventualvorsatz genügt)
Beachte: Ist die Tathandlung vorsätzlich und die Gefahr jedoch fahrlässig verursacht worden, ist **§ 315c III Nr. 1** einschlägig; Sind die Tathandlung und Gefahr fahrlässig begangen worden, ist **§ 315c III Nr. 2** einschlägig

II. Rechtswidrigkeit

Teilt man die Auffassung der **Literatur**, dass vorrangiges Schutzgut des § 315c Individualrechtsgüter sind, dann ist die Einwilligung des gefährdeten Mitfahrers **erheblich** (außer dem Mitfahrer darf aber dann niemand und nichts gefährdet werden). Nach der Auffassung der **Rspr.** ist die Einwilligung **bedeutungslos.**

III. Schuld

J. § 316 – Trunkenheit im Verkehr

Geschütztes Rechtsgut: Sicherheit des Verkehrs

I. Tatbestand

1. Objektiver Tatbestand

a) Führen eines Fahrzeugs im Verkehr: Siehe bei § 315c

b) Fahrunsicherheit infolge Alkoholgenusses oder anderer Rauschmittel: Siehe bei § 315c

2. Subjektiver Tatbestand

Vorsatz (Eventualvorsatz genügt)
Beachte: Ein Fall des **§ 316 I** liegt vor, wenn der Täter ein Fahrzeug führt, obwohl er es für möglich hält, dass er fahrunsicher ist; ein Fall des **§ 316 II** liegt vor, wenn der Täter hinsichtlich der Fahrunsicherheit lediglich fahrlässig handelt.

II. Rechtswidrigkeit

III. Schuld

K. § 323a - Vollrausch

Geschütztes Rechtsgut: Schutz der Allgemeinheit vor (Gemein-)Gefahren.
Der Tatbestand des § 323a soll vor der generellen Gefährlichkeit des Rausches,
der die Schuldfähigkeit ausschließt, schützen.

Beachte: Wenn die Rauschtat unter dem Gesichtspunkt der **a.l.i.c.** erfasst werden
kann, findet § 323a **keine** Anwendung (Auffangtatbestand).

I. Tatbestand

1. Objektiver Tatbestand

a) Sich-Versetzen in den Rausch: Zustand, der seinem
ganzen Erscheinungsbild nach durch den Genuss von
Rauschmitteln hervorgerufen wird

b) Durch Zusichnehmen alkoholischer Getränke oder anderer
berauschender Mittel

c) Eintritt des Erfolgs: **Rausch**
Beachte: 1. Ansicht: Vorliegen der Schuldunfähigkeit (i. d. R.
ab BAK von 3 Promille); **2. Ansicht:** Auch wenn die Schuldunfähigkeit des Täters zumindest nicht auszuschließen ist
(allerdings muss dann mindestens eine verminderte Schuldfähigkeit nach § 21 vorliegen)

d) Kausalität zwischen Handlung und Erfolg
2. Subjektiver Tatbestand:

Vorsatz oder Fahrlässigkeit bzgl. des objektiven Tatbestands
Beachte: Vorsatz braucht sich nicht auf die rechtswidrige Tat
erstrecken, da diese eine objektive Bedingung der Strafbarkeit
ist (h. M., str.)
Vorsatz bzgl. des Rausches (§ 323a I Alt. 1) oder
Fahrlässigkeit bzgl. des Rausches (§ 323a I Alt. 2).
Bei § 323a I Alt. 2 ist nicht Voraussetzung, dass der Täter die
Straftat vorausgesehen hat

3. Objektive Bedingung der Strafbarkeit
Begehen einer rechtswidrigen, jedoch nicht schuldhaften Tat im Zustand
des Rausches. **Beachte:** Tat muss also objektiv tatbestandsmäßig und
rechtswidrig sein

II. Rechtswidrigkeit

III. Schuld

Beachte: Der Täter muss in dem Zeitpunkt, in dem er sich in den Rausch versetzt,
schuldfähig sein

IV. Ggf. Strafantrag: § 323a III

Drittes Kapitel: Öffentliches Recht

Erster Abschnitt: Staatsorganisationsrecht

Artikel ohne nähere Bezeichnung sind solche des GG.

A. Verfassungsmäßigkeit eines Gesetzes

I. Formelle Verfassungsmäßigkeit des Gesetzes
   1. Gesetzgebungszuständigkeit: Bund oder Land
      a) Grundsatz der Art. 70 I, 30 GG: Länder haben das Recht zur Gesetzgebung, soweit nicht das GG dem Bund Gesetzgebungsbefugnisse verleiht
      b) Bundeszuständigkeit
         aa) Ausschließliche Kompetenz des Bundes, Art. 71, 73 GG
         bb) Konkurrierende Kompetenz des Bundes, Art. 72 II, III
         cc) Ungeschriebene Gesetzgebungskompetenz kraft Sachzusammenhangs, kraft Natur der Sache und kraft Annexes
   2. Ordnungsgemäßes Gesetzgebungsverfahren, Art. 76 ff.
      a) Gesetzesinitiative, Art. 76: BReg, BRat, Mitte des BTags
      b) Hauptverfahren: Ordnungsgemäßer Beschluss des Bundestags, Art. 77 I GG
      c) Ordnungsgemäße Mitwirkung des Bundesrats, Art. 77 II-IV, 78
      d) Ausfertigung und Verkündung, Art. 82 I 1 GG
II. Materielle Verfassungsmäßigkeit des Gesetzes
   1. Kein Verstoß gegen Grundrechte
   2. Kein Verstoß gegen Grundsätze des Art. 20 GG:
      a) Rechtsstaatsprinzip: Bestimmtheitsgebot, Rückwirkungsverbot, Verhältnismäßigkeit usw.
      b) Demokratie- und Sozialstaatsprinzip

I. Formelle Verfassungsmäßigkeit

1. Zuständigkeit: Bund oder Land

a) Grundsatz: Art. 70 I, 30 GG
Es bleibt bei der **Länderzuständigkeit**, soweit das GG **keine** Bundeszuständigkeit statuiert

b) Die Gesetzgebungskompetenz des Bundes:

aa) Ausschließliche Gesetzgebungskompetenz, Art. 73 i. V. m. Art. 71, 105 I
Bund hat die ausschließliche Gesetzgebungskompetenz, d. h. ohne entsprechende Ermächtigung dürfen die Länder in diesem Gebiet **nicht** tätig werden

Beachte: Katalog des **Art. 73** ist **nicht abschließend**
Bund hat ebenfalls in den Fällen die ausschließliche Gesetzgebungsbefugnis, in denen das GG eine Regelung „**durch Bundesgesetz**" vorsieht

bb) Konkurrierende Gesetzgebungskompetenz, Art. 74 I i. V. m. Art. 72 I, II

Bund und Länder sind grundsätzlich **gleichermaßen** zur Gesetzgebung befugt.

Die Länder dürfen jedoch **nur** dann tätig werden, solange und soweit der Bund von seiner Gesetzgebungszuständigkeit keinen Gebrauch gemacht hat (**Art. 72 I**) = **Vorrang des Bundes**. Der Bund ist demnach zuständig, wenn die Voraussetzungen des **Art. 72 II** vorliegen und ein Kompetenztitel aus **Art. 74 I** greift.

Folgende Kompetenztypen sind zu unterscheiden:

(1) konkurrierende Gesetzgebungskompetenz des Bundes ohne Abweichungsrecht der Länder und *ohne Bindung* an die Erforderlichkeitsklausel des Art. 72 II GG.

(2) konkurrierende Gesetzgebungskompetenz des Bundes ohne Abweichungsrecht der Länder und *mit Bindung* an die Erforderlichkeitsklausel des Art. 72 II GG.

(3) konkurrierende Gesetzgebungskompetenz des Bundes mit Abweichungsrecht der Länder nach Art. 72 III GG.

cc) Ungeschriebene Gesetzgebungskompetenzen des Bundes

(1) Bundeskompetenz kraft Sachzusammenhangs

Liegt vor, wenn der Bund ein ihm ausdrücklich zugewiesenes Sachgebiet vernünftigerweise nicht sinnvoll regeln kann, **ohne gleichzeitig** eine ihm nicht zugewiesene Materie mitzuregeln
Beachte: Diese Kompetenz kommt sowohl für den Bereich der **ausschließlichen** als auch der **konkurrierenden** Gesetzgebung in Betracht

(2) Bundeskompetenz kraft Natur der Sache

Liegt vor, wenn eine Angelegenheit schon aus **sachlogischen Gründen** nur vom Bund geregelt werden kann
Regelung kann also nur **bundeseinheitlich** erfolgen
Beachte: Diese Kompetenz kommt nur für den Bereich der **ausschließlichen** Gesetzgebung in Betracht

(3) Annexkompetenz des Bundes
Hier bleibt der Bund zwar in seinem Zuständigkeitsbereich, er regelt dabei aber **bestimmte Fragenkomplexe**, die generell in den Bereich der Landeskompetenzen fallen
Beachte: Diese Kompetenz kommt sowohl für den Bereich der **ausschließlichen** als auch der **konkurrierenden** Gesetzgebung in Betracht

2. Ordnungsgemäßes Gesetzgebungsverfahren

a) Das Initiativrecht (Art. 76 I) / Vorverfahren (Art. 76 II, III)
Gesetzesvorlagen werden beim Bundestag durch die **Bundesregierung**, aus der **Mitte des Bundestages** oder durch den **Bundesrat** eingebracht

Beachte: Begriff „Mitte des Bundestages"
Gesetzesvorlagen, die aus der Mitte des Bundestags stammen, müssen von einer **Fraktion** oder von **5 %** der Mitglieder des Bundestags unterzeichnet sein (§ 76 GO BT konkretisiert einen wesentlichen Verfassungsinhalt, h. M., str.)
Vorlagen der Bundesregierung: Art. 76 II
Vorlagen des Bundesrates: Art. 76 III

b) Das Hauptverfahren
Ordnungsgemäßer Beschluss des **Bundestags**, Art. 77 I 1 i. V. m. GO BT
  aa) Gesetzesberatungen nach §§ 78 ff. GO BT
  Beachte: Ein Verstoß gegen die §§ 78 ff. GO BT führt **nicht** zur Verfassungswidrigkeit des Gesetzes (str.)
Auch ein Verstoß gegen die **GO BT** selbst liegt nicht vor, wenn die
Abweichung von der betreffenden Bestimmung der Geschäftsordnung
durch 2/3 der anwesenden Mitglieder beschlossen wird und das GG dem
nicht entgegensteht (§ 126 GO BT)
  bb) Beschlussfähigkeit des Bundestags, § 45 GO BT
  **cc) Ordnungsgemäßer Beschluss mit der erforderlichen Mehrheit,
Art. 42 II, 79 II, 121**

c) Ordnungsgemäße Mitwirkung des Bundesrats
  aa) Zuleitung, Art. 77 I 2
  bb) Der Grad der Mitwirkung bemisst sich nach der Art des Gesetzes:
Einspruchs- oder Zustimmungsgesetz
Einspruchsgesetz: Gesetz, das auch **ohne** eine Handlung des Bundesrats zustande kommt
Zustimmungsgesetz: Gesetz, das nur durch die **Zustimmung** des Bundesrats zustande kommt (Art. 78 Alt. 1)
Beachte: Grundsätzlich sind Gesetze **Einspruchsgesetze.** Nur wenn
das GG von einer **Zustimmung** des Bundesrats spricht, liegt ein
Zustimmungsgesetz vor

    (1) Gesetzgebungsverfahren bei Einspruchsgesetzen
    Zustimmung oder Anrufen des **Vermittlungsausschusses**
    (Art. 77 III i. V. m. II 1)
    Der Bundesrat kann innerhalb von **zwei Wochen** über den
    Einspruch entscheiden, wenn der Vermittlungsausschuss die
    Bestätigung des Gesetzentwurfs vorschlägt oder das Ver-
    mittlungsverfahren ohne Vermittlungsvorschlag beendet (vgl.
    Art. 77 III 1)
    Wenn der Vermittlungsausschuss dagegen eine Änderung des
    Gesetzesbeschlusses vorschlägt, dann hat der Bundestag
    erneut Beschluss zu fassen (**Art. 77 II 5**)
    Anschließend erfolgt eine erneute Behandlung im Bundesrat
    und er kann innerhalb von zwei Wochen Einspruch einlegen
    (Art. 77 III 1)
    Beachte: Einspruch des Bundesrates kann vom Bundestag
    zurückgewiesen werden (**Art. 77 IV 1**)

    (2) Gesetzgebungsverfahren bei Zustimmungsgesetzen
    Zunächst muss ein Zustimmungsgesetz vorliegen
    Zustimmung oder Verlangen auf Einberufung des Vermittlungs-
    ausschusses (**Art. 77 II 1**) oder Ablehnung und Bundestag und
    Bundesregierung rufen den Vermittlungsausschuss an (**Art. 77
    II 4**)
    Wenn der Ausschuss eine Änderung des Gesetzesbeschlusses
    vorschlägt, hat der Bundestag erneut Beschluss zu fassen (**Art.
    77 II 5**). Danach entweder Zustimmung oder Ablehnung
Beachte: Begründet nur eine **einzige** Vorschrift des Gesetzes die Zu-
stimmungsbedürftigkeit, dann ist das **ganze** Gesetz **zustimmungsbe-
dürftig** (h. M., str.)

210

d) Ausfertigung und Verkündung, Art. 82 I 1 GG

II. Materielle Verfassungsmäßigkeit des Gesetzes

1. Kein Verstoß gegen Grundrechte

2. Kein Verstoß gegen Grundsätze des Artikel 20 GG, insbesondere:

a) Rechtsstaatsprinzip

aa) Bestimmtheitsgebot
Eine Rechtsvorschrift muss **klar** zum Ausdruck bringen, welche Auswirkungen die gesetzliche Regelung für den Bürger hat (hinreichende Bestimmung und Begrenzung)

bb) Rückwirkungsverbot
Es wird zwischen **echter** und **unechter Rückwirkung** unterschieden.
Echte Rückwirkung: Liegt vor, wenn ein Gesetz **nachträglich ändernd** in abgeschlossene, der Vergangenheit angehörende Tatbestände eingreift
Beachte: Die echte Rückwirkung von **belastenden** Gesetzen ist **grundsätzlich unzulässig**

Ausnahmen:
(1) Wenn **kein schutzwürdiges Vertrauen** des Bürgers besteht oder
(2) wenn ausnahmsweise **zwingende Gründe des öffentlichen Wohls überwiegen** oder
(3) wenn ein **Bagatellfall** vorliegt (= entstehender Schaden ist unerheblich)

Die echte Rückwirkung ist **zulässig** bzgl. **Begünstigungen**

Unechte Rückwirkung: Liegt vor, wenn der Gesetzgeber in Tatbestände eingreift, die in der Vergangenheit begonnen, jedoch noch **nicht abgeschlossen** wurden
Das Gesetz bestimmt also für einen in der **Vergangenheit** begonnen, aber noch nicht abgeschlossenen Tatbestand die **Rechtsfolgen** für die Zukunft neu und verändert dadurch die Rechtsposition des Bürgers zu dessen **Nachteil**
Grundsätzlich ist die unechte Rückwirkung **zulässig**
Ausnahme: Wenn ein **schutzwürdiges Vertrauen** beim Bürger besteht und dieses gegenüber dem Allgemeinwohl Vorrang hat, also überwiegt (Bestimmung durch **Abwägung**)

cc) Verhältnismäßigkeit des Gesetzes
Siehe Schema C. Seite 225.

b) Demokratie- und Sozialstaatsprinzip

B. Organstreitverfahren, Art. 93 I Nr. 1, §§ 13 Nr. 5, 63 ff. BVerfGG

I. Zulässigkeit
    1. Parteifähigkeit, Art. 93 I Nr. 1
    2. Antragsgegenstand, § 64 I BVerfGG
    3. Antragsbefugnis, § 64 BVerfGG
    4. Form/Frist, §§ 23, 64 III BVerfGG
II. Begründetheit

I. Zulässigkeit

1. Parteifähigkeit, Art. 93 I Nr. 1

Sowohl Antragsteller als auch Antragsgegner müssen parteifähig sein. Dies sind die obersten Bundesorgane (Bundestag, Bundespräsident, Bundesregierung), deren Organteile (Fraktionen und Ausschüsse) sowie andere Beteiligte (Abgeordnete, Parteien).

2. Antragsgegenstand, § 64 BVerfGG

Jede rechtserhebliche Maßnahme oder Unterlassung des Antragsgegners, die möglicherweise gegen das GG verstößt, § 64 I BVerfGG.

3. Antragsbefugnis, § 64 BVerfGG

Antragsteller muss geltend machen können, durch den Antragsgegenstand in seinen grundgesetzlichen Rechten und Pflichten verletzt oder unmittelbar gefährdet worden zu sein. In Betracht kommt bei Organteilen (etwa Fraktionen, nicht jedoch der einzelne Abgeordnete) auch die Geltendmachung der Rechte des gesamten Organs (Prozessstandschaft).

4. Form/Frist

Die Form richtet sich nach § 23 und § 64 II BVerfGG. Die Frist beträgt sechs Monate nach Bekanntwerden der Maßnahme oder Unterlassung, § 64 III BVerfGG

II. Begründetheit

Das Organstreitverfahren ist begründet, wenn die Maßnahme oder Unterlassung gegen das GG verstößt und den Antragsteller daher in seinen grundgesetzlichen Rechten und Pflichten verletzt, § 64 BVerfGG. Es ergeht ein Feststellungsurteil.

C. Abstrakte Normenkontrolle, Art. 93 I Nr. 2 GG, §§ 13 Nr. 6, 76 ff. BVerfGG

I. Zulässigkeit
    1. Antragsteller, Art. 93 I Nr. 2 GG, § 13 Nr. 6 BVerfGG
    2. Antragsgegenstand, Art. 93 I Nr. 2 GG
    3. Antragsgrund, Art. 93 I Nr. 2 GG, § 76 BVerfGG
    4. Form: § 23 I BVerfGG; keine Frist
II. Begründetheit

I. Zulässigkeit

1. Antragsteller, Art. 93 I Nr. 2 GG, § 13 Nr. 6 BVerfGG

Nur Bundesregierung, Landesregierung oder ein Viertel der Mitglieder des Bundestages.

2. Antragsgegenstand, Art. 93 I Nr. 2 GG

Sämtliches Bundes- oder Landesrecht. Das Recht muss grds. bereits verkündet sein. **Ausnahme:** Zustimmungsgesetze zu völkerrechtlichen Verträgen. Auch verfassungsändernde Gesetze können Antragsgegenstand sein, dann ist jedoch der besondere Prüfungsmaßstab zu beachten.

3. Antragsgrund, Art. 93 I Nr. 2 GG, § 76 BVerfGG

Zweifel oder Meinungsverschiedenheiten bzgl. der Vereinbarkeit der Norm mit höherrangigem Recht.

Beachte: Abweichend von Art. 93 I Nr. 2 („Zweifel oder Meinungsverschiedenheiten") muss der Antragsteller gem. § 76 I Nr. 1 BVerfGG die betreffende Norm für *nichtig* halten. Soweit § 76 BVerfGG schärfere Anforderungen stellt, geht Art. 93 I Nr. 2 als höherrangige Norm vor (str.)

4. Form/Frist

Die Form richtet sich nach § 23 I BVerfGG: schriftlich und mit Begründung. Eine Frist besteht nicht.

II. Begründetheit

Die abstrakte Normenkontrolle ist begründet, wenn die Norm tatsächlich gegen höherrangiges Recht verstößt. Prüfungsmaßstab sind bei verfassungsändernden Gesetzen allein die Grundsätze der Art. 1 **und** 20 GG, bei Bundesgesetzen das gesamte Grundgesetz. Für Landesrecht ist neben dem GG auch das sonstige Bundesrecht jeden Ranges Prüfungsmaßstab (vgl. Art. 31 GG).

D. Bund-Länder-Streit, Art. 93 I Nr. 3 GG, §§ 13 Nr. 7, 68 ff. BVerfGG

I. Zulässigkeit
  1. Parteifähigkeit, § 68 BVerfGG
  2. Antragsgegenstand, Art. 93 I Nr. 3 GG, § 64 I, 69 BVerfGG
  3. Antragsbefugnis, Art. 93 I Nr. 3 GG, § 64 I, 69 BVerfGG
  4. Form und Frist, § 23 I BVerfGG und §§ 69 iVm 64 II BVerfGG
II. Begründetheit

I. Zulässigkeit

1. Parteifähigkeit, § 68 BVerfGG

Bund und Länder, jeweils vertreten durch ihre Regierungen, § 68 BVerfGG

2. Antragsgegenstand, Art. 93 I Nr. 3 GG, § 64 I, 69 BVerfGG

Meinungsverschiedenheiten über Rechte und Pflichten des Bundes und der Länder, die aus einer rechtserheblichen Maßnahme oder Unterlassung des Antragsgegners folgen.

3. Antragsbefugnis, Art. 93 I Nr. 3 GG, § 64 I, 69 BVerfGG

Der Antragsteller muss geltend machen können, durch die Maßnahme oder Unterlassung in seinen ihm durch das GG übertragenen Rechten und Pflichten verletzt oder unmittelbar gefährdet zu sein. Es muss sich um Rechte und Pflichten aus dem Bundesstaatsverhältnis handeln.

4. Form und Frist, § 23 I BVerfGG und §§ 69 iVm 64 II BVerfGG

Die Form richtet sich nach § 23 I BVerfGG und §§ 69 iVm 64 II BVerfGG (schriftlich mit Begründung). Es besteht eine Frist von 6 Monaten (§§ 69 iVm 64 III BVerfGG).

II. Begründetheit

Der Antrag ist begründet, wenn die beanstandete Maßnahme oder Unterlassung tatsächlich gegen das Grundgesetz verstößt und der Antragsteller dadurch in seinen Rechten und Pflichten aus dem Bundesstaatsverhältnis verletzt wird.

214

E. Konkrete Normenkontrolle, Art. 100 I GG, §§ 13 Nr. 11, 80 ff. BVerfGG

I. Zulässigkeit
  1. Vorlageberechtigung, Art. 100 I GG, § 80 I BVerfGG
  2. Vorlagegegenstand, Art. 100 I
  3. Überzeugung von der Verfassungswidrigkeit
  4. Entscheidungserheblichkeit
  5. Form: § 23 und § 80 II S. 1 BVerfGG; keine Frist
II. Begründetheit

I. Zulässigkeit

1. Vorlageberechtigung, Art. 100 I GG, § 80 I BVerfGG

Nur Gerichte, also jede staatliche Spruchstelle, die sachlich unabhängig, in einem formellen Gesetz mit den Aufgaben eines Gerichts betraut und als Gericht bezeichnet ist.

2. Vorlagegegenstand, Art. 100 I

Nur formelle *nachkonstitutionelle Gesetze,* also Gesetze, die nach dem 23. Mai 1949 verkündet worden sind. Gesetze, die vor dem In-Kraft-Treten des Grundgesetzes erlassen worden sind, sind auch als nachkonstitutionelle Gesetze anzusehen, wenn sie Aufnahme in den Willen des nachkonstitutionellen Gesetzgebers gefunden haben. Dies ist etwa der Fall, wenn das entsprechende Gesetz maßgeblich geändert worden ist (z.B. das StGB). Untergesetzliche Normen (Rechtsverordnungen und Satzungen) sind kein tauglicher Vorlagegegenstand.

3. Überzeugung von der Verfassungswidrigkeit

Das vorlegende Gericht muss von der Verfassungswidrigkeit des vorzulegenden Gesetzes überzeugt sein. Bloße *Zweifel* genügen nicht. Im Fall des Art. 100 I S. 2 Alt. 2 GG muss es von der Unvereinbarkeit mit einem Bundesgesetz überzeugt sein.

4. Entscheidungserheblichkeit

Die Frage der Gültigkeit des Gesetzes muss entscheidungserheblich sein. Dies ist der Fall, wenn das Gericht bei Ungültigkeit des Gesetzes anders tenorieren müsste.

5. Form/Frist

Die Form richtet sich nach § 23 und § 80 II S. 1 BVerfGG. Eine Frist besteht nicht.

II. Begründetheit

Die konkrete Normenkontrolle ist begründet, wenn der Vorlagegegenstand tatsächlich gegen das Grundgesetz verstößt (in den Fällen des Art. 100 I S. 1 Alt. 2 und S. 2 Alt. 1 GG), bzw. wenn das vorgelegte Landesgesetz gegen Bundesrecht verstößt (Art. 100 I S. 2 Alt. 2).

Zweiter Abschnitt: Staatshaftungsrecht

A. Amtshaftung, § 839 BGB, Art. 34 GG

I. Beamter im haftungsrechtlichen Sinn
II. In Ausübung eines öffentlichen Amtes
III. Verletzung einer Amtspflicht
IV. Drittgerichtetheit der Amtspflicht
V. Verschulden
VI. Kausaler Schaden
VII. Keine anderweitige Ersatzmöglichkeit, § 839 I 2 BGB
VIII. Kein Haftungsausschluss
IX. Gegebenenfalls Mitverschulden
X. Rechtsfolge

I. Beamter im haftungsrechtlichen Sinn

Es muss ein Beamter im haftungsrechtlichen Sinne gehandelt haben.

Ob das der Fall ist, **richtet sich ausschließlich nach dem öffentlich-rechtlichen Charakter der ausgeübten** Tätigkeit.

Beachte: *Wenn sich der Staat der Hilfe Privater bedient* (z.B. Abschleppunternehmen), bleibt die Tätigkeit *jedenfalls im Bereich der Eingriffsverwaltung* öffentlich-rechtlichen Charakters.

II. In Ausübung eines öffentlichen Amtes

Die Schädigung des Betroffenen darf **nicht nur bei Gelegenheit** der Tätigkeit geschehen sein.

Erforderlich ist vielmehr ein **innerer und äußerer Zusammenhang** zwischen der öffentlich-rechtlichen Tätigkeit und der Schädigungshandlung.

Fehlt es an diesem Zusammenhang, liegt lediglich privatrechtliches Handeln vor.

III. Verletzung einer Amtspflicht

Es muss eine Amtspflicht verletzt worden sein. Unter Amtspflicht versteht man eine **Pflicht, die gegenüber dem Dienstherrn besteht.** Relevant ist hier *insbesondere die Amtspflicht zu rechtmäßigem Verhalten.*

IV. Drittgerichtetheit der Amtspflicht

Die verletzte Amtspflicht muss Drittschutz entfalten.

Eine **Amtspflicht entfaltet Drittschutz, wenn**
*   der *Geschädigte zum geschützten Personenkreis* gehört und
*   das beeinträchtigte Interesse von der Drittwirkung umfasst ist.

Beachte: Nach hM besteht **kein Drittschutz im Fall von legislativem Unrecht.**

V. Verschulden

Die Amtspflichtverletzung muss schuldhaft erfolgt sein.

Es gilt ein **objektiver Verschuldensmaßstab**. D.h., dass auf den *typischen Durchschnittsbeamten* abzustellen ist.

Beachte: Im Falle des **Organisationsverschuldens** kommt eine **Beweislastumkehr** in Betracht.

VI. Kausaler Schaden

Zwischen der schädigenden Handlung und dem Schaden muss ein **Kausalzusammenhang** bestehen.

VII. Keine anderweitige Ersatzmöglichkeit, § 839 I 2 BGB

Für den Geschädigten darf **keine anderweitige Ersatzmöglichkeit** bestehen, **§ 839 I 2 BGB**.

Wichtig: § 839 I 2 BGB ist *sehr restriktiv* zu interpretieren. Diese Vorschrift **findet keine Anwendung auf**
- **Versicherungsleistungen**, die auf Leistungen des Geschädigten beruhen
- **Ansprüche gegenüber anderen Hoheitsträgern**
- **Schädigungen im Straßenverkehr.**

VIII. Kein Haftungsausschluss

Hier kommen **besonders** in Betracht
- das **Spruchrichterprivileg, § 839 II BGB**
- das **schuldhafte Nichtergreifen von Rechtsmitteln.**

IX. Gegebenenfalls Mitverschulden

Im Rahmen des Amtshaftungsanspruchs ist auch ein eventuelles *Mitverschulden des Geschädigten* zu berücksichtigen. Dieses Mitverschulden richtet sich nach **§ 254 BGB**.

X. Rechtsfolge

Bei Vorliegen der o. a. Voraussetzungen besteht ein **Anspruch auf Schadensersatz**. Der Schadensersatzanspruch richtet sich dabei nach **§§ 249 ff. BGB**.

Aber: Eine **Naturalrestitution** ist **nicht möglich**. D.h. der Geschädigte hat regelmäßig **nur einen Anspruch auf Geldersatz und Schmerzensgeld**.

B. Enteignungsentschädigung

I. Vorliegen einer Enteignung
II. Zum Wohle der Allgemeinheit
III. Rechtmäßigkeit der Enteignung im Übrigen
IV. Rechtmäßige Entschädigungsregelung
V. Rechtsfolge

I. Vorliegen einer Enteignung

Eine **Enteignung ist**
- ein **gezielter hoheitlicher Eingriff**
- zum Zwecke der **vollständigen oder teilweisen Entziehung**
- einer **konkreten Rechtsposition.**

Hinweis für die Klausur: An dieser Stelle ist in der Regel eine Abgrenzung zwischen einer Enteignung und einer Inhalts- und Schrankenbestimmung vorzunehmen.

II. Zum Wohle der Allgemeinheit

Die Enteignung **muss zum Wohle der Allgemeinheit** vorgenommen werden. Dabei ist zu beachten, dass *rein fiskalische Interessen nicht ausreichend* sind.

Aber: Es besteht *grundsätzlich ein großer Spielraum* des Hoheitsträgers.

Beachte: Es ist auch eine Enteignung zugunsten Privater möglich, sofern diese letztlich das Wohl der Allgemeinheit mehren (z.B. durch Schaffung von Arbeitsplätzen).

III. Rechtmäßigkeit der Enteignung im Übrigen

Die Enteignung muss auch **im Übrigen rechtmäßig** sein. Das bedeutet **insbesondere,** dass
- der **Gesetzesvorbehalt eingehalten** wurde und
- der **Grundsatz der Verhältnismäßigkeit** beachtet wurde.

Wichtig: Der Betroffene muss gegen die Enteignungsmaßnahme selbst vorgehen (**Kein „dulde und liquidiere"!**)

IV. Rechtmäßige Entschädigungsregelung

Eine Enteignung ist weiterhin nur rechtmäßig, wenn das **Gesetz,** auf dem die Enteignung beruht, **eine konkrete Entschädigungsregel** enthält (sog. *Junktimklausel*).

Wichtig: Nicht ausreichend sind bloße salvatorische Entschädigungsklauseln.

V. Rechtsfolge

Es besteht ein **Anspruch auf Entschädigung.** Diese Entschädigung kann bestehen
- **in Geld** (Regelfall)
- **in anderen Leistungen** (z.B. Bereitstellung eines Ersatzgrundstücks)

Dabei besteht grundsätzlich ein **Anspruch auf vollen Wertersatz.**

C. Enteignungsgleicher und enteignender Eingriff

I. Rechtsgrundlage
II. Öffentlich-rechtliches Handeln
III. Eingriff in Eigentumsrechte
IV. Rechtswidrigkeit/Sonderopfer
V. Unmittelbarkeit
VI. Gegebenenfalls Mitverschulden
VII. Rechtsfolge

I. Rechtsgrundlage

Nach heute hM sind die Rechtsgrundlage dieser Rechtsinstitute die §§ 74, 75 Einl. PrALR in ihrer richterrechtlichen Ausprägung.

II. Öffentlich-rechtliches Handeln

Ein enteignender bzw. enteignungsgleicher Anspruch kommt **bei jeglicher Form öffentlich-rechtlichen Handelns** in Betracht.

Wichtig: Hiervon ausgenommen sind Ansprüche wegen legislativen Unrechts.

III. Eingriff in Eigentumsrechte

Das öffentlich-rechtliche Handeln muss zu einem **Eingriff in Eigentumsrechte führen**, wobei dieser Eingriff **keine Enteignung** darstellen darf.

IV. Rechtswidrigkeit/Sonderopfer

1 Der **enteignungsgleiche Eingriff** setzt ein **rechtswidriges Handeln** voraus.

> **Beachte:** Die Rechtswidrigkeit begründet dann zugleich das erforderliche Sonderopfer.

2. Der **enteignende Eingriff** setzt regelmäßig **rechtmäßiges Handeln** voraus.

> Als **Konsequenz** muss beim enteignenden Eingriff **positiv festgestellt** werden, dass ein **Sonderopfer** vorliegt.

V. Unmittelbarkeit

Der Schaden, für den eine Entschädigung begehrt wird, **muss eine unmittelbare Folge des hoheitlichen Handelns** sein.

VI. Gegebenenfalls Mitverschulden

Ein eventuelles Mitverschulden des Betroffenen richtet sich nach § 254 BGB.

An diesem Prüfungspunkt ist vor allem der *Vorrang des Primärrechtsschutzes* zu beachten (d.h. auch hier: **Kein „dulde und liquidiere"**).

VII. Rechtsfolge

Bei Vorliegen der angeführten Voraussetzungen besteht ein **Anspruch auf Entschädigung**.

D. Der Folgenbeseitigungsanspruch

> I. Rechtsgrundlage
> II. Hoheitliches Handeln
> III. Eingriff in ein subjektives Recht
> IV. Schaffung eines rechtswidrigen Zustands
> V. Andauern des rechtswidrigen Zustands
> VI. Keine Ausschlussgründe
> VII. Rechtsfolge

I. Rechtsgrundlage

Die Existenz des Folgenbeseitigungsanspruchs ist **heute allgemein anerkannt.**

Folgende Rechtsgrundlagen werden zu seiner **Begründung** herangezogen:
- **§§ 1004, 862 BGB analog**
- **Art. 20 III GG** (Rechtsstaatsprinzip)
- **Grundrechte.**

II. Hoheitliches Handeln

Unter hoheitlichem Handeln ist grundsätzlich **jede öffentlich-rechtliche Handlungsform** zu verstehen, mit **Ausnahme** von
- **rechtswidrigem Handeln der Rechtsprechung**
- **legislativem Unrecht.**

III. Eingriff in ein subjektives Recht

Das hoheitliche Handeln muss zu einem **Eingriff in ein subjektives Recht** des Betroffenen geführt haben. In Betracht kommen dabei
- Eingriffe in **einfach-gesetzliche Rechte**
- Eingriffe in **Grundrechte.**

IV. Schaffung eines rechtswidrigen Zustands

Durch das hoheitliche Handeln muss ein **rechtswidriger Zustand** geschaffen worden sein.

Wichtig: **Unerheblich ist, ob das Handeln selbst rechtswidrig war. Entscheidend ist nur, ob das Handeln zu dem rechtswidrigen Zustand geführt hat.**

Merke: Grundsätzlich kann von einem **rechtswidrigen Handeln** auf eine **rechtswidrige Folge** geschlossen werden.

Aber: Dieser Grundsatz gilt nicht bei einem rechtswidrigen VA.

Begründung: Auch ein rechtswidriger VA stellt **im Falle seiner Bestandskraft** eine taugliche Rechtsgrundlage für den durch ihn erzeugten Zustand dar. **D.h. bei einem rechtswidrigen, aber bestandskräftigen VA scheidet ein Folgenbeseitigungsanspruch aus.**

V. Andauern des rechtswidrigen Zustands

Der rechtswidrige **Zustand muss noch andauern**, wenn der Anspruch auf Folgenbeseitigung geltend gemacht wird.

VI. Keine Ausschlussgründe

Es sind die **folgenden Ausschlussgründe** möglich:
- **Keine rechtliche und/oder tatsächliche Möglichkeit**, den vorherigen Zustand wieder herzustellen
- **Unzumutbarkeit** für die Behörde, den ursprünglichen Zustand wieder herzustellen
- **Mitverschulden des Betroffenen**

  Beachte: Nach der Rechtsprechung des BVerwG führt ein Mitverschulden des Betroffenen bei einem nicht teilbaren Wiederherstellungsanspruch dazu, dass sich der Anspruch auf Folgenbeseitigung in einen Folgenentschädigungsanspruch umwandelt. In diesem Fall wird die Entschädigung um den Anteil des Mitverschuldens gekürzt (Begründung des BVerwG: Rechtsgedanke des § 251 I BGB).

VII. Rechtsfolge

Bei Vorliegen der angeführten Voraussetzungen hat der Betroffene einen **Anspruch auf Beseitigung der Folgen**, die durch den rechtswidrigen Eingriff *unmittelbar* verursacht wurden.

Der Anspruch ist dabei gegenüber dem Hoheitsträger geltend zu machen, der zur Beseitigung der Störung befugt ist.

E. Haftung für die Verletzung von EU-Recht

I. Verletzung einer Schutznorm durch den Mitgliedstaat
II. Hinreichend qualifizierter Verstoß
III. Schaden und Kausalität
IV. Gegebenenfalls Mitverschulden
V. Rechtsfolge

I. Verletzung einer Schutznorm durch den Mitgliedstaat

Es muss eine unionsrechtliche Schutznorm durch den Mitgliedstaat verletzt worden sein.

1. Eine **Schutznorm** liegt vor, wenn sie nicht ausschließlich im Interesse der Allgemeinheit besteht, sondern **zumindest auch im Interesse des Betroffenen**. Dieses ist der Fall, wenn
   - die **Norm Rechte bzw. Ansprüche begründet** und
   - der **Betroffene zum** durch die Norm **geschützten Personenkreis gehört.**
2. Eine **Verletzung der Schutznorm** kann erfolgen durch ein **Handeln oder Unterlassen aller drei Gewalten** eines Mitgliedstaates.

Eine Schutznormverletzung ist demnach möglich durch ein Handeln oder Unterlassen

- **des Gesetzgebers**
- **der Verwaltung**
- **der Rechtsprechung eines letztinstanzlichen Gerichts.**

II. Hinreichend qualifizierter Verstoß

Der **Rechtsverstoß muss hinreichend qualifiziert** sein.

Nach der **Rechtsprechung des EuGH** ist ein Rechtsverstoß hinreichend qualifiziert, wenn das betreffende Organ des Mitgliedstaats **offenkundig und in schwerwiegender Weise Unionsrecht verletzt** hat.

Kriterien hierfür sind:
- das Maß der Klarheit der verletzten Norm
- der **Umfang des Ermessensspielraums** des Mitgliedstaats
- der **Grad des Verschuldens** des Mitgliedstaats.

Wichtig: Die **verspätete bzw. unterlassene Umsetzung einer Richtlinie** stellt nach der Rechtsprechung des EuGH <u>immer</u> **einen hinreichend qualifizierten Verstoß** dar.

Beachte: Bei einem **letztinstanzlichen Gerichtsurteil** liegt ein hinreichend qualifizierter Verstoß nur vor, wenn das Gericht **offenkundig gegen das geltende Recht verstoßen** hat.

III. Schaden und Kausalität

Die Verletzung der Schutznorm muss für den eingetretenen Schaden kausal gewesen sein. Die Prüfung der Kausalität hat dabei durch das Gericht des Mitgliedstaats zu erfolgen.

IV. Gegebenenfalls Mitverschulden

Ein eventuelles Mitverschulden des Betroffenen ist auch im Rahmen des Schadensersatzanspruches wegen der Verletzung von Unionsrecht zu berücksichtigen.

Ein Mitverschulden des Betroffenen führt dabei zu einer Kürzung des Anspruchs entsprechend dem Grad des Mitverschuldens.

V. Rechtsfolge

Bei Vorliegen der angeführten Voraussetzungen hat der Betroffene einen **Anspruch auf Schadensersatz** gegen den Mitgliedstaat.

Beachte: Im Rahmen dieses Anspruches kommt **auch eine Naturalrestitution** in Betracht.

Der Anspruch ist dabei gegenüber dem Hoheitsträger geltend zu machen, der gegen die jeweilige Schutznorm verstoßen hat (z.B. gegen das Bundesland, das eine Richtlinie nicht umgesetzt hat).

Dritter Abschnitt: Grundrechte

Artikel ohne nähere Bezeichnung sind solche des GG.

A. Verfassungsbeschwerde, Art. 93 I Nr. 4a GG, §§ 13 Nr. 8a, 90 ff. BVerfGG

I. Zulässigkeit
  1. Beschwerdeberechtigung: Jedermann
  2. Ggf. Prozessfähigkeit bzw. Postulationsfähigkeit
  3. Beschwerdegegenstand: Akt der öffentlichen Gewalt, § 90 I BVerfGG
  4. Beschwerdebefugnis: mögliw. selbst, gegenwärtig, unmittelbar verletzt
  5. Rechtswegerschöpfung/Subsidiarität
  6. Form und Frist, §§ 23, 92, 93 BVerfGG
II. Begründetheit

I. Zulässigkeit

1. Beschwerdeberechtigung

„Jedermann" = jede natürliche Person, juristische Personen gemäß Art. 19 III GG.

2. Ggf. Prozessfähigkeit bzw. Postulationsfähigkeit

Fähigkeit, Verfahrenshandlungen wirksam vorzunehmen

Beachte: Minderjährige sollen dann prozessfähig sein, wenn sie **grundrechtsmündig** sind, d. h. wenn sie über eine hinreichende Einsichtsfähigkeit zur Ausübung des Grundrechts verfügen (=> ggf. durch Auslegung ermitteln). Nach § 5 des Gesetzes über die religiöse Kindererziehung steht dem Kind z.B. nach der Vollendung des vierzehnten Lebensjahrs die Entscheidung darüber zu, zu welchem religiösen Bekenntnis es sich halten will. Andernfalls: Klage des Minderjährigen durch den gesetzlichen Vertreter.

3. Beschwerdegegenstand

Jeder Akt der öffentlichen Gewalt, § 90 I BVerfGG = alle drei Gewalten, also Legislative (-> Parlamentsgesetz, Rechtsverordnung, Satzung), Exekutive und Judikative (-> Urteils-Verfassungsbeschwerde)

4. Beschwerdebefugnis

Der Beschwerdeführer muss geltend machen können, möglicherweise
a) selbst (Beschwerdeführer muss in *eigenen* Grundrechten verletzt sein)
b) gegenwärtig (Beschwerdeführer muss schon oder noch betroffen sein; das BVerfG lässt jedoch unter dem Aspekt der Unzumutbarkeit eine Ausnahme für die Fälle zu, in denen ein Gesetz die Normadressaten bereits gegenwärtig zu später nicht mehr korrigierbaren Entscheidungen zwingt oder schon jetzt zu Dispositionen veranlasst, die nach dem späteren Gesetzesvollzug nicht mehr nachgeholt werden können) und
c) unmittelbar (keine weiteren Vollzugsakte nötig)
in Grundrechten verletzt zu sein.

5. Rechtswegerschöpfung/Subsidiarität

Grds. ist der Rechtsweg auszuschöpfen, § 90 II BVerfGG. Auch sonst muss der Beschwerdeführer alle sonstigen Möglichkeiten nutzen, um fachgerichtlichen Rechtsschutz zu erlangen.

6. Form und Frist

Die Form richtet sich nach den §§ 23, 92 BVerfGG, die Frist ergibt sich aus § 93 BVerfGG (ein Monat bei der Urteilsverfassungsbeschwerde nach § 93 I 1 BVerfGG; ein Jahr bei der Rechtssatzverfassungsbeschwerde nach § 93 III BVerfGG).

II. Begründetheit

Die VB ist begründet, wenn der Beschwerdegegenstand tatsächlich Grundrechte des Beschwerdeführers verletzt.

Beachte: Vor allem im Bereich der Urteils-VB ist der Prüfungsmaßstab („spezifisches Verfassungsrecht") zu berücksichtigen. Eine Verletzung *spezifischen Verfassungsrechts* liegt vor, wenn das Urteil auf einer verfassungswidrigen Rechtsgrundlage beruht, es objektiv unhaltbar und damit willkürlich erscheint, gegen Verfahrensgrundrechte verstoßen wurde oder wenn der Richter bei seiner Auslegung grundrechtliche Wertungen nicht beachtet oder falsch eingeschätzt, insbesondere fälschlicherweise den Schutzbereich eines Grundrechts abgelehnt hat.

B. Prüfung der Verletzung eines Freiheitsgrundrechts

Obersatz: Der A ist in seinem Grundrecht aus Artikel X verletzt, wenn ein Eingriff in den Schutzbereich des Artikels X vorliegt, der verfassungsrechtlich nicht gerechtfertigt werden kann.

I. Schutzbereich
    1. Persönlicher Schutzbereich
    2. Sachlicher Schutzbereich
II. Eingriff in den Schutzbereich
III. Verfassungsrechtliche Rechtfertigung
    1. Einschränkbarkeit des Grundrechts
    2. Verfassungsmäßigkeit des Gesetzes
    3. Verfassungsmäßigkeit des Einzelakts (bei Urteils-VB)

I. Schutzbereich

1. Persönlicher Schutzbereich

Dieser bezeichnet die **Personen**, die sich nach dem Wortlaut des Grundrechts auf dessen Schutz berufen können.
Auch: juristische Personen des **Privatrechts** mit Sitz im Inland gem. **Art. 19 III**

Beachte: Für **Ausländer** gelten die „Deutschengrundrechte" nicht, allerdings können sie sich auf den Schutz des **Art. 2 I** (Allgemeine Handlungsfreiheit) als Auffanggrundrecht berufen.
Juristische Personen des **öffentlichen Rechts** sind nicht grundrechtsfähig (h. M.); **Ausnahme**, wenn das Grundrecht dem Wesen nach auch auf öffentlich-rechtliche juristische Personen zugeschnitten ist: Art. 4 für öffentlich-rechtliche Religionsgesellschaften, Art. 5 I für öffentlich-rechtliche Rundfunk- und Fernsehanstalten und Art. 5 III für Universitäten

2. Sachlicher Schutzbereich

Dem sachlichen Schutzbereich unterfallen die Tätigkeiten, Rechtsgüter, Verhaltensweisen, die sein Wortlaut umfasst, z.B. „Sich-Versammeln" in Art. 8 I GG.

II. Eingriff in den Schutzbereich

Eingriff ist jedes staatliche Handeln, das zu einer Beeinträchtigung des Schutzbereiches führt.

1. Unmittelbarer (klassischer) Eingriff: Liegt vor, wenn ein Rechtsakt **final** und **unmittelbar** freiheitsverkürzend in die Rechtssphäre des Bürgers eingreift

2. Mittelbarer Eingriff (weiter Eingriffsbegriff): In ein Grundrecht kann auch **faktisch, mittelbar** oder **drittbetroffen** eingegriffen werden, wenn die Betroffenheit des Grundrechts dem Staat zugerechnet werden kann.
Beachte: Von mittelbaren Eingriffen wird ein **besonderes Maß** an Kausalität, Finalität oder auch Intensität verlangt

III. Verfassungsrechtliche Rechtfertigung

An dieser Stelle ist im Aufbau zu differenzieren: Wird nur ein Gesetz untersucht (etwa Rechtssatz-VB), ist *allein* zu klären, ob das Gesetz formell und materiell verfassungsgemäß ist. Ist demgegenüber ein Einzelakt zu prüfen (etwa Urteils-VB), muss nach Prüfung des zugrundeliegenden Gesetzes anschließend auch noch die Anwendung dieser gesetzlichen Grundlage auf seine Verfassungsmäßigkeit untersucht werden. In diesem Fall ist die Rechtfertigungsebene mithin *zweistufig* ausgestaltet. Diese Zweistufigkeit sollte im Rahmen einer Klausurbearbeitung dem Korrektor möglichst deutlich gemacht werden.

1. Einschränkbarkeit des Grundrechts

a) Einfacher Gesetzesvorbehalt: Dieser schreibt lediglich ein formelles Gesetz als Grundlage für den Gesetzeseingriff vor (Formulierung: „durch" oder „aufgrund" eines Gesetzes)

b) Qualifizierter Gesetzesvorbehalt: Dieser ermöglicht dem Gesetzgeber Grundrechtseingriffe nur unter den in der Schranke vorgeschriebenen Voraussetzungen. Bsp.: Art. 5 II: Es muss ein *allgemeines* Gesetz vorliegen

c) Verfassungsimmanente Schranken: Beschränkungen des Grundrechts, die sich aus der gesamten Verfassung ergeben. Diese Schranken entstehen durch entgegenstehendes Verfassungsrecht, insbes. kollidierende Grundrechte Dritter (=> ggf. Ausgleich im Wege der praktischen Konkordanz)

2. Verfassungsmäßigkeit des Gesetzes

a) formelle Verfassungsmäßigkeit

b) materielle Verfassungsmäßigkeit

aa) Verhältnismäßigkeit (vgl. Schema C. unten) -> idR Schwerpunkt der Klausur!

bb) Sonstige materielle Anforderungen (Bestimmtheit, Wesensgehalt (Art. 19 II), kein Einzelfallgesetz (Art. 19 I 1), Zitiergebot (Art. 19 I 2)

3. Verfassungsmäßigkeit des Einzelakts (bei Urteils-VB)

insbesondere Verhältnismäßigkeit -> spezifische Verfassungsverletzung notwendig

C. Verhältnismäßigkeit

Das Gesetz/der Einzelakt müsste **verhältnismäßig** sein:

> **1. Zweck des Gesetzes/Einzelakts ist...**
> **2. Als Mittel dient....**
> **3. Geeignet ist das Mittel, wenn mit seiner Hilfe das Ziel erreicht werden kann.**
> **4. Erforderlich ist das Mittel, wenn es kein gleich geeignetes, milderes Mittel gibt**
> **5. Angemessenheit (Verhältnismäßigkeit i.e.S.)**

1. Zweck des Gesetzes/Einzelakts ist...

2. Als Mittel dient....

3. Geeignet ist das Mittel, wenn mit seiner Hilfe das Ziel erreicht werden kann.

4. Erforderlich ist das Mittel, wenn es kein gleich geeignetes, milderes Mittel gibt:

a) Gibt es ein *anderes Mittel*?

b) Ist dieses *in gleicher Weise geeignet*, den Zweck zu erreichen?

c) Ist es auch ein *milderes* = weniger belastenderes Mittel?

5. Die Angemessenheit (Verhältnismäßigkeit i.e.S.)....

.... ist zu verneinen, wenn der vom Gesetzgeber/der Verwaltung bezweckte Vorteil außer Verhältnis zu dem beim Grundrechtsträger eintretenden Nachteil steht.

a) Welcher **Nachteil** entsteht dem Grundrechtsträger?

aa) Welche Rechtsgüter sind betroffen? Handelt es sich um ein besonders bedeutsames oder eher um ein weniger bedeutsames Rechtsgut (= **Rang** des beeinträchtigten Rechtsguts)?

bb) Handelt es sich um einen schweren oder um einen weniger schwerwiegenden Eingriff in sein Rechtsgut (= **Intensität**)?

b) Welchen **Vorteil** will der Gesetzgeber bzw. die Verwaltung erreichen?

aa) Welche Rechtsgüter sollen geschützt bzw. gefördert werden? Handelt es sich um ein für die Allgemeinheit besonders bedeutsames oder eher um ein weniger bedeutsames Rechtsgut (**Rang** des geschützten/geförderten Rechtsguts)?

bb) Kann der Schutz des Rechtsguts aufgrund gebotener Eile oder drohender Gefahr nur mit einer besonders einschneidenden Maßnahme erreicht werden?

D. Prüfung des Artikel 3 I (Gleichheitsrecht)

Beachte: Die **speziellen** Gleichheitsgrundrechte und die **speziellen** grundrechts-ähnlichen Gleichheitsrechte gehen dem allgemeinen Gleichheitssatz des Art. 3 I vor:

* Gleichberechtigung von Mann und Frau, **Art. 3 II, III 1 Alt. 1**
* Diskriminierungsverbote des **Art. 3 III**
* Gleicher Zugang zu öffentlichen Ämtern, **Art. 33 II**

I. Gleich- bzw. Ungleichbehandlung (gemeinsamen Oberbegriff suchen)
II. Verfassungsrechtliche Rechtfertigung der Ungleichbehandlung
   1. Willkürformel bei Ungleichbehandlungen geringerer Intensität: irgendein sachlicher Grund genügt
   2. Neue Formel bei Eingriffen höherer Intensität: Verhältnismäßigkeits-prüfung

---

I. Gleich- bzw. Ungleichbehandlung

Verbot, **wesentlich Gleiches** ohne sachlichen Grund **ungleich** zu behandeln bzw.
Verbot, **wesentlich Ungleiches** ohne sachlichen Grund **gleich** zu behandeln

Vorgehensweise in der Klausur:

1. Bestimmung der Person, Personengruppe, Situation, die in einer bestimmten Weise rechtlich behandelt werden

2. Gemeinsamen Bezugspunkt bzw. **Oberbegriff** finden
Es muss ermittelt werden, ob beide Personen, Personengruppen, Situationen unter einem gemeinsamen Bezugspunkt zusammengefasst werden können. Beispiel: Beschwert sich ein Medizinstudent, dass er höhere Studiengebühren bezahlen muss als ein Jurastudent, so ist der gemeinsame Oberbegriff „Student". Unter diesen fallen sowohl Jurastudenten als auch Medizinstudenten.

3. Ungleichbehandlung
Feststellung, dass beide Personen, Personengruppen, Situationen unterschiedlich behandelt werden.

II. Verfassungsrechtliche Rechtfertigung der Ungleichbehandlung

1. Willkürformel bei Ungleichbehandlungen geringerer Intensität:
irgendein sachlicher Grund genügt als Rechtfertigung

2. Neue Formel bei Eingriffen höherer Intensität (personenbezogene Ungleichbehandlungen oder sachliche Ungleichbehandlungen, die Gebrauch grundrechtlich geschützter Freiheit erschweren): Verhältnismäßigkeitsprüfung

a) Das **Differenzierungsziel** als solches muss verfassungsrechtlich zulässig sein

b) Das **Differenzierungskriterium** als solches muss verfassungsrechtlich zulässig sein.

c) Das Differenzierungskriterium muss im Hinblick auf das Differenzierungsziel verhältnismäßig, also **geeignet, erforderlich und angemessen** sein.

aa) Geeignetheit: Die Ungleichbehandlung muss zur Erreichung des verfolgten Ziels förderlich sein.

bb) Erforderlichkeit: Es darf kein milderes Mittel als die Ungleichbehandlung geben, mit dem sich das Ziel ebenso effektiv erreichen ließe.

cc) Angemessenheit (Verhältnismäßigkeit ieS): Die Bedeutung des Ziels der Ungleichbehandlung ist der Intensität der Ungleichbehandlung gegenüber zu stellen. Die Ungleichbehandlung muss in einem angemessenen Verhältnis zum Wert des verfolgten Ziels stehen.

E. Schutz der Menschenwürde, Art. 1 I

I. Schutzbereich
    1. Persönlicher Schutzbereich: jeder Mensch
    2. Sachlicher Schutzbereich: Menschenwürde
II. Eingriff in den Schutzbereich: Degradierung zum bloßen Objekt
III. Verfassungsrechtliche Rechtfertigung: nicht möglich!

I. Schutzbereich

1. Persönlicher Schutzbereich

Alle **natürlichen Menschen**, auch schon vor der Geburt (nasciturus) und nach dem Tod
Beachte: Nicht geschützt sind **juristische** Personen sowie Gruppen als solche

2. Sachlicher Schutzbereich: Würde des Menschen

Laut BVerfG ist die Menschenwürde gleichzusetzen mit dem sozialen Wert- und Achtungsanspruch, der dem Menschen wegen seines Menschseins zukommt. Der Mensch muss als selbstverantwortliche Person anerkannt werden und darf **nicht Objekt staatlichen Handelns** werden.

II. Eingriff

Ein Eingriff liegt vor, wenn der Einzelne einer Behandlung ausgesetzt wird, die ihn zum **bloßen Objekt** degradiert.

III. Verfassungsrechtliche Rechtfertigung

Die Menschenwürde ist **unantastbar**. Eingriffe können daher **nicht** gerechtfertigt werden.

F. Allgemeine Handlungsfreiheit, Art. 2 I

I. Schutzbereich
 1. **Persönlicher Schutzbereich: Natürliche Person**
 2. **Sachlicher Schutzbereich: Allgemeine Handlungsfreiheit**
II. Eingriff in den Schutzbereich: Staatliche Maßnahme, die belastend wirkt
III. Verfassungsrechtliche Rechtfertigung
 Schrankenvorbehalt des Art. 2 I HS 2 (= Schrankentrias: 1. Verfassungsmäßige Ordnung, 2. Rechte anderer, 3. Sittengesetz)

Beachte: Aufgrund der Weite des Schutzbereiches des Art. 2 I GG ist dieser auch immer dann eröffnet, wenn auch speziellere Grundrechte einschlägig sind. Um deren Sonderregelungen nicht zu unterlaufen, tritt Art. 2 I GG in diesen Fällen jedoch **subsidiär zurück.** Art. 2 I GG erhält somit eine **Auffangfunktion** für all' diejenigen Tätigkeiten, die nicht durch spezielle Grundrechte geschützt sind.

I. Schutzbereich

1. Persönlicher Schutzbereich: Alle natürlichen Personen

Beachte: Auch **juristische** Personen des Privatrechts (**Art. 19 III**)

2. Sachlicher Schutzbereich: Allgemeine Handlungsfreiheit

Jedermann hat die Freiheit, innerhalb der Schranken der Rechtsordnung und der guten Sitten **alles zu tun,** was **anderen nicht schadet.** Art. 2 I schützt also **jedes menschliche Tun** bzw. **Unterlassen.**

II. Eingriff

Eingriff ist jedes staatliche Handeln, das zu einer Beeinträchtigung des Schutzbereiches führt.

III. Verfassungsrechtliche Rechtfertigung

Schrankentrias in **Art. 2 I HS 2:**

1. Verfassungsmäßige Ordnung

Hierunter sind alle Rechtsnormen zu verstehen, die formell und materiell im Einklang mit der Verfassung stehen. Aufgrund dieser Auslegung kommt den „Rechten anderer" sowie dem „Sittengesetz" in der Klausur keine eigenständige Bedeutung mehr zu, da diese Bereiche idR bereits von der allgemeinen Rechtsordnung und damit von der verfassungsmäßigen Ordnung erfasst werden. Daher ist idR nur auf die verfassungsmäßige Ordnung einzugehen!

2. Rechte anderer

Subjektive Rechte **Dritter**

3. Sittengesetz

Allgemeine anerkannte **Moral-** und **Wertvorstellungen**

G. Allgemeines Persönlichkeitsrecht, Art. 2 I i. V. m. Art. 1 I

I. Schutzbereich
    1. Persönlicher Schutzbereich: Natürliche Person
    2. Sachlicher Schutzbereich: Allgemeines Persönlichkeitsrecht
II. Eingriff in den Schutzbereich
III. Verfassungsrechtliche Rechtfertigung
    Schranke: verfassungsmäßige Ordnung

I. Schutzbereich

1. Persönlicher Schutzbereich: Alle natürlichen Personen
Beachte: Streitig bei **juristischen** Personen des Privatrechts (**Art. 19 III**)

2. Sachlicher Schutzbereich: Allgemeines Persönlichkeitsrecht

Recht des Einzelnen, selbst seine **persönliche Lebenssphäre** zu bestimmen.

Das allgemeine Persönlichkeitsrecht schützt die **enge persönliche Lebenssphäre**: Bspe.: Schutz der Ehre, Recht auf Selbstbestimmung, informationelle Selbstbestimmung, Recht am eigenen Wort und Bild, Namensrecht und neu seit Februar 2008: Recht auf Gewährleistung der Vertraulichkeit und Integrität informationstechnischer Systeme, sog. „Computer-Grundrecht".

II. Eingriff

Eingriff ist jedes staatliche Handeln, das zu einer Beeinträchtigung des Schutzbereiches führt, z.B. durch Veranstaltung einer Volkszählung, Auswertung von Tagebüchern oder Krankenakten, öffentliche Fahndung nach einer Person (auch wenn es ein Straftäter ist), und eine Vielzahl sonstiger polizeilicher Maßnahmen wie Personenfeststellung, Observation, Alkoholtest, erkennungsdienstliche Behandlung, DNA-Analyse, vgl. dazu Deger, *Studienbuch Grundrechte* (niederle media), S. 42 f.

III. Verfassungsrechtliche Rechtfertigung

Schranke = verfassungsmäßige Ordnung, siehe Schema F. III.

H. Leben und körperliche Unversehrtheit, Art. 2 II 1

I. Schutzbereich
    1. Persönlicher Schutzbereich: Menschen
    2. Sachlicher Schutzbereich
        a) Leben
        b) Körperliche Unversehrtheit
II. Eingriff in den Schutzbereich
III. Verfassungsrechtliche Rechtfertigung
        a) Schranken des Schutzbereichs: Einfacher Gesetzesvorbehalt
           des Art. 2 II 3
        b) Schranken-Schranken: Art. 102, 104 I 2
        Ferner sind die allgemeinen Schranken-Schranken zu beachten

I. Schutzbereich

1. Persönlicher Schutzbereich

Alle Menschen sind geschützt, auf juristische Personen passt dieses Grundrecht nicht (Art. 19 III)

2. Sachlicher Schutzbereich

a) Recht zu / auf Leben
Beachte: Auch werdendes Leben

b) Körperliche Unversehrtheit

Hierzu gehört vor allem Gesundheit und körperliches Wohlbefinden, aber auch die sog. körperliche Integrität, den Körper also zu belassen, wie er ist.

II. Eingriff

Eingriff ist jedes staatliche Handeln, das zu einer Beeinträchtigung des Schutzbereiches führt, z.B. durch Tötung (polizeilicher Todesschuss, Todesstrafe), Verletzung, Schmerzzufügung, Blutentnahme, Einflößen von Brechmitteln, Anordnen einer Impfung. Das Erzeugen von Ärger, Angst, sonstigen *psychischen* Beeinträchtigungen etwa durch Androhung bestimmter Maßnahmen sollte nur dann als Eingriff in dieses Grundrecht gewertet werden, wenn (auch) körperliche Wirkungen eintreten, vgl. dazu Deger, *Studienbuch Grundrechte* (niederle media), S. 19 f.

Bei *Einwilligung* des Betroffenen entfällt der Eingriff im rechtlichen Sinn. Allerdings muss die Einwilligung wirksam sein, und das ist bei diesem Grundrecht kritisch zu prüfen: eine Einwilligung in die Tötung ist nach unserer Werteordnung nicht wirksam. Wirksame Einwilligungen gibt es vor allem in ärztliche Heilbehandlungen und Operationen, dazu Deger, *Studienbuch Grundrechte* (niederle media), S. 20.

III. Verfassungsrechtliche Rechtfertigung

Einfacher Gesetzesvorbehalt, Art. 2 II 3
Nach h. M. ist ein formelles Parlamentsgesetz erforderlich, wenn es um mehr als geringfügige Eingriffe geht. Schranken-Schranken: insbes. Art. 102, 104 I 2

J. Freiheit der Person, Art. 2 II 2

> **I. Schutzbereich**
>   1. Persönlicher Schutzbereich: Menschen
>   2. Sachlicher Schutzbereich: Körperliche Bewegungsfreiheit
> **II. Eingriff in den Schutzbereich: Freiheitsbeschränkung / -entziehung**
> **III. Verfassungsrechtliche Rechtfertigung**
>   Schranken des Schutzbereichs: Art. 104 ist lex specialis
>   zu Art. 2 II 3

I. Schutzbereich

1. Persönlicher Schutzbereich

Geschützt sind nur Menschen, nicht aber juristische Personen

2. Sachlicher Schutzbereich: Körperliche Bewegungsfreiheit

Recht, sich fortzubewegen, wegbewegen zu können und nicht festgehalten zu werden. Streitig ist, ob auch geschützt ist, sich überall *hinbewegen*, also jeden Ort aufsuchen zu können.

II. Eingriff

1. Freiheits**beschränkung,** z.B. wenn Personen zu Gerichten oder Behörden vorgeladen werden *und* im Weigerungsfall zwangsweise vorgeführt werden, ebenso bei der Abschiebung von Ausländern aus dem Bundesgebiet.

2. Freiheits**entziehung,** z.B. wenn psychisch Kranke in einer geschlossenen Anstalt untergebracht werden; wenn mutmaßliche Straftäter vorläufig festgenommen und/oder in Untersuchungshaft genommen werden. Der eindeutigste Fall von Freiheitsentziehung ist die Vollstreckung einer Freiheitsstrafe.

Zu den Einzelheiten vgl. Deger, *Studienbuch Grundrechte* (niederle media), S. 26 f.

III. Verfassungsrechtliche Rechtfertigung

Art. 104 (qualifizierter Gesetzesvorbehalt) ist **lex specialis** zu **Art. 2 II 3** (einfacher Gesetzesvorbehalt). Nach Art. 104 I ist die Beschränkung der Freiheit nur **aufgrund** eines formellen Gesetzes möglich. Bei Freiheits**entziehung** zusätzlich: **Art. 104 II bis IV.**

K. Glaubens-, Gewissens-, Bekenntnisfreiheit, Art. 4

I. Schutzbereich
  1. Persönlicher Schutzbereich: alle Menschen, auch Kinder
  2. Sachlicher Schutzbereich: Glaubens-, Gewissens-, Bekenntnis-
     freiheit
II. Eingriff in den Schutzbereich
III. Verfassungsrechtliche Rechtfertigung
  Nach h.M. nur verfassungsimmanente Schranken!

I. Schutzbereich

1. Persönlicher Schutzbereich

Alle Menschen, auch Kinder

Beachte: Schutz des **Einzelnen** (= individuelle Glaubensfreiheit). Auch **Personen-vereinigungen** können sich gem. Art. 19 III auf Art. 4 berufen (= kollektive Glaubensfreiheit). Das gilt z.b. für eine Kirchengemeinde, unabhängig von Rechtsfähigkeit oder Rechtsform, eine förmliche staatliche Anerkennung als Kirche ist nicht erforderlich. Handels- und Kapitalgesellschaften scheiden aber aus.

2. Sachlicher Schutzbereich

Einheitliches Grundrecht der Glaubensfreiheit (h. M.): Geschützt wird die **Glaubens-, Gewissens-** und **Bekenntnisfreiheit**

Beachte: Die Religions- und Weltanschauungsfreiheit wird **positiv** und **negativ** gewährleistet.

Die **Gewissensfreiheit** umfasst nicht nur das Recht, ein Gewissen zu haben, sondern auch die Freiheit, vom Staat nicht verpflichtet zu werden, gegen sein Gewissen handeln zu müssen.

Religionsfreiheit: Freiheit des Einzelnen, sich eine religiöse oder areligiöse Überzeugung von der Stellung des Menschen in der Welt und seinen Beziehungen zu höheren Mächten und tieferen Seinsschichten zu bilden.

Weltanschauung: Nichtreligiöse Überzeugung, die eine Sinndeutung der Welt im Ganzen darstellt.

Negative Glaubensfreiheit: Freiheit, eine religiöse oder weltanschauliche Überzeugung abzulehnen, sofern dies auf einer Gewissensentscheidung beruht (eingeschlossen: Recht, die eigene Überzeugung zu verschweigen).

II. Eingriff

Ein Eingriff liegt vor, wenn der Staat die geschützten Tätigkeiten in irgendeiner Weise regelt oder behindert, z.B. Verbot des Glockenläutens zum Gebet oder des Gebetsrufs des Muezzin; Verbot des religiös bedingten, rituellen Schächtens (Tiere schlachten ohne vorherige Betäubung) gegenüber Juden und Muslimen; Verbot gegenüber einer Lehrerin, im Unterricht das islamische Kopftuch zu tragen; Verbot religiöser Werbung an Kraftfahrzeugen; Einreiseverbot für das Oberhaupt einer religiösen Sekte; Verbot einer Religionsgemeinschaft; Anordnung einer Bluttransfusion gegenüber Zeugen Jehovas; Anordnung von Schwimmunterricht gegenüber (geschlechtsreifen) muslimischen Mädchen gemeinsam mit Jungen; Beendigung eines Kirchenasyls durch Polizeieinsatz; Aufhängen von Kreuzen in staatlichen Schulen, obwohl Andersgläubige oder Atheisten dort auch unterrichtet werden; staatliche Warnung vor religiösen Sekten, vgl. Deger, *Studienbuch Grundrechte* (niederle media), S. 60.

III. Verfassungsrechtliche Rechtfertigung

Art. 4 ist nach h.M. ein **vorbehaltsloses** Grundrecht, es hat also nur **verfassungs-immanente** Schranken. **Beachte** auch Vorschriften der **Weimarer Reichsverfassung**, die gem. Art. 140 vollgültiges Verfassungsrecht darstellen. Art. 140 i. V. m. Art. 136 I WRV stellt aber keine Schranke des Art. 4 dar (h.M.,str.). Die Bestimmungen der WRV werden von Art. 4 überlagert.

L. Grundrechte des Art. 5 I, insbesondere Meinungsfreiheit

Meinungsfreiheit: Art. 5 I 1 Alt. 1
Informationsfreiheit: Art. 5 I 1 Alt. 2
Pressefreiheit: Art. 5 I 2 Alt. 1
Rundfunkfreiheit: Art. 5 I 2 Alt. 2
Filmfreiheit: Art. 5 I 2 Alt. 3

I. Schutzbereich
    1. Persönlicher Schutzbereich: Natürliche Person
    2. Sachlicher Schutzbereich
      a) Art. 5 I 1 Alt. 1: Meinungen, sowohl Meinungsäußerung als auch -verbreitung (in Wort, Schrift, Bild)
      b) Art. 5 I 1 Alt. 2: Ungehinderte Information aus allgemein zugänglichen Quellen
      c) Art. 5 I 2 Alt. 1: Presse; und alle mit der Pressearbeit zusammenhängenden Tätigkeiten
      d) Art. 5 I 2 Alt. 2: Rundfunk; Berichterstattung
      e) Art. 5 I 2 Alt. 3: Herstellung u. Verbreitung der Filme
II. Eingriff in den Schutzbereich
  Jede belastende staatliche Maßnahme, z. B. Sanktionen, Verbote, Gebote
III. Verfassungsrechtliche Rechtfertigung
    1. Schranken: Art. 5 II: Allgemeine Gesetze; gesetzliche Bestimmungen zum Schutze der Jugend; Recht der persönlichen Ehre
    2. Schranken-Schranken: Wechselwirkungslehre; Zensurverbot (Art. 5 I 3)

I. Schutzbereich

1. Persönlicher Schutzbereich

a) Meinungs- u. Informationsfreiheit: Jede **natürliche** Person
Beachte: Auch **private juristische** Person (**Art. 19 III**)

b) Presse-, Rundfunk- u. Filmfreiheit: Jede **natürliche** oder **juristische** Person (**Art. 19 III**), die die Tätigkeit ausübt
Beachte: Auch öffentlich-rechtliche Rundfunkanstalten

2. Sachlicher Schutzbereich

a) Art. 5 I 1 Alt. 1: Äußerung u. Verbreitung von Meinungen, Werturteilen und wertenden Stellungnahmen

Beachte: Es ist unerheblich, ob sie objektiv wahr oder falsch sind und ob sie ethisch/moralisch wertvoll oder wertlos sind. Tatsachenbehauptungen, (Abgrenzung zum Werturteil: Tatsachen sind dem Beweis zugänglich, Werturteile nicht) sind nur geschützt, wenn sie der Beförderung eines Werturteils dienen (str.). Tatsachen, die erwiesenermaßen unwahr sind, sind nicht von Art. 5 I geschützt, z.b. Behauptungen im Rahmen der „Auschwitz-Lüge".
Auch die **negative Meinungsfreiheit** ist geschützt

b) Art. 5 I 1 Alt. 2: Geschützt sind **aktives Beschaffen** u. **passive Entgegennahme** von Informationen, jedoch nur aus **allgemein** (allgemein = einem individuell **nicht** bestimmbaren Personenkreis) zugänglichen Quellen. Auch die **negative Informationsfreiheit** ist geschützt.

c) Art. 5 I 2 Alt. 1: Presse
Alle zur Verbreitung geeigneten u. bestimmten Druckerzeugnisse u. Informationsträger, die nicht Film oder Rundfunk sind
Schutz von der Beschaffung der Information bis zum Vertrieb

d) Art. 5 I 2 Alt. 2: Rundfunk; Berichterstattung
Rundfunk: Jede an eine Vielzahl von Personen gerichtete Übermittlung von Gedankeninhalten durch physikalische, besonders elektromagnetische Wellen, „Hör-„ und „Fernseh-"Rundfunk
Berichterstattung: Umfasst die gesamte Programmgestaltung, von der Informationsbeschaffung bis zur Verbreitung
Beachte: Unterschied zur Pressefreiheit: Technischer Verbreitungsweg

e) Art. 5 I 2 Alt. 3: Herstellung und Verbreitung der Filme
Film: Übermittlung von Gedankeninhalten durch Bilderreihen, die zur Projektierung bestimmt sind

II. Eingriff

Eingriff ist jedes staatliche Handeln, das zu einer Beeinträchtigung des Schutzbereiches führt, z.b. wenn eine geschützte Meinungsäußerung verhindert, behindert, verboten oder bestraft wird, wenn die freie Informationsbeschaffung verhindert oder behindert wird, wenn die Telekommunikation von Journalisten überwacht wird, wenn Redaktionsräume durchsucht werden, wenn dort Unterlagen beschlagnahmt werden, wenn Beiträge der Redaktion zensiert oder sanktioniert werden, wenn die Zeitung zu einer Gegendarstellung verpflichtet wird, und wenn im offiziellen Verfassungsschutzbericht vor einer politisch radikalen Zeitung gewarnt wird, vgl. Deger, *Studienbuch Grundrechte* (niederle media), S. 68 f.

III. Verfassungsrechtliche Rechtfertigung

1. Schranken: Art. 5 II:

a) Allgemeine Gesetze: Meinungsneutrale Gesetze, die sich nicht gegen eine bestimmte Meinung als solche richten, sondern deren Zweck der Schutz eines **höherwertigen** Rechtsguts ist
Beachte: Allgemeine Gesetze sind Gesetze im **formellen** wie **materiellen** Sinn

b) Gesetzliche Bestimmungen zum Schutze der Jugend: Regelungen zur **Abwehr** von Gefahren, die der Jugend drohen. Bsp.: Jugendschutzgesetz

c) Recht der persönlichen Ehre: Bspe.: §§ 185 ff. StGB, §§ 823, 1004 BGB

2. Schranken-Schranken

a) Wechselwirkungslehre: Die in die Meinungsfreiheit eingreifenden allgemeinen Gesetze müssen ihrerseits im Sinne einer Wechselwirkung im Lichte der Bedeutung des Grundrechts für den freiheitlich-demokratischen Staat ausgelegt und angewandt werden.

Beachte: Diese Lehre ist im Rahmen der **Verhältnismäßigkeit** in der **Abwägung** anzusprechen (wichtiges Signalwort für den Korrektor)!

Es ist eine **Gesamt-Güterabwägung** notwendig zwischen dem beeinträchtigten Art. 5 I und den Interessen, die mit den allgemeinen Gesetzen verfolgt werden.

b) Zensurverbot, Art. 5 I 3: Das Zensurverbot kann nicht durch ein beschränkendes Gesetz i. S. d. Art. 5 II durchbrochen werden.

M. Kunst- und Wissenschaftsfreiheit, Art. 5 III

Kunstfreiheit: Art. 5 III 1 Alt. 1
Wissenschaftsfreiheit: Art. 5 III 1 Alt. 2

I. Schutzbereich
   1. Persönlicher Schutzbereich
      a) Art. 5 III 1 Alt. 1: Künstler u. Vermittler der Kunst
      b) Art. 5 III 1 Alt. 2: Alle, die eigenverantwortlich in
         wissenschaftlicher Weise tätig sind oder tätig werden
         wollen
   2. Sachlicher Schutzbereich
      a) Art. 5 III 1 Alt. 1: Kunst; Geschützt sind Betätigung,
         Darbietung, Verbreitung
      b) Art. 5 III 1 Alt. 2: Wissenschaft, Forschung, Lehre
II. Eingriff in den Schutzbereich: Jede Maßnahme, die die geschützten
   Tätigkeiten behindert
III. Verfassungsrechtliche Rechtfertigung
   Nur verfassungsimmanente Schranken!

I. Schutzbereich

1. Persönlicher Schutzbereich

a) Art. 5 III 1 Alt. 1: Künstler u. **kunstvermittelnde** Personen (Verleger, Galerist etc.)
Beachte: Der Betrachter bzw. Benutzer fällt **nicht** darunter

b) Art. 5 III 1 Alt. 2: Alle, die eigenverantwortlich in **wissenschaftlicher** Weise tätig sind oder tätig werden wollen

2. Sachlicher Schutzbereich

a) Art. 5 III 1 Alt. 1: Kunst
Geschützt wird sowohl das Herstellen (= **Werkbereich**) als auch das Verbreiten bzw. Darbieten der Kunst (= **Wirkbereich**). An staatliche Eingriffe sind umso höhere Anforderungen zu stellen, je mehr sie sich dem Kernbereich der Kunstfreiheit nähern (Vorrang des Werkbereichs vor dem Wirkbereich).

236

Kunst: Der Begriff der Kunst ist schwer zu definieren. Es gibt drei verschiedene Lösungsansätze. Kann auch nur einer dieser Ansätze im Fall bejaht werden, ist von Kunst auszugehen:

aa) Formaler Kunstbegriff: Kunst sind nur solche Tätigkeiten, die einer **traditionellen** Kunstform (Malerei, Theater, Bildhauerei) zuzuordnen sind. Entscheidend ist ein bestimmter **Werktyp.**

bb) Nach dem **materialen Kunstbegriff** ist für Kunst typisch die freie schöpferische Gestaltung, mit der der Künstler seine Eindrücke, Erfahrungen und Erlebnisse durch das Medium einer bestimmten Formensprache nach außen deutlich macht.

cc) Schließlich gibt es den **offenen Kunstbegriff**, wonach entscheidend ist, dass dem Betrachter eine Vielzahl von Interpretationsmöglichkeiten offen steht, sich ihm also eine praktisch unerschöpfliche, vielstufige Informationsvermittlung erschließt.

Beachte: Im Zweifel wird Kunst **weit** ausgelegt. Indizien für Kunst sind ein bestimmter **Werktyp,** die **Drittanerkennung** und die **Interpretationsfähigkeit**

b) Art. 5 III 1 Alt. 2: Wissenschaft, Forschung, Lehre
Wissenschaftliche Forschung: Jede Tätigkeit, die nach Inhalt und Form als ernsthafter u. planmäßiger Versuch zur Ermittlung der Wahrheit anzusehen ist.
Beachte: Wissenschaft bildet den **Oberbegriff** zu Forschung und Lehre

II. Eingriff

Eingriff ist jedes staatliche Handeln, das zu einer Beeinträchtigung des Schutzbereiches führt, z.B. wenn die Herstellung oder Verbreitung eines Kunstwerks verboten oder wesentlich behindert wird, wenn dem Künstler Vorgaben für die Gestaltung gemacht werden, wenn der Künstler oder Verleger für die Verbreitung bestraft oder zum Schadensersatz verurteilt wird. *Kein* Eingriff ist die Verweigerung oder Kürzung von Fördermitteln, weil Art. 5 III GG keine Leistungsansprüche verschafft. Die **Wissenschaftsfreiheit** ist betroffen, wenn Verbote, Behinderungen, inhaltliche Vorgaben oder Sanktionen erfolgen, nicht aber, wenn der Staat bestimmte Forschungsprojekte fördert oder auch nicht fördert. *Keine* Eingriffe sind auch die Evaluation von Forschung und Lehre, sachliche Kritik an wissenschaftlichen Leistungen, die Einrichtung bestimmter Studiengänge oder die Auflösung einer Hochschule, vgl. Deger, *Studienbuch Grundrechte* (niederle media), S. 76 f.

III. Verfassungsrechtliche Rechtfertigung

Nur verfassungsimmanente Schranken

Beachte: Ein Rückgriff auf die Schranken des Art. 5 II ist nach h. M. **abzulehnen** Einschränkung nur durch **kollidierendes Verfassungsrecht** (Grundrechte Dritter und Werte von Verfassungsrang, z.B. das Allgemeine Persönlichkeitsrecht als Schranke der Kunstfreiheit oder der Tierschutz aus Art. 20a als Schranke der Wissenschaftsfreiheit)

N. Versammlungsfreiheit, Art. 8

Beachte Konkurrenzen: Art. 5 I steht **selbstständig** neben **Art. 8**, da Art. 8 nicht lediglich ein Sonderfall der Inanspruchnahme von Meinungsfreiheit ist

I. Schutzbereich
    1. Persönlicher Schutzbereich: Nur Deutsche i. S. v. Art. 116 I
    2. Sachlicher Schutzbereich: Versammlung; Geschützte Tätigkeiten:
    Veranstaltung, Leitung, Anreise, Teilnahme
II. Eingriff in den Schutzbereich
III. Verfassungsrechtliche Rechtfertigung
    1. Versammlung in geschlossenem Raum: Nur verfassungs-
    immanente Schranken
    2. Versammlung unter freiem Himmel: Gesetzesvorbehalt in Art. 8 II
    3. Schranken-Schranken: Vor allem Verhältnismäßigkeitsgrundsatz

I. Schutzbereich

1. Persönlicher Schutzbereich: Nur Deutsche i. S. v. Art. 116 I
Beachte: Für **Ausländer**: Schutz nur gem. **Art. 2 I** i. V. m. VersG

2. Sachlicher Schutzbereich: Versammlung
Zusammenkunft **mehrerer** Personen (nach h. M. mindestens **3**) an einem Ort zum Zwecke der **Meinungsbildung** u. -**äußerung** (h. M.)

Beachte: Gemeinsamer Zweck: Innere Verbindung erforderlich
Hier Abgrenzung zur bloßen **Ansammlung**, d. h. das **zufällige** Zusammenkommen mehrerer Personen, wobei jede Person einen **eigenen** Zweck verfolgt, unabhängig von zufällig gleichen Zwecken anderer

Zweck muss aber die **gemeinsame** Bildung u. Äußerung von Meinungen sein (h. M.). *Keine* Versammlungen sind demnach i.d.R. Konzerte, Straßenfeste der Anwohner, Siegesfeiern der Fußballfans, sog. Chaos-Tage der Punks, Techno-Paraden wie die Love-Parade in Berlin oder in Essen. Als Versammlung wurde aber vom BVerwG die *gegen* die Love-Parade gerichtete „Fuck-Parade" eingestuft, weil diese von einem Kundgabewillen in einer öffentlichen Angelegenheit geprägt ist.

Streitig, ob Zweck **öffentliche** Angelegenheiten betreffen muss (h. M.) oder ob auch **private** Angelegenheiten ausreichen (a. M.)

Beachte: Die Versammlung muss **friedlich** und **ohne Waffen** ablaufen
Friedlich: Kein gewalttätiger (Gewalt i. S. d. § 240 StGB, h. M.) oder aufrührerischer Verlauf

Beachte: Abzustellen ist auf die Versammlungsleitung bzw. auf die Mehrzahl der Teilnehmer

Ohne Waffen: Waffen im technischen Sinn, aber auch jeder geeignete u. vom Benutzer zur Beibringung von Verletzungen oder zur erheblichen Beschädigung von Sachen bestimmter Gegenstand

Beachte: Reine Schutzgegenstände stellen dagegen **keine** Waffen dar!

Neben der **Durchführung** der Versammlung wird auch die **Vorbereitung** u. die **An- u. Abreise** geschützt. Es besteht **kein Anmelde- u. Erlaubniszwang!**

Spontan- und Eilversammlungen fallen auch unter **Art. 8**
Spontanversammlung: Versammlung, die **nicht geplant** war u. bei der **keine Veranstalter** vorhanden sind, sondern die sich aus dem Augenblick heraus entwickeln
Beachte: Diese Versammlungen werden von der **Anmeldepflicht** (§ 14 I Bundes-VersG) **ausgenommen**, soweit der mit der Spontanversammlung verfolgte Zweck bei Einhaltung der Anmeldepflicht nicht erreicht werden könnte
Eilversammlung: Versammlung, die geplant ist und Veranstalter hat, aber **ohne Gefährdung** des Versammlungszwecks nicht unter Einhaltung der 48-Stunden-Frist des § 14 Bundes-VersG angemeldet werden kann
Beachte: Eilversammlungen sind dann anzumelden, sobald dies möglich ist (= verfassungskonforme Auslegung des § 14 VersG)

II. Eingriff

Eingriff ist jedes staatliche Handeln, das zu einer Beeinträchtigung des Schutzbereiches führt, z.B. Verbot, Unterbrechung oder Auflösung einer Versammlung; *Auflagen* bzgl. Ort und Zeit, Ablauf, Kundgebungsmittel, Redebeiträge; Einkesselung einer Demonstration, Ausschluss von Teilnehmern, erhebliche Behinderung durch die Polizei; *Überwachung* von Teilnehmern einschl. Feststellung der Identität der Teilnehmer, denn dies kann die Entschlussfreiheit beeinträchtigen, bei der Versammlung mitzuwirken, vgl. Deger, *Studienbuch Grundrechte* (niederle media), S. 85.

III. Verfassungsrechtliche Rechtfertigung

1. Versammlung in geschlossenem Raum
Nur verfassungsimmanente Schranken

2. Versammlung unter freiem Himmel
Gesetzesvorbehalt in **Art. 8 II**
Zentrale Schranken sind die §§ 14 ff. Bundes-VersG, vor allem **§ 15 I VersG**
Beachte: Hier muss es sich aber um eine **öffentliche** Versammlung (§ 1 VersG) handeln
Als Gesetz i. S. v. Art. 8 II kommen aber z. B. auch das **PolG** oder das **Straßenverkehrsrecht** in Betracht
Das VersG des Bundes geht als Spezialgesetz dem allg. Polizei- und Ordnungsrecht vor; existiert aber ein VersG des Landes, ist dieses wiederum vorrangig!

3. Schranken-Schranken

Vor allem der **Verhältnismäßigkeitsgrundsatz.** Grundlegend war der Brokdorf-Beschluss des BVerfG im Jahre 1985. Danach dürfen Verbot und Auflösung von Versammlungen nur erfolgen „zum Schutz gleichwertiger Rechtsgüter unter strikter Wahrung des Grundsatzes der Verhältnismäßigkeit und nur bei einer unmittelbaren, aus erkennbaren Umständen herleitbaren Gefährdung dieser Rechtsgüter".

Die Behörden müssen die einschränkenden Gesetze *versammlungsfreundlich* auslegen und anwenden. Versammlungen sind grundsätzlich zu ermöglichen, auch solche von politischen Extremisten, wenn nicht konkret Straftaten durch diese drohen.

O. Vereinigungsfreiheit, Art. 9 I, II

I. Schutzbereich
1. Persönlicher Schutzbereich: Alle Deutschen
2. Sachlicher Schutzbereich: Vereinigung
II. Eingriff in den Schutzbereich
III. Verfassungsrechtliche Rechtfertigung
Schranken des Schutzbereichs: Art. 9 II u. verfassungsimmanente Schranken

I. Schutzbereich

1. Persönlicher Schutzbereich
Nur **Deutsche** i. S. v. Art. 116 I
Beachte: Für **Ausländer:** Schutz nur nach **Art. 2 I** i. V. m. VereinsG
Sowohl die **individuelle** als auch die **kollektive** Vereinigungsfreiheit wird geschützt

2. Sachlicher Schutzbereich
Vereinigung (vgl. § 2 I VereinsG):

a) Freiwilliger Zusammenschluss **mehrerer** natürlicher oder juristischer Personen (h. M.: mindestens 2)
b) auf **privatrechtlicher** Grundlage (h. M.);
c) ein **gemeinsamer Zweck** wird verfolgt;
d) der Zusammenschluss ist auf eine **gewisse Dauer** angelegt und
e) weist ein Mindestmaß an **Organisation** auf.

Schutzumfang: Bildung, Beitritt, Existenz, Bestand, negative Vereinigungsfreiheit (Fernbleiben, Austritt)
Beachte: Die **negative Vereinigungsfreiheit** gilt für **privatrechtliche** Vereinigungen, nach h. M. aber **nicht** für **öffentlich-rechtliche** Vereinigungen (z. B. IHK, die öffentl.-rechtlich gem. § 3 I IHK-Gesetz ist); Schutz nur durch Art. 2 I

II. Eingriff

Eingriff ist jedes staatliche Handeln, das zu einer Beeinträchtigung des Schutzbereiches führt, z.B. wenn der Staat eine Vereinigung verbietet oder auflöst, die Vereinssatzung unter Genehmigungsvorbehalt stellt, die Mitgliederwerbung untersagt oder Mitglieder zum Austritt zwingt, vgl. Deger, *Studienbuch Grundrechte* (niederle media), S. 85.

III. Verfassungsrechtliche Rechtfertigung

Schranken: Art. 9 II und **verfassungsimmanente** Schranken

Beachte: Der Begriff „verfassungsmäßige Ordnung" in Art. 9 II ist, anders als der gleichlautende Begriff in Art. 2 I, auf gewisse elementare Grundsätze der Verfassung beschränkt (freiheitliche Grundordnung i. S. d. Art. 18 S. 1, 21 II 1)

P. Koalitionsfreiheit, Art. 9 III

I. Schutzbereich
    1. Persönlicher Schutzbereich: „Jedermann"
    2. Sachlicher Schutzbereich: Koalition
II. Eingriff in den Schutzbereich
III. Verfassungsrechtliche Rechtfertigung
    Schranken des Schutzbereichs: Art. 9 II (str.; h. M.: Art. 9 II
    analog)
    Art. 9 III 3

I. Schutzbereich

1. Persönlicher Schutzbereich: Jedermann
Individualgrundrecht, das für **jedermann** gilt
Beachte: Sowohl die **individuelle** als auch die **kollektive** Koalitionsfreiheit wird geschützt

2. Sachlicher Schutzbereich: Koalition
Vereinigung i. S. d. **Art. 9 I** zur Wahrung und Förderung der **Wirtschafts-** u. **Arbeitsbedingungen, die frei** gebildet, **gegnerfrei, unabhängig** u. **überbetrieblich** organisiert (h. M.) ist

Schutzumfang: Bildung, Bestand, Beitritt, negative Koalitionsfreiheit (Austritt, Fernbleiben), individuelle Beteiligung

II. Eingriff

Liegt vor, wenn das geschützte Verhalten **geregelt** wird
Beachte: Hier ist die Differenzierung zwischen **Ausgestaltung** u. Eingriff erforderlich
Ausgestaltung: Staat legt lediglich erstmalig **Rahmenbedingungen** für Ausübung des Grundrechts fest oder modifiziert diese

III. Verfassungsrechtliche Rechtfertigung

Art. 9 II (str., da Art. 9 II **vor** der Koalitionsfreiheit steht, Stichwort: systematische Stellung), h. M.: **Art. 9 II analog** und verfassungsimmanente Schranken
Art. 9 III 3

Q. Berufsfreiheit, Art. 12

Beachte Verhältnis zu Art. 14: **Art. 12 I** schützt den **Erwerb**, **Art. 14 I** schützt das **Erworbene**

I. Schutzbereich
 1. Persönlicher Schutzbereich: Nur Deutsche
 2. Sachlicher Schutzbereich: Beruf (Berufswahl u. Berufsausübung), Wahl von Arbeitsplatz u. Ausbildungsstätte
II. Eingriff in den Schutzbereich: Jede Beeinträchtigung der geschützten Wahl- u. Ausbildungsfreiheiten, insbesondere Bindung der Berufswahl an subjektive oder objektive Zulassungsvoraussetzungen, belastende Berufsausübungsregelung
III. Verfassungsrechtliche Rechtfertigung
 1. Schranken des Schutzbereichs: Gesetzesvorbehalt für Berufsausübung: Art. 12 I 2
 (h. M.: Art. 12 I ist ein einheitliches Grundrecht, deshalb stellt auch Art. 12 I 2 die Berufswahl unter Gesetzesvorbehalt)
 2. Schranken-Schranken: „Drei-Stufen-Theorie"

I. Schutzbereich

1. Persönlicher Schutzbereich
Nur Deutsche i. S. v. Art. 116 I
Beachte: Für **Ausländer: Art. 2 I**
Auch juristische Personen des Privatrechts werden erfasst (**Art. 19 III**)

2. Sachlicher Schutzbereich
Beruf (Berufswahl u. Berufsausübung), Wahl von Arbeitsplatz u. Ausbildungsstätte
Beruf: Jede auf Dauer angelegte Tätigkeit, die der Schaffung u. Erhaltung einer Lebensgrundlage dient
Auch: Untypische Betätigungen

Beachte: Ob es sich um eine **erlaubte** Tätigkeit handelt, spielt für den Schutzbereich des Art. 12 I keine Rolle, soweit sie nur nicht schlechthin **gemeinschädlich** ist (h. M.)
Berufsausübung: Schutz reicht von der erstmaligen Betätigung bis zur völligen Aufgabe jeglicher Berufstätigkeit
Ausbildungsstätte: Einrichtung, die der beruflichen Ausbildung dient

II. Eingriff

Eingriff ist jedes staatliche Handeln, das zu einer Beeinträchtigung des Schutzbereiches führt, z.B. die Festlegung einer Höchstzahl von Taxi-Konzessionen in der jeweiligen Stadt; die Zulassung nur von Meistern im selbstständigen Handwerk; das Verbot gegenüber einem Wettbüro, Sportwetten zu veranstalten oder zu vermitteln; einem „Wunderheiler" das entgeltliche Handauflegen zu verbieten; einem Inkassounternehmen begleitende Rechtsberatung verbieten; einem muslimischen (deutschen) Schlachter das „Schächten" von Tieren verbieten; gesetzlicher Ladenschluss für Einzelhandelsbetriebe; gesetzliche Sperrzeit für Gaststätten, gesetzliches Rauchverbot in Gaststätten; Beschränkungen des Schwerlastverkehrs an Feiertagen; Werbeverbot für Rechtsanwälte, Verbot anwaltlicher Erfolgshonorare, vgl. Deger, *Studienbuch Grundrechte* (niederle media), S. 104.

Beachte: Ein Eingriff kann die **Ausübung** (das „**Wie**" der beruflichen Tätigkeit) oder die **Berufswahl** (das „**Ob**" der beruflichen Tätigkeit) betreffen. Knüpfen Zulassungsvoraussetzungen an *persönliche* Eigenschaften oder Fähigkeiten an, handelt es sich um **subjektive Zulassungsvoraussetzungen.** Hingegen liegen **objektive Zulassungsvoraussetzungen** vor, wenn objektive, dem Einfluss des Bewerbers *entzogene* Voraussetzungen Anknüpfungspunkt sind.

Beachte: Auch **mittelbare Eingriffe** sind möglich, wenn sie in **engem** Zusammenhang mit der Berufstätigkeit stehen und objektiv eine **berufsregelnde** Tendenz deutlich erkennen lassen

III. Verfassungsrechtliche Rechtfertigung

1. Schranken: Gesetzesvorbehalt für Berufsausübung: Art. 12 I 2

Da sich Wahl u. Ausübung kaum trennen lassen, ist auch die **Berufswahl** von **Art. 12 I 2** erfasst (h. M.: **Art. 12 I** ist ein **einheitliches** Grundrecht, deshalb stellt auch Art. 12 I 2 einheitlich die **Berufswahl** unter Gesetzesvorbehalt, allerdings mit unterschiedlicher Reichweite)

2. Schranken-Schranken: „Drei-Stufen-Theorie"

Obwohl es sich um ein **einheitliches** Grundrecht handelt, muss innerhalb dieses Grundrechts differenziert werden:

a) Qualifizierung einer bestimmten Maßnahme als **Berufsausübungsregelung** oder Regelung der **Berufswahl** (siehe bei II. Eingriff)

b) Die unterschiedlichen Eingriffe verlangen unterschiedliche Anforderungen an die Rechtfertigung:

1. Stufe: Berufsausübungsregelungen
Der Eingriff ist gerechtfertigt, wenn vernünftige Erwägungen des **Allgemeinwohls** die Regelung als **zweckmäßig** erscheinen lassen und die Regelung **verhältnismäßig** (geeignet, erforderlich, angemessen) ist

Bei Eingriffen in die **Berufswahl** ist zwischen **subjektiven** u. **objektiven** Zulassungsvoraussetzungen zu unterscheiden:

2. Stufe: Subjektive Zulassungsvoraussetzungen
Der Eingriff ist gerechtfertigt, wenn er dem Schutz **wichtiger** Gemeinschaftsgüter dient u. die konkrete Regelung **verhältnismäßig** (geeignet, erforderlich, angemessen) ist
Beachte: Subjektive Zulassungsvoraussetzungen müssen **angemessen** sein, d. h. dürfen **nicht** außer Verhältnis zum angestrebten Zweck der ordnungsgemäßen Erfüllung der Berufstätigkeit stehen und für den Betroffenen keine übermäßige Belastung sein

3. Stufe: Objektive Zulassungsvoraussetzungen
Der Eingriff ist gerechtfertigt, wenn er zur Abwehr **nachweisbarer** oder höchstwahrscheinlicher **schwerer** Gefahren für ein **überragend wichtiges** Gemeinschaftsgut (z. B. Volksgesundheit) **zwingend geboten** ist

Beachte: Insgesamt ist ein Eingriff auf einer höheren Stufe nur zulässig, wenn der Zweck durch einen Eingriff auf einer **niedrigeren** Stufe nicht erreicht werden kann.

R. Eigentumsgarantie, Art. 14

I. Schutzbereich
1. Persönlicher Schutzbereich: Jedermann
2. Sachlicher Schutzbereich: Eigentum
II. Eingriff in den Schutzbereich: Eingriffe können
1. durch Inhalts- u. Schrankenbestimmungen (Art. 14 I 2) u.
2. durch Enteignung (Art. 14 III) erfolgen
III. Verfassungsrechtliche Rechtfertigung
1. der Inhalts- u. Schrankenbestimmung:
Einfacher Gesetzesvorbehalt des Art. 14 I 2
2. der Enteignung: Qualifizierter Gesetzesvorbehalt des Art. 14 III 2

I. Schutzbereich

1. Persönlicher Schutzbereich: Jedermann

Beachte: Auch **juristische** Personen des Privatrechts (**Art. 19 III**)

2. Sachlicher Schutzbereich: Eigentum

Alle **vermögenswerten** Rechte des Privatrechts: Sacheigentum, dingliche Rechte, Forderungen, Urheberrechte etc.

Rechte am eingerichteten und ausgeübten Gewerbebetrieb (Kundenstamm, Boykott, Rufschädigung)

Beachte: Geschützt ist alles, was den **wirtschaftlichen** Wert des Betriebs ausmacht (h. M.)

Öffentlich-rechtliche Vermögenspositionen fallen nur dann in den Schutzbereich des Art. 14, wenn sie **nicht nur auf bloßer staatlicher Gewährleistung** beruhen, sondern als **Gegenleistung** für eine eigene Leistung des Betroffenen anzusehen sind, z.B. der Anspruch auf Arbeitslosengeld, Rentenansprüche aus der gesetzlichen Sozialversicherung und Anwartschaften hierauf. Nicht geschützt sind hingegen Ansprüche auf Subventionen, Sozialhilfe und Kindergeld.

Beachte: Art. 14 schützt nur **konkrete** Rechtspositionen bzw. Vermögenswerte und **nicht** das Vermögen selbst.
Schutzumfang: Bestand und Nutzung des Eigentums, negative Eigentumsfreiheit

II. Eingriff

Eingriffe können

1. durch Inhalts- und Schrankenbestimmungen (Art. 14 I 2) oder

2. durch Enteignung (Art. 14 III) erfolgen

Beachte: Formale **Unterscheidung** des BVerfG: Nur dann, wenn der Gesetzgeber die Eigentumsposition **zielgerichtet, individuell** u. **konkret** entziehen will, ist eine **Enteignung** gegeben. Legt er hingegen **abstrakt-generell** Rechte u. Pflichten fest, handelt es sich um eine **Inhalts- u. Schrankenbestimmung.**
Kurz:
- **Inhalts- u. Schrankenbestimmung:** abstrakt-generell
- **Enteignung:** konkret-individuell

244

Beispiele für Inhalts- und Schrankenbestimmungen: Der Waldeigentümer muss anderen Menschen das Betreten des Waldes zum Zweck der Erholung gestatten. Der Grundstückseigentümer darf (entgegen § 903 BGB) nicht nach Belieben mit dem Grundwasser verfahren (§ 33 WHG) und nicht nach Belieben Emissionen ausstoßen, er muss die Durchleitung von Trinkwasserleitungen dulden, er haftet für sog. Altlasten auf seinem Grundstück. Der Gesetzgeber verbietet Mietzinserhöhungen um mehr als 20 % gem. § 558 BGB. Auch einschneidende Maßnahmen der Exekutive oder Justiz im Einzelfall werden i.d.R. als bloße Inhalts- und Schrankenbestimmung qualifiziert, wie Tötung eines gefährlichen Hundes, strafrechtliche oder polizeirechtliche Einziehung von Gegenständen, strafrechtlicher Verfall von Gegenständen, vgl. Deger, *Studienbuch Grundrechte* (niederle media), S. 124.

Beispiele für Enteignungen: Meist erfolgt die Enteignung durch Verwaltungsakt (Administrativenteignung) auf Grund eines Gesetzes in einem förmlichen Enteignungsverfahren. Das geschieht z.b. beim Bau neuer Fernstraßen, Schienenwege oder Flughäfen gem. § 19 FStrG, § 22 AEG, § 28 LuftVG oder §§ 93 ff., 104 ff. BauGB und den Enteignungsgesetzen der Länder, vgl. Deger, *Studienbuch Grundrechte* (niederle media), S. 123.

III. Verfassungsrechtliche Rechtfertigung

1. Inhalts- u. Schrankenbestimmung

Einfacher Gesetzesvorbehalt des Art. 14 I 2
Inhalts- u. Schrankenbestimmungen dürfen nur **durch Gesetz** erfolgen und müssen dem **Verhältnismäßigkeitsgrundsatz** entsprechen (Abwägung zwischen Art. 14 I 1 u. Art. 14 II 2).

Beachte: Ist eine Inhalts- u. Schrankenbestimmung **unverhältnismäßig**, dann kann dieser Verstoß auf **zwei** Arten abgewendet werden: Gesetzgeber schafft **Übergangs- und Ausgleichsregelungen**, die der Regelung die Härte nehmen oder er schafft eine **Entschädigungsregelung** für den Betroffenen.

Beachte: Rechtsweg bei Entschädigungsansprüchen: § 40 II 1 VwGO

2. Enteignung

Qualifizierter Gesetzesvorbehalt des Art. 14 III 2
Eine Enteignung darf nur **durch Gesetz** (= **Legalenteignung**) oder **auf Grund** eines **Gesetzes** (= **Administrativenteignung**; Enteignung erfolgt z. B. durch einen VA) und nur zum **Wohl der Allgemeinheit** erfolgen.

Das Gesetz muss selbst Art u. Ausmaß der Entschädigung regeln, sog. **Junktimklausel**, Art. 14 III 2 HS 2. Ohne Entschädigungsregelungen (Art. 14 III 2 u. 3) ist ein Enteignungsgesetz **verfassungswidrig.**

Schließlich muss der Grundsatz der **Verhältnismäßigkeit** gewahrt bleiben: Es muss eine **Abwägung** erfolgen zwischen den Interessen der Allgemeinheit und den Interessen des Betroffenen.

Vierter Abschnitt: Allgemeines Verwaltungsrecht

§§ ohne Gesetzesangabe sind solche des VwVfG.

A. Verwaltungsakt, § 35 VwVfG

I. Maßnahme: jedes Verhalten mit Erklärungsgehalt
II. einer Behörde: § 1 IV VwVfG
III. auf dem Gebiet des öffentlichen Rechts
IV. zur Regelung: auf Herbeiführung einer Rechtsfolge gerichtet
V. eines Einzelfalles: Abgrenzung zur Rechtsnorm
VI. mit unmittelbarer Außenwirkung: Rechtsfolgen ausserhalb der Verwaltung

I. Maßnahme

Maßnahme ist jedes zweckgerichtete Verhalten, welches Menschen oder juristischen Personen bzw. deren Untergliederungen zurechenbar ist. Der Begriff der Maßnahme umfasst damit eine Reihe von Verwaltungshandlungen, nämlich Ge- und Verbote, Feststellungen sowie Gewährungen und deren Versagungen.

Kurz: Maßnahme ist jedes Verhalten mit Erklärungsgehalt.

II. einer Behörde

Behörde ist jede Stelle, die Aufgaben der **öffentlichen Verwaltung** wahrnimmt (**§ 1 IV VwVfG**). Eine Stadt- oder Gemeindeverwaltung sowie das BaföG-Amt nehmen Aufgaben der öffentlichen Verwaltung wahr und sind damit eine Behörde.

Der Behördenbegriff leistet die Abgrenzung zu der Regierungstätigkeit, der Gesetzgebung und der Rechtsprechung. Als Behörde handeln die genannten Staatsgewalten nur dann, wenn ihre Organe *Verwaltungstätigkeiten* ausführen. Dies tut z.B. die Geschäftsstelle eines Gerichtes oder die Hausverwaltung des Bundestages.

Der Behördenbegriff umfasst grundsätzlich nicht das Handeln von *Privatpersonen*. Eine Ausnahme von diesem Grundsatz bilden die sog. *Beliehenen*. Hierbei handelt es sich um natürliche oder juristische Personen des Privatrechts, die hoheitliche Funktionen im Auftrag des Staates ausüben, zumeist jedoch im eigenen Namen und eigenen Interesse, z.B. der TÜV bei der KFZ-Zulassungsprüfung nach § 29 StVZO oder der Bezirksschornsteinfeger.

Der Beliehene ist vom *Verwaltungshelfer* zu unterscheiden. Dieser unterstützt die Verwaltungsbehörde bei der Durchführung bestimmter Verwaltungsaufgaben. Dabei wird er nicht selbstständig tätig, sondern nimmt Hilfstätigkeiten im Auftrag und nach Weisung der Behörde wahr.

III. auf dem Gebiet des Öffentlichen Rechts

Privatrechtliche behördliche Handlungen scheiden aus. Beispiel: Die Stadtverwaltung schafft sich neue Computer an. Hier handelt die Verwaltung privatrechtlich. Die Abgrenzung von öffentlichem Recht und Privatrecht richtet sich nach folgenden Theorien:

1. Interessentheorie

Nach der **Interessentheorie** gehören zum öffentlichen Recht diejenigen Rechtsnormen, die überwiegend dem *öffentlichen Interesse* dienen. Demgegenüber sind die dem Privatinteresse dienenden Rechtsnormen dem Privatrecht zuzuordnen. Das Merkmal des *öffentlichen Interesses* ist allerdings sehr unbestimmt, so dass mit Hilfe der Interessentheorie keine genaue Abgrenzung möglich ist.

2. Subordinationstheorie

Nach der **Subordinationstheorie** sind Normen immer dann als öffentlich-rechtlich einzustufen, wenn zwischen den Beteiligten ein *Über- und Unterordnungsverhältnis* besteht. Demgegenüber geht es im Privatrecht um ein *Gleichordnungsverhältnis*. Die Subordinationstheorie ermöglicht jedoch nicht immer eine klare Abgrenzung zwischen dem öffentlichen und dem privaten Recht, z.B. nicht beim öffentlich-rechtlichen Vertrag gemäß §§ 54 ff. VwVfG, bei dem sich beide Parteien als gleichberechtigte Partner gegenüberstehen.

3. Modifizierte Subjektstheorie (h.M.)

Nach der herrschenden **modifizierten Subjektstheorie** entspricht das Verwaltungshandeln der Rechtsnatur der zugrunde liegenden Norm. Eine Rechtsnorm ist dann öffentlich-rechtlicher Natur, wenn der Berechtigte oder Verpflichtete ausschließlich ein Träger öffentlicher Gewalt ist.

IV. zur Regelung

Maßnahme, die auf Herbeiführung einer Rechtsfolge gerichtet ist

Regelungsarten sind insbesondere: Verbot, Gebot, Rechtsversagung (z. B. Ablehnung), Rechtsgewährung (z. B. Genehmigung), Rechtsgestaltung (z. B. Ernennung), Feststellung bei klärungsbedürftigem Rechtsverhältnis
Formen: schriftlich, mündlich, elektronisch etc.

Beachte: Abgrenzung zum **Realakt** (= Tatsächliches Verwaltungshandeln, z. B. Auskünfte, Belehrungen, Hinweise). Abgrenzung zu **wiederholenden Verfügungen:** Diese haben **keinen** eigenen Regelungsgehalt
Beachte: Enthält aber der weitere Bescheid eine **erneute** sachliche Begründung, dann liegt eine Regelung in Form eines sog. **Zweitbescheides** und damit ein VA vor

V. eines Einzelfalles

Regelung eines **konkreten oder abstrakten** Sachverhaltes für einen **individualisierten** Personenkreis (= Einzel- oder Sammelverfügung)

Beachte: Abgrenzung zur **Rechtsnorm** (= Parlamentsgesetz, Rechtsverordnung, Satzung), die eine **unbestimmte** Zahl von Fällen u. eine **unbestimmte** Zahl von Personen betrifft u. damit einen **abstrakt-generellen** Charakter hat

Es gibt grundsätzlich 4 verschiedene Möglichkeiten der Regelung:

1. **Konkret-individuelle Regelung:** Es liegt ein **VA** vor
2. **Abstrakt-generelle Regelung: Kein VA,** sondern formelle Gesetze, Rechtsverordnungen, Satzungen etc.

3. Abstrakt-individuelle Regelung: Es liegt ein **VA** vor

4. Konkret-generelle Regelung: Es liegt ein **VA** in Form einer **Allgemein-verfügung**, § 35 S. 2 VwVfG vor. Hier bezieht sich die Regelung auf einen **konkreten** Sachverhalt, allerdings ist sie **generell**, weil der betroffene Personenkreis (noch) **nicht** feststeht

3 Arten von Allgemeinverfügungen:

a) Personenbezogene Allgemeinverfügung, § 35 S. 2 Var. 1 VwVfG
Der Personenkreis ist zahlenmäßig bestimmt oder bestimmbar

b) Sachbezogene (dingliche) Allgemeinverfügung, § 35 S. 2 Var. 2 VwVfG
Die Regelung bezieht sich auf eine konkrete Sache und betrifft deren öffentlich-rechtliche Eigenschaft (Bspe.: Widmung, Entwidmung)

c) Benutzungsregelnde Allgemeinverfügung, § 35 S. 2 Var. 3 VwVfG
Die Regelung bezieht sich auf eine konkrete Sache und betrifft deren Benutzung durch die Allgemeinheit (Bspe.: Verkehrszeichen, die Ge- oder Verbote beinhalten)

VI. mit unmittelbarer Außenwirkung

Unmittelbare Rechtswirkung nach außen meint, dass die angeordneten Rechtsfolgen außerhalb der Verwaltung stehende Personen treffen sollen, indem deren Rechtsposition erweitert, eingeschränkt oder entzogen wird. Bei diesem Begriffsmerkmal geht es um die Abgrenzung zu *rein verwaltungsinternen* Regelungen, also um die Frage, ob die getroffene Regelung in einen anderen Rechtskreis eingreift. Ist Adressat einer behördlichen Maßnahme ein *Bürger* oder ein *anderer Verwaltungsträger*, so ist in der Regel von der unmittelbaren Rechtswirkung nach außen auszugehen. Sehr viel problematischer sind demgegenüber alle *verwaltungsinternen* Maßnahmen:

1. Beamtenverhältnis

Es ist zu unterscheiden, ob die Maßnahme *die Amtsstellung* oder *die persönliche Rechtsstellung* des Beamten betrifft: Ist der Beamte nur in seiner Funktion als Teil der Verwaltung betroffen, bleibt die Maßnahme behördenintern und ist kein VA. Tritt der Beamte hingegen seinem Dienstherrn als Rechtspersönlichkeit gegenüber, so liegt eine Regelung mit Außenwirkung und damit ein VA vor, z.B. bei Ernennung, Beförderung, Versetzung.

2. Schüler und Studenten

Auch hier ist darauf abzustellen, ob es sich um eine Maßnahme zur Regelung des internen (Hoch-) Schulbetriebs (z.B. eine Strafarbeit) oder um einen Eingriff in die Stellung des Schülers oder Studenten als Träger eigenständiger Rechte handelt, z.B. Aufnahme, Entlassung etc.

3. Soldaten, Wehr-, Ersatzdienstleistende und Strafgefangene

Auch in diesen Fällen gelten die für das Beamtenverhältnis entwickelten Grundsätze.

4. Mehrstufige Verwaltungsakte

Hier geht es um Mitwirkungsakte bzw. Zustimmung anderer Verwaltungsbehörden oder –träger. Diese Akte haben **keine Außenwirkung**, sondern sind nur **verwaltungsinterne** Erklärungen.

Beachte Ausnahme: Es gibt einige Verwaltungsakte, die erst **nach Erteilung** der Zustimmung einer anderen Behörde bzw. eines anderen Verwaltungsträgers erlassen werden dürfen. Diese Zustimmung stellt dann einen VA dar, wenn sie dem Bürger gegenüber eine eigene und unmittelbare Rechtswirkung entfaltet. Hiervon ist dann auszugehen, wenn der mitwirkungsberechtigten Behörde die alleinige oder überwiegende Entscheidungsbefugnis zugewiesen ist.

5. Maßnahmen gegenüber anderen Verwaltungsträgern

Eine behördliche Maßnahme, die gegenüber einem Verwaltungsträger ergeht, besitzt unmittelbare Außenwirkung i. S. d. VA-Begriffs, soweit der betroffene Verwaltungsträger diesbezüglich mit *eigenen Rechten* (z.b. Selbstverwaltungsrechten) ausgestattet ist. Beispiel: Beanstandungsverfügungen im Rahmen der staatlichen *Rechtsaufsicht* über die Gemeinden (§§ 118 ff. GO **BaWü**; §§ 108 ff. GO **Bay**; §§ 108 ff. **BrbgKVerf**; § 135 GO He; § 78 II KV **MV**; § 173 **NKomVG**; § 122 GO **NW**; §§ 117 ff. GO **RhPf**; §§ 127 ff. KSVG **Saarl**; § 111 ff. GO **Sachs**; §§ 143 ff. KVG **LSA**; §§ 120 ff. GO **SH**; §§ 116 ff. KO **Thür**); Genehmigung des Flächennutzungsplans, § 6 I BauGB.

B. Rechtmäßigkeit eines Verwaltungsakts

I. Ermächtigungsgrundlage: Nennung der in Betracht kommenden Ermächtigungsgrundlage
II. Formelle Rechtmäßigkeit
    1. Zuständigkeit der Erlassbehörde (sachlich, instanziell, örtlich)
    2. Verfahren: insbesondere §§ 20, 21 sowie Anhörung, 28 VwVfG
    3. Form: grundsätzlich formfrei, § 37 II VwVfG; Begründung: § 39
    4. Bei formellen Fehlern: grds. keine Nichtigkeit, sondern
       Rechtswidrigkeit, vgl. vgl. § 44 II Nr. 1–3, III VwVfG; Heilungs-
       möglichkeit gemäß § 45 VwVfG; Unbeachtlichkeit gemäß
       § 46 VwVfG
III. Materielle Rechtmäßigkeit
    1. Tatbestandsvoraussetzungen der Ermächtigungsgrundlage
    2. Richtiger Adressat
    3. Inhaltliche Bestimmtheit: § 37 I VwVfG
    4. Verhältnismäßigkeit
    5. Bei Ermessensentscheidungen: keine Ermessensfehler

I. Ermächtigungsgrundlage (EGL)

Eine EGL ist erforderlich nach dem Grundsatz vom Vorbehalt des Gesetzes.
Es ist die Norm zu nennen, auf die der Eingriff durch die Behörde gestützt wird.

Beachte: Spezielle Regelungen sind immer vor den allgemeinen zu prüfen.
Auch Rechtsverordnungen oder Satzungen kommen in Betracht

II. Formelle Rechtmäßigkeit: Zuständigkeit, Verfahren, Form

1. Zuständigkeit der Erlassbehörde (sachlich, instanziell, örtlich)

2. Verfahren

Insbesondere

a) §§ 20, 21 (Befangenheit) sowie

b) Anhörung 28 I VwVfG (nur beim belastenden VA, beim begünstigenden VA str.). Nach § 28 II, III VwVfG kann Anhörung entbehrlich sein.

3. Form: grundsätzlich formfrei, § 37 II VwVfG; Begründung: § 39

4. Bei formellen Fehlern

Grds. keine Nichtigkeit, sondern Rechtswidrigkeit, vgl. vgl. § 44 II Nr. 1–3, III VwVfG; Heilungsmöglichkeit gemäß § 45 VwVfG; Unbeachtlichkeit gemäß § 46 VwVfG

III. Materielle Rechtmäßigkeit

1. Tatbestandsvoraussetzungen der Ermächtigungsgrundlage
Merkmal, Definition, Subsumtion

Beachte: Ggf. **Beurteilungsspielraum** der Verwaltung
In folgenden Fällen steht der Behörde ein Beurteilungsspielraum zu, allerdings ist zu beachten, dass das Gericht zumindest prüfen kann, ob der gesetzliche Rahmen, der dem Gesetzesanwender eingeräumt wurde, überschritten wurde (= Beurteilungsfehler):

a) Bei prüfungs- und prüfungsähnlichen Entscheidungen
(Bspe.: Abitur, Staatsprüfung)

b) Beamtenrechtliche Beurteilung u. Einstellungsentscheidungen
Hier ist dem Dienstherrn ein gerichtlich nicht nachprüfbarer Beurteilungsspielraum eingeräumt

c) Prognostische Entscheidungen wertenden Charakters
Bsp.: Rückkehrprognose bei der Entscheidung über die Gewährung von Strafgefangenenurlaub

d) Entscheidungen wertender Art
Hier wird der Beurteilungsspielraum bei Wertungsentscheidungen durch weisungsfreie Ausschüsse anerkannt, die mit Sachverständigen u. / oder Interessenvertretern besetzt sind

2. Richtiger Adressat

3. Inhaltliche Bestimmtheit: § 37 I VwVfG

4. Verhältnismäßigkeit

Geeignetheit, Erforderlichkeit, Angemessenheit, Zumutbarkeit für den Adressaten, vgl. Schema C. Seite 225.

5. Bei Ermessensentscheidungen ("kann", "darf" "ist befugt"):
es dürfen keine Ermessensfehler vorliegen

a) Ermessensnichtgebrauch: Liegt vor, wenn die Behörde von dem ihr zustehenden Ermessen **keinen** Gebrauch macht
Beachte: Behörde muss prüfen, ob ein Einschreiten im konkreten Fall angebracht oder sogar erforderlich ist

b) Ermessensfehlgebrauch: Ermessensmissbrauch
Liegt vor, wenn sich die Behörde **nicht** ausschließlich vom Zweck der Ermessensvorschrift leiten lässt. Besondere Fallgruppen:
aa) Zweck- oder sachfremde Erwägungen
bb) Verwertung falscher Tatsachen
cc) Verstoß gegen den Gleichbehandlungsgrundsatz, Art. 3 I GG
dd) Strukturelle Mängel der Erwägungen. Bspe.: Widersprüche, logische Fehler

c) Ermessenüberschreitung
Liegt vor, wenn die Behörde eine nicht mehr im **Rahmen** der Ermessensvorschrift liegende Rechtsfolge wählt

6. Ggf. Ermessensreduzierung auf Null: Nur eine der möglichen Rechtsfolgen wäre rechtmäßig. Die Behörde ist dann **verpflichtet**, diese eine ihr noch verbleibende Entscheidung zu "wählen", z.B. bei Gefahren für Leib und Leben

C. Rücknahme von Verwaltungsakten, § 48 VwVfG

Beachte: Die Rücknahme und der Widerruf von VAen sind Gegenstand einer Reihe von Spezialgesetzen. In der Klausur ist bei der Suche nach der einschlägigen Rechtsgrundlage daher zunächst zu prüfen, ob die §§ 48, 49 VwVfG nicht von *Spezialregelungen* in anderen Gesetzen verdrängt werden, z.B. § 15 Bundes-GastG (sofern kein Landes-GastG existiert), § 12 BeamtStG, § 45 WaffG, § 17 AtomG.

I. Rücknahme eines rechtswidrigen Verwaltungsaktes, § 48 VwVfG
    1. Rücknahme eines begünstigenden VA, § 48 I 2, II – IV VwVfG
        a) Zuständigkeit, § 48 V VwVfG
        b) Verfahren und Form
        c) Rechtswidriger aber wirksamer begünstigender VA
        d) Bei Geld- u. Sachleistungen, § 48 II VwVfG
            Beachte Ausnahme: § 50 VwVfG
        e) Bei sonstigen begünstigenden VAen, § 48 III VwVfG
        f) Frist, § 48 IV VwVfG
        g) Ordnungsgemäße Ermessensausübung
    2. Rücknahme des belastenden VA, § 48 I 1 VwVfG
        a) Zuständigkeit, § 48 V VwVfG
        b) Verfahren u. Form,
        c) Rechtswidriger aber wirksamer belastender VA
        d) Ordnungsgemäße Ermessensausübung
II. Rechtsfolgen der Rücknahme
    1. Erstattungsanspruch, § 49a VwVfG
    2. Entschädigung nach § 48 III VwVfG
    3. Rücknahme kann auch mit Wirkung für die Vergangenheit (ex tunc) erfolgen, § 48 I 1 VwVfG.

Beachte: Der Begriff der *Rücknahme* (§ 48 VwVfG) bezieht sich auf den *rechtswidrigen*, der Begriff des *Widerrufs* (§ 49 VwVfG) auf einen *rechtmäßigen* VA. Rücknahme und Widerruf können sowohl *begünstigende* als auch *belastende* VAe erfassen. Innerhalb der Rücknahme- und Widerrufsvorschrift wird daher weiter danach unterschieden, ob es sich um einen begünstigenden oder einen belastenden VA handelt.

I. Rücknahme eines rechtswidrigen Verwaltungsaktes, § 48 VwVfG

1. Rücknahme eines begünstigenden VA, § 48 I 2, II – IV VwVfG

Beachte: Begünstigender VA: Legaldefinition in § 48 I 2 VwVfG
Er begründet oder bestätigt ein Recht oder einen rechtlichen Vorteil

a) Zuständigkeit, § 48 V VwVfG

b) Verfahren u. Form

c) Rechtswidriger aber wirksamer begünstigender VA

d) Bei Geld- u. Sachleistungen, § 48 II VwVfG, sofern § 50 VwVfG nicht eingreift

aa) Vertrauenstatbestand
Der Betroffene muss zunächst tatsächlich auf den Bestand des leistungsgewährenden VAs vertraut haben. Das ist in der Regel der Fall. Nur ausnahmsweise ist das Vertrauen des Begünstigten zu verneinen.

bb) Schutzwürdigkeit des Vertrauens
Das tatsächlich vorhandene Vertrauen muss aber unter Abwägung mit dem öffentlichen Interesse schutzwürdig sein. Es darf kein Ausschluss der Schutzwürdigkeit gem. § 48 II S. 3 VwVfG gegeben sein. Das ist der Fall

(1) wenn der Betroffene den VA durch arglistige Täuschung, Drohung oder Bestechung erwirkt hat (§ 48 II S.3 Nr. 1 VwVfG). Den Tatbestandsmerkmalen kommt die gleiche Bedeutung wie im Straf- und Zivilrecht zu, vgl. § 123 BGB, §§ 240 und 334 StGB,

(2) wenn der Betroffene den VA durch Angaben erwirkt hat, die in wesentlicher Beziehung unrichtig oder unvollständig waren (§ 48 II S. 3 Nr. 2 VwVfG). Die Unrichtigkeit der Angaben setzt nach Ansicht des BVerwG *kein Verschulden* des Begünstigten voraus. Entscheidend ist vielmehr, dass die Unrichtigkeit der Angaben im *Verantwortungsbereich* des Betroffenen liegt, d.h., dass sie diesem *objektiv zurechenbar* ist. Hat die Behörde hingegen die Falschangaben mitverursacht, z.B. durch missverständlich oder lückenhaft formulierte Formulare, kann die objektive Zurechenbarkeit der Falschangaben entfallen,

(3) wenn der Betroffene die Rechtswidrigkeit des VAs kannte oder infolge grober Fahrlässigkeit nicht kannte (§ 48 II S. 3 Nr. 3). In diesem Fall muss der Begünstigte mit der Rücknahme des VAs rechnen, da ihm bewusst ist, dass ihm die gewährte Leistung materiell nicht zusteht. Grob fahrlässige Unkenntnis setzt keine exakte juristische Subsumtion voraus. Ausreichend ist vielmehr die „Parallelwertung in der Laiensphäre", d.h. dass es sich einem durchschnittlichen Beobachter geradezu aufdrängen muss, dass der VA nicht in Ordnung ist.

Ist die Schutzwürdigkeit des Vertrauens nicht nach § 48 II S. 3 VwVfG ausgeschlossen, so ist eine *Abwägung* vorzunehmen. Dabei kommt es auf die Umstände des Einzelfalls an.

Zunächst ist dabei zu prüfen, ob der Begünstigte sein *Vertrauen bereits betätigt hat*, indem er gewährte Leistungen verbraucht oder eine Vermögensdisposition getroffen hat, die er nicht oder nur unter unzumutbaren Nachteilen rückgängig machen kann. Das betätigte Vertrauen ist i. d. R. schutzwürdig (§ 48 II S. 2 VwVfG).

e) Bei sonstigen begünstigenden VAen gilt § 48 III VwVfG, z.B. Baugenehmigung, Gewährung einer unteilbaren Sachleistung, Entscheidung über das Bestehen einer Prüfung. Beachte § 50 VwVfG!

f) Frist, § 48 IV VwVfG
Rücknahme muss innerhalb eines Jahres erfolgen. Die Frist beginnt mit der Kenntnisnahme der Behörde von den Tatsachen, welche die Rücknahme eines rechtswidrigen VAs rechtfertigen. Diese Regelung gilt nicht, wenn der VA durch arglistige Täuschung, Drohung oder Bestechung erwirkt worden ist.

g) Ordnungsgemäße Ermessensausübung
Es steht im Ermessen der Behörde, **ob, in welchem Umfang** und mit welcher **zeitlichen** Wirkung der VA zurückgenommen wird. **Beachte** mögliche Ermessensfehler (Schema S. 243)

2. Rücknahme eines belastenden VA, § 48 I 1 VwVfG

Beachte: Ein **belastender VA** liegt vor, falls er Pflichten begründet, Gebote oder Verbote auferlegt, Rechte aufhebt oder zum Nachteil bestätigt oder sonstige rechtlich erhebliche Nachteile begründet oder bestätigt

a) Zuständigkeit, § 48 V VwVfG

b) Verfahren und Form

c) Rechtswidriger aber wirksamer belastender VA

d) Ordnungsgemäße Ermessensausübung

II. Rechtsfolgen der Rücknahme

1. Erstattungsanspruch, § 49a VwVfG

Hierbei handelt es sich um einen spezialgesetzlich geregelten öffentlich-rechtlichen Erstattungsanspruch, der meist durch einen *zweiten VA*, den sog. *Rückforderungsbescheid*, geltend gemacht wird.

§ 49 a VwVfG enthält zusammenfassend alle Regelungen über die Erstattung- und Verzinsungspflicht des Bürgers im Falle der zweck- oder auflagenwidrigen Verwendung von Leistungen. Für den Umfang der Erstattung mit Ausnahme der Verzinsung gelten die §§ 812 ff. BGB im Sinne einer Rechtsfolgenverweisung entsprechend, § 49 a II S. 1 VwVfG. Allerdings wird die Einrede der Entreicherung (§ 818 III BGB) durch § 49 a II S. 2 VwVfG für den Fall der positiven Kenntnis oder der grob fahrlässigen Unkenntnis des Begünstigten von den Umständen, die zur Unwirksamkeit des VAs geführt haben, ausgeschlossen.

Nach § 49 a III VwVfG ist der zu erstattende Betrag zwingend zu verzinsen. Verwendet der Begünstigte die Leistung nicht alsbald nach der Auszahlung für den bestimmten Zweck, so kann die Behörde gemäß § 49 a IV 1. HS VwVfG *Zwischenzinsen* erheben.

2. Entschädigung nach § 48 III VwVfG

Beachte: Geht es in der Klausur darum, dass der Betroffene Schadensausgleich fordert, erfolgt der Einstieg in die Prüfung über die Anspruchsgrundlage § 48 III VwVfG. Danach ist inzident zu prüfen, ob es sich bei dem aufzuhebenden VA um einen *rechtmäßigen* oder *rechtswidrigen* VA handelt (§ 48 III VwVfG ist nur bei einem rechtswidrigen VA anwendbar). Anschließend sind die übrigen Rücknahmevoraussetzungen sowie die ordnungsgemäße Ermessensbetätigung zu prüfen.

Zu den Problemen, die mit der **Rücknahme unionsrechtswidriger VAe** verbunden sind, vgl. das Skript „Verwaltungsrecht AT 1", S. 79 ff.

3. Rücknahme kann auch mit Wirkung für die Vergangenheit (ex tunc) erfolgen, § 48 I 1 VwVfG.

D. Widerruf von Verwaltungsakten, § 49 VwVfG

Beachte: Die Rücknahme und der Widerruf von VAen sind Gegenstand einer Reihe von Spezialgesetzen. In der Klausur ist bei der Suche nach der einschlägigen Rechtsgrundlage daher zunächst zu prüfen, ob die §§ 48, 49 VwVfG nicht von *Spezialregelungen* in anderen Gesetzen verdrängt werden, z.B. § 15 Bundes-GastG (sofern kein Landes-GastG existiert), § 21 BImSchG, § 45 WaffG, § 17 AtomG.

I. Widerruf nach § 49 VwVfG
    1. Widerruf eines begünstigenden VA, § 49 II VwVfG
        a) Zuständigkeit, § 49 V VwVfG
        b) Verfahren und Form,
        c) Wirksamer und rechtmäßiger begünstigender VA
        d) Widerrufsgrund nach § 49 II, III VwVfG
            Beachte Ausnahme: § 50 VwVfG
        e) Frist, §§ 49 II 2, III 2, 48 IV VwVfG
        f) Ordnungsgemäße Ermessensausübung
    2. Widerruf eines belastenden VA, § 49 I VwVfG
        a) Zuständigkeit, § 49 V VwVfG
        b) Verfahren und Form
        c) Wirksamer und rechtmäßiger belastender VA
        d) Widerruf ist unzulässig, § 49 I 1 HS 2 VwVfG
        e) Ordnungsgemäße Ermessensausübung
II. Rechtsfolgen des Widerrufs
    1. Entschädigung nach §§ 49 VI, 48 III VwVfG
    2. Erstattungsanspruch nach § 49a VwVfG
    3. Widerruf wirkt grunds. für die *Zukunft* (ex nunc), § 49 IV VwVfG

Beachte: Der Begriff der *Rücknahme* (§ 48 VwVfG) bezieht sich auf den *rechtswidrigen*, der Begriff des *Widerrufs* (§ 49 VwVfG) auf einen *rechtmäßigen* VA. Rücknahme und Widerruf können sowohl *begünstigende* als auch *belastende* VAe erfassen. Innerhalb der Rücknahme- und Widerrufsvorschrift wird daher weiter danach unterschieden, ob es sich um einen begünstigenden oder einen belastenden VA handelt.

I. Widerruf nach § 49 VwVfG

1. Widerruf eines begünstigenden VA, § 49 II VwVfG

Beachte: Begünstigender VA: Legaldefinition in § 48 I 2 VwVfG.
Er begründet oder bestätigt ein Recht oder einen rechtlichen Vorteil

a) Zuständigkeit, § 49 V VwVfG

b) Verfahren und Form

c) Wirksamer und rechtmäßiger begünstigender VA

d) Widerrufsgrund nach § 49 II, III VwVfG, sofern § 50 VwVfG nicht eingreift:

aa) Durch Rechtsvorschrift zugelassener oder im VA vorbehaltener Widerruf (§ 49 II Nr. 1 VwVfG)

bb) Nichterfüllung einer Auflage (§ 49 II Nr. 2 VwVfG)

Der Widerruf nach Nr. 2 VwVfG ist wegen des *Grundsatzes der Verhältnismäßigkeit* nur als ultima ratio zulässig, d.h. die Behörde muss zunächst versuchen, die Erfüllung der Auflage durchzusetzen (durch Mahnung, Fristsetzung o. ä.)

cc) Neue Tatsachen und Änderung der Rechtslage (§ 49 II Nrn. 3 und 4 VwVfG)

dd) Schwere Nachteile für das Gemeinwohl (§ 49 II Nr. 5 VwVfG)

Der Widerruf auf der Grundlage der Generalklausel des § 49 II Nr. 5 VwVfG lässt den Widerruf zur Verhinderung von Nachteilen für das Gemeinwohl zu. Dies gilt nicht nur bei einer Gefährdung wichtiger allgemeiner Gemeinschaftsgüter, sondern auch bei ernsthafter Gefährdung oder Beeinträchtigung des Lebens und der Gesundheit Einzelner. Auch bei einem Widerruf nach Nr. 5 ist der Grundsatz der Verhältnismäßigkeit zu beachten.

Beachte: Die Generalklausel des § 49 II Nr. 5 VwVfG ist eine Art Auffangklausel und daher eng auszulegen.

ee) Widerrufsgründe des § 49 III S. 1 VwVfG

Für eine bestimmte Gruppe rechtmäßiger begünstigender VAe sieht § 49 III VwVfG eine besondere, über § 49 II VwVfG hinausgehende Regelung vor. Erfasst werden solche VAe, die eine einmalige oder laufende Geldleistung oder eine teilbare Sachleistung zur Erfüllung eines bestimmten Zweckes gewähren oder hierfür Voraussetzung sind. Dies betrifft insbesondere den Widerruf von *Subventionsbescheiden.* Absatz 3 ermöglicht den Widerruf eines rechtmäßigen VAs auch mit Wirkung für die Vergangenheit. § 49 III VwVfG enthält im Vergleich zu § 49 II VwVfG einen zusätzlichen Widerrufsgrund: ein von der Vorschrift erfasster VA kann auch dann aufgehoben werden, wenn die Leistung nicht, nicht alsbald nach der Erbringung oder nicht mehr für den im VA bestimmten Zweck verwendet wird

e) Frist, §§ 49 II 2, III 2, 48 IV VwVfG

f) Ordnungsgemäße Ermessensausübung

2. Widerruf eines belastenden VA, § 49 I VwVfG

Beachte: Ein **belastender VA** liegt vor, falls er Pflichten begründet, Gebote oder Verbote auferlegt, Rechte aufhebt oder zum Nachteil bestätigt oder sonstige rechtlich erhebliche Nachteile begründet oder bestätigt.

a) Zuständigkeit, § 49 V VwVfG

b) Verfahren und Form

c) Wirksamer und rechtmäßiger belastender VA

d) Widerruf kann unzulässig sein, § 49 I 1 HS 2 VwVfG

e) Ordnungsgemäße Ermessensausübung

II. Rechtsfolgen des Widerrufs

1. Erstattungsanspruch nach § 49a VwVfG, Details siehe auf S. 252

2. Entschädigung nach §§ 49 VI, 48 III VwVfG

3. Widerruf wirkt grds. für die Zukunft (ex nunc), § 49 IV VwVfG

Fünfter Abschnitt: Verwaltungsprozessrecht

A. Anfechtungsklage, § 42 I Var. 1 VwGO

I. Zulässigkeit
 1. Eröffnung des Verwaltungsrechtswegs, § 40 I 1 VwGO
    a) Aufdrängende Spezialzuweisung
    b) Generalklausel des § 40 I 1 VwGO
       aa) Öffentlich-rechtliche Streitigkeit
       bb) Streitigkeit nichtverfassungsrechtlicher Art
       cc) Keine spezialgesetzlich abdrängende Zuweisung
 2. Statthaftigkeit der Anfechtungsklage, § 42 I Var. 1 VwGO
 3. Klagebefugnis, § 42 II VwGO
 4. Vorverfahren, §§ 68 ff. VwGO; oft entbehrl. (AG VwGO/JustizG)!
 5. Klagefrist, § 74 I VwGO
 6. Klagegegner, § 78 VwGO
 7. Beteiligten- und Prozessfähigkeit, §§ 61, 62 VwGO
 8. Ordnungsgemäße Klageerhebung, §§ 81, 82 VwGO
 9. Allgemeines Rechtsschutzbedürfnis (idR unproblematisch)

II. Begründetheit
Die Klage ist begründet, wenn der VA rechtswidrig und der Kläger dadurch in seinen Rechten verletzt ist, § 113 I 1 VwGO
 1. Rechtsgrundlage für den Erlass eines VA
 2. Formelle Rechtmäßigkeit des VA
    a) Zuständige Behörde
    b) Ordnungsgemäßes Verfahren
    c) Formvorschriften, §§ 37 II, 39 VwVfG
 3. Materielle Rechtmäßigkeit des VA
    a) Voraussetzungen der Ermächtigungsgrundlage
    b) Bestimmtheit, § 37 I VwVfG
    c) Entschließungs- u. Auswahlermessen richtig ausgeübt
    d) Verhältnismäßigkeit der Maßnahme
 4. Rechtsverletzung beim Kläger

I. Zulässigkeit

1. Eröffnung des Verwaltungsrechtswegs, § 40 I 1 VwGO

a) Aufdrängende Spezialzuweisung
Bspe.: § 54 I BeamtStG, § 32 WPflG, § 54 BAföG

b) Generalklausel des § 40 I 1 VwGO

aa) Öffentlich-rechtliche Streitigkeit
Der Streitgegenstand muss nach öffentlichem Recht zu beurteilen sein
Bei der Bestimmung der wahren Natur des Rechtsverhältnisses ist grundsätzlich auf die Norm abzustellen, die die **Hauptfrage** der Streitigkeit entscheidet
Die streitentscheidenden Normen müssen dem öffentlichen Recht zuzuordnen sein. **Beachte für die Abgrenzung** zwischen öffentlich-rechtlicher u. privatrechtlicher Streitigkeit folgende **Theorien:**

(1) Modifizierte Subjektstheorie (h.M.)
Wenn die *streitentscheidenden Normen* öffentlich-rechtlicher Natur sind, handelt es sich um eine öffentlich-rechtliche Streitigkeit. Eine Norm ist öffentlich-rechtlich, wenn sie ausschließlich einen Hoheitsträger besonders berechtigt oder verpflichtet, z.b. Polizeirecht (PolG, SOG, PAG), Sicherheitsrecht (Versammlungsgesetz, Bauordnungsrecht, Ausländergesetz, Straßenverkehrsrecht, Gewerberecht), staatliches und kommunales Abgabenrecht, staatliche Leistungsverwaltung (Sozialhilfe, Jugendhilfe), Umweltrecht, Kommunalrecht. Wenn der Hoheitsträger auf solche Normen seine Entscheidung stützt, handelt er öffentlich-rechtlich.

Beachte: Nur dann, wenn die Frage, ob eine öffentlich-rechtliche Streitigkeit vorliegt, nicht nach der *modifizierten Subjektstheorie* beantwortet werden kann, ist auf die nachfolgend genannten Abgrenzungstheorien einzugehen.

(2) Nach der **actus-contrarius-Theorie** teilt die Rechtsnatur eines Begehrens auf Rückgängigmachung einer Handlung die Rechtsnatur der Handlung. Beispiel: Es wird eine öffentlich-rechtliche Subvention gewährt. Da die Subvention öffentlich-rechtlich gewährt wurde, ist auch die Rückforderung als öffentlich-rechtlich einzustufen.

(3) Subordinationstheorie: Eine öffentlich-rechtliche Streitigkeit liegt nach der sog. *Subordinationstheorie* vor, wenn sich aus dem Sachverhalt und der Rechtsfolge der streitentscheidenden Normen ein *Über- bzw. Unterordnungsverhältnis* zwischen der Verwaltung und dem Bürger ergibt.

(4) Interessentheorie: Nach ihr gehören zum öffentlichen Recht diejenigen Rechtsnormen, die *überwiegend* dem öffentlichen Interesse, bzw. dem Allgemeininteresse dienen

(5) Sachzusammenhang: Die Streitigkeit ist eine öffentlich-rechtliche, wenn sie in einem untrennbaren Sachzusammenhang mit den Bereichen der hoheitlichen Betätigung steht.

bb) Streitigkeit nichtverfassungsrechtlicher Art
Verfassungsrechtlicher Art ist eine Streitigkeit nur dann, wenn zwei Voraussetzungen gegeben sind:

(1) Zunächst muss es sich *auf beiden Seiten* um eine Streitigkeit zwischen Verfassungsorganen oder am Verfassungsleben Beteiligten handeln, sog. *„doppelte Verfassungsunmittelbarkeit";*

(2) Gegenstand des Streits sind Rechte bzw. Pflichten, die unmittelbar in der **Verfassung** (GG) geregelt sind.
Fehlt auch nur **eine** der beiden Voraussetzungen, dann ist die Streitigkeit nichtverfassungsrechtlicher Art

cc) Keine spezialgesetzlich abdrängende Zuweisung
Ausdrückliche abdrängende Sonderzuweisungen ergeben sich aus zahlreichen Vorschriften, die ein **anderes Gericht** für zuständig erklären, z.B. Art. 93 GG i.V.m. § 13 BverfGG; § 33 FGO (Finanzgerichtsbarkeit); § 51 SGG (Sozialgerichtsbarkeit); Art. 34 S. 3 GG (Zivilgerichtsbarkeit); § 217 I 4 BauGB (Baulandsachen); § 68 OWIG (Ordnungswidrigkeiten).

2. Statthaftigkeit der Anfechtungsklage, § 42 I Var. 1 VwGO

Statthaft, wenn das Klageziel die **Aufhebung** eines **nicht erledigten belastenden VA** ist.

Belastender VA: Liegt vor, falls er Pflichten begründet, Gebote oder Verbote auferlegt, Rechte aufhebt oder zum Nachteil bestätigt oder sonstige rechtlich erhebliche Nachteile begründet oder bestätigt

Erledigung liegt vor, wenn der VA **keine Rückwirkungen** mehr auslöst oder aus anderen Gründen an regelnder Wirkung so verloren hat, dass ein Rückgängigmachen unmöglich oder sinnlos wäre

Klagegegenstand kann sein
a) gem. **§ 79 I Nr. 1 VwGO** der **VA** in der Gestalt, den er durch den Widerspruchsbescheid gefunden hat (Grundsatz) oder
b) gem. **§ 79 I Nr. 2, II VwGO** der **Widerspruchsbescheid** selber (Ausnahme). Hauptfall des **§ 79 II 1 VwGO** ist die **reformatio in peius** (= Verböserung: Innerhalb eines Rechtsbehelfsverfahrens wird die angefochtene Verwaltungsentscheidung zum **Nachteil** des Rechtsbehelfsführers verändert)

3. Klagebefugnis, § 42 II VwGO

Der Kläger ist klagebefugt, wenn er substantiiert Tatsachen behauptet, die es **möglich** erscheinen lassen, dass er in einem subjektiven Recht verletzt ist (Möglichkeitstheorie, h. M.)

Adressatentheorie: Ist der Kläger **Adressat** eines belastenden VA, dann ist nie auszuschließen, dass er in seinem Grundrecht aus Art. 2 I GG verletzt ist

Beachte: Falls ein **Dritter** gegen den VA vorgehen möchte: Voraussetzung ist, dass die verletzte Norm dem Schutz **nicht allein öffentlicher**, sondern zumindest auch **individueller** Interessen dient und im **konkreten** Fall gerade den Kläger in seiner Situation schützen soll (= Schutznormtheorie)

4. Erfolglosigkeit des Vorverfahren, §§ 68 ff. VwGO

Beachte: Ausschluss oder ausnahmsweise **Entbehrlichkeit** des Vorverfahrens: Fälle des **§ 68 I 2 VwGO**; einige Bundesländer haben von der in § 68 I S. 2, 1 Alt. VwGO enthaltenen Möglichkeit Gebrauch gemacht und die Durchführung eines **Vorverfahrens für viele Bereiche vollständig abgeschafft**, vgl. z.B. Art. 15 AG VwGO **Bay**, § 16a AG VwGO **Hess**, § 80 JustizG **Nds**, § 110 JustizG **NRW**. Ein Überblick über die Entbehrlichkeit des Vorverfahrens in den einzelnen Bundesländern findet sich im NWVBl. 2008, 41, 42 f.

Form- u. Fristerfordernis des Widerspruchs: **§ 70 VwGO**
Erfolglosigkeit: Nach Abschluss des Verfahrens besteht weiterhin eine Beschwer für den Widerspruchsführer (Widerspruchsbescheid, § 73 VwGO) oder Untätigkeit der Widerspruchsbehörde (§ 75 S. 1, 2 VwGO)

5. Klagefrist, § 74 I VwGO: innerhalb eines Monats nach *Zustellung* des Widerspruchsbescheides, vgl. insbesondere § 4 II 2 VwZG und §§ 187 ff., 193 BGB

Beachte: Bei **Entbehrlichkeit** des Vorverfahrens: Klage ist innerhalb eines Monats nach **Bekanntgabe** des VA zu erheben, § 74 I 2 VwGO, § 41 VwVfG.

Beachte: Wenn der Kläger ohne Verschulden verhindert war, die Monatsfrist des § 74 I VwGO einzuhalten, so ist ihm gemäß § 60 I VwGO auf Antrag *Wiedereinsetzung in den vorigen Stand* zu gewähren. Wenn dem Widerspruchsbescheid eine *Rechtsbehelfsbelehrung* nicht beigelegt oder sie unrichtig erteilt wurde, beträgt gemäß § 58 II VwGO die zulässige Frist zur Einreichung der Klage *ein Jahr*.

6. Klagegegner, § 78 VwGO

Beachte: In einigen Bundesländern wird diese Frage gleich zu Beginn der Begründetheit unter dem Stichwort „Passivlegitimation" geprüft

7. Beteiligten- und Prozessfähigkeit, §§ 61, 62 VwGO

Beachte: § 61 Nr. 1 VwGO: Juristische Personen des Privatrechts **und** des öffentlichen Rechts

8. Ordnungsgemäße Klageerhebung, §§ 81, 82 VwGO

9. Allgemeines Rechtsschutzbedürfnis (idR unproblematisch)

II. Begründetheit

Die Klage ist begründet, wenn der VA **rechtswidrig** und der Kläger dadurch in **seinen Rechten** verletzt ist, § 113 I 1 VwGO.

1. Rechtsgrundlage für den Erlass eines VA

Es muss die Rechtsgrundlage genannt werden, auf die sich die Behörde gestützt hat. Spezielle Rechtsgrundlagen gehen den allgemeinen vor!

2. Formelle Rechtmäßigkeit des VA

a) Zuständige Behörde

b) Ordnungsgemäßes Verfahren

Anhörung (§ 28 VwVfG), Mitwirkung weiterer Behörden (z. B. § 36 BauGB)

c) Formvorschriften, §§ 37 II, 39 VwVfG

Beachte: Form-/Verfahrensfehler sind ggf. **heilbar** (§ 45 VwVfG) bzw. **unbeachtlich** (§ 46 VwVfG)

3. Materielle Rechtmäßigkeit des VA

a) Voraussetzungen der Ermächtigungsgrundlage
Voraussetzungen müssen vorliegen

b) Bestimmtheitsgrundsatz, § 37 I VwVfG

c) Entschließungs- und Auswahlermessen richtig ausgeübt
Das Entschließungs- oder Auswahlermessen muss richtig ausgeübt worden sein Es dürfen keine Ermessensfehler vorliegen vgl. Schema S. 243.

d) Verhältnismäßigkeit der Maßnahme

4. Rechtsverletzung beim Kläger
Verletzung des Klägers in **eigenen** Rechten durch den rechtswidrigen VA, idR zumindest in Art. 2 I GG
Beachte: Bei der Klagebefugnis wurde das verletzte Recht idR bereits genannt!

B. Verpflichtungsklage, § 42 I Var. 2 VwGO

I. Zulässigkeit
   1. Eröffnung des Verwaltungsrechtswegs, § 40 I 1 VwGO
     a) Aufdrängende Spezialzuweisung
     b) Generalklausel des § 40 I 1 VwGO
       aa) Öffentlich-rechtliche Streitigkeit
       bb) Streitigkeit nichtverfassungsrechtlicher Art
       cc) Keine spezialgesetzlich abdrängende Zuweisung
   2. Statthaftigkeit der Verpflichtungsklage, § 42 I Var. 2 VwGO
     a) Versagungsgegenklage, § 42 I 2. HS Var. 1 VwGO
     b) Untätigkeitsklage, § 42 I 2. HS Var. 2, § 75 VwGO
   3. Klagebefugnis, § 42 II VwGO
   4. Vorverfahren, §§ 68 ff. VwGO; oft entbehrl. (AG VwGO/JustizG)!
   5. Klagefrist, § 74 I VwGO
   6. Klagegegner, § 78 VwGO
   7. Beteiligten- und Prozessfähigkeit, §§ 61, 62 VwGO
   8. Ordnungsgemäße Klageerhebung, §§ 81, 82 VwGO
   9. Allgemeines Rechtsschutzbedürfnis (idR unproblematisch)
II. Begründetheit, § 113 V VwGO
   1. Anspruchsgrundlage
   2. Formelle Voraussetzungen
   3. Materielle Voraussetzungen
   4. Rechtsfolge
     a) Bei Spruchreife: Verpflichtung des Beklagten zum Erlass des beantragten VA, § 113 V 1
     b) Keine Spruchreife: Verpflichtung des Beklagten zum Erlass eines Bescheids unter Beachtung der Rechtsauffassung des Gerichts, § 113 V 2

I. Zulässigkeit

1. Eröffnung des Verwaltungsrechtswegs, § 40 I 1 VwGO, siehe bei Anfechtungsklage, Schema A.

a) Aufdrängende Spezialzuweisung
b) Generalklausel des § 40 I 1 VwGO
     aa) Öffentlich-rechtliche Streitigkeit
     bb) Streitigkeit nichtverfassungsrechtlicher Art
     cc) Keine spezialgesetzlich abdrängende Zuweisung

2. Statthaftigkeit der Verpflichtungsklage, § 42 I Var. 2 VwGO

Hier ist zwischen der **Versagungsgegenklage** (§ 42 I 2. HS Var. 1 VwGO) u. der **Untätigkeitsklage** (§§ 42 I 2. HS Var. 2, 75 VwGO) zu unterscheiden:

a) Versagungsgegenklage: Falls die Verurteilung zum Erlass eines **abgelehnten VA** begehrt wird

b) Untätigkeitsklage: Falls die Verurteilung zum Erlass eines **unterlassenen VA** begehrt wird

3. Klagebefugnis, § 42 II VwGO

Liegt vor, wenn der Kläger **möglicherweise** durch die Ablehnung bzw. durch das Unterlassen des VA in seinen Rechten verletzt ist (= Möglichkeitstheorie) Es besteht also die Möglichkeit, dass er einen Anspruch auf den begehrten VA hat **Drittschutz:** Siehe bei Anfechtungsklage, Schema A.

4. Vorverfahren, §§ 68 ff. VwGO

a) **Versagungsgegenklage:** Erfolglosigkeit des Vorverfahrens (§ 68 II VwGO); einige Bundesländer haben von der in § 68 I S. 2, 1 Alt. VwGO enthaltenen Möglichkeit Gebrauch gemacht und die Durchführung eines **Vorverfahrens für viele Bereiche vollständig abgeschafft**, vgl. z.B. Art. 15 AG VwGO **Bay**, § 16a AG VwGO **Hess**, § 80 JustizG **Nds**, § 110 JustizG **NRW**. Ein *Überblick* über die Entbehrlichkeit des Vorverfahrens in den einzelnen Bundesländern findet sich im NWVBl. 2008, 41, 42 f.

b) **Untätigkeitsklage:** § 75 S. 1, 2 VwGO

5. Klagefrist, § 74 I VwGO

a) **Versagungsgegenklage:** § 74 I VwGO

b) **Untätigkeitsklage** kann grundsätzlich unbefristet erhoben werden

Beachte aber Sperrfrist: § 75 S. 2 VwGO

Beachte: Wenn der Kläger ohne Verschulden verhindert war, die Monatsfrist des § 74 I VwGO einzuhalten, so ist ihm gemäß § 60 I VwGO auf Antrag *Wiedereinsetzung in den vorigen Stand* zu gewähren. Wenn dem Widerspruchsbescheid eine *Rechtsbehelfsbelehrung* nicht beigelegt oder sie unrichtig erteilt wurde, beträgt gemäß § 58 II VwGO die zulässige Frist zur Einreichung der Klage *ein Jahr*.

6. Klagegegner, § 78 VwGO

Siehe bei Anfechtungsklage, Schema A.

7. Beteiligten- und Prozessfähigkeit, §§ 61, 62 VwGO

Siehe bei Anfechtungsklage, Schema A.

8. Ordnungsgemäße Klageerhebung, §§ 81, 82 VwGO

9. Allgemeines Rechtsschutzbedürfnis (idR unproblematisch)

Entfällt, wenn der Kläger zuvor bei der Behörde noch nicht einmal einen Antrag auf Erlass des begehrten VA gestellt hat

II. Begründetheit

Die Verpflichtungsklage ist nach § 113 V Satz 1 VwGO begründet, wenn die Ablehnung oder Unterlassung des begehrten Verwaltungsaktes rechtswidrig war und der Kläger dadurch in seinen Rechten verletzt ist. Dies ist dann der Fall, wenn der Kläger im Zeitpunkt der letzten mündlichen Verhandlung des Verwaltungsgerichts einen **Anspruch** auf Erlass des begehrten Verwaltungsaktes hat.

1. Anspruchsgrundlage

Nennung der Rechtsgrundlage, aus der sich ein Anspruch des Klägers ergeben könnte, z.B. aus öffentl.-rechtlichem Vertrag, Bewilligungsbescheid, Zusicherung (§ 38 VwVfG), einfach-gesetzliche Vorschriften, die zumindest auch dem Schutz von Individualinteressen des Klägers zu dienen bestimmt sind oder aus Grundrechten.

2. Formelle Voraussetzungen

Der Kläger muss einen Antrag an die zuständige Behörde gestellt haben.

3. Materielle Voraussetzungen

Die Tatbestandsvoraussetzungen der Rechtsgrundlage müssen erfüllt sein.

4. Rechtsfolge

a) Spruchreife, § 113 V 1 VwGO

Die Sache ist **spruchreif:** Verpflichtung des Beklagten zum Erlass des beantragten VA, weil der Kläger nach der Anspruchsgrundlage einen gebundenen Anspruch darauf hat („ist zu gewähren") bzw. ein Anspruch besteht wegen Art. 3 Abs. 1 GG i.V.m. Selbstbindung der Verwaltung oder wegen Ermessensreduzierung auf Null.

b) keine Spruchreife, § 113 V 2 VwGO

An der **Spruchreife fehlt** es dann, wenn der Verwaltung hinsichtlich des Erlasses des VA ein Ermessens- u. Beurteilungsspielraum zusteht oder der Anspruch auf Vornahme des VA von weiteren, durch die Verwaltung zu treffenden Vorentscheidungen abhängig ist.

Fehlt die Spruchreife, so erfolgt eine Verpflichtung des Beklagten zum Erlass eines Bescheids unter Beachtung der Rechtsauffassung des Gerichts. Ergeht ein Bescheidungsurteil, so ist die Klage regelmäßig nur *teilweise* begründet.

C. Allgemeine Leistungsklage

Beachte: Die allgemeine Leistungsklage ist in der VwGO gesetzlich nicht ausdrücklich geregelt, wird aber in zahlreichen Vorschriften als selbstverständlich bestehend vorausgesetzt. Bspe.: §§ 43 II, 111, 113 IV VwGO.
Sie ist einschlägig, wenn eine Leistung gefordert wird, die **keinen VA** darstellt

I. Zulässigkeit
    1. Eröffnung des Verwaltungsrechtswegs, § 40 I 1 VwGO
        a) Aufdrängende Spezialzuweisung
        b) Generalklausel des § 40 I 1 VwGO
            aa) Öffentlich-rechtliche Streitigkeit
            bb) Streitigkeit nichtverfassungsrechtlicher Art
            cc) Keine spezialgesetzlich abdrängende Zuweisung
    2. Statthaftigkeit der allgemeinen Leistungsklage
        a) Leistungsvornahmeklage -> Realakt/kein VA
        b) Unterlassungsklage -> Realakt/kein VA
    3. Klagebefugnis, § 42 II VwGO analog (str.)
    4. Beteiligten- und Prozessfähigkeit, §§ 61, 62 VwGO
    5. Vorverfahren regelmäßig nicht erforderlich, keine Klagefrist!
    6. Ordnungsgemäße Klageerhebung, §§ 81, 82 VwGO
    7. Allgemeines Rechtsschutzbedürfnis (idR unproblematisch)
II. Begründetheit
Die Klage ist begründet, wenn der Kläger einen Anspruch auf das begehrte Verwaltungshandeln hat
    1. Anspruchsgrundlage
    2. Voraussetzungen der Anspruchsgrundlage
    Beachte: Bei Vertragsansprüchen sind weiter die formelle und materielle Rechtmäßigkeit des Vertrages zu prüfen

I. Zulässigkeit

1. Eröffnung des Verwaltungsrechtswegs, § 40 I 1 VwGO
Siehe bei Anfechtungsklage, Schema A.
    a) Aufdrängende Spezialzuweisung
    b) Generalklausel des § 40 I 1 VwGO
        aa) Öffentlich-rechtliche Streitigkeit
        bb) Streitigkeit nichtverfassungsrechtlicher Art
        cc) Keine spezialgesetzlich abdrängende Zuweisung

2. Statthaftigkeit der allgemeinen Leistungsklage

a) Leistungsvornahmeklage

Liegt vor, wenn der Kläger die Vornahme eines begünstigenden schlichten Verwaltungshandelns begehrt - > der Kläger begehrt keinen VA, sondern idR Realakt!

b) Unterlassungsklage

Liegt vor, wenn der Kläger eine zukünftige Handlung durch die Verwaltung abwehren möchte -> der Kläger wendet sich nicht gegen einen VA, sondern idR gegen einen Realakt!

3. Klagebefugnis, § 42 II VwGO analog (str.)

Der Kläger muss geltend machen, in seinen Rechten verletzt zu sein.

4. Vorverfahren u. Frist

Ein Vorverfahren ist grds. nicht erforderlich, Ausnahme: § 54 II Satz 1 BeamtStG
Eine Klagefrist gibt es ebenfalls nicht

5. Beteiligten- und Prozessfähigkeit, §§ 61, 62 VwGO
Siehe bei Anfechtungsklage, Schema A.

6. Ordnungsgemäße Klageerhebung, §§ 81, 82 VwGO

7. Allgemeines Rechtsschutzbedürfnis (idR unproblematisch)
Fehlt, wenn der Kläger bereits einen Vollstreckungstitel hat bzw. ihn auf einfachere Weise erlangen kann

II. Begründetheit

Die Klage ist begründet, wenn der Kläger einen Anspruch auf das begehrte Verwaltungshandeln (Leistung oder Unterlassung) hat.

D. Allgemeine Feststellungsklage, § 43 I VwGO

I. Zulässigkeit
1. Eröffnung des Verwaltungsrechtswegs, § 40 I 1 VwGO
    a) Aufdrängende Spezialzuweisung
    b) Generalklausel des § 40 I 1 VwGO
        aa) Öffentlich-rechtliche Streitigkeit
        bb) Streitigkeit nichtverfassungsrechtlicher Art
        cc) Keine spezialgesetzlich abdrängende Zuweisung
2. Statthaftigkeit der Feststellungsklage, § 43 I VwGO
    a) § 43 I Var. 1 VwGO
        aa) Feststellung des Bestehens eines Rechtsverhältnisses = positive Feststellungsklage
        bb) Feststellung des Nichtbestehens eines Rechtsverhältnisses = negative Feststellungsklage
    b) § 43 I Var. 2 VwGO
        Feststellung der Nichtigkeit eines VA
3. Subsidiarität der Feststellungsklage, § 43 II VwGO
4. Klagebefugnis, § 42 II VwGO analog (str.)
5. Feststellungsinteresse
6. Vorverfahren regelmäßig nicht erforderlich, keine Klagefrist!
7. Beteiligten- und Prozessfähigkeit, §§ 61, 62 VwGO
8. Ordnungsgemäße Klageerhebung, §§ 81, 82 VwGO
9. Allgemeines Rechtsschutzbedürfnis (idR unproblematisch)
II. Begründetheit
a) § 43 I Var. 1 VwGO
    Die Klage ist begründet, wenn das vom Kläger geltend gemachte Rechtsverhältnis besteht (positive FK) bzw. wenn das verneinte Rechtsverhältnis nicht besteht (negative FK)
b) § 43 I Var. 2 VwGO
    Die Klage ist begründet, wenn der VA nichtig ist

I. Zulässigkeit

1. Eröffnung des Verwaltungsrechtswegs, § 40 I 1 VwGO
Siehe bei Anfechtungsklage, Schema A.
a) Aufdrängende Spezialzuweisung
b) Generalklausel des § 40 I 1 VwGO
    aa) Öffentlich-rechtliche Streitigkeit
    bb) Streitigkeit nichtverfassungsrechtlicher Art
    cc) Keine spezialgesetzlich abdrängende Zuweisung

2. Statthaftigkeit der Feststellungsklage, § 43 I VwGO

a) § 43 I Var. 1 VwGO
Rechtsverhältnis: Jede verwaltungsrechtliche Beziehung, die sich durch die Anwendung von Rechtsnormen für einen konkreten bestimmten Lebenssachverhalt für die rechtliche Beziehung zwischen mehreren Personen zueinander oder zu einer Sache ergibt

aa) Feststellung des **Bestehens** eines Rechtsverhältnisses = **positive Feststellungsklage**

bb) Feststellung des **Nichtbestehens** eines
Rechtsverhältnisses = **negative Feststellungsklage**

b) § 43 I Var. 2 VwGO
Feststellung der **Nichtigkeit eines VA** = **Nichtigkeitsfeststellungsklage**

3. Subsidiarität der Feststellungsklage, § 43 II VwGO
Die Feststellungsklage ist nur statthafte Klageart, wenn nicht andere Klagearten
vorab einschlägig sind
Beachte Ausnahme: § 43 II 2 VwGO

4. Klagebefugnis, § 42 II VwGO analog (str.)
Möglichkeit der Verletzung eines subjektiven Rechts des Klägers

5. Feststellungsinteresse
In Betracht kommt jedes berechtigte Interesse **rechtlicher** Art (Wiederholungsgefahr), **wirtschaftlicher** Art (Vorbereitung eines Amtshaftungsprozesses)
oder **ideeller** Art (Rehabilitationsinteresse) an der **baldigen Feststellung**

6. Vorverfahren und Klagefrist
Vorverfahren ist grds. nicht erforderlich, Ausnahme: § 54 II Satz 1 BeamtStG
Klagefristen sind nicht vorgesehen

7. Beteiligten- und Prozessfähigkeit, §§ 61, 62 VwGO

8. Ordnungsgemäße Klageerhebung, §§ 81, 82 VwGO

9. Allgemeines Rechtsschutzbedürfnis (idR unproblematisch)

II. Begründetheit

Die Feststellungsklage ist begründet, wenn das behauptete Rechtsverhältnis zu
dem Beklagten (Passivlegitimation) besteht bzw. nicht besteht oder der
Verwaltungsakt nichtig ist (bei der Nichtigkeitsfeststellungsklage).

E. Fortsetzungsfeststellungsklage, § 113 I 4 VwGO (ggf. analog)

I. Zulässigkeit
  1. Eröffnung des Verwaltungsrechtswegs, § 40 I 1 VwGO
     a) Aufdrängende Spezialzuweisung
     b) Generalklausel des § 40 I 1 VwGO
          aa) Öffentlich-rechtliche Streitigkeit
          bb) Streitigkeit nichtverfassungsrechtlicher Art
          cc) Keine spezialgesetzlich abdrängende Zuweisung
  2. Statthafte Klageart
     a) FFK ist statthaft, falls sich eine Anfechtungsklage <u>nach</u> Klageerhebung erledigt = AnfechtungsFFK
     b) FFK ist statthaft, falls sich eine Anfechtungsklage <u>vor</u> Klageerhebung erledigt (str., a.A.: Feststellungsklage)
     c) FFK ist statthaft, falls sich eine Verpflichtungsklage <u>nach</u> Klageerhebung erledigt = VerpflichtungsFFK
     d) FFK ist statthaft, falls sich eine Verpflichtungsklage <u>vor</u> Klageerhebung erledigt (str., a.A.: Feststellungsklage)
  3. Klagebefugnis, § 42 II VwGO bzw. § 42 II VwGO analog
  4. Vorverfahren, §§ 68 ff. VwGO
  5. Klagefrist, § 74 I i. V. m. § 58 I, II VwGO bzw. § 58 VwGO analog
  6. Klagegegner, § 78 VwGO bzw. § 78 VwGO analog
  7. Fortsetzungsfeststellungsinteresse: Wiederholungsgefahr etc.
  8. Beteiligten- und Prozessfähigkeit, §§ 61, 62 VwGO
  9. Ordnungsgemäße Klageerhebung, §§ 81, 82 VwGO

II. Begründetheit
  a) AnfechtungsFFK: Die Klage ist begründet, wenn der VA rechtswidrig war und der Kläger hierdurch in seinen Rechten verletzt worden ist, § 113 I 4 VwGO ggf. analog

  b) VerpflichtungsFFK: Die Klage ist begründet, wenn die Versagung des begehrten VA rechtswidrig war u. der Kläger dadurch in seinen Rechten verletzt worden ist, § 113 V 1 i. V. m. I 4 VwGO ggf. (doppelt) analog

  Merke: Die FFK ist immer dann begründet, wenn ohne Erledigung die Anfechtungs- oder Verpflichtungsklage begründet gewesen wäre

I. Zulässigkeit

1. Eröffnung des Verwaltungsrechtswegs, § 40 I 1 VwGO
Siehe bei Anfechtungsklage, Schema A.

a) Aufdrängende Spezialzuweisung

b) Generalklausel des § 40 I 1 VwGO
          aa) Öffentlich-rechtliche Streitigkeit
          bb) Streitigkeit nichtverfassungsrechtlicher Art
          cc) Keine spezialgesetzlich abdrängende Zuweisung

2. Statthafte Klageart

a) FFK ist statthaft, falls sich eine Anfechtungsklage **nach** Klageerhebung (während des Verfahrens) erledigt = **AnfechtungsFFK** (§ 113 I 4 VwGO)

Erledigung des belastenden VA: Liegt vor, wenn der VA keine Rechtswirkungen mehr auslöst, weil er zurückgenommen wurde oder seine regelnde Wirkung durch Zeitablauf, Eintritt einer auflösenden Bedingung oder Wegfall des Regelungsgegenstandes verloren hat.

b) FFK ist auch statthaft, falls sich eine Anfechtungsklage **vor** Klageerhebung erledigt (§ 113 I 4 VwGO **analog**)
Analogie wegen des Zeitpunktes der Erledigung

c) FFK ist statthaft, falls sich eine Verpflichtungsklage **nach** Klageerhebung (während des Verfahrens) erledigt = **VerpflichtungsFFK** (§ 113 I 4 VwGO **analog**)
Analogie weil keine Anfechtungsklage, sondern eine Verpflichtungssituation vorliegt
Erledigung tritt bei einem begehrten VA mit Erteilung des VA oder mit Wegfall des Interesses an der VA-Erteilung ein

d) FFK ist auch statthaft, falls sich eine Verpflichtungsklage **vor** Klageerhebung erledigt (§ 113 I 4 VwGO „**doppelt**" **analog**)
Doppelte Analogie weil ursprünglich keine Anfechtungsklage vorliegt und die Erledigung nicht nach, sondern vor Klageerhebung stattgefunden hat

---

Hinweis: Bei Erledigung *vor Klageerhebung* ist streitig (BVerwGE 109, 203), ob die allgemeine Feststellungsklage gemäß § 43 VwGO statt der FFK die „richtige Klageart" ist. Klausurtipp: Die Statthaftigkeit der allgemeinen Feststellungsklage kurz andiskutieren und anschließend mit der traditionellen Auffassung § 113 I S. 4 VwGO analog bzw. ggf. in der Situation der Verpflichtungsklage doppelt analog anwenden!

---

3. Klagebefugnis, § 42 II VwGO bzw. § 42 II VwGO analog

a) AnfechtungsFFK: § 42 II VwGO

b) Bei einer **analogen Anwendung** des § 113 I 4 VwGO: § 42 II VwGO analog (h. M.)

4. Vorverfahren, §§ 68 ff. VwGO

a) Grundsätzlich gilt, dass ein Vorverfahren gemäß §§ 68 ff. VwGO durchzuführen ist. Dies lässt sich damit erklären, dass letztlich eine Anfechtungsklage geprüft wird, die ja ebenfalls ein Vorverfahren voraussetzt. Der Kläger soll durch die Möglichkeit einer Fortsetzungsfeststellungsklage nicht besser gestellt werden. Sofern man auf das Vorverfahren verzichten würde, könnte der Kläger einfach die Fristen für die Erhebung eines Widerspruchs verstreichen lassen und dann auf die Fortsetzungsfeststellungsklage als fortgesetzte Anfechtungsklage zurückgreifen. Dadurch würden die Voraussetzungen der Anfechtungsklage umgangen.

b) Es ist allerdings folgende zeitliche Konstellation denkbar: Der Verwaltungsakt hat sich bereits *vor* Klageerhebung erledigt (analoge Anwendung des § 113 I 4 VwGO) und die **Widerspruchsfrist** ist gemäß § 70 VwGO **noch *nicht* abgelaufen,** d.h. der Kläger hätte noch die Möglichkeit, ein Vorverfahren durchzuführen. Er hat somit nicht die Intention, eine „verpasste" Anfechtungsklage lediglich durch die Erhebung einer Fortsetzungsfeststellungsklage „wettzumachen".

Es wird seitens der Literatur vertreten, dass die Durchführung eines Vorverfahrens notwendig sei. Es werden die Standardargumente für die Einrichtung des Widerspruchsverfahrens genannt: Selbstkontrolle der Verwaltung, Entlastung der Gerichte, Rechtsschutzbedürfnis des Bürgers.

Die Rechtsprechung ist der Ansicht, dass in dieser Konstellation auf das Erfordernis eines Widerspruchsverfahrens ausnahmsweise verzichtet werden könne. Der Verwaltungsakt habe sich erledigt, er könne somit praktisch nicht mehr durch ein Widerspruchsverfahren aufgehoben werden. Das Widerspruchsverfahren würde „ins Leere" laufen.

5. Klagefrist, § 74 I i. V. m. § 58 I, II VwGO bzw. § 58 VwGO analog

a) Anfechtungs- / VerpflichtungsFFK: § 74 I i. V. m. § 58 I, II VwGO

b) VA hat sich bereits **vor Klageerhebung** erledigt:

    aa) Erste Auffassung: §§ 74 I, 58 VwGO **analog**

    bb) Zweite Auffassung (h. M.): Keine Fristbindung

        Argument: Die Situation gleicht der einer Feststellungsklage

        Beachte aber Verwirkung

6. Klagegegner, § 78 VwGO bzw. § 78 VwGO analog

a) Bei direkter Anwendung des § 113 I 4 VwGO: **§ 78 VwGO**

b) Bei analoger Anwendung des § 113 I 4 VwGO: **§ 78 VwGO analog**

7. Fortsetzungsfeststellungsinteresse
Der Kläger muss ein **berechtigtes Interesse** an der begehrten Feststellung haben
Fallgruppen:

    a) Wiederholungsgefahr (hinreichend konkret)

    b) Rehabilitationsinteresse (Genugtuungsfunktion), wenn der VA diskriminierend wirkt oder Grundrechte beeinträchtigt hat

    c) Entscheidung soll Grundlage für die Erhebung eines **Amtshaftungsprozesses** werden
    Beachte: Feststellungsinteresse liegt hier nur im Fall der Erledigung des VA **nach** Klageerhebung vor, im Fall der Erledigung des VA **vor** Klageerhebung ist **kein** Feststellungsinteresse gegeben (ganz h. M.: hier ist nämlich dann eine sofortige Klage vor dem Zivilgericht möglich, ohne die VGe zusätzlich zu belasten)

8. Beteiligten- und Prozessfähigkeit, §§ 61, 62 VwGO

9. Ordnungsgemäße Klageerhebung, §§ 81, 82 VwGO

II. Begründetheit

a) Für die AnfechtungsFFK: Die Klage ist begründet, wenn der VA rechtswidrig war u. der Kläger hierdurch in seinen Rechten verletzt worden ist, **§ 113 I 4 i. V. m. S. 1 VwGO,** siehe bei Anfechtungsklage, Schema A.

b) Für die VerpflichtungsFFK: Die Klage ist begründet, wenn die Versagung des begehrten VA rechtswidrig war und der Kläger dadurch in seinen Rechten verletzt worden ist, **§ 113 V 1 i. V. m. I 4 VwGO analog.** Dem Kläger hätte also der geltend gemachte Anspruch zugestanden

Beachte: Es ist auf eine **hypothetische Betrachtungsweise** abzustellen, da gefragt wird, ob der Anspruch vor der Erledigung und nach Klageerhebung bestanden hätte. Die FFK ist immer dann begründet, wenn **ohne Erledigung** die Anfechtungs- oder Verpflichtungsklage **begründet** gewesen wäre.

F. Normenkontrollverfahren, § 47 I VwGO

I. Zulässigkeit
  1. Eröffnung des Verwaltungsrechtswegs, § 40 I 1 VwGO
    a) Aufdrängende Spezialzuweisung
    b) Generalklausel des § 40 I 1 VwGO
      aa) Öffentlich-rechtliche Streitigkeit
      bb) Streitigkeit nichtverfassungsrechtlicher Art
      cc) Keine spezialgesetzlich abdrängende Zuweisung
  2. Zuständigkeit des OVG bzw. VGH, § 47 I VwGO
  3. Statthaftigkeit des Normenkontrollverfahrens
    a) Gegenstand des Verfahrens
      aa) Satzung oder Rechtsverordnung, § 47 I Nr. 1 VwGO
      bb) Untergesetzliche landesrechtliche Normen, soweit dies landesrechtlich bestimmt ist, § 47 I Nr. 2 VwGO
    b) Antragsziel: Feststellung der Ungültigkeit
  4. Vorbehaltsklausel, § 47 III VwGO
  5. Antragsbefugnis, § 47 II 1 VwGO
  6. Frist, § 47 II 1 VwGO
  7. Antragsgegner, § 47 II 2 VwGO
  8. Beteiligtenfähigkeit, § 47 II VwGO
  9. Ordnungsgemäße Klageerhebung, §§ 81, 82 analog i. V. m. § 47 I, II 2 VwGO
  10. Rechtsschutzbedürfnis (idR unproblematisch)
II. Begründetheit
Das Normenkontrollverfahren ist begründet, wenn die Norm ungültig ist
  1. Rechtsgrundlage
  2. Formelle Rechtmäßigkeit der Norm
    a) Zuständigkeit
    b) Verfahren
    c) Form
  3. Materielle Rechtmäßigkeit der Norm
    Kein Verstoß gegen höherrangiges Recht
    Prüfungsmaßstab: Bundes- und Landesrecht

I. Zulässigkeit

1. Eröffnung des Verwaltungsrechtswegs, § 40 I VwGO
Siehe bei Anfechtungsklage, Schema A.
    a) Aufdrängende Spezialzuweisung
    b) Generalklausel des § 40 I 1 VwGO
      aa) Öffentlich-rechtliche Streitigkeit
      bb) Streitigkeit nichtverfassungsrechtlicher Art
      cc) Keine spezialgesetzlich abdrängende Zuweisung

2. Zuständigkeit des OVG bzw. VGH, § 47 I VwGO

3. Statthaftigkeit des Normenkontrollverfahrens

a) Gegenstand des Verfahrens

aa) Satzung oder Rechtsverordnung, **§ 47 I Nr. 1 VwGO**

bb) Untergesetzliche landesrechtliche Normen, soweit dies landesrechtlich bestimmt ist, **§ 47 I Nr. 2 VwGO**

b) Antragsziel: Feststellung der Ungültigkeit

4. Vorbehaltsklausel, § 47 III VwGO

5. Antragsbefugnis, § 47 II 1 VwGO
Natürliche u. juristische Personen sowie jede Behörde (i. S. d. § 1 IV VwVfG)

6. Frist, § 47 II 1 VwGO
1 Jahr

7. Antragsgegner, § 47 II 2 VwGO

8. Beteiligtenfähigkeit, § 47 II VwGO

9. Ordnungsgemäße Klageerhebung, §§ 81, 82 analog i. V. m. § 47 I, II 2 VwGO

10. Rechtsschutzbedürfnis (idR unproblematisch)
Ausschlaggebend ist, dass die Nichtigkeitserklärung der Norm durch das Gericht eine **Besserstellung** des Antragstellers bewirkt.
Das Rechtsschutzbedürfnis fehlt daher, wenn die Rechtsfolgen der Norm bereits eingetreten sind.

II. Begründetheit

Das Normenkontrollverfahren ist begründet, wenn die zur Überprüfung gestellte Norm ungültig bzw. rechtswidrig ist

1. Rechtsgrundlage

2. Formelle Rechtmäßigkeit der Norm

a) Zuständigkeit
b) Verfahren
c) Form

3. Materielle Rechtmäßigkeit der Norm
Kein Verstoß gegen höherrangiges Recht
Prüfungsmaßstab: Bundes- und Landesrecht

G. Kommunalverfassungsstreit

I. Zulässigkeit

1. Eröffnung des Verwaltungsrechtswegs, § 40 I VwGO
   a) Aufdrängende Spezialzuweisung
   b) Generalklausel des § 40 I 1 VwGO
      aa) Öffentlich-rechtliche Streitigkeit
      bb) Streitigkeit nichtverfassungsrechtlicher Art
      cc) Keine spezialgesetzlich abdrängende Zuweisung
2. Statthaftigkeit
   a) Die h.M. nimmt *keine* Klageart sui generis an
   b) Anfechtungs-, Verpflichtungsklage: Außenrechtswirkung fehlt
   c) Leistungsklage oder Feststellungsklage: regelmäßig einschlägig
3. Klagebefugnis *analog* § 42 II VwGO, *keine* Grundrechte!
4. Beteiligtenfähigkeit, § 61 VwGO
   a) § 61 Nr. 3 VwGO regelmäßig nicht anwendbar
   b) § 61 Nr. 1 oder Nr. 2 VwGO? Einzelperson: idR Nr. 2 analog
5. Klagegegner: Organ oder Gemeinde (str.)

II. Begründetheit

Abhängig von jeweiliger Klageart. Bei Leistungsklage z.B., wenn der Kläger einen Anspruch auf das begehrte Verwaltungshandeln (Leistung oder Unterlassung) hat.
1. Rechtsgrundlage
2. Formelle Rechtmäßigkeit
   a) Zuständigkeit
   b) Verfahren
   c) Form
3. Materielle Rechtmäßigkeit

I. Zulässigkeit

1. Eröffnung des Verwaltungsrechtswegs, § 40 I VwGO
Siehe bei Anfechtungsklage, Schema A.
   a) Aufdrängende Spezialzuweisung
   b) Generalklausel des § 40 I 1 VwGO
      aa) Öffentlich-rechtliche Streitigkeit
      bb) Streitigkeit nichtverfassungsrechtlicher Art
      Klarzustellen ist, dass es sich bei einem Kommunalverfassungsstreitverfahren nicht um einen Streit verfassungsrechtlicher Art handelt. Hier streiten nicht Verfassungsorgane um Verfassungsrecht (doppelte Verfassungsunmittelbarkeit), sondern es wird von Organen des Verwaltungslebens um kommunales Organisationsrecht, welches in der Gemeindeordnung geregelt ist, gestritten.
      cc) Keine spezialgesetzlich abdrängende Zuweisung
2. Statthaftigkeit

a) Die h.M. nimmt *keine* **Klageart sui generis** an, sondern greift auf die herkömmlichen, von der VwGO vorgegebenen Klagen zurück.

b) Anfechtungsklage, Verpflichtungsklage
Regelmäßig nicht einschlägig, da wegen fehlender *Außenrechtswirkung* normalerweise kein VA vorliegt.

c) Leistungsklage, Feststellungsklage

Regelmäßig einschlägig; abhängig vom Klagebegehren.

3. Klagebefugnis *analog* § 42 II VwGO

Beachte: Es geht *nicht* um subjektive Rechte eines Bürgers, sondern um organschaftliche Rechte (Rederecht, Teilnahme). An dieser Stelle dürfen daher nicht unreflektiert Grundrechte (Art. 2, 4, 5 GG) genannt werden! Vielmehr sollte man die Anwendbarkeit von GRen diskutieren, dann aber aus dem Gesetz mögliche *Mitgliedschaftsrechte* (wehrfähige Innenrechtsposition) aus der Organstellung des Klägers suchen und im Rahmen der Klagebefugnis nennen!

4. Beteiligtenfähigkeit, § 61 VwGO

a) § 61 Nr. 3 VwGO

§ 61 Nr. 3 VwGO scheidet schon deswegen aus, weil sich die Norm nur auf die außengerichtet handelnde Verwaltung bezieht.

b) § 61 Nr. 1 oder Nr. 2 VwGO ?

Bei Klagen einer Einzelperson ist umstritten, ob § 61 Nr. 1 oder § 61 Nr. 2 VwGO einschlägig ist. Der Kläger klagt idR aber **nicht als Privatperson** i.S. der Nr. 1, sondern will **organschaftliche Rechte** in seiner Funktion als Organ der Kommunalverfassung geltend machen. Da es an einer vergleichbaren Interessenlage fehlt, ist auch eine analoge Anwendung des § 61 Nr. 1 VwGO ausgeschlossen.

§ 61 Nr. 2 VwGO könnte hingegen einschlägig sein. Diese Norm kann allerdings nach h.M. nicht direkt angewendet werden, da es sich bei dem Organ nicht um eine „Vereinigung" handelt und von § 61 Nr. 2 VwGO nur Außenbeziehungen erfasst seien. Würde man jedoch auch § 61 Nr. 2 VwGO für nicht anwendbar halten, bestünde keine Klagemöglichkeit des Organs, was im Hinblick auf Art. 19 IV 1 GG problematisch wäre. Die h.M. wendet § 61 Nr. 2 VwGO daher **analog** an bei Klagen einer Einzelperson im Kommunalverfassungsstreitverfahren.

5. Klagegegner

Die Klage ist nicht gegen den jeweiligen Rechtsträger, sondern gegen das Organ zu richten, das die streitgegenständliche Maßnahme getroffen bzw. es abgelehnt hat, die begehrte Maßnahme vorzunehmen (str., a.A.: Gemeinde = Klagegegner).

II. Begründetheit

Abhängig von jeweiliger Klageart. Bei Leistungsklage z.B., wenn der Kläger einen Anspruch auf das begehrte Verwaltungshandeln (Leistung oder Unterlassung) hat.

1. Rechtsgrundlage

2. Formelle Rechtmäßigkeit

a) Zuständigkeit

b) Verfahren

c) Form

3. Materielle Rechtmäßigkeit

H. Vorläufiger Rechtsschutz nach § 80 V VwGO

I. Zulässigkeit
1. Verwaltungsrechtsweg, § 40 I VwGO
2. Statthafte Antragsart
    a) Auslegung des Begehrens, § 88 VwGO analog
    b) „Statthaftigkeit der Anfechtungsklage"
    c) Einlegung eines Widerspruchs
    d) Die aufschiebende Wirkung entfällt wegen § 80 II 1 Nr. 1-4 VwGO
3. Antragsbefugnis, § 42 II VwGO analog
4. Antragsgegner, § 78 VwGO analog
5. Allgemeines Rechtsschutzbedürfnis

II. Begründetheit
1. Formelle Fehler bei der Anordnung gemäß § 80 II 1 Nr. 4
2. Summarische Prüfung
    a) Rechtsbehelf offensichtlich unbegründet?-> Antrag unbegründet!
    b) Rechtsbehelf offensichtlich begründet? -> Antrag begründet!
    c) Bei Zweifeln: Abwägung Aussetzungs-/Vollzugsinteresse

J. Vorläufiger Rechtsschutz nach § 123 VwGO

I. Zulässigkeit des Antrags nach § 123 I VwGO
1. Verwaltungsrechtsweg, § 40 I VwGO
2. Statthafte Antragsart: kein Fall der §§ 80, 80 a VwGO (§ 123 Abs. 5 VwGO)
    -> Verpflichtungs-, Leistungs- oder Feststellungsklage in der Hauptsache
3. Antragsbefugnis, § 42 II VwGO analog
4. Antragsgegner, § 78 VwGO analog
5. Allgemeines Rechtsschutzbedürfnis

II. Begründetheit
1. Anordnungsanspruch
    a) Art der einstweiligen Anordnung: Sicherungsanordnung (§ 123 I
    S. 1 VwGO) oder Regelungsanordnung (§ 123 I S. 2 VwGO)
    b) Bestehen des Anordnungsanspruchs
2. Bestehen eines Anordnungsgrundes
3. Glaubhaftmachung, §§ 123 III VwGO, 920 II, 294 ZPO
4. Keine Vorwegnahme der Hauptsache

Sechster Abschnitt: Baurecht

A. Klage wegen nicht erteilter Baugenehmigung

I. Zulässigkeit der Klage
    1. Eröffnung des Verwaltungsrechtswegs nach § 40 I VwGO.
        a) Aufdrängende Spezialzuweisung
        b) Generalklausel des § 40 I 1 VwGO
            aa) Öffentlich-rechtliche Streitigkeit
            bb) Streitigkeit nichtverfassungsrechtlicher Art
            cc) Keine spezialgesetzlich abdrängende Zuweisung
    2. Klageart: meist Verpflichtungsklage, § 42 I VwGO
    3. Klagebefugnis nach § 42 II VwGO
    4. Vorverfahren, §§ 68 ff. VwGO; in manchen Bundesländern (z.B. NRW) entbehrlich (vgl. insbes. AG VwGO/JustizG)
    5. Form, Frist etc.

II. Begründetheit
    1. Passivlegitimation
    2. Anspruchsgrundlage aus der Landes-BauO
    3. Formelle Rechtmäßigkeit
        a) Zuständigkeit
        b) Verfahren
        c) Form
    4. Materielle Rechtmäßigkeit
        a) Genehmigungspflichtiges Vorhaben?
        b) Genehmigungsfähiges Vorhaben?
            aa) Bauplanungsrechtliche Vorschriften
            bb) Bauordnungsrechtliche Vorschriften
            cc) Sonstige öffentlich-rechtliche Vorschriften
    5. Rechtsverletzung oder Anspruch

I. Zulässigkeit der Klage

1. Eröffnung des Verwaltungsrechtswegs nach § 40 I VwGO.
Siehe bei Verwaltungsprozessrecht/Anfechtungsklage/Schema A.
    a) Aufdrängende Spezialzuweisung
    b) Generalklausel des § 40 I 1 VwGO
        aa) Öffentlich-rechtliche Streitigkeit
        bb) Streitigkeit nichtverfassungsrechtlicher Art
        cc) Keine spezialgesetzlich abdrängende Zuweisung

2. Klageart: meist Verpflichtungsklage, § 42 I VwGO

3. Klagebefugnis nach § 42 II VwGO

4. Vorverfahren, §§ 68 ff. VwGO: einige Bundesländer haben von der in § 68 I S. 2, 1 Alt. VwGO enthaltenen Möglichkeit Gebrauch gemacht und die Durchführung eines **Vorverfahrens für viele Bereiche vollständig abgeschafft**, vgl. z.B. § 110 JustizG **NRW**. Beachte aber z.B. in Niedersachsen § 80 II S.1 Nr. 4a) JustizG!

5. Form, Frist etc.

II. Begründetheit

Die Klage ist begründet, wenn die Passivlegitimation besteht, die Ablehnung der Baugenehmigung rechtswidrig ist und der Kläger dadurch in seinen Rechten verletzt ist. Zudem muss die Sache spruchreif sein, § 113 V 1 VwGO.

1. Passivlegitimation

2. Anspruchsgrundlage

Der Anspruch des Klägers auf Erteilung der Baugenehmigung könnte sich aus § 58 I BauO **BaWü**, Art. 68 BauO **Bay**, § 71 I BauO **Berl**, § 72 BauO **Brbg**, § 72 BauO **Brem**; § 72 I BauO **HH**, § 64 BauO **Hess**, § 72 BauO **MV**, § 70 I BauO **Nds**, § 74 BauO **NW**, § 70 BauO **RhPf**, § 73 BauO **Saarl**, § 72 I BauO **Sachs**, § 71 BauO **SA**, § 73 I BauO **SH**, § 71 I BauO **Thür** ergeben.

3. Formelle Rechtmäßigkeit

a) Zuständigkeit
b) Verfahren
c) Form

4. Materielle Rechtmäßigkeit

Nach § 58 I BauO **BaWü**, Art. 68 BauO **Bay**, § 71 I BauO **Berl**, § 72 BauO **Brbg**, § 72 BauO **Brem**; § 72 I BauO **HH**, § 64 BauO **Hess**, § 72 BauO **MV**, § 70 I BauO **Nds**, § 74 BauO **NW**, § 70 BauO **RhPf**, § 73 BauO **Saarl**, § 72 I BauO **Sachs**, § 71 BauO **SA**, § 73 I BauO **SH**, § 71 I BauO **Thür** ist die Baugenehmigung zu erteilen, wenn dem genehmigungspflichtigen Vorhaben keine von der Baurechtsbehörde zu prüfenden öffentlich-rechtlichen Vorschriften entgegenstehen.

a) Genehmigungspflichtiges Vorhaben?

Es müsste sich zunächst um ein genehmigungspflichtiges Vorhaben handeln.

> aa) Genehmigungspflichtiges Vorhaben ?
> bb) Verfahrensfreies Vorhaben ?
> cc) Kenntnisgabeverfahren ?

b) Genehmigungsfähiges Vorhaben?

Das Vorhaben müsste auch genehmigungsfähig sein. Dies ist immer dann der Fall, wenn es nicht gegen öffentlich-rechtliche Vorschriften verstößt (s.o. Punkt 4.). Öffentlich-rechtliche Vorschriften des Baurechts sind bauplanungsrechtliche Vorschriften und bauordnungsrechtliche Vorschriften.

aa) Bauplanungsrechtliche Vorschriften

Zunächst müsste das Vorhaben mit bauplanungsrechtlichen Vorschriften im Einklang stehen. Die Zulässigkeit des baulichen Vorhabens kann sich aus

(1) § 29 BauGB i.V.m. §§ 30, 31 BauGB oder
(2) § 29 BauGB i.V.m. § 34 BauGB oder
(3) § 29 BauGB i.V.m. § 35 BauGB ergeben.

bb) Bauordnungsrechtliche Vorschriften

cc) Sonstige öffentlich-rechtliche Vorschriften
Geprüft werden solche Vorschriften, die kein eigenes Genehmigungsverfahren vorsehen, etwa §§ 22 ff. BImSchG. Selbstverständlich werden diese in der Klausur nur geprüft, wenn der Sachverhalt hierzu Anhaltspunkte gibt.

5. Rechtsverletzung oder Anspruch
Der § 113 I bzw. § 113 V VwGO verlangt, dass entweder der Kläger bei der Anfechtungsklage in seinen Rechten verletzt ist bzw. der Antragsteller, der einen Antrag auf Erteilung einer Baugenehmigung gestellt hat, einen Anspruch auf diese hat. Dies muss in einer Klausur immer herausgearbeitet werden.

B. Baurechtliche Nachbarklage

I. Zulässigkeit
    1. Verwaltungsrechtsweg nach § 40 I VwGO
        a) Aufdrängende Spezialzuweisung
        b) Generalklausel des § 40 I 1 VwGO
            aa) Öffentlich-rechtliche Streitigkeit
            bb) Streitigkeit nichtverfassungsrechtlicher Art
            cc) Keine spezialgesetzlich abdrängende Zuweisung
    2. Klageart nach § 42 I VwGO (Anfechtungs- oder Verpflichtungsklage)
    3. Klagebefugnis des Nachbarn nach § 42 II VwGO
    4. Vorverfahren nach §§ 68 ff. VwGO; in manchen Bundesländern (z.B. NRW) entbehrlich (vgl. insbes. AG VwGO/JustizG)
    5. Form, Frist, etc.

II. Begründetheit
    1. Formelle Rechtmäßigkeit
    2. Materielle Rechtmäßigkeit
    3. Rechtsverletzung des Nachbarn

I. Zulässigkeit

1. Verwaltungsrechtsweg nach § 40 I VwGO
Siehe bei Verwaltungsprozessrecht/Anfechtungsklage/Schema A.
    a) Aufdrängende Spezialzuweisung
    b) Generalklausel des § 40 I 1 VwGO
        aa) Öffentlich-rechtliche Streitigkeit
        bb) Streitigkeit nichtverfassungsrechtlicher Art
        cc) Keine spezialgesetzlich abdrängende Zuweisung

2. Klageart nach § 42 I VwGO (Anfechtungs- oder Verpflichtungsklage)

278

3. Klagebefugnis des Nachbarn nach § 42 II VwGO

Formulierungsvorschlag:

„Nachbar N müsste klagebefugt sein. Dies setzt voraus, dass er geltend macht, in eigenen Rechten verletzt zu sein. Eine solche Rechtsverletzung des N kann sich bei allen öffentlich-rechtlichen Vorschriften ergeben, die nachbarschützend sind, also nicht nur die Allgemeinheit schützen. In Betracht kommt hier eine Verletzung der Abstandsvorschriften nach §§ 5, 6 LandesBauO. Diese vermitteln Drittschutz für den N. Eine Verletzung dieser subjektiv-öffentlichen Rechte des N ist nicht von vornherein und nach jeder denkbaren Betrachtungsweise ausgeschlossen. Die Klagebefugnis ist deshalb gegeben."

4. Vorverfahren nach §§ 68 ff. VwGO: einige Bundesländer haben von der in § 68 I S. 2, 1 Alt. VwGO enthaltenen Möglichkeit Gebrauch gemacht und die Durchführung eines **Vorverfahrens für viele Bereiche vollständig abgeschafft,** vgl. z.B. § 110 JustizG **NRW.** Beachte aber z.B. in Niedersachs. § 80 II S.1 Nr. 4a) JustizG!

5. Form, Frist, etc.

II. Begründetheit

Die Klage des Nachbarn ist begründet, wenn die dem Bauherrn erteilte Baugenehmigung rechtswidrig ist und der Nachbar dadurch in seinen Rechten verletzt wird, § 113 I VwGO (Anfechtungsklage) bzw., wenn der Nachbar einen Anspruch auf die Beseitigung/Stilllegung etc. (Verpflichtungsklage) hat.

1. Formelle Rechtmäßigkeit

2. Materielle Rechtmäßigkeit

Hier ist zu prüfen, ob nachbarschützende Normen bzw. das Gebot der Rücksichtnahme verletzt werden. Dem objektiven Verstoß gegen das Rücksichtnahmegebot kommt dann nachbarschützende Wirkung zu, wenn durch den Verstoß in qualifizierter und zugleich individualisierter Weise in schutzwürdige Rechtspositionen Dritter eingegriffen wird.

3. Rechtsverletzung des Nachbarn

Der § 113 I bzw. § 113 V VwGO verlangt, dass der Nachbar als Kläger entweder bei der Anfechtungsklage in seinen Rechten verletzt ist oder bei der Verpflichtungsklage einen Anspruch auf Einschreiten der Behörde hat. Dies muss in einer Klausur immer herausgearbeitet werden. Steht etwa bei einer Nachbarklage das Bauvorhaben zwar im Widerspruch zu öffentlich-rechtlichen Vorschriften, ist der Nachbar aber nicht in seinen Rechten verletzt, dann ist die Klage unbegründet. Grundsätzlich wird die nachbarschützende Norm bereits bei der Prüfung der materiellen Rechtmäßigkeit umfassend geprüft. Dann genügt bei der Rechtsverletzung ein Hinweis unter Bezugnahme auf § 113 I bzw. § 113 V VwGO, dass der Nachbar in subjektiv-öffentlichen Rechten verletzt ist.

C. Rechtmäßigkeit einer Abbruchs-/Ordnungsverfügung

I. Ermächtigungsgrundlage

II. Formelle Rechtmäßigkeit

    1. Zuständigkeit

    2. Verfahren

    3. Form

III. Materielle Rechtmäßigkeit

    1. Voraussetzungen der Ermächtigungsgrundlage

        a) Formelle Illegalität?
        Hier muss bei verfahrensfreien Vorhaben unter Umständen diskutiert werden, dass es eine formelle Illegalität gar nicht geben kann
        b) Materielle Illegalität?
        c) Kein Bestandsschutz
        Unterliegt das Gebäude dem Bestandsschutz, kann keine Abbruchsverfügung erlassen werden
        d) Verhältnismäßigkeit der Maßnahme
        Geboten, erforderlich, angemessen?

    2. Rechtsverletzung des Klägers

I. Ermächtigungsgrundlage

1. Abbruch/Beseitigung

§ 65 S.1 LBO **BaWü**; Art. 76 LBO **Bay**; § 80 S. 1 LBO **Berl**; § 80 I LBO **Brbg**; § 79 LBO **Brem**; § 76 LBO **HH**; § 72 LBO **Hess**; § 80 I LBO **MV**; § 79 I 2 Nr. 4 LBO **Nds**; § 82 S. 1 LBO **NW**; § 81 S. 1 LBO **RhPf**; § 82 I LBO **Saarl**; § 80 S.1 LBO **Sachs**; § 79 LBO **LSA**; § 59 II Nr. 3 LBO **SH**; § 79 I 1, II LBO **Thür.**

2. Nutzungsuntersagung

§ 65 S. 2 LBO **BaWü**; Art. 76 LBO **Bay**; § 80 S.2 LBO **Berl**; § 80 I LBO **Brbg**; § 79 LBO **Brem**; § 76 LBO **HH**; § 72 LBO **Hess**; § 80 II LBO **MV**; § 79 I 2 Nr. 5 LBO **Nds**; § 82 S. 2 LBO **NW**; § 81 LBO **RhPf**; § 82 II LBO **Saarl**; § 80 S. 2 LBO **Sachs**; § 79 S. 2 LBO **LSA**; § 59 II Nr. 4 LBO **SH**; § 79 I 2 LBO **Thür.**

II. Formelle Rechtmäßigkeit

    1. Zuständigkeit

    2. Verfahren

    3. Form

III. Materielle Rechtmäßigkeit

1. Voraussetzungen der Ermächtigungsgrundlage

Vor der Subsumtion des Sachverhalts müssen unter Umständen noch Begriffe definiert und geklärt werden. Bei der Abbruchsverfügung spielt zum Beispiel oft die Frage des *Bestandsschutzes* eine Rolle. Es wird dann zunächst der Bestandsschutz erläutert und im nächsten Schritt durch die Subsumtion geprüft, ob das in der Klausur genannte Gebäude tatsächlich Bestandsschutz genießt.

→ Voraussetzungen der Ermächtigungsgrundlage
  a) Formelle Illegalität?
  Hier muss bei *verfahrensfreien* Vorhaben unter
  Umständen diskutiert werden, dass es eine
  formelle Illegalität gar nicht geben kann

b) Materielle Illegalität?

Streitfrage: Reicht für eine **Nutzungsuntersagung** allein die **formelle Illegalität** aus oder ist zusätzlich zu fordern, dass das Vorhaben auch **materiell** nicht mit den öffentlich-rechtlichen Bauvorschriften vereinbar ist?

c) Kein Bestandsschutz
  Unterliegt das Gebäude dem Bestandsschutz, kann
  keine Abbruchsverfügung erlassen werden

d) Verhältnismäßigkeit der Maßnahme
  Geboten, erforderlich, angemessen?

2. Rechtsverletzung des Klägers

Hier schließt sich der Kreis, der bei der Prüfung der Klagebefugnis nach § 42 II VwGO begonnen wurde. Es genügt nicht, dass die Abbruchsverfügung objektiv rechtswidrig ist. Sie muss den Kläger auch in seinen subjektiven Rechten verletzen, vgl. § 113 I VwGO.

D. Rechtmäßigkeit eines Bebauungsplans

I. Formelle Rechtmäßigkeit

1. Kompetenz = Zuständigkeit zum Erlass des Bebauungsplans

a) Verbandskompetenz: Zuständig sind nach § 2 I BauGB die Gemeinden als Gebietskörperschaften

b) Organkompetenz: Wer ist innerhalb der Gemeinden zuständig?
Der Gemeinderat, dies ergibt sich aus der jeweiligen Gemeindeordnung.

2. Aufstellungsbeschluss, § 2 I BauGB

3. Ortsübliche Bekanntmachung, § 2 I Satz 2 BauGB

4. Beteiligung der Öffentlichkeit und der Träger öffentlicher Belange, §§ 3 I, 4 I BauGB

5. Umweltprüfung mit Erstellung des Umweltberichts, §§ 2 IV, 2a S. 2 Nr. 2 BauGB

6. Bekanntmachung der Auslegung, § 3 II 2 BauGB

7. Öffentliche Auslegung, § 3 II BauGB

8. Förmliche Beteiligung der Öffentlichkeit und Träger öffentlicher Belange, §§ 3 II, 4 II BauGB

9. Satzungsbeschluss

a) Nach § 10 I BauGB beschließt die Gemeinde den Bebauungsplan als Satzung.

b) Vorliegen der kommunalrechtlichen Satzungsbeschlussvoraussetzungen
Häufiges Klausurproblem: Mitwirkungsverbot wegen „Befangenheit" gemäß § 18 GO **BaWü**; § 49 GO **Bay**; § 22 **BbgKVerf**; § 25 GO **Hess**; § 24 KV **MV**; § 41 **NKomVG**; § 31 GO **NW**; § 22 GO **RhPf**; § 27 KSVG **Saarl**; § 20 GO **Sachs**; § 33 KVG **LSA**; § 22 GO **SH**; § 38 KO **Thür**.
Zudem müssen auch die kommunalrechtlichen Heilungsnormen beachtet werden.

10. Ausfertigung

11. Genehmigung bzw. Anzeige, §§ 6, 10 II, 246 BauGB

12. Öffentliche Bekanntmachung, § 10 III BauGB

13. Ggf. Heilung von Verfahrens- und Formvorschriften gemäß §§ 214 ff. BauGB

II. Materielle Rechtmäßigkeit

1. Erforderlichkeit der Planung, § 1 III BauGB

2. Liegt ein Verstoß gegen das Entwicklungsgebot nach § 8 II BauGB vor?

3. Abwägungsfehler nach § 1 VII BauGB?

4. Verstöße gegen höherrangiges Recht (z.b. Entschädigung bei Enteignung, Art. 14 GG) ?

5. Ggf. Heilung von Fehlern gemäß §§ 214 ff. BauGB

E. Bauplanungsrechtl. Zulässigkeit im Außenbereich, § 35 I BauGB

1. Es muss einer der Privilegierungstatbestände nach § 35 I Nr. 1 – 8 BauGB erfüllt sein.

2. Öffentliche Belange („insbesondere" die in § 35 III BauGB aufgelisteten) dürfen dem Vorhaben nicht entgegenstehen. Dabei müssen die betroffenen privaten und öffentlichen Belange gegeneinander abgewogen werden.

3. Die ausreichende Erschließung muss gesichert sein.

F. Bauplanungsrechtl. Zulässigkeit im Außenbereich, § 35 II BauGB

1. Es handelt sich nicht um ein privilegiertes Vorhaben nach § 35 I BauGB, sondern um ein *sonstiges* Vorhaben.

2. Die öffentlichen Belange („insbesondere" die in § 35 III BauGB aufge listeten) dürfen durch das Vorhaben nicht beeinträchtigt werden. Dabei sind die betroffenen privaten und öffentlichen Belange gegeneinander abzuwägen.

3. Die ausreichende Erschließung muss gesichert sein.

Siebter Abschnitt: Polizei- und Ordnungsrecht

A. Rechtmäßigkeit einer Ordnungs-/Polizeiverfügung

I. Ermächtigungsgrundlage (EGL)
1. Spezialgesetz
2. Standardmaßnahme
3. Generalklausel

II. Formelle Rechtmäßigkeit
1. Handeln der zuständigen Behörde (sachlich, örtlich, instanziell)
2. Beachtung der Formvorschriften (z.b. Schriftform)
3. Beachtung der Verfahrensvorschriften, insbes. Anhörung, § 28 VwVfG

III. Materielle Rechtmäßigkeit
1. Vorauss. der EGL: Gefahr für öff. Sicherheit/Ordnung (Generalklausel)
  a) Schutzgut: Öffentliche Sicherheit
  b) Schutzgut: Öffentliche Ordnung
  c) Gefahr eines Schadenseintritts
    aa) Anscheinsgefahr
    bb) Gefahrenverdacht
    cc) Putativgefahr
2. Störereigenschaft des von der Behörde ausgewählten Adressaten
  a) Verhaltensstörer
  b) Zustandsstörer
  c) Subsidiär: Notstandspflichtiger
3. Keine Ermessensfehler (Entschließungs- und Auswahlermessen)
  Ggf. Ermessensreduzierung auf Null bei Gefahr für Leben etc.
4. Verhältnismäßigkeit der Maßnahme
5. Möglichkeit der Handlungspflichterfüllung

I. Ermächtigungsgrundlage (EGL)

1. Spezialgesetz

2. Standardmaßnahme

3. Generalklausel

§§ 1, 3 PolG **BaWü**; Art. 11 I PAG **Bay**; § 17 I ASOG **Berl**; § 10 I PolG **Brbg** bzw. § 13 I OBG **Brbg**; § 10 I PolG **Brem**; § 3 I SOG **HH**; § 11 SOG **Hess**; § 13 SOG **MV**; § 11 SOG **Nds**; § 8 I PolG **NW** bzw. § 14 I OBG **NW**; § 9 I POG **RhPf**; § 8 I PolG **Saarl**; § 3 I PolG **Sachs**; § 13 SOG **SA**; § 174 LVwG **SH**; § 12 I PAG **Thür** bzw. § 5 I OBG **Thür**

II. Formelle Rechtmäßigkeit

1. Handeln der zuständigen Behörde (sachlich, örtlich, instanziell)

2. Beachtung der Formvorschriften (z.B. Schriftform)

3. Beachtung der Verfahrensvorschriften, insbes. Anhörung, § 28 VwVfG

III. Materielle Rechtmäßigkeit

1. Vorauss. der EGL: Gefahr für öff. Sicherheit/Ordnung (Generalklausel)

a) Schutzgut: Öffentliche Sicherheit

Das Schutzgut *öffentliche Sicherheit* umfasst vier Kategorien:

*   den Bestand des Staates und seiner Einrichtungen;
*   die Unverletzlichkeit der objektiven Rechtsordnung;
*   die subjektiven Rechte und Rechtsgüter des Einzelnen;
*   den Schutz kollektiver Rechtsgüter.

b) Schutzgut: Öffentliche Ordnung

Die *öffentliche Ordnung* ist betroffen, wenn das Verhalten des Störers mit den ungeschriebenen *Wertvorstellungen* der Bevölkerungsmehrheit unvereinbar ist. Die öffentliche Ordnung umfasst im Einzelnen alle

*   ungeschriebenen Ordnungsvorstellungen,
*   deren Befolgung nach den jeweils herrschenden sozialen und ethischen Anschauungen
*   eine unerlässliche Voraussetzung für ein gedeihliches Zusammenleben innerhalb eines bestimmten Gebietes ist.

c) Gefahr eines Schadenseintritts

Gefahr ist eine Sachlage, die in absehbarer Zeit mit hinreichender Wahrscheinlichkeit zu einem Schaden für die öffentliche Sicherheit und Ordnung führen würde. Dabei setzt der Gefahrenbegriff zweierlei voraus, nämlich
*   einen Schaden und
*   die Wahrscheinlichkeit seines Eintritts.

Beachte: Je *größer* der zu erwartende Schaden und je *ranghöher* das betroffene Schutzgut sind, desto geringere Anforderungen sind an die Wahrscheinlichkeit des Schadenseintritts und an seine zeitliche Nähe zu stellen.

aa) Anscheinsgefahr

Mit der *Anscheinsgefahr* ist eine Sachlage gemeint, bei der tatsächlich im Zeitpunkt des Einschreitens, also aus ex-ante-Perspektive, keine Gefahrensituation vorliegt, der handelnde Amtswalter aber aufgrund der vorliegenden Anhaltspunkte von einer Gefahrenlage ausgehen durfte.

bb) Putativgefahr

Bei der *Putativgefahr* liegt – wie bei der Anscheinsgefahr – im Zeitpunkt des Einschreitens tatsächlich keine Sachlage vor, die zu einem Schaden führen kann. Der Unterschied zur Anscheinsgefahr besteht darin, dass bei Einschätzung der Lage der Beamte *irrig* meint, dass eine Gefahrensituation besteht, ohne dass dafür hinreichende Anhaltspunkte vorliegen. Die Putativgefahr beruht auf einer *pflichtwidrigen* Einschätzung des handelnden Beamten.

cc) Gefahrenverdacht

Ein *Gefahrenverdacht* ist dann anzunehmen, wenn das Tatsachenbild, das auf eine Gefahr hindeutet, *unvollständig* ist und der Behörde dies auch *bewusst* ist. Die Sachlage könnte ebenso gefährlich wie ungefährlich sein; die Behörde hält den Eintritt eines Schadens im Falle eines Gefahrenverdachts nur *für möglich, nicht hingegen für wahrscheinlich.*

Beim Gefahrenverdacht sind Maßnahmen zunächst auf die *Gefahrerforschung* zu richten, also auf die Beseitigung der Ungewissheit durch Aufklärung des Sachverhalts. Sie zielen nicht unmittelbar auf die Beseitigung der potenziellen Gefahr ab, sondern dienen der Vorbereitung endgültiger Gefahrenabwehrmaßnahmen.

2. Störereigenschaft des von der Behörde ausgewählten Adressaten

a) Verhaltensstörer

§ 6 PolG **BaWü**; Art. 7 PAG **Bay**; § 13 ASOG **Berl**; § 5 PolG **Brbg** bzw. § 16 OBG **Brbg**; § 5 PolG **Brem**; § 8 SOG **HH**; § 6 SOG **Hess**; § 69 SOG **MV**; § 17 OBG **NW** bzw. § 4 PolG **NW**; § 4 POG **RhPf**; § 4 PolG **Saarl**; § 4 PolG **Sachs**; § 7 SOG **SA**; § 218 LVwG **SH**; § 10 OBG **Thür** bzw. § 7 I PAG **Thür** kommen zur Anwendung, wenn eine Person einen Gefahrenzustand durch ihr eigenes Verhalten *verursacht* hat *(sog. Verhaltensstörer).*

Herrschend ist heute die *Theorie von der unmittelbaren Verursachung.* Danach ist Störer, wer die Gefahr *unmittelbar* verursacht, d.h. wer die Gefahrengrenze überschreitet. Ausnahmen:

aa) Zweckveranlasser

Ausnahmsweise kann einer Person, die durch ihr Verhalten eine Gefahr nur mittelbar verursacht, der Gefährdungserfolg unter Wertungsgesichtspunkten zugerechnet werden. Man spricht in diesem Fall von einem sog. *Zweckveranlasser.* Zweckveranlasser ist, wer bei hintereinandergeschalteten Kausalfaktoren objektiv gefahrerhöhende Risiken schafft.

bb) latenter Störer

Nach der Theorie der unmittelbaren Verursachung begründet eine mittelbare Verursachung ferner dann eine Ordnungspflicht, wenn sie *latent gefährlich* ist. Latent störende Ursache ist diejenige Ursache, die bei kumulativer Kausalität von Anfang an eine erhöhte Gefahrentendenz im Verhältnis zu den anderen möglichen Ursachen aufwies und es nur einer absehbaren Umweltveränderung bedurfte, damit sich die angelegte Gefahrenneigung zur Störung aktualisierte. Bsp: Kühlturmfall.

b) Zustandsstörer

§ 7 PolG **BaWü**; Art. 8 PAG **Bay**; § 14 ASOG **Berl**; § 6 PolG **Brbg**; § 6 PolG **Brem**; § 9 SOG **HH**; § 7 SOG **Hess**; § 70 SOG **MV**; § 7 SOG **Nds**; § 5 PolG **NW**; § 18 OBG **NW**; § 5 POG **RhPf**; § 5 PolG **Saarl**; § 5 PolG **Sachs**;§ 8 SOG **SA**; § 219 LVwG **SH**; § 8 PAG **Thür**; § 11 OBG **Thür** kennen meist folgende Anknüpfungspunkte für die Begründung der Zustandsverantwortlichkeit: Das Eigentum an einer Sache und die tatsächliche Sachherrschaft darüber.

Beachte: Hat der Eigentümer das Eigentum vor Erlass der Ordnungsverfügung gem. §§ 928, 959 BGB aufgegeben *(sog. Dereliktion)*, so endet nach den Vorschriften der meisten Länder seine Zustandsverantwortlichkeit hierdurch nicht, vgl. Art. 8 III PAG **Bay**; § 14 IV ASOG **Berl**; § 6 III PolG **Brbg**; § 6 III PolG **Brem**; § 9 I 2 SOG **HH**; § 7 III SOG **Hess**; § 70 III SOG **MV**; § 7 III SOG **Nds**; § 5 III PolG **NW**; § 18 III OBG **NW**; § 5 III POG **RhPf**; § 5 III PolG **Saarl**; § 8 III SOG **SA**; § 219 III LVwG **SH**; § 8 III PAG **Thür**; § 11 III OBG **Thür**.

c) Subsidiär: Notstandspflichtiger

Ausnahmsweise können nach § 9 PolG **BaWü**; Art. 10 PAG **Bay**; § 16 ASOG **Berl**; § 18 OBG **Brbg**; § 7 PolG **Brem**; § 10 SOG **HH**; § 9 SOG **Hess**; § 71 SOG **MV**; § 8 SOG **Nds**; § 19 OBG **NW**; § 6 PolG **NW**; § 7 POG **RhPf**; § 6 PolG **Saarl**; § 7 PolG **Sachs**; § 10 SOG **SA**; § 220 LVwG **SH**; § 10 PAG **Thür**; § 13 OBG **Thür** unter bestimmten Voraussetzungen zur Sicherstellung einer effektiven Gefahrenabwehr andere Personen als die Verantwortlichen *(sog. Nichtstörer)* polizei- und ordnungsrechtlich in Anspruch genommen werden.

3. Keine Ermessensfehler (Entschließungs- und Auswahlermessen) Ggf. Ermessensreduzierung auf Null bei Gefahr für Leben etc.

Die Behörde hat **Entschließungsermessen**, d.h. sie kann entscheiden, **ob** sie von der gesetzlich eingeräumten Befugnis überhaupt Gebrauch macht.

Außerdem hat die Behörde **Auswahlermessen**, d.h. sie hat die Wahl, **mit welchen Mitteln** sie die Gefahr/Störung beseitigt. Das Auswahlermessen bezieht sich dabei sowohl auf das einzusetzende *Mittel* als auch auf die in Anspruch zu nehmende *Person*. Das Auswahlermessen richtet sich in erster Linie nach der *Effektivität der Gefahrenabwehr*. Es ist also derjenige Störer bzw. diejenige Maßnahme auszuwählen, die eine schnelle, effektive und wirksame Gefahrenbeseitigung ermöglicht.

4. Verhältnismäßigkeit der Maßnahme

Vgl. Schema auf S. 225

5. Möglichkeit der Handlungspflichterfüllung

B. Gewerbeuntersagung

I. Ermächtigungsgrundlage, § 35 I 1 GewO
II. Formelle Rechtmäßigkeit
III. Materielle Rechtmäßigkeit
   1. Ausübung eines Gewerbes
   2. Unzuverlässigkeit des Gewerbetreibenden
   3. Erforderlichkeit der Untersagung
IV. Rechtsfolge

I. Ermächtigungsgrundlage

Als Ermächtigungsgrundlage für eine Gewerbeuntersagung kommt § 35 I 1 GewO in Betracht.

II. Formelle Rechtmäßigkeit

Im Rahmen der formellen Rechtmäßigkeit ist insbesondere zu prüfen

- die Zuständigkeit der handelnden Behörde
- die Form der Untersagung
- die Einhaltung des Verfahrens (insbesondere die erforderliche Anhörung des Betroffenen).

III. Materielle Rechtmäßigkeit

Eine Gewerbeuntersagung ist materiell rechtmäßig, wenn die Voraussetzungen des § 35 I 1 GewO vorliegen.

Diese Voraussetzungen sind:

1. Ausübung eines Gewerbes

Der Betroffene muss ein Gewerbe ausüben. Unter Gewerbe versteht man eine Tätigkeit, die

- auf Gewinnerzeilung gerichtet ist,
- fortgesetzt ausgeübt wird,
- selbständig ausgeübt wird und
- erlaubt ist (hM).

2. Unzuverlässigkeit des Gewerbetreibenden

Ein Gewerbetreibender ist unzuverlässig iSd § 35 I 1 GewO, wenn **er nicht die Gewähr** dafür bietet, dass er sein **Gewerbe in Zukunft ordnungsgemäß ausüben** wird. Diese Prognose ist aufgrund aller gewerbebezogenen Tatsachen zu stellen. Solche Tatsachen können z.B. sein

- Ordnungswidrigkeiten
- Straftaten
- Nichteinhaltung von Vorschriften, sofern dieses einen generellen Hang zur Nichteinhaltung von Vorschriften erkennen lässt
- Keine Beseitigung von Verstößen gegen Vorschriften trotz Aufforderung.

3. Erforderlichkeit der Untersagung

Die Gewerbeuntersagung muss zum Schutz der Allgemeinheit oder der im Betrieb beschäftigten Personen **erforderlich** sein.

IV. Rechtsfolge

Bei Vorliegen der o.g. Voraussetzungen ist die zuständige Behörde **verpflichtet, die Gewerbeausübung zu untersagen** (vgl. Wortlaut § 35 I 1 GewO: „... *ist* zu untersagen,..."). D.h. die Behörde hat **kein Ermessen**, ob sie eine Gewerbeuntersagung ausspricht.

Aber: § 35 I 1 GewO gibt der Behörde ein **Ermessen hinsichtlich des Umfangs** der Gewerbeuntersagung, nämlich ob die Untersagung ganz oder teilweise erfolgt.

C. Anspruch auf Erteilung einer Erlaubnis zum Betrieb einer Gaststätte

Wichtiger Hinweis

Seit dem Inkrafttreten der Föderalismusreform besteht keine Gesetzgebungskompetenz des Bundes mehr für das Gaststättenrecht.

Die Vorschriften des GaststättenG gelten aber so lange fort, wie sie nicht durch Landesrecht ersetzt worden sind, vgl. Art. 125a I GG.

Für die Fallprüfung bedeutet dies, dass vorrangig zu prüfen ist, ob – wie z.B. in *Baden-Württemberg, Brandenburg, Bremen, Hessen, Niedersachsen, Sachsen, Sachsen-Anhalt, Thüringen und im Saarland* – bereits ein Gaststättengesetz durch das jeweilige Bundesland erlassen worden ist.

In diesem Abschnitt werden ausschließlich die Regelungen des GaststättenG des Bundes behandelt.

I. Antrag
II. Betrieb einer Gaststätte, § 1 GaststättenG
III. Erlaubnispflichtigkeit, § 2 GaststättenG
IV. Keine Versagensgründe, § 4 GaststättenG
V. Rechtsfolge

I. Antrag

Die Erlaubnis zum Betrieb einer Gaststätte wird **nur auf Antrag** erteilt.

II. Betrieb einer Gaststätte

Der Antragsteller muss beabsichtigen, ein Gaststättengewerbe zu betreiben.

Nach **§ 1 GaststättenG** liegt ein Gaststättengewerbe vor bei

- einer Schankwirtschaft, § 1 I Nr. 1 GaststättenG
- einer Speisewirtschaft, § 1 I Nr. 2 GaststättenG
- einem Beherbergungsbetrieb, § 1 I Nr. 3 GaststättenG
- Schank- und Speisewirtschaften auf Veranstaltungen, § 1 II GaststättenG.

III. Erlaubnispflichtigkeit

Ein Anspruch auf Erteilung einer Erlaubnis besteht nur, wenn der beabsichtigte Betrieb des Gaststättengewerbes erlaubnispflichtig ist. Keine Erlaubnispflicht besteht für die in § 2 II bis IV GaststättenG aufgezählten Fälle.

IV. Keine Versagensgründe

Es dürfen keine Versagensgründe iSd § 4 GaststättenG vorliegen.

Bei **Vorliegen** eines oder mehrerer Versagensgründe **ist die Erlaubnis zu versagen**, vgl. § 4 I 1 GaststättenG. Die Behörde hat insofern **kein Ermessen**.

Beachte aber: Wegen des **Verhältnismäßigkeitsgrundsatzes** ist die Behörde verpflichtet zu prüfen, ob durch die Erteilung von **Auflagen** nach § 5 **GaststättenG** das Vorliegen eines Versagungsgrundes ausgeschlossen werden kann.

V. Rechtsfolge

Bei Vorliegen der o.g. Voraussetzungen ist die Behörde verpflichtet, die Erlaubnis zu erteilen, d.h. die Behörde hat diesbezüglich kein Ermessen (vgl. **Wortlaut des § 3 I 1 GaststättenG**: „Die Erlaubnis **ist** … zu erteilen").

Achter Abschnitt: Versammlungsrecht

A. Wichtiger Hinweis

Seit dem Inkrafttreten der Föderalismusreform besteht keine Gesetzgebungskompetenz des Bundes mehr für das Versammlungsrecht.

Die Vorschriften des VersammlG gelten aber so lange fort, wie sie nicht durch Landesrecht ersetzt worden sind, vgl. Art. 125a I GG.

Für die Fallprüfung bedeutet dies, dass vorrangig zu prüfen ist, ob – wie z.B. in *Bayern, Schleswig-Holstein, Sachsen, Sachsen-Anhalt und Niedersachsen* – bereits ein Versammlungsgesetz durch das jeweilige Bundesland erlassen worden ist.

In diesem Abschnitt werden ausschließlich die Regelungen des VersammlG des Bundes behandelt.

B. Öffentliche Versammlungen unter freiem Himmel

I. Verbot einer Versammlung, § 15 I VersammlG

1. Ermächtigungsgrundlage, § 15 I VersammlG
2. Formelle Rechtmäßigkeit
3. Materielle Rechtmäßigkeit
   a) Öffentliche Versammlung i.S.v. § 1 VersammlG
   b) unter freiem Himmel
   c) Unmittelbare Gefahr für die öffentliche Sicherheit und Ordnung
4. Rechtsfolge

1. Ermächtigungsgrundlage, § 15 I VersammlG

Als Ermächtigungsgrundlage für ein Verbot einer öffentlichen Versammlung unter freiem Himmel kommt § 15 I VersammlG in Betracht.

2. Formelle Rechtmäßigkeit

Im Rahmen der formellen Rechtmäßigkeit ist im Rahmen einer Klausur insbesondere die **Zuständigkeit der handelnden Behörde** zu prüfen.

Welche Behörde für das Verbot einer Versammlung zuständig ist, bestimmt sich nach den **Vorschriften des Landesrechts**.

3. Materielle Rechtmäßigkeit

Ein Verbot einer Versammlung ist materiell rechtmäßig, wenn die folgenden Voraussetzungen vorliegen:

a) Öffentliche Versammlung i.S.v. § 1 VersammlG

Es muss eine **öffentliche Versammlung** i.S.v. § 1 VersammlG vorliegen.

aa) Eine **Versammlung** liegt vor, wenn **mehrere Personen** zusammenkommen, um **gemeinsam eine Meinung** zu bilden und zu äußern.

- Nach **hM** kann eine Versammlung **bereits** beim Zusammenkommen von **zwei Personen** angenommen werden (aA: mindestens drei Personen erforderlich).

- Die Menschenansammlung muss eine **gemeinsame Meinung bilden und äußern** (aA: ausreichend ist schon, wenn bloß irgendein gemeinsamer Zweck verfolgt wird; Bsp.: Love-Parade).

  Fehlt es an diesem **gemeinsamen Zweck**, liegt keine Versammlung, sondern bloß eine **Ansammlung** (rein zufälliges Zusammenkommen mehrerer Personen) vor.

bb) Eine Versammlung ist **öffentlich**, wenn sie **für Jedermann zugänglich** ist <u>und</u> sich mit **öffentlichen Angelegenheiten** (z.B. politischen Themen) befasst.

b) unter freiem Himmel

Eine Versammlung findet unter freiem Himmel statt, wenn sie **nicht durch feste Außenwände** von der Außenwelt **abgegrenzt** wird.

D.h. das relevante **Abgrenzungskriterium** zu Versammlungen in geschlossenen Räumen ist die **seitliche Begrenzung** (nicht der Schutz nach *oben!*).

c) Unmittelbare Gefahr für die öffentliche Sicherheit und Ordnung

Für ein Verbot einer öffentlichen Versammlung unter freiem Himmel ist es erforderlich, dass eine **unmittelbare Gefahr für die öffentliche Sicherheit und Ordnung** durch die Versammlung besteht.

aa) Bezüglich der Voraussetzung **Gefahr für die öffentliche Sicherheit und Ordnung** kann auf die Definitionen aus dem allgemeinen Polizei- und Ordnungsrecht zurückgegriffen werden.

bb) Eine **unmittelbare Gefährdung** setzt voraus, dass zwischen der Durchführung der Versammlung und der Gefährdung für die öffentliche Sicherheit und Ordnung ein **hinreichend bestimmter Kausalzusammenhang** besteht. Ein solcher Kausalzusammenhang liegt z.B. vor, wenn

- von der Versammlung erhebliche Gefahren für Leib und Leben ausgehen
  oder

- Beschädigungen von Sachen mit erheblichem Wert drohen.

Wichtig: Nicht ausreichend ist die Berufung auf frühere, eventuell unfriedliche Versammlungen des Veranstalters.

4. Rechtsfolge

Liegen die Tatbestandsvoraussetzungen des § 15 I VersammlG vor, hat die zuständige Behörde ein **Ermessen**, ob sie die Versammlung verbietet (vgl. Wortlaut § 15 I VersammlG: „Die zuständige Behörde *kann* ...").

Die Entscheidung steht demnach im pflichtgemäßen Ermessen der Behörde.

Dabei hat die Behörde insbesondere den **Verhältnismäßigkeitsgrundsatz** zu beachten. Das bedeutet, dass ein Versammlungsverbot nur als **ultima ratio** in Betracht kommt. Die Behörde muss vorrangig auf mildere Mittel zurückgreifen, wie z.b. den Ausschluss einzelner Teilnehmer oder die Erteilung von Auflagen.

II. Auflösung einer Versammlung, § 15 III VersammlG

1. Ermächtigungsgrundlage, § 15 III VersammlG
2. Formelle Rechtmäßigkeit
3. Materielle Rechtmäßigkeit
   a) Öffentliche Versammlung i.S.v. § 1 VersammlG
   b) unter freiem Himmel
   c) Vorliegen einer Fallgruppe des § 15 III VersammlG
4. Rechtsfolge

1. Ermächtigungsgrundlage, § 15 III VersammlG

Als Ermächtigungsgrundlage für eine Auflösung einer öffentlichen Versammlung unter freiem Himmel kommt § 15 III VersammlG in Betracht.

2. Formelle Rechtmäßigkeit

Im Rahmen der formellen Rechtmäßigkeit ist insbesondere die **Zuständigkeit der handelnden Behörde** zu prüfen.

Welche Behörde für das Verbot einer Versammlung zuständig ist, bestimmt sich nach den **Vorschriften des Landesrechts (s.o. unter B.I. 2).**

3. Materielle Rechtmäßigkeit

Die Auflösung einer Versammlung ist materiell rechtmäßig, wenn die folgenden Voraussetzungen vorliegen:

a) Öffentliche Versammlung i.S.v. § 1 VersammlG

Es muss eine **öffentliche Versammlung** i.S.v. § 1 VersammlG vorliegen.

aa) Eine **Versammlung** liegt vor, wenn **mehrere Personen** zusammenkommen, um **gemeinsam eine Meinung** zu bilden und zu äußern.

- Nach **hM** kann eine Versammlung **bereits** beim Zusammenkommen von **zwei Personen** angenommen werden (aA: mindestens drei Personen erforderlich).

- Die Menschenansammlung muss eine **gemeinsame Meinung bilden und äußern.**

Fehlt es an diesem **gemeinsamen Zweck**, liegt keine Versammlung, sondern bloß eine **Ansammlung** (rein zufälliges Zusammenkommen mehrerer Personen) vor.

bb) Eine Versammlung ist **öffentlich**, wenn sie **für Jedermann zugänglich** ist <u>und</u> sich mit **öffentlichen Angelegenheiten** (z.B. politischen Themen) befasst.

b) unter freiem Himmel

Eine Versammlung findet unter freiem Himmel statt, wenn sie **nicht durch feste Außenwände** von der Außenwelt **abgegrenzt** wird.

D.h. das relevante **Abgrenzungskriterium** zu Versammlungen in geschlossenen Räumen ist die **seitliche Begrenzung** (nicht der Schutz nach *oben!*).

c) Vorliegen einer Fallgruppe des § 15 III VersammlG

Es muss eine der Fallgruppen des § 15 III VersammlG vorliegen. Danach kann eine Versammlung aufgelöst werden, wenn

- die **Versammlung nicht angemeldet** ist
  Eine Versammlung ist **mindestens 48 Stunden** vor ihrer Bekanntgabe (z.B. Einladung, Aufruf) bei der zuständigen Behörde **anzumelden, § 14 I VersammlG.**

Wichtig: Eine **Auflösung** einer Versammlung ist nach der Rechtsprechung des BVerfG wegen des hohen Stellenwerts des Grundrechts der Versammlungsfreiheit (Art 8 I GG) bei sog. **Eil- und Spontanversammlungen nicht möglich.**

  o Eine **Eilversammlung** liegt vor, wenn eine geplante Versammlung aus aktuellem Anlass **so kurzfristig** einberufen wird, dass die **Zeit zwischen der Anmeldung und der Durchführung kürzer als** die **48-Stunden-Frist des § 14 I VersammlG** ist.

    Nach der **Rechtsprechung der BVerfG** ist der Veranstalter einer Eilversammlung weiterhin verpflichtet, diese anzumelden. Er ist aber nicht verpflichtet, die 48-Stunden-Frist des § 14 I VersammlG einzuhalten. Bei einer Eilversammlung beginnt die Anmeldefrist also mit dem Entschluss, die Versammlung zu veranstalten.

○ Eine **Spontanversammlung** liegt vor, wenn sich die Versammlung **spontan und ungeplant aus aktuellem Anlass gebildet** hat. D.h., dass der Entschluss und die Durchführung der Versammlung zusammenfallen (so dass eine Anmeldung schon begrifflich nicht möglich ist).

Das Grundrecht des Art. 8 I GG schützt auch das Recht, sich spontan zu versammeln. Aus diesem Grund ist nach der Rechtsprechung des BVerfG § 14 I VersammlG in verfassungskonformer Auslegung bei Spontanversammlungen nicht anwendbar.

- von den Angaben in der **Anmeldung abgewichen wird**

- den **Auflagen zuwider gehandelt** wird

- die **Voraussetzungen für ein Verbot** nach § 15 I VersammlG oder § 15 II VersammlG **vorliegen.**

4. Rechtsfolge

Liegen die Tatbestandsvoraussetzungen des § 15 III VersammlG vor, hat die zuständige Behörde ein **Ermessen**, ob sie die Versammlung auflöst (vgl. Wortlaut § 15 III VersammlG: „Sie kann eine Versammlung ….auflösen, …“).

Die Entscheidung steht also im pflichtgemäßen Ermessen der Behörde.

Dabei hat die Behörde insbesondere den **Verhältnismäßigkeitsgrundsatz** zu beachten. Das bedeutet, dass eine Auflösung nur als **ultima ratio** in Betracht kommt. Die Behörde muss vorrangig auf mildere Mittel zurückgreifen, wie z.B. den Ausschluss einzelner Teilnehmer oder die Erteilung von Auflagen.

C. Öffentliche Versammlungen in geschlossenen Räumen

I. Verbot einer Versammlung, § 5 VersammlG

1. Ermächtigungsgrundlage, § 5 VersammlG
2. Formelle Rechtmäßigkeit
3. Materielle Rechtmäßigkeit
   a) Öffentliche Versammlung i.S.v. § 1 VersammlG
   b) in einem geschlossenen Raum
   c) Vorliegen einer Fallgruppe des § 5 VersammlG
4. Rechtsfolge

1. Ermächtigungsgrundlage, § 5 VersammlG

Als Ermächtigungsgrundlage für ein Verbot einer öffentlichen Versammlung in einem geschlossenen Raum kommt § 5 VersammlG in Betracht.

2. Formelle Rechtmäßigkeit

Im Rahmen der formellen Rechtmäßigkeit ist in der Klausur insbesondere die **Zuständigkeit der handelnden Behörde** zu prüfen.

Welche Behörde für das Verbot einer Versammlung zuständig ist, bestimmt sich nach den **Vorschriften des Landesrechts.**

3. Materielle Rechtmäßigkeit

Das Verbot einer Versammlung ist materiell rechtmäßig, wenn die folgenden Voraussetzungen vorliegen:

a) Öffentliche Versammlung i.S.v. § 1 VersammlG

Es muss eine **öffentliche Versammlung** i.S.v. § 1 VersammlG vorliegen.

aa) Eine **Versammlung** liegt vor, wenn **mehrere Personen** zusammenkommen, um **gemeinsam eine Meinung** zu bilden und zu äußern.

- Nach **hM** kann eine Versammlung **bereits** beim Zusammenkommen von **zwei Personen** angenommen werden (aA: mindestens drei Personen erforderlich).

- Die Menschenansammlung muss eine **gemeinsame Meinung bilden und äußern.**

  Fehlt es an diesem **gemeinsamen Zweck**, liegt keine Versammlung, sondern bloß eine **Ansammlung** (rein zufälliges Zusammenkommen mehrerer Personen) vor.

bb) Eine Versammlung ist **öffentlich**, wenn sie **für Jedermann zugänglich** ist **und** sich mit **öffentlichen Angelegenheiten** (z.B. politischen Themen) befasst.

296

b) in einem geschlossenen Raum

Eine Versammlung findet in einem geschlossenen Raum statt, wenn sie **durch feste Außenwände** von der Außenwelt **abgegrenzt** wird. Es ist nicht erforderlich, dass der Raum nach oben durch eine Decke begrenzt wird.

D.h., das relevante **Abgrenzungskriterium** zu Versammlungen unter freiem Himmel ist die **seitliche Begrenzung** (nicht der Schutz nach oben!).

c) Vorliegen einer Fallgruppe des § 5 VersammlG

Es muss eine der Fallgruppen des § 5 VersammlG vorliegen. Danach kann eine Versammlung verboten werden, wenn

- der **Veranstalter unter** die Vorschriften des **§ 1 II Nr. 1 - 4 VersammlG fällt**, und im Fall der Nr. 4 das Verbot durch die zuständige Behörde festgestellt worden ist, **§ 5 Nr. 1 VersammlG**;

- der Veranstalter oder Leiter der Versammlung Teilnehmern Zutritt gewährt, die **Waffen oder sonstige Gegenstände** i.S.d. § 2 III VersammlG mit sich führen, **§ 5 Nr. 2 VersammlG**;

- Tatsachen festgestellt werden, aus denen sich ergibt, dass der Veranstalter oder sein Anhang einen **gewalttätigen oder aufrührerischen Verlauf** der Versammlung anstreben, **§ 5 Nr. 3 VersammlG**;

- Tatsachen festgestellt werden, aus denen sich ergibt, dass der Veranstalter oder sein Anhang **Ansichten** vertreten oder **Äußerungen** dulden werden, die ein **Verbrechen** oder ein von Amts wegen zu verfolgendes **Vergehen** zum Gegenstand haben, **§ 5 Nr. 4 VersammlG**.

4. Rechtsfolge

Liegen die Tatbestandsvoraussetzungen des § 5 VersammlG vor, hat die zuständige Behörde ein **Ermessen**, ob sie die Versammlung verbietet (vgl. Wortlaut § 5 VersammlG: „Die Abhaltung einer Versammlung *kann* ...verboten werden...").

Die Entscheidung steht also im pflichtgemäßen Ermessen der Behörde.

Dabei hat die Behörde insbesondere den **Verhältnismäßigkeitsgrundsatz** zu beachten. Das bedeutet, dass ein Versammlungsverbot nur als **ultima ratio** in Betracht kommt. Die Behörde muss vorrangig auf mildere Mittel zurückgreifen, wie z.B. den Ausschluss einzelner Teilnehmer oder die Erteilung von Auflagen.

II. Auflösung einer Versammlung, § 13 VersammlG

1. Ermächtigungsgrundlage, § 13 VersammlG
2. Formelle Rechtmäßigkeit
3. Materielle Rechtmäßigkeit
   a) Öffentliche Versammlung i.S.v. § 1 VersammlG
   b) in einem geschlossenen Raum
   c) Vorliegen einer Fallgruppe des § 13 VersammlG
4. Rechtsfolge

1. Ermächtigungsgrundlage, § 13 VersammlG

Als Ermächtigungsgrundlage für eine Auflösung einer öffentlichen Versammlung in einem geschlossenen Raum kommt § 13 VersammlG in Betracht.

2. Formelle Rechtmäßigkeit

Im Rahmen der formellen Rechtmäßigkeit ist in der Klausur insbesondere die **Zuständigkeit der handelnden Behörde** zu prüfen.

Für die Auflösung einer Versammlung in einem geschlossenen Raum ist die **Polizei** zuständig, vgl. **§ 13 I VersammlG.**

3. Materielle Rechtmäßigkeit

Die Auflösung einer Versammlung ist materiell rechtmäßig, wenn die folgenden Voraussetzungen vorliegen:

a) Öffentliche Versammlung i.S.v. § 1 VersammlG

Es muss eine **öffentliche Versammlung** i.S.v. § 1 VersammlG vorliegen.

    aa) Eine **Versammlung** liegt vor, wenn **mehrere Personen** zusammenkommen, um **gemeinsam eine Meinung** zu bilden und zu äußern.

- Nach **hM** kann eine Versammlung **bereits** beim Zusammenkommen von **zwei Personen** angenommen werden (aA: mindestens drei Personen erforderlich).

- Die Menschenansammlung muss eine **gemeinsame Meinung bilden und äußern.**

    Fehlt es an diesem **gemeinsamen Zweck,** liegt keine Versammlung, sondern bloß eine **Ansammlung** (rein zufälliges Zusammenkommen mehrerer Personen) vor.

    bb) Eine Versammlung ist **öffentlich,** wenn sie **für Jedermann zugänglich** ist <u>und</u> sich mit **öffentlichen Angelegenheiten** (z.B. politischen Themen) befasst.

b) in einem geschlossenen Raum

Eine Versammlung findet in einem geschlossenen Raum statt, wenn sie **durch feste Außenwände** von der Außenwelt **abgegrenzt** wird. Es ist nicht erforderlich, dass der Raum nach oben durch eine Decke begrenzt wird.

D.h., das relevante **Abgrenzungskriterium** zu Versammlungen unter freiem Himmel ist die **seitliche Begrenzung** (nicht der Schutz nach *oben!).

c) Vorliegen einer Fallgruppe des § 13 VersammlG

Es muss eine der Fallgruppen des § 13 I VersammlG vorliegen. Danach kann eine Versammlung aufgelöst werden, wenn

- der **Veranstalter unter** die Vorschriften des **§ 1 II Nr. 1 - 4 VersammlG fällt**, und im Fall der Nr. 4 das Verbot durch die zuständige Behörde festgestellt worden ist, **§ 13 I Nr. 1 VersammlG**;

- die Versammlung einen **gewalttätigen oder aufrührerischen Verlauf** nimmt oder eine unmittelbare Gefahr für Leben und Gesundheit der Teilnehmer besteht, **§ 13 I Nr. 2 VersammlG**;

- der Leiter Personen, die Waffen oder sonstige Gegenstände i.s.d. § 2 III VersammlG mit sich führen, **nicht sofort ausschließt** und nicht für die Durchführung des Ausschlusses sorgt, **§ 13 I Nr. 3 VersammlG**;

- durch den Verlauf der Versammlung gegen Strafgesetze verstoßen wird, die ein Verbrechen oder ein von Amts wegen zu verfolgendes Vergehen zum Gegenstand haben, oder in der Versammlung zu solchen Straftaten aufgefordert oder angereizt wird und der Leiter dieses nicht unverzüglich unterbindet, **§ 13 I Nr. 4 VersammlG**.

4. Rechtsfolge

Liegen die Tatbestandsvoraussetzungen des § 13 I VersammlG vor, hat die zuständige Behörde ein **Ermessen**, ob sie die Versammlung Auflöst (vgl. Wortlaut § 13 I VersammlG: „Die Polizei (§ 12) *kann...auflösen...*").

D.h. die Entscheidung steht im pflichtgemäßen Ermessen der Polizei.

Dabei hat die Behörde insbesondere den **Verhältnismäßigkeitsgrundsatz** zu beachten. Das bedeutet, dass ein Versammlungsverbot nur als **ultima ratio** in Betracht kommt, vgl. **§ 13 I 2 VersammlungsG**. Die Behörde muss vorrangig auf mildere Mittel zurückgreifen, wie z.B. die Unterbrechung der Versammlung (vgl. § 13 I 2 VersammlG), um hierbei Personenfeststellungen zu treffen oder die Störer zu entfernen.

Neunter Abschnitt: Kommunalrecht

A. Anspruch auf Zugang zu einer öffentlichen Einrichtung

I. Anspruchsgrundlage

§ 10 II GO BaWü; Art. 21 I GO Bay; § 12 I BbgKVerf; § 20 I GO Hess; § 14 II KV MV; § 30 NKomVG; § 8 II GO NW; § 14 II GO RhPf; § 19 I KS VG Saarl; § 10 II GO Sachs; § 24 I KVG LSA; § 18 I GO SH; § 14 I KO Thür.

II. Voraussetzungen

1. Gemeindeangehöriger
2. Öffentliche Einrichtung
   a) sachliche Grundlage
   b) öffentlicher Zweck
   c) Widmung für den öffentlichen Zweck
3. Benutzung im Rahmen der allgemeinen Vorschriften
4. Ggf. Ermessen

Ein Anspruch auf Zugang zu einer öffentlichen Einrichtung besteht unter den folgenden Voraussetzungen:

1. Gemeindeangehöriger

Einen Anspruch auf Zugang zu einer öffentlichen Einrichtung haben **alle Angehörigen einer Gemeinde**.

Unter den Begriff **Gemeindeangehöriger** fallen

- Natürliche Personen
- Juristische Personen
- Vereine
- Sonstige Vereinigungen (z.B. GbR, Personenhandelsgesellschaften).

2. Öffentliche Einrichtung

Eine öffentliche Einrichtung der Gemeinde ist bei Vorliegen folgender Voraussetzungen gegeben:

a) Sachliche Grundlage

Hierunter wird die **konkrete Einrichtung** verstanden, zu der der Zugang begehrt wird. Dies können sein

- Gebäude (z.B. die Stadthalle)
- Volksfeste
- Messen.

b) Öffentlicher Zweck

Die Einrichtung muss der Gemeinde **zur Erfüllung eines öffentlichen Zweckes dienen**.

An den öffentlichen Zweck sind dabei **keine hohen Anforderungen** zu stellen. Als öffentlicher Zweck kommt z.b. in Betracht

- Volksbelustigung (bei Volksfesten)
- Förderung der Wirtschaft (bei Messen)
- Zurverfügungstellung von Räumlichkeiten für bestimmte Zwecke.

c) Die Widmung für einen öffentlichen Zweck
Unter Widmung versteht man
- eine Allgemeinverfügung
- durch die die Einrichtung/Sache der Benutzung
- im Rahmen ihres öffentlichen Zweckes übergeben wird.

3. Benutzung im Rahmen der allgemeinen Vorschriften

Die vorgesehene **Nutzung** muss sich **im Rahmen der allgemeinen Vorschriften** halten.

Dieses ist der Fall, wenn
- die Benutzung **im Rahmen des Widmungszweckes** liegt,
- die **Einrichtung selbst** durch die Benutzung **nicht gefährdet** ist und
- die Benutzung **auch sonst nicht rechtswidrig** ist.

4. Ggf. Ermessen

Wichtig: Die Benutzung einer öffentlichen Einrichtung ist durch ihre Kapazität begrenzt.

D.h. ein **Anspruch auf Zugang** zur Einrichtung besteht **nur, solange** die **Kapazität** der Einrichtung **noch nicht ausgeschöpft** ist.

Überschreitet die Anzahl der Antragsteller die Kapazität der öffentlichen Einrichtung, muss die Gemeinde eine **Auswahlentscheidung** unter den Bewerbern treffen. Diese Entscheidung steht dabei in ihrem **Ermessen**. In diesem Fall hat der Antragsteller **nur einen Anspruch auf** eine **ermessensfehlerfreie Entscheidung** der Gemeinde.

Es sind dabei **folgende Ermessensfehler** möglich:

- **Ermessensnichtgebrauch**
- **Ermessensüberschreitung**
- **Ermessensfehlgebrauch**

B. Der Gemeinderat

I. Formelle Rechtmäßigkeit eines Gemeinderatsbeschlusses

1. Ordnungsgemäße Einberufung
2. Beschlussfähigkeit
3. Kein Mitwirkungsverbot
4. Ordnungsgemäße Beschlussfassung

1. Ordnungsgemäße Einberufung

Vgl. § 34 GO **BaWü**; Art. 46 II GO **Bay**; § 34 **BbgKVerf**; §§ 56, 69 GO **Hess**; § 29 KV **MV**; § 59 **NKomVG**; § 47 GO **NW**; § 34 GO **RhPf**; § 41 KSVG **Saarl**; § 36 GO **Sachs**; § 53 KVG **LSA**; § 34 GO **SH**; § 35 KO **Thür.**

Der Gemeinderat ist **in angemessener Frist zu laden.** D.h. die Sitzung ist **so zeitig** einzuberufen, dass jedes Ratsmitglied die Möglichkeit hat, sich angemessen auf die Sitzung vorzubereiten.

Beachte: Einige Gemeindeordnungen ermächtigen den Gemeinderat, in seiner Geschäftsordnung Einberufungs- und Ladungsfristen festzulegen.

Ein **Verstoß** gegen die Ladungsfrist führt zur **Rechtswidrigkeit** des Beschlusses.

2. Beschlussfähigkeit

Vgl. § 37 GO **BaWü**; Art. 47 GO **Bay**; § 38 **BbgKVerf**; §§ 53, 68 GO **Hess**; § 30 KV **MV**; § 65 **NKomVG**; § 49 **NW**; § 39 GO **RhPf**; § 44 KSVG **Saarl.**; § 39 GO **Sachs**; § 55 KVG **LSA**; § 38 GO **SH**; § 36 KO **Thür.**

Die Beschlussfähigkeit des Gemeinderats setzt idR nicht voraus, dass <u>alle</u> Gemeinderatsmitglieder anwesend sind.

Je nach Gemeindeordnung liegt Beschlussfähigkeit vor, **wenn mindestens** die **Hälfte bzw. die Mehrheit** der Gemeinderatsmitglieder **anwesend** ist.

Beachte: Nach einigen Gemeindeordnungen gilt ein Gemeinderat so lange als beschlussfähig, bis seine Beschlussunfähigkeit festgestellt wurde.

Fasst der Gemeinderat **trotz Beschlussunfähigkeit** einen **Beschluss**, so ist dieser Beschluss **rechtswidrig.**

3. Kein Mitwirkungsverbot (Befangenheit)

§ 18 GO **BaWü**; § 49 GO **Bay**; § 22 **BbgKVerf**; § 25 GO **Hess**; § 24 KV **MV**; § 41 **NKomVG**; § 31 GO **NW;** § 22 GO **RhPf**; § 27 KSVG **Saarl**; § 20 GO **Sachs**; § 33 KVG **LSA**; § 22 GO **SH**; § 38 KO **Thür.**

Ein Gemeinderatsmitglied darf an der **Beratung und Abstimmung** nicht teilnehmen, wenn der Beschluss

- ihm selbst,
- seinem Ehegatten,
- einem Verwandten oder Verschwägerten
- einer von ihm vertretenen natürlichen oder juristischen Person
- einen unmittelbaren Vor- oder Nachteil bringen kann.

Der Begriff des **Vor- oder Nachteils** ist **weit auszulegen.** Er umfasst

- **wirtschaftliche**
- **wissenschaftliche**
- **rechtliche**
- **ethische** oder
- **sonstige Interessen** (z.B. Vermehrung von Ansehen oder Einflussmöglichkeiten).

Ob ein Gemeinderatsmitglied persönlich beteiligt ist, **entscheidet der Gemeinderat** ohne die Beteiligung des Betroffenen.

Wirkt ein Gemeinderatsmitglied trotz seiner Befangenheit an einem Gemeinderatsbeschluss **mit**, so ist der Beschluss nur rechtswidrig (und damit ungültig), **wenn** die Stimme des Gemeinderatsmitglieds für das Abstimmungsergebnis **entscheidend war.**

4. Ordnungsgemäße Beschlussfassung

Beschlussfassungen des Gemeinderats erfolgen **grundsätzlich in offener Abstimmung.**

Beachte: Einige Gemeindeordnungen sehen vor, dass bei Widerspruch eines oder mehrerer Gemeinderatsmitglieder eine geheime Abstimmung durchzuführen ist.

Beschlüsse des Gemeinderats werden **mit der Mehrheit der abgegebenen Stimmen** gefasst. D.h. enthaltene Stimmen werden nicht berücksichtigt. Bei Stimmengleichheit wird der Antrag abgelehnt.

II. Ausschluss eines Gemeinderatsmitglieds

1. Ermächtigungsgrundlage
2. Formelle Rechtmäßigkeit
3. Materielle Rechtmäßigkeit

1. Ermächtigungsgrundlage

Vgl. § 36 I 2 GO **BaWü**; Art. 53 GO **Bay**; § 37 **BbgKVerf**; § 58 IV GO **Hess**; § 29 I 2 KV **MV**; § 63 II **NKomVG**; § 51 I GO **NW**; § 36 II GO **RhPf**; § 43 II KSVG **Saarl**; § 38 III GO **Sachs**; § 57 II KVG **LSA**; § 42 GO **SH**; § 41 KO **Thür**.

Entsprechend den angegebenen Rechtsgrundlagen handhabt der Bürgermeister bzw. Vorsitzende des Gemeinderats **die Ordnung.**

Dabei darf er Gemeinderatsmitglieder von der Sitzung ausschließen, wenn diese die Ordnung fortgesetzt und erheblich stören.

2. Formelle Rechtmäßigkeit

Im Rahmen der formellen Rechtmäßigkeit des Ausschlusses sind insbesondere zu prüfen:

- die Zuständigkeit des Bürgermeisters bzw. Vorsitzenden des Gemeinderats
- die ordnungsgemäße Beteiligung des Gemeinderats.
  Hierzu gehört insbesondere die Prüfung, ob die Zustimmung bzw. der Beschluss des Gemeinderats zum Ausschluss des Gemeinderatsmitglieds mit der erforderlichen Mehrheit erfolgt ist.

3. Materielle Rechtmäßigkeit

Der Ausschluss ist materiell rechtmäßig, wenn
a) die Voraussetzungen der Ermächtigungsgrundlage vorliegen und
b) der Verhältnismäßigkeitsgrundsatz gewahrt wurde:

Die Voraussetzungen der Ermächtigungsgrundlage sind bei einer **fortgesetzten erheblichen Störung der Ordnung** gegeben. Unter einer **fortgesetzten erheblichen Störung der Ordnung** versteht man ein

- **Verhalten des Gemeinderatsmitglieds,**
- **durch das der ordnungsgemäße Sitzungsablauf**
- **unmöglich gemacht oder zumindest wesentlich erschwert** wird.

Der **Verhältnismäßigkeitsgrundsatz** ist gewahrt, wenn der **Ausschluss die einzige Möglichkeit** ist, die Ordnung in der Sitzung wiederherzustellen.

Klausurtipp:

In der Klausur wird der Ausschluss eines Gemeinderatsmitglieds in der Regel unter dem Stichwort „**Kommunalverfassungsstreit**" behandelt.

Zu den Sachurteilsvoraussetzungen des Kommunalverfassungsstreits siehe

- das Schema *G. Kommunalverfassungsstreit* auf Seite 272.
- das Skript: „Standardfälle Kommunalrecht", Fall 7

Zehnter Abschnitt: Europarecht

A. Die Rechtsschutzverfahren (aus: Thiele, **Studienbuch Europarecht** - erschienen bei niederle media - S. 177 ff.)

I. Das Vertragsverletzungsverfahren, Art. 258, 259 AEUV

1. Zulässigkeit
  a) Beteiligtenfähigkeit
  b) Klagegegenstand
  c) Vorverfahren
  d) Keine Klagefrist
  e) Rechtsschutzinteresse
2. Begründetheit

1. Zulässigkeit

Das Vertragsverletzungsverfahren ist unter folgenden Voraussetzungen zulässig:

a) Beteiligtenfähigkeit

Aktiv klagebefugt sind
  • die **Kommission, Art. 258 AEUV,**
  • ein **Mitgliedstaat, Art. 259 AEUV.**

Verklagt werden können nur **Mitgliedstaaten.**

b) Klagegegenstand

Die Klage muss gerichtet sein auf die **Feststellung**, dass eine **Vertragsverletzung** eines oder mehrerer Mitgliedstaaten vorliegt (Hauptfall: eine nicht oder nicht rechtzeitig in nationales Recht umgesetzte Richtlinie).

c) Vorverfahren

Das Vertragsverletzungsverfahren ist **nur nach der Durchführung eines Vorverfahrens** zulässig.

Ablauf des Vorverfahrens:
  • *Mahnschreiben* der Kommission an den Mitgliedstaat
  • Mitgliedstaat erhält Möglichkeit zur *Stellungnahme* in angemessener Frist
  • Bei Fortbestehen des Vertragsverstoßes nach Ablauf der Stellungnahmefrist gibt Kommission eine sog. *begründete Stellungnahme* ab. In dieser Stellungnahme setzt die Kommission dem Mitgliedstaat eine Frist, um den Vertragsverstoß abzustellen.
  • Stellt der Mitgliedstaat den Verstoß innerhalb der Frist nicht ab, kann die Kommission ein Vertragsverletzungsverfahren einleiten.

d) Keine Klagefrist

Art. 258, 259 AEUV sehen **keine Klagefrist** vor. Es sind **aber** die **Fristen des Vorverfahrens** zu beachten.

e) Rechtsschutzinteresse

Das **Rechtsschutzinteresse** der Kommission bzw. des klagenden Mitgliedstaates ist **grundsätzlich gegeben.**

Beachte: Nach der Rechtsprechung des EuGH entfällt das Rechtsschutzinteresse nicht, wenn der Verstoß nach Ablauf der von der Kommission gesetzten Frist, aber noch vor Klageerhebung abgestellt wird.

2. Begründetheit

Die **Klage** im Vertragsverletzungsverfahren **ist begründet, wenn**
- die von der Kommission vorgetragenen *Tatsachen zutreffen*,
- sich aus diesen Tatsachen ein *Verstoß des Mitgliedstaates* gegen das Unionsrecht ergibt
- dieser Verstoß dem beklagten Mitgliedstaat *zuzurechnen* ist und
- der beklagte Staat den *Verstoß nicht* in der von der Kommission gesetzten Frist *abgestellt* hat.

Wichtig: Für einen Verstoß ist das **Vorliegen eines Verschuldens** des Mitgliedstaates grundsätzlich **unerheblich.**

Wenn die o.a. Voraussetzungen vorliegen, ergeht ein **Feststellungsurteil** des EuGH.

Der **Mitgliedstaat ist verpflichtet,** das Urteil des EuGH **unverzüglich umzusetzen** und den Verstoß abzustellen.

Kommt der Mitgliedstaat der Umsetzung der Verpflichtung aus dem Urteil **nicht nach**, kann die Kommission insbesondere den EuGH erneut anrufen; vgl. **Art. 260 II AEUV.**

II. Die Nichtigkeitsklage, Art. 263 AEUV

1. Zulässigkeit
  a) Beteiligtenfähigkeit
  b) Klagegegenstand
  c) Klagebefugnis
  d) Klagegrund
  e) Klagefrist
2. Begründetheit

1. Zulässigkeit

Die Nichtigkeitsklage ist unter den folgenden Voraussetzungen zulässig:

a) Beteiligtenfähigkeit

Aktiv beteiligtenfähig sind die in Art. 263 AEUV genannten Organe, Einrichtungen sowie die Mitgliedstaaten.

Passiv beteiligtenfähig sind Rat, Kommission, EP und EZB. Die Klage ist jeweils gegen den Autor des betreffenden Rechtsakts zu richten.

b) Klagegegenstand

Alle aktiv Beteiligtenfähigen – auch private Kläger - können seit dem Vertrag von Lissabon im Grundsatz gegen alle klassischen Handlungsformen der Union im Wege der Nichtigkeitsklage vorgehen.

c) Klagebefugnis

aa) **Privilegierte Kläger** sind stets klagebefugt, müssen also keine Verletzung eigener Rechte geltend machen können. **Minderprivilegierte Kläger** hingegen müssen nachweisen, durch den Rechtsakt möglicherweise in eigenen Rechten betroffen zu sein. Insoweit kann die Klage privilegierter Kläger mit der deutschen abstrakten Normenkontrolle, die Klage minderprivilegierter Kläger mit dem Organstreit verglichen werden.

bb) **Private Kläger** können im Grundsatz nur gegen Handlungen vorgehen, die entweder an sie ergangen sind oder sie **unmittelbar und individuell betreffen**.

d) Klagegrund

Der Kläger muss einen der in **Art. 263 II AEUV** angeführten **Klagegründe geltend** machen.

Diese Klagegründe sind:
* **Unzuständigkeit**
* **Verletzung wesentlicher Formvorschriften**
* **Verletzung der Verträge** oder einer bei ihrer Durchführung anzuwendenden Rechtsnorm;
* **Ermessensmissbrauch**
  Hier muss vorgebracht werden, dass ein eingeräumter Spielraum nicht zur Verfolgung der ihn begründenden Zwecke eingesetzt wurde.

e) Klagefrist

Gemäß Art. 263 Abs. 6 AEUV gilt eine Frist von zwei Monaten ab Bekanntgabe der Rechtshandlung bzw. ab Kenntnisnahme.

2. Begründetheit

Sollte einer der in Art. 263 Abs. 2 AEUV genannten Klagegründe tatsächlich vorliegen, ist die Nichtigkeitsklage begründet.
Wichtig: Das Vorliegen einer subjektiven Rechtsverletzung ist nicht erforderlich.

Das **Urteil des EuGH wirkt ex tunc** und **erga omnes**. D.h. nationale Gerichte und Behörden haben das Urteil des EuGH insoweit zu beachten.

III. Das Vorabentscheidungsverfahren, Art. 267 AEUV

---

1. Zulässigkeit
    a) Vorlageberechtigung
    b) Zulässige Vorlagefrage
    c) Entscheidungserheblichkeit
    d) Vorlageberechtigung und Vorlagepflicht
    e) Frist
2. Wirkung der Entscheidung des EuGH

---

1. Zulässigkeit

Der Antrag auf Vorabentscheidung durch den EuGH ist unter den folgenden Voraussetzungen zulässig.

a) Vorlageberechtigung, Art. 267 II AEUV

Vorlageberechtigt sind **Gerichte der Mitgliedstaaten.**

b) Zulässige Vorlagefrage, Art. 267 I AEUV

Nach **Art. 267 I AEUV** kann das vorlegende Gericht Fragen stellen über

- die Auslegung der Verträge
- die Gültigkeit und die Auslegung der Handlungen der Organe, Einrichtungen und sonstigen Stellen der Union

Beachte: Direkte Fragen bzgl. der Vereinbarkeit von nationalem Recht mit dem Unionsrecht sind dagegen unzulässig.

c) Entscheidungserheblichkeit

Art. 267 II AEUV bestimmt, dass die vorgelegte Frage nach der Auffassung des jeweiligen Gerichts für den betreffenden Rechtsstreit **entscheidungserheblich** sein muss. Dies ist der Fall, wenn das Gericht abhängig von der Antwort auf die Frage **unterschiedlich tenorieren** müsste.

d) Vorlageberechtigung und Vorlagepflicht

Aus Art. 267 II AEUV folgt, dass nationale Gerichte eine entscheidungserhebliche Frage an den EuGH stellen können, soweit sie dies für erforderlich halten. Sie sind hierzu jedoch **grds. nicht verpflichtet,** sondern können die betreffende Frage auch selbst entscheiden. Art. 267 III AEUV bestimmt eine allgemeine **Vorlagepflicht** für Gerichte, deren Entscheidungen nicht mehr mit Rechtsmitteln des innerstaatlichen Rechts angegriffen werden können.

e) Frist

Eine Vorlagefrage des nationalen Gerichts ist an **keine Frist** gebunden.

2. Wirkung der Entscheidung des EuGH

In seinem Urteil erläutert der EuGH den Tatbestand und die Rechtsfolge der zu untersuchenden unionsrechtlichen Norm. Im Hinblick auf Auslegungsfragen sind zunächst einmal das vorlegende Gericht sowie alle anderen Gerichte, die mit der Rechtssache befasst werden, an die Auslegung gebunden.

308

IV. Die Amtshaftungsklage, Art. 268 iVm Art. 340 II AEUV

1. Zulässigkeit
  a) Beteiligtenfähigkeit
  b) Klagegegenstand
  c) Rechtsschutzbedürfnis
  d) Klagefrist
2. Begründetheit

1. Zulässigkeit

Eine Amtshaftungsklage ist unter den folgenden Voraussetzungen zulässig:

a) Beteiligtenfähigkeit

Aktiv beteiligtenfähig (also klageberechtigt) sind
- alle natürlichen Personen
- alle juristischen Personen
- alle sonstigen Rechtssubjekte, die durch die Organe der Gemeinschaft geschädigt werden können (z.B. einzelne Bundesländer, Gemeinden oder einzelne Mitgliedstaaten).

Passiv beteiligtenfähig ist jeweils die Union selbst, wobei sie durch das Organ vertreten wird, das den Schaden verursacht hat.

b) Klagegegenstand

Klagegegenstand ist jeweils ein **rechtswidriges Handeln eines Unionsorgans**, insbesondere
- rechtswidrige Rechtsetzung und
- rechtswidriges Handeln der Unionsverwaltung.

c) Rechtsschutzbedürfnis

Es ist **grundsätzlich** vom **Vorliegen eines Rechtsschutzbedürfnisses** des Klägers auszugehen.

Ausnahme: Kein Rechtsschutzbedürfnis, wenn dem Kläger durch andere Rechtsbehelfe ein **sachgerechterer Weg zur Erreichung seines Ziels** zur Verfügung steht.

d) Klagefrist

Zwischen dem schädigenden Ereignis und der Klage dürfen **maximal 5 Jahre** liegen, vgl. **Art. 43 Satzung des EuGH (SEuGH).**

Wichtig: Diese Frist wird nicht von Amts wegen, sondern **nur auf entsprechende Rüge hin** vom EuGH geprüft.

2. Begründetheit

Die Klage ist begründet, wenn das Handeln des jeweiligen Organs (bzw. das Handeln des jeweiligen Amtsträgers) einen Schaden zurechenbar rechtswidrig verursacht hat. Insoweit prüft der EuGH an dieser Stelle die **Voraussetzungen des Haftungsanspruchs** aus Art. 340 II AEUV.

B. Die Grundfreiheiten (aus: Thiele, Studienbuch Europarecht, S. 221 ff.)

I. Die Warenfreiheit, Art. 34 AEUV

1. Tatbestand

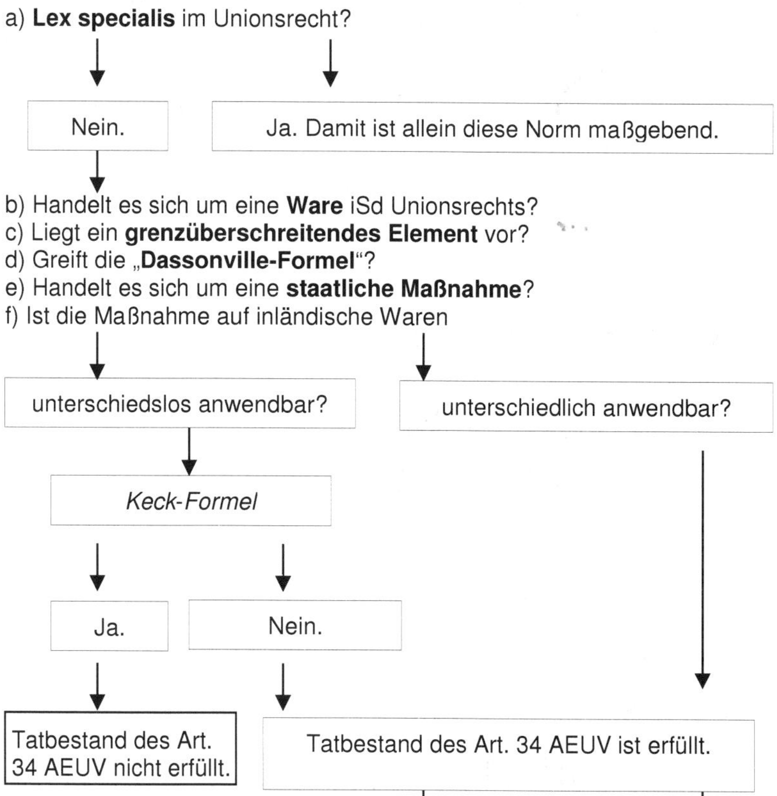

a) **Lex specialis** im Unionsrecht?

| Nein. | Ja. Damit ist allein diese Norm maßgebend. |

b) Handelt es sich um eine **Ware** iSd Unionsrechts?
c) Liegt ein **grenzüberschreitendes Element** vor?
d) Greift die „**Dassonville-Formel**"?
e) Handelt es sich um eine **staatliche Maßnahme**?
f) Ist die Maßnahme auf inländische Waren

| unterschiedslos anwendbar? | unterschiedlich anwendbar? |

Keck-Formel

| Ja. | Nein. |

| Tatbestand des Art. 34 AEUV nicht erfüllt. | Tatbestand des Art. 34 AEUV ist erfüllt. |

2. Rechtfertigungsebene

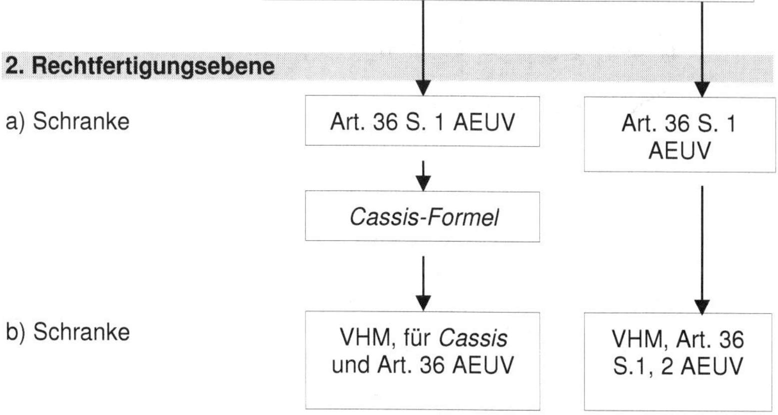

a) Schranke

| Art. 36 S. 1 AEUV | Art. 36 S. 1 AEUV |

Cassis-Formel

b) Schranke

| VHM, für *Cassis* und Art. 36 AEUV | VHM, Art. 36 S.1, 2 AEUV |

II. Die Arbeitnehmerfreizügigkeit, Art. 45 ff. AEUV

1. Tatbestand

a) **Kein lex specialis** im Unionsrecht?

b) Handelt es sich um einen **Arbeitnehmer?** Der EuGH versteht darunter jede Person, die während einer bestimmten Zeit für einen anderen nach dessen Weisungen Leistungen erbringt, für die er als Gegenleistung eine Vergütung erhält.

c) Liegt ein **grenzüberschreitendes Element** vor?

d) Liegt **keine Beschäftigung in der öffentlichen Verwaltung** vor, Art. 45 Abs. 4 AEUV (Bereichsausnahme)?

e) Liegt eine **Diskriminierung** (offen oder versteckt) oder eine sonstige relevante **Beschränkung** vor?

f) Handelt es sich um eine **staatliche Maßnahme** oder eine nach Maßgabe der Drittwirkung relevante private Maßnahme?

g) Handelt es sich um eine **Marktzugangs-** und nicht um eine Marktausgestaltungsregelung (analoge Anwendung der Keck-Rechtsprechung)?

2. Rechtfertigungsebene

a) **Geschriebene Schranken**, Art. 45 Abs. 3 AEUV, wobei die RL 2004/38/EWG zu beachten ist

b) **Zwingende Erfordernisse** (nur bei nicht unmittelbar diskriminierenden Maßnahmen)

c) **Verhältnismäßigkeit**

III. Die Niederlassungsfreiheit, Art. 49 ff. AEUV

1. Tatbestand

a) **Kein lex specialis** im Unionsrecht?

b) Geht es um eine Niederlassung einer **berechtigten Person?**

c) **Bereichsausnahme**, Art. 51 AEUV?

d) Handelt es sich um eine **staatliche Maßnahme?**

e) Liegt eine **Diskriminierung** oder **Beschränkung** vor?

f) Begrenzung durch analoge Anwendung der **Keck-Rechtspr.?**

g) Liegt ein **grenzüberschreitendes Element** vor?

2. Rechtfertigungsebene

a) **Geschriebene Schranken**, Art. 52 AEUV

b) **Zwingende Erfordernisse** (bei mittelbaren Diskriminierungen und Beschränkungen)

c) **Verhältnismäßigkeit**

IV. Die Dienstleistungsfreiheit, Art. 56-62 AEUV

1. Tatbestand

a) **Kein lex specialis** im Unionsrecht (vor allem Dienstleistungs-richtlinie)?

b) Geht es um eine **Dienstleistung** einer berechtigten Person? Dienstleistungen sind Leistungen, die in der Regel gegen Entgelt erbracht werden, soweit sie nicht den Vorschriften über den freien Waren- und Kapitalverkehr und über die Freizügigkeit der Personen unterliegen.

c) **Bereichsausnahme**, Art. 62, 51 AEUV?

d) Handelt es sich um eine **staatliche Maßnahme**?

e) Liegt eine **Diskriminierung** oder **Beschränkung** vor?

f) Kein Ausschluss durch analoge Anwendung d. **Keck-Rechtspr.**?

g) Liegt ein **grenzüberschreitendes Element** vor? Denkbar sind insoweit vier Fälle, wobei zu beachten ist, dass neben dem Erbringer auch der Empfänger der Dienstleistung in den Anwendungsbereich fällt:
- der Dienstleistungserbringer überschreitet die Grenze;
- der Dienstleistungsempfänger überschreitet die Grenze;
- sowohl Dienstleistungserbringer als auch Dienstleistungs-empfänger überschreiten die Grenze und treffen sich in einem anderen Mitgliedstaat;
- allein die Dienstleistung überschreitet die Grenze.

Die Abgrenzung zur Niederlassungsfreiheit richtet sich nach der Dauer der Tätigkeit. Die Dienstleistungsfreiheit erfasst allein die vorübergehende Erbringung, während die Niederlassungsfreiheit auf die dauerhafte Integration im Aufnahmestaat angelegt ist. Im Gegensatz zur Warenverkehrsfreiheit betrifft die Dienstleistungsfreiheit regelmäßig nichtkörperliche Produkte.

2. Rechtfertigungsebene

a) **Zwingende Erfordernisse** (nur bei nicht diskriminierenden Maßnahmen)

b) **Geschriebene Schranken**, Art. 62, 52 AEUV

c) **Verhältnismäßigkeit**

Zur Einarbeitung und Vertiefung wird empfohlen:

Thiele, **Studienbuch Europarecht**,
ISBN 978-3-86724-078-9,
erschienen bei niederle media.

sowie

Thiele, **Standardfälle Europarecht**,
ISBN 978-3-86724-064-2,
erschienen bei niederle media.

▶ Unsere 📖 Skripten 🗎 Karteikarten 𝄞 Hörbücher (CD & MP3)

Zivilrecht

- 📖 Standardfälle für Anfänger (7,90 €)
- 📖 𝄞 Standardfälle BGB AT (7,90 €)
- 📖 𝄞 Standardfälle Schuldrecht (7,90 €)
- 📖 𝄞 Standardfälle Ges. Schuldverh., §§ 677, 812,823
- 📖 𝄞 Standardfälle Sachenrecht (9,90 €)
- 📖 𝄞 Standardfälle Familien- und Erbrecht (9,90 €)
- 📖 Klausuren Übung für Fortgeschrittene (7,90 €)
- 📖 𝄞 Basiswissen BGB (AT) (Frage-Antwort)
- 📖 𝄞 Basiswissen SchuldR (AT) 📖 𝄞 SchuldR (BT) (7 €)
- 📖 𝄞 Basiswissen Sachenrecht, 📖 𝄞 FamR, 📖 𝄞 ErbR
- 📖 Einführung in das Bürgerliche Recht (7,90 €)
- 📖 Studienbuch BGB (AT) (12 €)
- 📖 Studienbuch Schuldrecht (AT) (12 €)
- 📖 Schuldrecht (BT) 1 - §§ 437, 536, 634, 670 ff. (9,90 €)
- 📖 Schuldrecht (BT) 2 - §§ 812, 823, 765 ff. (9,90 €)
- 📖 SachenR 1 – Bewegl. S., 📖 SachenR 2 – Unb. S. (9,9 €)
- 📖 Familienrecht und 📖 Erbrecht (Einführungen) (9,90 €)
- 📖 Streitfragen Schuldrecht (7,90 €)
- 📖 𝄞 Definitionen für die Zivilrechtsklausur (9,90 €)

Strafrecht

- 📖 Standardfälle Band 1: für Anfänger (9,90 €)
- 📖 Standardfälle Band 2: für Fortgeschrittene (12 €)
- 📖 𝄞 Standardfälle Strafrecht AT (für Anfänger) (7,90 €)
- 📖 𝄞 Basiswissen Strafrecht (AT) (Frage-Antwort)
- 📖 𝄞 Basiswissen Strafrecht BT 1 und 📖 𝄞 BT 2 (7 €)
- 📖 Strafrecht (AT) (7,90 €)
- 📖 Strafrecht (BT) 1 – Vermögensdelikte (9,90 €)
- 📖 Strafrecht (BT) 2 – Nichtvermögensdelikte (9,90 €)
- 📖 𝄞 Definitionen für die Strafrechtsklausur (7,90 €)

Irrtümer und Änderungen vorbehalten!

Öffentliches Recht

- 📖 Standardfälle Staatsrecht I – StaatsorgaR (9,90 €)
- 📖 Standardfälle Staatsrecht II – Grundrechte (9,90 €)
- 📖 𝄞 Standardfälle f. Anfänger (StaatsorgaR u. GRe) (7,9 €)
- 📖 Standardfälle Verwaltungsrecht (AT) (9,90 €)
- 📖 Standardfälle Polizei- und Ordnungsrecht (9,90 €)
- 📖 Standardfälle Baurecht (9,90 €)
- 📖 Standardfälle Europarecht (9,90 €)
- 📖 Standardfälle Kommunalrecht (9,90 €)
- 📖 𝄞 Basiswissen StaatsR I –StaatsorgaR (Fr-Antw.) (7 €)
- 📖 𝄞 Basiswissen StaatsR II –GrundR (Frage-Antw.) (7 €)
- 📖 Basiswissen VerwaltungsR AT– (Frage-Antwort) (7 €)
- 📖 Studienbuch Staatsorganisationsrecht (9,90 €)
- 📖 Studienbuch Grundrechte (9,90 €)
- 📖 Studienbuch Verwaltungsrecht AT (12 €)
- 📖 Studienbuch Europarecht (12,90 €) 𝄞 Basiswissen EuR
- 📖 Staatshaftungsrecht (9,90 €)
- 📖 VerwaltungsR AT 1 – VwVfG u. 📖 AT 2–VwGO (7,90 €)
- 📖 VerwaltungsR BT 1 – POR (9,90 €)
- 📖 VerwaltungsR BT 2 – BauR 📖 BT 3 – UmweltR (9,90 €)
- 📖 𝄞 Definitionen Öffentliches Recht (9,90 €)

Steuerrecht

- 📖 Abgabenordnung (AO) (9,90 €)
- 📖 Erbschaftsteuerrecht (9,90 €)
- 📖 Steuerstrafrecht/Verfahren/Steuerhaftung (7,90 €)

Sozialrecht

- 📖 Kinder- und Jugendhilferecht (7,90 €)
- 📖 Sozialrecht (9,90 €)

Nebengebiete

- 📖 𝄞 Standardfälle Handels- & GesR (9,90 €)
- 📖 𝄞 Standardfälle Arbeitsrecht (9,90 €)
- 📖 Standardfälle ZPO (9,90 €)
- 📖 𝄞 Basiswissen HandelsR (Frage-Antwort) (7,9 €)
- 📖 𝄞 Basiswissen Gesellschaftsrecht (7,90 €)
- 📖 𝄞 Basiswissen ZPO (Frage-Antwort) (7,90 €)
- 📖 𝄞 Basiswissen StPO (Frage-Antwort) (7,90 €)
- 📖 Handelsrecht (9,90 €)
- 📖 Gesellschaftsrecht (9,90 €)
- 📖 Arbeitsrecht (9,90 €)
- 📖 Kollektives Arbeitsrecht (9,90 €)
- 📖 ZPO I – Erkenntnisverfahren (9,90 €)
- 📖 ZPO II – Zwangsvollstreckung (9,90 €)
- 📖 Strafprozessordnung – StPO (9,90 €)
- 📖 Einf. Internationales Privatrecht - IPR (9,90 €)
- 📖 Standardfälle IPR (9,90 €)
- 📖 Insolvenzrecht (9,90 €)
- 📖 Gewerbl. Rechtsschutz/Urheberrecht (9,90 €)
- 📖 Wettbewerbsrecht (9,90 €)
- 📖 Ratgeber 500 Spezial-Tipps für Juristen (12 €)
- 📖 Mediation (7,90 €)
- 📖 Sportrecht (9,90 €)

Karteikarten (je 9,90 €)

- 🗎 Zivilrecht: BGB AT/SchuldR/Grundlagen/Schemata
- 🗎 Strafrecht: AT/BT-1/BT-2/Streitfragen
- 🗎 Öff. R.: StaatsorgaR/GrundR/VerwR/Schemata

Assessorexamen

- 📖 Der Aktenvortrag im Strafrecht (7,90 €)
- 📖 Der Aktenvortrag im Zivilrecht (7,90 €)
- 📖 Der Aktenvortrag im Öffentlichen Recht (7,90 €)
- 📖 Staatsanwaltl. Sitzungsdienst & Plädoyer (9,90 €)
- 📖 Die strafrechtliche Assessorklausur (7,90 €)
- 📖 Die Assessorklausur VerwR Bd. 1 (7,90 €)
- 📖 Die Assessorklausur VerwR Bd. 2 (7,90 €)
- 📖 Vertragsgestaltung in der Anwaltsstation (7 €)

Irrtümer und Änderungen vorbehalten!

BWL

- 📖 Einführung i. die Betriebswirtschaftslehre (7,90 €)
- 📖 Organisationsgestaltung & -entwickl. (9,90 €)
- 📖 Fallstudien Organisationsgestaltung & -entwickl.
- 📖 Internationales Management (7 €)
- 📖 Wie gelingt meine wiss. Abschlussarbeit? (7 €)
- 📖 Medienwirtschaft für Mediengestalter (14,90 €)

Irrtümer und Änderungen vorbehalten!

Schemata

- 📖 Die wichtigsten Schemata-ZivR,StrafR,ÖR (14,90)
- 📖 Die wichtigsten Schemata–Nebengebiete (9,90 €)

𝄞 bedeutet: auch als **Hörbuch** (CD oder MP3-Download) lieferbar!

Bei **niederle-media.de** bestellte Artikel treffen idR *nach 1-2 Werktagen* ein!